# 日英対照
# 文法と語彙への統合的アプローチ

### 生成文法・認知言語学と日本語学

日英対照

# 文法と語彙への統合的アプローチ

## 生成文法・認知言語学と日本語学

藤田耕司
西村義樹

［編］

開拓社

はしがき

　現代の言語研究は多様なアプローチが群雄割拠し，一見，これまでにない活気を呈している．その一方で，各アプローチが独自の路線で研究を展開しており，異なるアプローチ間の交流がほとんど行われていないため，言語学全体としては必ずしもよい方向に向かっているとはいえない状況も明らかになってきている．
　たとえば，現代理論言語学の二大潮流である生成文法と認知言語学は，互いに切磋琢磨しながら人間の言語と認知の本質的理解に迫っていけることが理想であるが，実情はこれにほど遠いものがある．また記述研究では，これらの理論研究がもたらす新しい言語観がよく反映されないまま，言語事実の発掘・蒐集・分析が行われ，逆に理論研究は，記述研究からもたらされる豊富な言語データを十分に活用できていないといった状況もある．
　本書は，こういった閉塞状況を改善することを目的として企画された．そのため，(I) 生成文法，(II) 認知言語学，(III) 日本語学，の3つの分野から第一線の研究者たちによる優れた論考を収めている．特定のアプローチに限定した論文集が多い中，この点だけでも本書が他に類を見ないものであることは理解いただけるだろう．
　本書のさらにユニークな点は，各執筆者が持論を述べただけで終わるのではなく，異なる立場に立つ他の寄稿に対してコメント論文を寄せていることである．これによって各アプローチ間に有益な交流を実現し，それぞれの利点や課題を相互に理解することができたと確信している．読者の皆さんもコメントの内容に頷いたり，時には首をひねったりしながら，執筆者と一緒になって考え，より広い視野を得ることができると思う．
　このような立場の異なる研究者間のやりとりは，これまで我が国の言語研究ではほとんど行われてこなかったものである．これから言語学を学ぶ若い学生諸氏や言語に知的関心を持つ一般読者の方も，最初から特定の見方に偏向することなく，包括的な視点に立って言語を見つめることができるであろう．通常の倍（以上）の手間がかかるこのような本書の企画に賛同し，「他

流試合」に果敢にチャレンジしていただいた執筆者各位に感謝したい．

　論文集としての統一性をもたせるため，本書は共通テーマとして（A）日英対照，（B）文法と語彙，の2つを掲げている．わが国の言語研究の現状に鑑み，日英対照研究が最も多くの読者層が関心を持つテーマであること，また，文法と語彙の関係をどう捉えるかは，アプローチの違いを越えて常に検討すべき問題であることを反映した選択である．本書タイトルにある「統合的アプローチ」には，異なる研究方法の統合の可能性と，文法と語彙の統合的な理解の可能性の双方への思いが込められている．

　本書の直接のきっかけとなったのは，日本語学会2014年度秋季大会シンポジウム『一般言語理論と日本語研究』（2014年10月18日 於北海道大学）で，藤田と西村が登壇の機会を得たことである．記述的な日本語研究に取り組んでいる研究者がほとんどという「アウェイ状態」の中，生成文法・生物言語学と認知文法それぞれの現状と展望，また日本語研究との関係について見解を述べることができたことは，われわれにとって貴重な経験であった．そして理論研究と記述研究の一層の交流の必要性と可能性を共に痛感したことが，本書の構想につながった．このシンポジウムを企画し，司会を務められた三宅知宏氏は，実質的に本書の3人目の発案者といってもよいだろう．

　本書の企画に快く耳を傾けられ，これを引き受けていただいた開拓社の川田賢氏にお礼申し上げる．今後，本書のような「他流試合」が日常化することでわが国の言語研究が独自の発展を遂げるようになることを祈りたい．特定の価値観に囚われることなく，よいものは何でも取り込んで統合していけることが，われわれ日本人の特質であり，強みである．

　　2015年11月

編　者

# 目　次

はしがき　　v

## 第 I 部　生成文法編

第 1 章　日英語に見る主語の意味役割と統語構造
　　　　　………………………………………長谷川信子　　2

第 2 章　生成文法と認知言語学との対話は可能か？
　　　　　──長谷川論文へのコメント──
　　　　　………………………………西村義樹・長谷川明香　　27

第 3 章　統語論の自律性仮説について
　　　　　………………………………………田窪　行則　　34

第 4 章　「シンタクスの自律性」と「文法性」
　　　　　──田窪論文への脚注として──
　　　　　………………………………西村義樹・藤田耕司　　48

第 5 章　日本語モーダル述語構文の統語構造と時制辞の統語的役割
　　　　　………………………………………竹沢　幸一　　55

第 6 章　統語構造の異なりと意味
　　　──竹沢論文の類例の検証──
　　　　　　　　　　　　　　　　　　　　　　　　天野みどり　77

第 7 章　自然言語と数詞のシンタクス
　　　　　　　　　　　　　　　　　　　　　　　　平岩　健　88

第 8 章　数詞のシンタクス
　　　──平岩論文へのコメント：日本語史研究の立場から──
　　　　　　　　　　　　　　　　　　　　　　　　小柳　智一　110

第 9 章　受動動詞の日英比較
　　　──生物言語学的アプローチの試み──
　　　　　　　　　　　　　　　　　　　　　　　　藤田　耕司　116

第 10 章　併合をめぐるあれやこれや
　　　──藤田論文へのコメント──
　　　　　　　　　　　　　　　　　　　　　　　　本多　啓　143

## 第 II 部　認知言語学編

第 11 章　英語の定冠詞句と日本語の裸名詞句の類似
　　　　　　　　　　　　　　　　　　　　　　　　坂原　茂　154

第 12 章 知識ベースの構造について
　　　　　—坂原論文に対するコメント—
　　　　　　　　　　………………………………………田窪　行則　180

第 13 章 事象統合からみた主要部内在型関係節構文
　　　　　—「関連性条件」再考—
　　　　　　　　　　………………………………………野村　益寛　186

第 14 章 関連性条件からみた主要部内在型関係節の諸問題
　　　　　—野村論文の意義と再解釈—
　　　　　　　　　　………………………………………平岩　健　212

第 15 章 自律移動表現の日英比較
　　　　　—類型論的視点から—
　　　　　　　　　　………………………………………古賀　裕章　219

第 16 章 「スロット」に基づく分析と日本語
　　　　　—日本語研究の立場からみた古賀論文—
　　　　　　　　　　………………………………………三宅　知宏　246

第 17 章 間主観性状態表現
　　　　　—認知意味論からの考察—
　　　　　　　　　　………………………………………本多　啓　254

第 18 章 非変化の「なる」の歴史
　　　　──本多論文への日本語史的アプローチ──
　　　　　　‥‥‥‥‥‥‥‥‥‥‥‥‥‥‥‥‥‥‥青木　博史　274

第 19 章 語彙，文法，好まれる言い回し
　　　　──認知文法の視点──
　　　　　　‥‥‥‥‥‥‥‥‥‥‥‥‥‥‥西村義樹・長谷川明香　282

第 20 章 生成文法と認知文法のインターフェイス
　　　　──西村・長谷川論文が示唆するもの──
　　　　　　‥‥‥‥‥‥‥‥‥‥‥‥‥‥‥‥‥‥‥藤田　耕司　308


## 第 III 部　日本語学編

第 21 章 逸脱的「それが」文の意味解釈
　　　　　　‥‥‥‥‥‥‥‥‥‥‥‥‥‥‥‥‥‥天野みどり　320

第 22 章 接続詞的「それが」の意味解釈は「それ＋が」から導出可能ではないのか？
　　　　──天野の「連鎖文類型」アプローチに対する批判的検討──
　　　　　　‥‥‥‥‥‥‥‥‥‥‥‥‥‥‥‥‥‥‥竹沢　幸一　343

第 23 章 日本語の疑似条件文をめぐって
　　　　　　‥‥‥‥‥‥‥‥‥‥‥‥‥‥‥‥‥‥‥三宅　知宏　352

第 24 章 「疑似条件文」の統語構造
　　　　——三宅論文の「係り結び」的一般化の統語的考察——
　　　　　　.................................................長谷川信子　372

第 25 章 語彙-文法変化
　　　　——内容語生産と機能語生産——
　　　　　　.................................................小柳　智一　380

第 26 章 語彙化・文法化・語形成
　　　　——小柳論文の「内容語生産と機能語生産の見取図」をめぐって——
　　　　　　.................................................野村　益寛　401

第 27 章 語から句への拡張と収縮
　　　　　　.................................................青木　博史　408

第 28 章 句の包摂現象と文法化
　　　　——青木論文が文法化に示唆するもの——
　　　　　　.................................................古賀　裕章　423

第 29 章 助動詞選択とは何か
　　　　——日本語学史の視点から——
　　　　　　.................................................斉木美知世・鷲尾龍一　431

第 30 章　助動詞選択と動詞統語論
　　　　　―斉木・鷲尾論文が提起する理論的問題の検討―
　　　　　……………………………………………………藤田　耕司　459


索　　引 …………………………………………………… 467

執筆者紹介 ………………………………………………… 471

# 第 I 部

# 生成文法編

第 1 章

# 日英語に見る主語の意味役割と統語構造*

長谷川信子（神田外語大学）

## 1. はじめに

　生成文法の考え方の基本は，文には「基本となる構造」（D 構造）があり，そこから統語的な派生過程を経て表面的な構造（S 構造，さらには，発音可能な表層構造）が生成されるとするものである．その「基本構造」と「派生過程」について想定されていたのは，「ヒトの知の論理的意味単位としての述語の意味情報が過不足なく表示されるレベル」（D 構造）の理論的実在であり，その基本情報を派生過程で変化させてはならないという条件であった．[1] この D 構造の「実在」を仮定することにより，そこを「語彙意味構造」

---

　* 本章で扱う「行為者を主語に取らない他動詞構文」は，筆者が過去 20 年近く考察してきた現象である．その一部は「参考文献」の拙論文，神田外語大学大学院での講義，研究会，学会などで発表してきている．そうした機会で多くの有益なコメントをいただいた．特に，故 Tanya Reinhart 氏には，生前，以下の第 5 節で言及する彼女の「θ システム」の有用性を日本語で検証することなどを約束していたのであったが，彼女の急逝でそれが叶わなかった．本章にはその試みの一端を示したが，Tanya には深く感謝したい．また，西村義樹氏，長谷川明香氏からは，統語論とは異なる観点からのコメントをいただいた．今後の研究に生かす所存である．

　[1] この考え方は，生成文法の最隆盛期の「統率・束縛理論（GB 理論）」（または「原理とパラメター理論」）で最も明確に示され，D 構造とその派生にそれぞれ「θ 基準」「投射の法則」が課されていた．GB 理論以後の統語研究プログラムのミニマリスト・プログラム（MP）では，これらの D 構造とそこからの派生に課せられた条件の位置付けは必ずしも明確ではない（本書第 9 章・藤田論文参照）ことから，ここでは過去形を用いた．筆者には，統語論や統語研究の知見が，日本語学や英語学などの個別言語学，および，語用的・情報構造的意味も含めて言語事象を考察する認知言語学にも有用な形で，生かされるためには，

と「統語構造」の接点とし,前者は「レキシコン」の領域,後者は「統語論」の領域として部門を分けることが可能となった.いわゆる,モジュール型言語理論である.そこでは,様々な現象が,各々の部門・領域(モジュール)の特性から整理・発掘・体系化され,部門間の違いやインターフェイスのあり方が討議され,理論的にも大きな発展が見られたのである.そして,派生においては,「投射の法則」が,その出発点であるD構造の情報($\theta$基準)を,派生の最後となる論理形式(Logical Form)まで踏襲させ,統語領域としての意味(D構造とその派生の際に必然的に生じる構造的関係性)と,それ以外の語用的・情報構造的意味の違いを明確化し,派生の最後においても統語領域を規定する重要な役割を担ってきたのである.つまり,想定されていた統語領域のモデルは,(1)のようなものであり,統語領域は,レキシコン(語彙の意味)と語用・情報構造的意味と接点は持つものの,それらから独立した自律的領域として位置づけられていた.[2]

(1)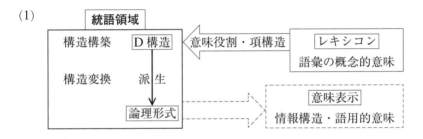

今世紀に入り,この「自律した統語領域の操作・メカニズム・条件を持つモデル」は,統語論・統語領域をヒトの生物的進化の過程に連動した認知機

---

派生の出発点でのD構造情報($\theta$基準,述語の項構造),派生の過程,および帰着点での情報構造・語用情報に対応可能な統語構造の観点から考察することが重要だと思える.本章は,そうした試みである.

[2] 本章では,音韻部門の現象は扱わないので図(1)には含めていない.統語構造領域内の「論理形式」は,形式意味論などでは,統語領域外と想定されるが,統語論では,数量詞の作用域などは統語操作と表示から得られる論理的意味とし,統語領域に含まれると考えられる.また,点線部分については,GB理論までは統語論の守備範囲からは外れると想定されていた.しかし,近年の統語研究では,その部分のどこまでを統語現象として扱う(もしくは,統語操作と関わる)かは,アプリオリに設定されてはいない.本章で扱う主語要素の持つ意味については,その領域と関わる考察が必要かもしれない.

能の一部とみなす生物言語学・進化言語学の課題設定，その追究を目指すミニマリスト・プログラムにより，見直されつつある．（詳しくは，本書第9章・藤田論文，藤田他（2014）などを参照されたい．）しかし，過去半世紀以上にわたり培ってきた統語論や統語研究の知見は，生物進化を記述説明するという作業仮説に収斂させることも興味深いが，統語研究の意義と目的は，もっと幅広く設定できる筈である．例えば，本書編纂の意義は，生成文法研究の成果・知見，研究手法を，日本語学や英語学などの個別言語学や語用的・情報構造的意味も含めて言語事象を考察する認知言語学にも有用な形で相互に発展させる道筋の追究が含まれるが，そのような試みには，派生の出発点としてのレキシコン情報，終着点での情報構造を統語構造の観点から整備することが有用であると思える．つまり，(1)のようなモデルを想定しつつ，統語構造にどのような意味を組み込み，読み取るか，そこにどの程度の言語間の違いが表れるか，そうした違いを可能とする操作・体系・メカニズムとはどういったものか，といった課題を追究することで，言語に対する更なる理解を深めることができると思えるのである．

以下では，そうした研究の1つの試みとして，他動詞主語の意味役割と日本語と英語の主語に現れる意味役割の違いを考察し，統語構造とレキシコン情報との関係，そこに見られる言語間の違いを探りたい．その作業の過程で，日本語学や認知言語学で頻繁に扱われている「述語の論理的意味以上の意味」にも，統語論の観点からアプローチする可能性を考えてみたい．

## 2. 意味役割と統語構造──述語の意味の構造化──

上述したように，生成文法では，その発祥の当初から，文の核となる述語の情報，特に，動詞の表す意味と深く関わる要素の「項」や「付加詞」の構造的表出が，文の定義であり，構造構築の前提であり，派生の出発点（D構造）の位置づけであった．[3] そこでの課題は，述語の項と付加詞がどのよう

---

[3] このことは，（多少，極端で正確性に欠くことを恐れずに述べるなら）単一言語（日本語）の歴史的変遷と記述を第一義としていたと思われる伝統的国語学・日本語学が，言語表現の場（つまり，語用・情報構造）における「意味ある発話」を「文」（もしくは，発話表現）の基本単位としていたこととは，「言語の基本」の認識の点で，異なると言えるかもしれない．しかし，近年の日本語学では，「論理的意味」の基本単位としての「文」と，モダ

に構造化されるか，ということである．例えば，以下（2）（3）の例なら，kick・「蹴る」という事態の理解には，その事態の必須要素（事態の意味における役割，意味役割，θ役割）として，その「行為者・動作主」（例えば，花子）と行為の受け手としての「対象・被動作主」要素（ボール）が必要だが，それらが文構造においてどう具現するのか，という問いである．つまり，英語なら，（2a）は許されるが，（2b）は許されず，日本語なら，（3a）は許されるが（3b）は容認できないという事実をどう説明するか，ということである．

(2) a.　Hanako kicked the ball.
　　 b. *The ball kicked Hanako.
(3) a.　花子がボールを蹴った．
　　 b. *ボールが花子を蹴った．

　明らかに，文構造構築の最初に，どの要素が構造上どこに生成されるかの指定が必要であり，それが，最終的な発話表現において，英語なら「行為者」は文頭（述語の前）の位置に（主格を受け）主語として表れ，「対象」は述語に続く位置に（対格を受け）目的語として表れなくてはならない．同様に，日本語なら「行為者」はガ格を持つ主語，「対象」はヲ格の目的語となる．日本語と英語では，構造化の段階で，述語と目的語の位置や格の表示に違いがあるが，述語が表す出来事・事態の中で，「行為者」が主語となり「対象」が目的語となることは，共通である．この「共通」の「どういう意味役割要素がどう構造に表出するか」は，構造の出発点を規定するのであるから，非常に重要なのだが，実は，「行為者・動作主」を主語位置に，「被動作主，行為の対象」を目的語の位置に，という最も典型的なケース以外は，それほど明確に規定されてはいない．[4]

---

リティや話者の視点なども含めた言語表現としての「文」を文の階層構造として取り入れており，これは，生成文法研究の最近の一つの流れを形成するカートグラフィー構造を「先取り」していると言える．この辺りの「日本語学」と「生成統語論」の関係については，長谷川（2007, 2010, 2011a）を参照されたい．

[4] この「行為者・動作主」は主語位置，「対象・被動作主」は目的語位置，という一般化は，日本語や英語のような対格言語に当てはまる．他動詞の動作主が能格で現れる能格言語についても，この一般化が当てはまるとするか否かは，能格言語の扱いと分析により異なる．

このD構造への意味役割の表出に関し，GB理論後期以降，比較的広く想定されているのが，影山 (1996), Levin and Rappaport-Hovav (1995) などに代表される，述語の意味を，(4) のような概念的意味構造 (Lexical Conceptual Structure, LCS) との関係で捉え，述語は，LCSの一部（もしくは，全体）を切り取り，その事態の必須要素のx（典型的には，行為者，動作主）が主語の位置（それは，動詞句VPの外側であることから「外項」の位置）に，y（対象）が目的語（VPの内側の「内項」の位置）に生起するとの「写像 (mapping) 規則」である．

　(4)　[x ACT 行為 (on y)] → [(y) BECOME 変化 [y BE {状態/AT z}]]

このLCSからは，少なくとも，以下の4つのタイプの述語を読み取ることができ，それらは日本語でも英語でも代表的な述語のタイプである．（金田一 (1950), Vendler (1967) なども参照．）

　(5)　a.　[x ACT 行為 (on y)] 〈活動・行為述語〉
　　　　　 kick, 蹴る；eat, 食べる；work, 働く；run, 走る，他
　　　b.　[(y) BECOME 変化 [y BE {状態 / AT z}]] 〈変化自動詞〉
　　　　　 die, 死ぬ；break, 壊れる；open, 開く；occur, 起こる，他
　　　c.　[y BE {状態 / AT z}] 〈状態述語〉
　　　　　 be, exist, 居る，(ニ／デ) ある；形容詞や存在を表す述語
　　　d.　[x ACT 行為 (on y)] → [(y) BECOME 変化 [y BE {状態 / AT z}]] 〈達成述語（使役変化述語，作成述語，など）〉
　　　　　 kill, 殺す；break, 壊す；open, 開ける；make, 作る，他

　LCSと統語構造の対応は，(5a) の意味構造を持つ他動詞における意味役割の構造化だけでなく，変化事態を表す (5b) と (5d) の自動詞と他動詞の対応現象にも応用でき，統語構造構築の観点からも有用とされている．例えば，英語のbreakは他動詞 (5d) にも自動詞 (5b) にも使えるが，対応する日本語では，他動詞「壊す」は自動詞「壊れる」と対応し，共通の語幹（壊 kow-）を持つ．その意味的共通部分，つまり，(5b) の「状態変化」部分は，統語構造のVP領域から読み取る（もしくは，そこへLCSから写像される）とするなら，自他の対応構造とその派生は，(6) の「壊す－壊れる」のペア

を例に取ると，(7) のように表すことができる．[5]

(6) a. 花子が花瓶を壊した (kow-asi-ta)．
    b. 花瓶が壊れた (kow-are-ta)．

(7) a.
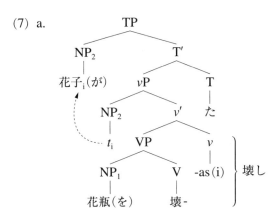

b.
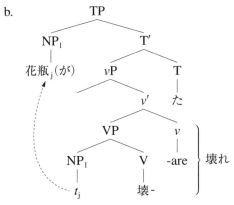

---

[5] ここでは，日本語を例にとるが，ほぼ同様の構造と派生が英語においても可能である．ただ，英語の場合は，主要部と補部の位置が日本語と逆転し（すなわち，目的語の NP に，v や T がその補部である VP と vP に先行し），自他の別と関わる v が，英語では，多くの動詞が自他同型であることから，音声的には空の範疇が占めることとなる．vP と VP の構造と動詞のタイプや自他の対応については，長谷川 (1999) に平易な解説がある．より専門的には，例えば，Hale and Keyser (1993), Chomsky (1995), Collins (1997) を参照されたい．

つまり，自動詞と他動詞の対応は，D構造では状態変化部分のVPに，自他の別と関わるvPが加わる2階建ての動詞句構造により示される．S構造への派生には，自他各々の動詞句（vP-VP）に，文としての機能の必須条件である時制と関わる機能範疇（TP）が加わり，vP-VP内の項要素（NP）が主語位置（TP指定部）で，「格付与」されるのである．

格付与については，(8) が想定されており，主格はTにより，対格は，他動詞用のvにより与えられる．

(8) a. 主格： TによりTPの指定部のNPに付与．[6]
　　b. 対格： 他動詞用（[＋対格]素性をもつ）vにより，VP内のNPに付与．

また，他動詞には，通常，対格を持つNPの存在に加え，主格を持つ主語のNPが存在することから，対格付与が可能なvには，(4) のx（動作主，行為者）を文中に生成する（意味役割を付与する）能力もあるとされる．つまり，自動詞と他動詞のvの違いは，「対格」「意味役割」素性の有無に還元でき，vには次の2つのタイプが想定できる．[7]

(9) a. 他動詞用の$v$：[＋外項]，[＋対格]
　　b. 自動詞用の$v$：[－外項]，[－対格]

(7) で見たように，自他で共通のVPが生起しても，vの違いにより異なる文(6)が派生するのである．

上記のシステムは，(4) のLCSで示すことが可能な典型的な「行為者」と「対象・被動作主」を持つ文・事象には対応できる．そして，統語論は，

---

[6] 日本語には，(i) のように，主格の「ガ」が複数生起する構文があるが，それらのガ格もTにより付与されると考えられる．複数ガ格の格付与については長谷川（2011b）を参照されたい．Tとガ格付与の関係については，Takezawa (1987)，長谷川（1999）が詳しい．
　(i) a. 象が鼻が長い．　　花子が背が高い．
　　　b. 私が車が欲しい．　太郎が中国語が話せる．

[7] 動詞の格付与と主語（外項）への意味役割付与の連動性，つまり，「動詞は外項を与える時，かつその時にのみ目的格を与える」は，「Burzioの一般化」と呼ばれるが，(9) のvの素性の指定は，その一般化を文構造構築の条件として取り込んだものである（Collins (1997) 参照）．「Burzioの一般化」については，以下，3.1節（注9），5.2節（注12）で再度触れる．

最も「基本的な構造」がどう構築され，変換され，そうした過程にどのような操作がどのような条件や制限を受け派生が進むか，という点を解明することから課題を設定してきており，派生の出発点の段階で，上記の想定とは異なる可能性を持つ文については，（それは，語彙情報と統語の関係を考察するための重要な問題提起につながるのだが）統語研究の主流からは外されてきた．

以下では，本節のメカニズム（(7) のような構造と派生）では説明が難しいケースを取り上げ，意味役割と統語構造の関係を，個別言語が文に託す機能に配慮できる形で整備する可能性を考えてみたい．

## 3. 非行為者主語を持つ文について

第 2 節で扱った他動詞文は，LCS (4) の x に対応する「行為者・動作主」を主語に持つ文であった．しかし，同じ他動詞でも，主語が行為者ではない文も存在する．(10) は行為者を主語とする典型的な他動詞文であるが，(11) や (12) の主語の意味役割は，「行為者」とは見なせない．

(10) a. 子どもが枝を揺らした．
b. 運転手が電車を遅らせた．
c. 投機筋がドルの値を上げた．
d. 作業員が木々の葉を落とした．
(11) a. 風が枝を揺らした．
b. 事故が電車を遅らせた．
c. 戦争がドルの値を上げた．
(12) a. ドルが値を上げた．
b. 木々が葉を落とした．

ここでの問題は，(11) や (12) の「非行為者」主語も，(10) 同様に他動詞の主語（外項）として，他動詞の v の［+外項］により付与されるのか，という点である．そして，もし，そうであるなら，行為者主語を持つ他動詞文 (10) と対応する自動詞構文 (13) には，外項となる行為者は生起できないのに対し，非行為者主語を持つ (11) と (12) には，論理的な意味の観点からはほぼ同義のまま，他動詞文の主語要素が自動詞文にも生起している

(14) が存在するという事実を，どう説明するか，ということである．

 (13) a. 枝が（{*子どもで／*子どもによって}）揺れた．
   b. 電車が（{*運転手で／*運転手によって}）遅れた．
   c. ドルの値が（{*投機筋で／*投機筋によって}）上がった．
   d. 木々の葉が（{*作業員で／*作業員によって}）落ちた．
 (14) a. 枝が風で揺れた．
   b. 電車が事故で遅れた．
   c. ドルの値が（戦争で）上がった．
   d. 木々の葉が落ちた．

こうした状況を受け，分析の方法は二通り考えられる．1つは，LCS を改訂するなり，LCS 内での操作により，自動詞にも生起できる非行為者要素を，他動詞の場合の［外項］x として統語構造（D 構造）に写像（mapping）させる道筋を作ることである．（影山 (2002)，杉岡 (2002) 参照.）もう1つは，統語操作により，自動詞構文に生起している「非行為者」要素を，他動詞の主語として派生させるという方向性である．本章では，後者の統語的アプローチを考えてみたい．ただ，事態の意味としてはほぼ同義に思える自動詞文と他動詞文だが，他動詞文の主語には自動詞文には見られない特徴的な意味が観察されることを指摘し，その説明に，第5節で，Reinhart (2003) の θ システムでの意味役割の考え方を導入する．それは，異なる主語の他動詞文だけでなく，他動詞文の主語の表れ方に見られる日英語の違いにも対応できる分析となる．

### 3.1. 原因項の扱い

 上記の非行為者主語を持つ他動詞文には2つのタイプがある．(11) の主語の意味役割は「原因」であり，(12) の主語は，目的語（対象項）の所有者である．先ず，「原因」主語の例 (11) から考察しよう．一見，(11) は，行為者をもつ (10) と，主語の意味役割が違うだけのように見え，意味表示の (4) に照らせば，「行為者」x が「原因」に入れ替わり，それが外項として他動詞 vP の指定部（例えば，(7a) の「花子」の代わり）に生成されたとすれば分析できると考えられる．しかし，それでは，同じ「原因」意味役割を持つ要素が，何故，対応する自動詞 (14a, b, c) の付加詞として生起できるの

かの説明がつかない.自動詞構文では,「原因」要素は主語ではなく,VP内要素として生起しているのである.

この事実を受け,筆者は (Hasegawa (2001, 2004, 2007)) で,「原因」要素が関わる (11) と (14) にも (7) 同様に自他に「共通」の VP を想定し,(10) と (11) の違いは,他動詞 v の [外項] の指定の違い,つまり,行為者を持つ (10) は,(7a) のように [＋外項] 素性を持つが,(11) の v は [－外項] (外項を持たない),しかし,[＋対格] 素性は (10) 同様持つ,と分析した.つまり,他動詞文 (11b) は,自動詞文 (14b) と同じ VP を持つが,目的語に対格が付与される (11b) では,原因要素が主格を受け,(14b) では,対格を受けられない「対象」要素が主語となり,原因要素は付加詞として VP 内に留まるという分析である.これを以下に示す.[8]

(15) a. (11b) 事故が電車を遅らせた.

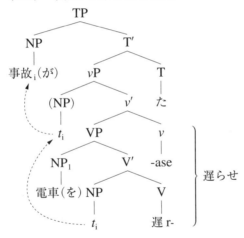

---

[8] (15a) の派生で原因の「事故」が主格を受ける TP 指定部へ移動する際,vP 指定部に立ち寄ると考える.これについては,第5節の分析を参照.

b. (14b) 電車が事故で遅れた．

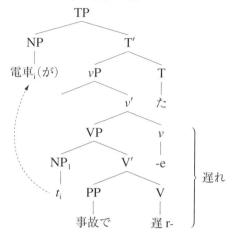

　この分析では，同じ他動詞構文でも，主語は，その意味役割が「原因」の場合は VP 内部から，「行為者」の場合は vP 指定部から，移動してくるという派生になる．この出発点での構造的位置の違いを支持する証拠が，主語と目的語の数量表現の作用域の曖昧性の有無の現象から得られる．以下の Hasegawa (2004, 2007) からのデータを観察してみよう．

(16) a.　［車掌か運転手］が　全ての電車を　遅らせた．
　　 b.　［風か雪］が　全ての電車を　遅らせた．

(16a) は行為者主語の他動詞構文，(16b) は原因主語の文である．主語は ［A か B］ という表現だが，それが目的語の「全ての電車」との関係で，関わり方としては，論理的には，2 つ可能性がある．つまり，(i) A もしくは B のどちらか一方が全ての電車を遅らせた（Or ＞ All：Or が「全て」より広い作用域を持つ解釈），もしくは，(ii) 全ての電車各々を遅らせたのは，A もしくは B であり，電車により遅れた理由は異なる（All ＞ Or：「全て」が Or より広い作用域を持つ解釈）である．この 2 つの解釈のうち，(i) の解釈は (16) の両文ともに観察される．しかし，(ii) の解釈は，原因主語の (16b) には可能だが，行為者主語の (16a) では可能ではない．こうした作用域の関係性は，当該の 2 つの要素の構造上の高さと関係していることが知られており，主語は目的語より高い位置にあるので，主語の Or が目的語

の「全て」より広い解釈となる（i）は，他動詞構文では当然予想される．そして，(ii) の解釈が (16b) に可能であるということは，原因要素の Or が，派生のどこかの段階で，目的語の「全て」より構造的に低い位置にあったことを示している．このことは，原因主語が VP 内部から派生している (15a) の分析を想定するなら難なく説明ができる．つまり，(16) の対比は，原因主語は VP 内から移動してきたとする (15a) の分析が妥当であるとの証拠となるのである．

　原因主語が目的語より構造的に低い位置（すなわち，VP 内部）から派生したとする証拠には，(17) のような現象もある．

(17) a.　自分の友達が　太郎を　苦しめた．　　（自分≠太郎）
　　 b.　自分の過去が　太郎を　苦しめた．　　（自分＝太郎）

動作主主語の (17a) では，目的語の「太郎」は「自分」の先行詞にはなれないが，原因主語の (17b) では，それが可能である．「自分」の解釈には，派生段階を含め，構造的に優位にある（C 統御する）要素を先行詞とするという条件が一般に想定されているが，(15) のような派生を行為者主語他動詞と原因主語他動詞に想定するなら，(17) の対比が簡単に説明できるのである．[9]

## 3.2.　所有者分離による他動詞の主語

　原因主語の他動詞文 (11) に，外項を持たない v を想定したが，目的語の所有者が主語となっている他動詞文 (12) にも，同じ v を想定するなら，所有者要素を目的語から分離するという操作を加えることで，同様の分析が可能となる．(12) は (11) に似て，他動詞文には，同じ要素が生起する自動

---

[9] ここで示した原因主語他動詞文の分析に問題があるとすると，他動詞 v に［＋対格］［－外項］という，(9) に v 素性のあり方で示した「Burzio の一般化」に反する指定が必要になることである（注 7 参照）．しかし，「Burzio の一般化」を v 素性の条件とするのではなく，派生の最後の表示での一般化と考えるなら，目的語（対格要素）を持つ他動詞構文において，意味役割を持つ主語要素が，VP 内部からの原因要素であれ，「主語」として生起するなら，その一般化は保持されるわけであるので，ここで示した分析の問題とはならないと考える．非行為者主語と「Burzio の一般化」については，第 5 節（注 12）で異なる視点から再度考察する．

詞文（14c, d）が存在し，意味的にもほぼ同義である．これらを（18）と
（19）に再掲する．

(18) a. ドルが値を上げた．
 b. 木々が葉を落とした．
(19) c. ドルの値が上がった．
 d. 木々の葉が落ちた．

　日本語は，様々な構文で名詞句内の所有者要素を名詞句外に分離させることが広く観察できる言語である．例えば，以下のような例は，広く用いられ，日本語の基本中の基本の構文である．

(20) a. 花子｛が／は｝背が高い． ← a′. ?花子の背が高い．
 b. 私｛?が／は｝頭が痛い． ← b′. ?私の頭が痛い．
 c. ドア｛が／は｝鍵が壊れた． ← c′. ドアの鍵が壊れた．

　述語の項構造の観点からは，所有者要素が主語名詞句内に留まり属格ノにより主名詞（背，頭，鍵）を修飾する右側のプライムの例が基本であるが，(20a′, b′) などは容認度が低く，言語運用の観点からは，分離した左の例の方が無標である．つまり，日本語においては，所有者要素の名詞句からの分離操作は，特別なものではなく，広く一般的に観察されるのである．(20) に示した例は，文頭の名詞句内から属格ノ要素が離脱する現象で，離脱した名詞句は，もはやノ格を受けることができず，ガ格を受ける．これを，久野 (1973), Kuno (1973) は「Subjectivization（主語化）」と呼び，Kuroda (1986) は，分離した文頭のガ格要素を「Major Subject（大主語）」とした．筆者は，長谷川（2011b）で，所有者分離は，主語（文頭）の名詞句からだけでなく，目的語からでもガ格（もしくは，分裂文の繋辞）などにより分離した名詞句が救われる統語的な手立てがあるなら，所有者分離現象が観察されることを指摘し，日本語が英語他の言語に比べ，多様かつ頻繁に分離現象が観察されるという事実は，統語部門（および，日本語の語用・情報構造解釈部門）で分離した名詞句を構造的・意味的に救うシステムを持つからであると論じた．目的語の所有者が他動詞の主語として現れる (18) のような例も，同様の所有者分離操作を受けて可能となると考える．
　これが，第1節で提起した，語彙意味部門とも語用・情報解釈部門とも

境界を持つ統語論の領域をどう考えるか，および，そうした境界現象をどう扱うかという問題につながるのだが，その考察の前に，(18) と (19) を，3.1 節の [−外項] 素性を持つ v を用いて分析しておく．

上述のように，(18) と (19) はほぼ同義であるが，動詞の形態（つまり，v の要素）が他動詞なのか自動詞なのかで異なる．つまり，両方とも，自他に共通の VP を持つが，自動詞 (19) の派生は，(7b) (15b) と同様で，VP 内の「対象」要素にヲ格を付与できないので，主格を受ける TP 指定部に移動する．他動詞 (18) には，行為者が存在しないことから，その v のタイプは，3.1 節の原因主語他動詞に想定された [−外項] [+対格] と考える．原因主語の (15a) との違いは，(18) には，目的語位置にある名詞句からその所有者要素が分離し，それが主語の位置へ移動するのである．つまり，(18a) の派生は (21) となる．

(21)　(18a)　ドルが値を上げた．

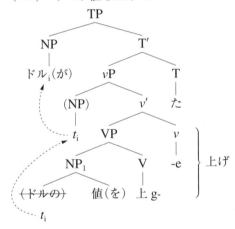

## 3.3. [−外項] 他動詞文のまとめ

典型的な他動詞は，その主語に LCS (4) の x にあたる「行為者」意味役割を持つ．しかし，他動詞には，VP 内要素から移動してきたと思われる，つまり，対応する自動詞では VP 内の要素として生起する，行為者以外の主語を持つ文も可能である．3.1 節での原因主語，3.2 節での目的語の所有者主語がそうした例である．それらの派生には，他動詞 [+対格] が VP 内

の「対象」に対格を付与し目的語とするが，独立した主語役割を生成させない［−外項］であることから，VP 内で格を受けない要素が主語として TP 指定部に移動する．それは，VP 内の付加詞の「原因」要素の場合もあれば，目的語から分離した「所有者」の場合もある．いずれも，基本的な出来事・事態としての意味（VP）は対応する自動詞と同義である．

そして，VP 内部から異なる要素が主語になり得るということは，同一の語幹から，同一の事態の表現として，自動詞文，原因主語の他動詞文，目的語の所有者を主語とした他動詞文，の 3 つが可能なことを予測する．そして，その予測は，(22) に示すように，正しい．(23) には 2 つの他動詞文の派生が示してある．

(22) a. その一言が 花子の気持ちを 和ませた．（原因主語他動詞文）
　　 b. 花子が その一言に 気持ちを 和ませた．（所有者主語他動詞文）
　　 c. 花子の気持ちが その一言に 和んだ．（自動詞文）

(23)

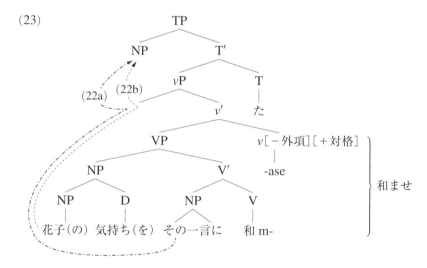

## 4. ［−外項］他動詞文の主語解釈の条件

第 1 節で述べたように，統語操作の基本は，構造構築と構造変換である．そして，その操作のあり方と適用可能性は，どんな言語にも，どんな現象にも対応出来るよう，できる限り一般的であるのが望ましい．上記で想定した

のは，語彙範疇，機能範疇から投射された句（VP, TP, NP など）の構築と LCS に対応する文中要素の D 構造への表出と，NP への格付与と主語の場合はそれに伴う移動，そして，NP 内から所有者要素を分離させる操作，である．どれも，一般的な統語操作であり，それらの適用の違い，v の素性指定の違いで，自動詞と他動詞の対応，主語に異なる意味役割を持つ他動詞文が生成できることを見てきた．

しかし，こうした操作だけでは，上記の「文法的な文」の他に，以下のような「非文法的」「容認度の低い」文も，同じ構造，同じ操作で，生成されてしまうことも事実である．括弧内は自動詞文であるが，それと意味的にほぼ同義として解釈される他動詞の例の容認性を考察してみよう．

(24) a. 事故が電車を遅らせた．　（電車が事故で遅れた．）［原因］
 b. 風がドアを開けた．　　　（ドアが風で開いた．）［原因］
 c. *駅前が事故を起こした．（事故が駅前で起きた．）［場所］
 d. *大阪が本社を移した．　（本社が大阪に移った．）［着点］
(25) a. ドルが値を上げた．　　　（ドルの値が上がった．）［所有者］
 b. 花子が足を折った．　　　（花子の足が折れた．）［所有者］
 c. *窓がガラスを割った．　（窓のガラスが割れた．）［所有者］
 d. *靴が底を減らした．　　（靴の底が減った．）［所有者］

(24) には，VP 内の付加詞要素が他動詞の主語となった例を示したが，ここでの文法性は付加詞の意味役割の違いと関係がある．「原因」なら主語となるが「場所」「着点」などの要素は主語とはならない．この違いは，どのように説明できるだろうか．この問いは第 5 節で再度扱う．

目的語の所有者が主語となる (25) の例についての文法性の対比は，もう少し微妙である．文法的な (a, b) と非文法的な (c, d) についての明確な違いは認められそうもない．[10] もう少し，例を見てみよう．

---

[10] 考察の対象は，所有者と所有物が「不可分」の場合に限る．3.2 節の (20) で観察した「主語化」「大主語」の例では，「Chomsky が本がよく売れる」「太郎が友達が留学している」などのように独立分離可能関係のものも可能であるが，目的語からの所有者分離は，一般に「不可分所有関係」が必要であり，「*Chomsky が本を届けた」は，自動詞文「Chomsky の本が届いた」との同義対応文としては容認できない．長谷川 (2011b) に関連する論考がある．

(26) a. 朝顔が蔓をのばした．　　（朝顔の蔓がのびた．）
　　 b. 木々が葉を茂らせた．　　（木々の葉が茂った．）
　　 c. 花子が顔色を変えた．　　（花子の顔色が変わった．）
　　 d. 太郎が髪を伸ばした．　　（太郎の髪が伸びた．）
(27) a. *靴が紐をほどいた．　　（靴の紐がほどけた．）
　　 b. *車がエンジンを壊した．（車のエンジンが壊れた．）
　　 c.??時計が針を止めた．　　（時計の針が止まった．）
　　 d.??猫がツメをのばした．　（猫のツメがのびた．）

　容認度判定の境界を探るには，(27c, d) のような微妙な例が参考になる．例えば，(27d) は，猫がネズミを捕らえるべく，自らの武器であるツメを研ぐ，というような状況では容認度は高くなるが，対応する自動詞同様猫のツメの状態の記述としては，容認度は低い．つまり，これらの他動詞文には，行為者他動詞文には到底及ばないが，目的語の状態変化（VP の事象）に対し，その所有者が何らかの責任・意図・必然性を持って関わっていると考えられる場合に容認度は上がるのである．容認度の高い (25a, b) や (26) では，所有者要素の内的性質としてその所有物の状態変化に影響を及ぼすことが想定でき，容認度の低い (25c, d)，(27a, b) には，そうした影響は想定しにくい．この事態に対する「責任・意図・必然性」は，一般的に意味役割に想定している「行為者（Agent）」「対象（Theme）」「原因（Cause）」「着点（Goal）」「経験者（Experiencer）」などのように明確に規定することは難しい．そして，そもそも「所有者」は，「対象」役割を持つ目的語の所有者であるから，述語の概念的意味に直接的に特定の意味役割を持つ要素として参画しているとは考えにくい．そうであるなら，ここで見られる「容認度」の違いとそれと関わる「責任・意図・必然性」といった関係性は，述語の意味が表出する D 構造ではなく，派生を通して「獲得」したか，派生で得られた表示から「解釈」するといったアプローチが考えられる．

　統語論では，派生の過程で D 構造（構造構築に関わった要素の素性）の情報は変更されないと想定されている．もし，上述のように，[−外項] の v が，VP 内部の所有者が上昇してくることで「責任・意図・必然性」といった解釈を受けるとすると，それは，「派生段階での追加情報」ということになり，統語操作上では「違反」となる．

ここで考えられる道筋は，(i) 統語現象としては，[−外項] v の主語については，容認度の如何に関わらず，全て「文法的」とし，容認されるものについては，言語運用の観点から「責任・意図・必然性」を想定できるものを容認する，もしくは，(ii) 統語構造に反映される意味役割，特に，他動詞形態素 v の指定部に生起する[外項]には，従来の「行為者」というような意味役割のラベルでなく，「責任・意図・必然性」といったものに対応可能なもう少し包括的な「意味」を持たせ，その指定と合致するものが容認される．両方とも，従来からの統語論では採用していない方向なのだが，以下では，Reinhart (2003) の「θ システム」に言及し，かつ，文構造の機能範疇に特定の語用・情報構造と関わる「意味・機能」を想定するカートグラフィの考え方にも準じて，主語の解釈を考えてみたい．

## 5. 意味役割の素性と主語の解釈

### 5.1. Reinhart の θ システム

Reinhart (2003) は，意味役割が脈絡なく Agent（行為者・動作主），Theme（対象），Cause（原因）などとラベル付けされていることに対し，それらは，基本的には [±Cause]（原因），[±Mental State]（心的状態）（以下では，[±C] [±M] と略す）の 2 つの素性の組み合わせにより規定されており，[+] [−] のあり方で，内項（VP 内に生起する意味役割）と外項に生起する意味役割を区別することができるという「θ システム」を提案した．

(28)　意味役割の素性[11]
  a.　[+C, +M]: Agent    b.　[−C, −M]: Theme, Patient
  c.　[+C]: Cause       d.　[+C, −M]: Instrument

---

[11] (28) は Reinhart (2003, Table 1) を多少簡略化したものである．このシステムでは，Sentient という意味役割を Experiencer とは分けており，前者は love や think, believe の主語に，後者は surprise や please の目的語として表れ，基本的には，前者は外項，後者は内項となる．他にも，Theme と Subject Matter を別の素性で表すなど，従来の意味役割では，説明できなかった現象も分析が可能となることが論じられている．本章では，各々の素性の組み合わせや対応する意味役割についての妥当性を考察・検証することはできない．主語の素性についてのみ扱う．詳細は Reinhart を参照されたい．

   e. [−C, +M]: Experiencer  f. [+M]: Sentient
   g. [−M]: Subject Matter, Locative Source
   h. [−C]: Goal, Benefactor  i. [ ]: Arbitrary
(29) 内項と外項の表れ方：
  a. 内項要素：[−] のみの素性を持つもの
    [−C, −M] (Theme), [−C] (Goalなど), [−M] (Subject Matter)
  b. 外項要素：[＋] のみの素性を持つもの
    [＋C, ＋M] (Agent), [＋C] (Cause), [＋M] (Sentient)
  c. 外項もしくは内項要素：[＋] と [−] が混ざっているもの
    [−C, ＋M] (Experiencer), [＋C, −M] (Instrument)

 Reinhart の θ システムの詳細に立ち入ることはできないが，ここで注目したいのは，意味役割は個々の独立した役割ではなく，出来事・事象を引き起こす「原因」となり得る要素か否か（[±C]），出来事・事象にヒトの心的状態・精神活動が関わるか否か（[±M]）という点から，その組み合わせの可能性が絞られ，従来の個別に独立していると想定されている意味役割は，この 2 つの素性の組み合わせ・表れ方の結果に過ぎないという主張である．さらには，外項として表れるか否かは，素性の値 [＋] [−] の表れ方にあるとする一般化 (29) である．特に，外項となり得る要素は，「原因 C」もしくは「心的状態 M」がプラスでなくてはならないとの一般化は，上記で扱った主語の解釈には非常に示唆的である．「行為者」と「原因」が主語となることは上記の例でも明らかなので，[＋C, ＋M], [＋C] 素性要素が主語となるとの記述は妥当であろう．そして，(24c, d) の非文法性，つまり，「出来事の場所」や「着点」は主語にはなれないという事実も，前者が [−M] で後者が [−C] であり，[＋] 素性を持つ要素が主語となるとの (29b) の違反として説明できる．

 問題は，「行為者」「原因」とは異なる「所有者」主語の事態に対する「責任・意図・必然性」といった解釈が，(29b) で指定している [＋M] 素性と合致するか否かである．Reinhart でも [＋M] 要素については詳細な検討はなされていないのだが，[＋M] はヒトの精神構造だけでなく擬人化や，責任性などをも含む素性と考えるなら，第 4 節での「主語の容認度」の違いも説明できる可能性が出てくると思われる．つまり，容認度の低い (27) の主

語は [＋M] とは相容れないが，容認度の高い (26) の主語は「責任・意図・必然性」を可能とする [＋M] 要素と見なすのである．

## 5.2. 他動詞 v 素性の改訂

　主語要素の解釈に Reinhart (2003) の θ システムを採用するなら，第3節で想定した他動詞 v の素性についての考え方を，改訂する必要がある．第3節では，他動詞 [＋対格] の v には，行為者を主語とする [＋外項] と外項要素を生成しない [－外項] があると仮定し，[－外項] の場合は，VP 内部からの要素が移動してくると分析した．しかし，(29b) の一般化を v 素性に適用するなら，他動詞 v は全て [＋外項] 素性を持ち，それは，動作主 [－C, ＋M] だけでなく，[＋C]（原因）や [＋M] 要素として具現するということになる．[12]

　そして，更なる改訂は，主語の意味役割についての考え方である．第1節で述べた従来の統語構造と意味役割の関係は，統語構造は LCS から出来事への参画要素を写像 (mapping) され，それらを述語の投射 (VP) 内に NP (PP，CP など) として生成して D 構造を構築する．vP の [外項] 要素も LCS から読み取り，それが vP 指定部に生成された．しかし，(29b) のような θ システムを想定するなら，VP 内部はともかく，vP は，具体的な動詞とは別に，主語 [外項] と格付与と関わる範疇として位置づけられ，その指定部に生起する [外項] は，[＋C, ＋M]，[＋C]，[＋M] のいずれかとして解釈される．そこに生起する要素は，VP から独立して生起すること (External Merge) も，VP 内部要素が移動してくること (Internal Merge) も許されるが，最終的に VP との整合性で容認度が決まるのである．[13]

---

　[12] 第3節 (注9) では，他動詞 v に [－外項] の指定を許す Hasegawa (2001, 2004, 2007) の提案を採用し，v の素性と「Burzio の一般化」は連動する必要はないと述べたが，ここでは，他動詞 v に (29b) の素性を想定し，それらが「原因」主語，目的語から分離した「所有者」主語の意味機能を説明すると分析し直した．この分析では，他動詞 v には，常に (29b) の素性が関わるわけであるから，[＋外項] となり，「Burzio の一般化」は v の指定のあり方を規定しているとの Collins (1996) の主張が踏襲できることになる．
　[13] ここでの提案と (9) を想定した第2節の提案の違いは，主語の [＋外項] には，D 構造に限らず派生過程で vP 指定部に，NP が生起，もしくは立ち寄るなら [＋外項] 指定が満たされるという点である．ただ，その場合，その NP は，(29b) にあるように，[＋] 素性を持つ [＋C, ＋M]（行為者），[＋C]（原因），[＋M] (Sentient) でなければならず，その

このような範疇の機能と解釈は，意味役割と関わる構造ではこれまで想定されてこなかったが，機能範疇であるCP領域では，文中の要素が移動，もしくは，直接併合（External Merge）した要素が，生起した主要部の機能に応じて，トピック，焦点，疑問詞オペレータなどの機能を獲得する．他動詞vも機能範疇の1つであるから，CP領域同様のことが起こる範疇であると想定しても問題がないと思われる．いや，むしろ，問題がないどころか，本章で扱った同じ述語に「主語の解釈」の可能性が複数許されることは，この方向が望ましいことの証左であると考えたい．そして，このようなシステムなら，主語解釈に見られる日本語と英語の違いにも対応が可能と思えるのである．紙幅の都合もあり，次節では，ケーススタディとして，日英語の主語選択における明白な違いだけを扱う．

## 6. 日本語と英語の主語

　上記で考察してきたのは全て日本語の例であるが，目的語の「所有者」が他動詞の主語となる日本語の例（再録も含め（30）の例）は，それと構造的に対応する英語にすると，(31)に見るように，非文法的，もしくは，非常に奇異な意味（主語を無理矢理「行為者」とする読み）となる．[14]

(30) a. ドルが値を上げた．　（ドルの値が上がった）
　　 b. 朝顔が蔓をのばした．　（朝顔の蔓がのびた）
　　 c. 風が勢いを増した．　（風の勢いが増した．）

(31) a. *The dollar raised its value. (The value of the dollar went up.)

---

NPが「行為者」なら，直接併合（External Merge）操作により，「原因」や目的語から分離した「所有者」なら，移動による内的併合（Internal Merge）操作によりもたらされるわけである．結果として，第3節で扱った行為者主語文と原因主語文の数量詞の作用域や「自分」の解釈で観察された違いは，ここでの提案でも同じように捉えることができることは指摘しておきたい．

[14] 英語も経験者（もしくはSentient）が主語となるような(i)の表現は日本語同様文法的である．

　(i) a. He calmed his nerve. （彼は気持ちを静めた．）
　　  b. She changed color. （彼女は顔色を変えた．）

b. *The morning glory grows its vine.　(The vine of morning glory grew.)
　　　c.*?The wind strengthened its force.　(The force of the wind strengthened.)

　(30) のような例の主語は，[＋M] で事態の生起には何らかの「内的責任」があると解釈できるのが日本語なのだが，(31) の英語はそのような解釈が難しく，あくまでも主語を無理に「行為者」とするしかない．それが難しいために容認度が極端に低いのである．

　こうした日本語と英語の違いは，主語の意味役割の違いとするより，言語により [＋M] の解釈にどの程度の幅を持たせるかという観点から記述することが望ましいと思われる．これは，言語や文化により，例えば「色」の幅の取り方が異なるが（例えば，日本語の「青」には，「青の信号」というように英語では blue ではなく green とする色までも含めることができる），[＋M] についても，日本語では，精神構造を持つヒトだけでなく，所有物の変化にその内的性質が関与する主体にも適用できると考えるわけである．

　日本語の主語については，日本語学や認知言語学の研究においても，他言語より「責任」を伴う要素を要求するという現象が指摘されているが（Washio (1993), 鷲尾 (1997), パルデシ (2002), 野田 (2015) など），本章での主語の考え方なら，そうした研究の成果を取り込むことができると思われる．

　さらに，(32) の対比から明らかだが，英語では他動詞の主語として「道具 (Instrument)」((28d) の [＋C, －M]) を許すが日本語では許さないという事実も，主語（外項）として，日本語では，[＋M] を優先し，(29c) の [＋] [－] 混合型の「経験者」([－C, ＋M]) と「道具」([＋C, －M]) では，明確な [－M] を持つ「道具」は許さず，英語は，[＋C] 志向で，道具を許す，というような説明が可能となるであろう．

　(32)　a.　The key opened the door.　　*鍵がドアを開けた．
　　　　b.　The stone broke the window.　*石が窓を壊した．

## 7. まとめ

　統語操作は，可能な限り個別言語現象や特定構文から独立させ，言語一般に適用されることが望ましい．しかし，抽象的には同じ統語構造でも，言語間の相違や構文の違いが厳然として存在する．それを，統語論現象ではないと無視してしまっては，そうした相違に対し，統語論や統語構造の観点からの寄与は限られてしまう．統語研究の成果も，個別言語研究や言語の持つ認知的意味の考察と実りある言語研究につなげられる筈なのである．本章では，文の基本構造である他動詞文における主語の振る舞いと解釈を扱い，統語的な文構造の派生プロセスに，どう意味役割が関わり，どんな操作と解釈が言語間の違い，構文の違いをもたらすかを考察した．意味役割は，各々独立した意味要素として，しばしばLCSやレキシコン情報として扱われるが，本章では，Reinhart (2003) のθシステムの考え方を導入し，少なくとも派生の最後に読み取る主語の意味解釈は，機能範疇vに指定された［＋］の値を持つ [Cause] と [Mental State] 素性（つまり，［＋C］，［＋M］，［＋C, ＋M］）が［外項］素性としてあり，それが同じ他動詞でも異なるタイプの主語解釈を許すとの分析を提示した．そして，日英語の主語要素の容認度の違いは，行為者（Agent）に対応する［＋C, ＋M］は両言語ともに最も無標な主語要素だが，英語では［＋C］を志向し，日本語は［＋M］を志向すると想定すれば，日本語学や認知言語学などで指摘されてきた言語間の違いにも対応が可能であるとの見通しを示した．

　意味解釈と統語構造の関係は明確には規定できないが，統語操作については，半世紀以上の研究背景から，「可能な限界」「方法論」がある程度確立されてきている．それを駆使し，限られた範囲内で「できること」を明確に把握することで，意味解釈や構文に見られる相違点が明らかになり，そこを接点として，個別言語研究や言語比較，認知言語学などの知見を取り込むことが可能と思われる．本章で扱った主語の解釈と日英語の相違は，そうした試みの1つである．

**参考文献**

Chomsky, Noam（1995）*The Minimalist Program*, MIT Press, Cambridge,

MA.

Collins, Chris (1997) *Local Economy*, MIT Press. Cambridge, MA.

藤田耕司・福井直樹・遊佐典昭・池内正幸(編)(2014)『言語の設計・発達・進化：生物言語学探究』開拓社，東京．

Hale, Kenneth and Jay Keyser (1993) "On Argument Structure and the Lexical Expression of Syntactic Relations," *A View from Building 20: Essays in Linguistics in Honor of Sylvain Bromberger*, ed. by Kenneth Hale and Jay Keyser, 1-52, MIT Press, Cambridge, MA.

長谷川信子 (1999)『生成日本語学入門』大修館書店，東京．

Hasegawa, Nobuko (2001) "Causatives and the Role of *v*: Agent, Causer, and Experiencer," *Linguistics and Interdisciplinary Research: Proceedings of the COE International Symposium*, ed. by Kazuko Inoue and Nobuko Hasegawa, 1-35, Kanda University of International Studies, Chiba.

Hasegawa, Nobuko (2004) " 'Unaccusative' Transitives and Burzio's Generalization: Reflexive Constructions in Japanese," *Proceedings of the Workshop on Altaic Formal Linguistics* 1, 300-314. MITWPL, Cambridge, MA.

Hasegawa, Nobuko (2007) "The Possessor Raising Construction and the Interpretation of the Subject," *Phrasal and Clausal Architecture: Syntactic Derivation and Interpretation*, ed. by Simin Karimi, Vida Samiian and Wendy K. Wilkins, 62-99, John Benjamins, Amsterdam.

長谷川信子 (2007)「日本語の主文現象から見た統語論：文の語用機能との接点を探る」長谷川信子(編)『日本語の主文現象：統語構造とモダリティ』1-21, ひつじ書房，東京．

長谷川信子 (2010)「文の機能と統語構造：日本語統語研究からの貢献」長谷川信子(編)『統語論の新展開と日本語研究：命題を超えて』1-30, 開拓社，東京．

長谷川信子 (2011a)「統語構造と発話の力——日本語の CP 領域現象から——」武内道子・佐藤裕美(編)『発話と文のモダリティ』(神奈川大学言語学研究叢書 1) 89-114, ひつじ書房，東京．

長谷川信子 (2011b)「「所有者分離」と文構造：「主題化」からの発展」長谷川信子(編)『70 年代生成文法再認識——日本語研究の地平——』85-121, 開拓社，東京．

影山太郎 (1996)『動詞意味論——言語と認知の接点』くろしお出版，東京．

影山太郎 (2002)「非対格構造の他動詞」伊藤たかね(編)『文法理論—レキシコンと統語』119-145, 東京大学出版会，東京．

金田一春彦 (1950)「国語動詞の一分類」『言語研究』15, 48-63．［金田一春彦

（編）（1976）『日本語動詞のアスペクト』むぎ書房．に再録］
久野暲（1973）『日本文法研究』大修館書店，東京．
Kuno, Susumu (1973) *The Structure of the Japanese Language*, MIT Press, Cambridge, MA.
Kuroda, S.-Y. (1986) "Movement of Noun Phrases in Japanese," *Issues in Japanese Linguistics*, ed. by Takashi Imai and Mamoru Saito, 229–271, Foris, Dordrecht.
Levin, Beth and Malka Rappaport-Hovav (1995) *Unaccusativity: At the Syntax-Lexical Semantic Interface*, MIT Press, Cambridge, MA.
野田尚史（2015）「世界の言語研究に貢献できる日本語文法研究とその可能性――「する」言語と「なる」言語，高コンテクスト言語と低コンテクスト言語の再検討を中心に――」益岡隆志（編）『日本語研究とその可能性』106–132，開拓社，東京．
パルデシ，プラシャント（2002）「「責任重視型」日本語対「意図重視型」インド諸語：非意図的な出来事の認知的対照研究」『日本語教育論集　世界の日本語教育』12, 123–144.
Reinhart, Tanya (2003) "The Theta System-An Overview," *Theoretical Linguistics* 28, 229–290.
杉岡洋子（2002）「形容詞から派生する動詞の自他交替をめぐって」伊藤たかね（編）『文法理論――レキシコンと統語』91–116，東京大学出版，東京．
Takezawa, Koichi (1987) *A Configurational Approach to Case-marking in Japanese*, Doctoral dissertation, University of Washington.
Vendler, Zeno (1967) *Linguistics in Philosophy*, Cornell University Press, Ithaca.
Washio, Ryuichi (1993) "When Causatives Mean Passive: A Cross-Linguistic Perspective," *Journal of East Asian Linguistics* 2, 45–90.
鷲尾龍一（1997）「他動性とヴォイスの体系」『ヴォイスとアスペクト　日英語比較選書7』2–106，研究社出版，東京．

# 第 2 章

# 生成文法と認知言語学との対話は可能か？
—長谷川論文へのコメント—

西村義樹（東京大学）
長谷川明香（成蹊大学）

## 1. はじめに

　長谷川論文で分析されている現象の多くはたまたま評者らも 20 数年前から考察してきたものであり，生成文法と認知言語学という根本的に異なる理論に拠って立つ研究者が同じ現象に長年取り組んできたこと自体興味深い．本章の目標は，両者の分析を比較検討することを通して，当該現象をめぐって 2 つの理論が本質的に異なる点を明らかにし，両理論の有意義な対話の可能性を模索することである．

## 2. 全体的な共通点と相違点

　長谷川論文の分析と評者らの分析の主な共通点は，日英語の（主として使役的な意味をもつ）他動詞構文の主語が以下に例示するように

(1) a.　太郎がドアを開けた．[1]
　　 b.　突風がドアを開けた．
(2) a.　John opened the door.

---

[1] 長谷川論文では直訳的に対応する (1b) と (2b) のような表現の日本語と英語としての自然さにおける差異は問題にされていないが，評者らはここにはこの 2 つの言語の性格の重要な違いが反映されていると考えている．この点については，本書第 19 章の西村・長谷川論文を参照されたい．

  b. A gust of wind opened the door.

〈行為者〉と〈原因〉という異なる意味役割を担いうるのはなぜか，および，この現象をめぐって日本語と英語の間に例えば以下のような差異が見られるのはなぜか，の解明を目指していることである．

 (3) *この鍵がドアを開けた．[2]
 (4) This key opened the door.

 一方，2つの分析の主な相違点は，意味から自律した（純粋に形式的な）統語操作が決定的に重要な役割を果たすか，それとも，意味に基盤を持つ説明原理のみを用いるか，にあると考えられる．この対照的な分析の手法が生成文法と認知言語学（とりわけ認知文法）の（狭義の）文法に対する根本的に対立する見方——文法の知識を意味から自律していると見るか否か——の反映であることは言うまでもない．次節では，認知言語学の立場から長谷川論文の主な論点のいくつかを批判的に検討する．

## 3. 主要な論点へのコメント

### 3.1. 主語の意味役割の違いを統語構造の違いに反映させることの意義

 評者らは，認知言語学の立場から，行為者主語と原因主語の関係を，〈行為者〉を使役構文の主語の意味役割のプロトタイプ，（狭義の）〈原因〉をその自然な拡張とする[3]ことにより捉えている．そうすることにより，この現象に意味による動機づけを与えることが可能になる．この現象をめぐる日本語と英語の違いは共通のプロトタイプの拡張の方向と程度における慣習の違

---

 [2] この文が完全に容認不可能ではないとしても，いわゆる道具主語の使役構文の例である (4) が（対応する行為者主語の文に比べて使用状況は限定されるものの）自然に用いられうることとの対比は重要であると思われる．一方，日本語にも十分容認可能な道具主語の使役構文がある（e.g.「頑固な汚れもすっきり落とす洗剤」）ことも注目に値する．道具主語の使役構文について詳しくは脚注4に挙げた文献を参照されたい．

 [3] 行為者は，それが存在しなければ問題の事態は生じないという点で，一種の原因にほかならないと言えることにも注目されたい．Talmy (1988) は force dynamics（力動性）の観点からの使役の分析において行為者を意図性の伴う原因（volitional cause）として位置づけている．

このような認知言語学的分析の観点からは，長谷川論文（とりわけその前半）のように，表面上は同じ文法形式が主語に〈行為者〉と〈原因〉という異なる意味役割を担う名詞句を許容するという事実をその文法形式の基底にあると想定される統語構造における他動詞 v の［外項］の指定に関する違い（行為者主語は［＋外項］，原因主語は［－外項］）によって説明しようとすることの意義が問題になる．

　原因主語の場合の v が基底で外項を持たないと考える最大の動機の 1 つは原因主語の構文（例えば (1b)）と原因を付加詞として表現する構文（例えば (1c)）との同義性[5]であると思われるが，

(1) c.　ドアが突風で開いた．

認知言語学の観点からは，表面上の構造が異なる文の真理条件が等価であるだけではそれらの文の意味が同じであることは保証されない．複数の構文の具体例が同一の事態に適用可能であっても，それらの構文がその事態に対する互いに異なる捉え方（construal）をそれぞれの慣習化された意味として組み込んでいる可能性がある，というのがこの理論の基本的な考え方だからである．[6,7]

## 3.2. 行為者主語と原因主語の構造的位置の違いを支持する証拠

　長谷川論文では，行為者主語と原因主語では出発点での構造的位置が異なることを支持する証拠として興味深いデータが検討されているが，データの解釈の容認性判断の中にはかなり微妙なものがあると思われる．例えば，長谷川論文では (5)（＝長谷川論文 (16)）について，

---

[4] Nishimura (1993, 1997), 西村 (1998), Hasegawa (2010), 西村・野矢 (2013: 第 4 回) および本書第 19 章の評者らの論文を参照されたい．

[5] 長谷川論文での「同義」とは「真理条件的に等価」のことであると考えておく．

[6] 脚注 4 に挙げた文献では，(4) のようないわゆる道具主語の構文の主語の指示対象は (4′) のような対応する（同じ事態に適用可能な）行為者主語の構文の前置詞の目的語の場合とは異なり，非典型的な〈行為者〉として捉えられているという分析が提示されている．

　(4′)　Somebody opened the door with this key.

[7] この点と関連するが，長谷川論文を読む限りでは，参照されている LCS を用いた同種の現象の分析に対する同論文の分析の優位性が示されているようには思われない．

(5) a. 車掌か運転手が全ての電車を遅らせた．
　　b. 風か雪が全ての電車を遅らせた．

(5b) には「風か雪のどちらか一方が全ての電車を遅らせた」と「風か雪が全ての電車を遅らせたが，その中には風が遅らせたものと雪が遅らせたものがある」という2つの解釈があるのに対して，(5a) には前者に対応する「車掌か運転手のどちらか一方が全ての電車を遅らせた」という解釈しかないとされているが，評者の1人（西村）には (a) と (b) にそのような違いがあるとはどうしても感じられなかった．そこで，都内の複数の大学での授業において小規模なアンケート調査を行った結果，西村と同じ判断をした人もかなりの数に上った．（長谷川論文と同じ判断をした人も多かったものの，少数ながら逆の判断をした人もいた．）

また，行為者主語の以下の文では

(6)　太郎か花子が全ての花瓶を壊した．

（例えばある家の花瓶がある日全て壊され，その日にはその家に太郎と花子の2人しかいなかったという状況では）「太郎か花子が全ての花瓶を壊したが，その中には太郎が壊したものと花子が壊したものがある」という解釈もありうると評者らには思われる．

話者によってこのように判断が大きく分かれる微妙なデータに基づいて行為者主語構文と原因主語構文の出発点での主語の構造的位置が異なることの証拠にすることに問題がないとは言えないであろう．[8]

長谷川論文では，(7)（=長谷川論文 (17)）の「自分」の解釈も同じく証拠として挙げられている．

(7) a.　自分の友達が太郎を苦しめた．（自分 ≠ 太郎）
　　b.　自分の過去が太郎を苦しめた．（自分 = 太郎）

---

[8] 仮に長谷川論文が提示するような解釈上の差異が実際にあったとしても，それが認知言語学の立場からの評者らの分析にとって深刻な問題になるわけではない．そのような差異があるとすれば，それは主語の指示対象に行為遂行の意図があるか否かに起因するものと考えられるが，意図性の有無との関連で生じる多くの現象の場合と同様，この点での差異を統語構造の違いに帰する必要があるとは評者らには思われない．

評者らがアンケート調査を行ったところ，これらについては大多数の人が著者と同じ判断であったものの，「自分の X」の X に別の名詞句を入れると，「自分」に関して (7) の場合とは異なる解釈が可能であると答えた人が多数いた．例えば，

(8) a. <u>自分</u>の {腹心の部下／家族／1 人息子} が<u>太郎</u>を苦しめた．
　　b. <u>自分</u>の {批判／依頼／本} が<u>太郎</u>を苦しめた．

(8a) では「太郎」を「自分」の先行詞とする解釈を許容する人が相当数に上り，逆に (8b) では「太郎」を「自分」の先行詞とする解釈は不自然（「自分」が発話者を指すと解するのが自然）であると判断した人が多かった．

したがって，「自分」の解釈をめぐるデータも行為者主語構文と原因主語構文の出発点での主語の構造的位置が異なることを明確に示す証拠とは言えないように思われる．[9]

そもそも，(7b) のようなある種の心理動詞を述語とし原因主語をとる文を，長谷川論文のように，対応する行為者主語をとる文とは異なり，主語が目的語より構造的に低い位置（VP 内部）から移動することによって生じるとする分析は Belletti and Rizzi (1988) に遡ると思われるが，少なくとも対応する英語の心理動詞文（例えば (9)）をこのように分析することに対しては長谷川欣佑 (2004: 7.4.1.) のような強力な反論がある．

(9) The news {amused／worried／bothered／frightened} George.

長谷川欣佑氏の代案は，(9) を同じ心理動詞が行為者主語をとる場合と統語的には等価であると考え，これらの動詞が主語として異なる意味役割を担う名詞句を許容することは（この現象に限らず広く適用可能な）以下の意味的一般化によって捉える，というものである．

(10) 　運動・変化を表す動詞の主語は，「運動・変化を引き起こす主体 (initiator)」という解釈を常にもつが，それに付随的に「意図」の

---

[9] (7) や (8) における「自分」の解釈をどのように捉えるべきかについて評者らにも現段階で代案を示すことはできないが，van Hoek (1997: ch. 7) が英語の再帰代名詞に関して提示したような，参照点 (reference point) や視点 (point of view) を用いた認知文法の観点からの分析が可能なのではないかと考えている．

意味成分が加わりうる（加わった場合はいわゆる「行為者」(agent) になる）．

ここで問題になっている現象の場合の「運動・変化を引き起こす主体」とは行為者主語と原因主語に共通する意味的特性——心理的変化を引き起こす主体——であるから，この代案は認知言語学の立場からの評者らの分析にきわめて近いものであると言える．[10]

### 3.3. Reinhart の θ システム

長谷川論文の後半では Reinhart (2003) の θ システムが採用されているが，このシステムとその適用法について評者らには不明の点がいくつかある．

例えば，〈行為者〉（[＋C，＋M]）と〈道具〉（[＋C，−M]）は〈原因〉（[＋C]）の下位カテゴリーなのか？ もし下位カテゴリーであるとすれば，行為者主語と原因主語の出発点での構造的位置が異なるという分析と矛盾することにならないのか？[11] もし下位カテゴリーでないとすれば，素性は C と M 以外にもあるのか？

また，〈行為者〉の＋M は行為の意図性を意味するのか？ そうだとすると，その意図は行為の結果まで含むのか，それとも含まなくてもよいのか？ 例えば，(7a) の「自分の友達」は「太郎」を苦しめることを意図して行為を行っていなくてはならないのか，そうでなくてもよいのか？

結果の達成まで意図に含まれていなければ〈行為者〉とは言えないのであれば，そうでない場合の「太郎」は〈原因〉なのか？ そうだとすると，その場合でも「太郎」を「自分」の先行詞とする解釈が不可能なのはなぜなのか？

結果の達成までは意図に含まれていなくても〈行為者〉になれるのだとすると，〈行為者〉と〈原因〉（とりわけ (5b) の「風」や「雪」のような自然の力）の違いはどこにあるのか？

---

[10] 脚注3参照．Pinker (2013 [1989]: 164-166) も英語の同種の心理動詞が原因主語をとる場合について同様の分析を提示している．

[11] 長谷川論文の5.2節は原因主語を（行為者主語と同じく）［＋外項］として分析し直すことを提案しているように読めるが，その読みが正しければ，この論文の前半に批判的検討を加えたことの意義は大きく減じることになる．

長谷川論文で提案された分析における Reinhart のシステムの有効性を評者らが正当に判断するためには，以上の疑問点が解消される必要がある．

## 4. 結び

以上の考察によって，〈行為者〉と〈原因〉という異なる意味役割を担う名詞句が表面的には同一の構文の主語になりうるという現象をめぐって，生成文法と認知言語学がどこでどのように対立しているかは明らかになったと思われる．その上で，この2つの理論の間に有意義な対話が成立しうる見通しが得られたか否かの判断は読者諸賢に委ねることにしたい．

### 参考文献

（長谷川論文に掲載されているものは省略）

Belletti, Adriana and Luigi Rizzi (1988) "Psych-verbs and Theta-theory," *Natural Language and Linguistic Theory* 6 (3), 291–352.

長谷川欣佑 (2004)『生成文法の方法：英語統語論のしくみ』研究社，東京．

Hasegawa, Sayaka (2010) "A Figurative Approach to Non-prototypical Agents,"『杏林大学研究報告 教養部門』第 27 巻，109–118.

Nishimura, Yoshiki (1993) "Agentivity in Cognitive Grammar," *Conceptualizations and Mental Processing in Language*, ed. by Richard A. Geiger and Brygida Rudzka-Ostyn, 487–530, Mouton de Gruyter, Berlin.

Nishimura, Yoshiki (1997) "Agentivity and Causation in Cognitive Linguistics," *The Locus of Meaning*, ed. by Keiichi Yamanaka and Toshio Ohori, 277–292, Kurosio, Tokyo.

西村義樹 (1998)「行為者と使役構文」中右実・西村義樹『構文と事象構造』，107–203，研究社出版，東京．

西村義樹・野矢茂樹 (2013)『言語学の教室——哲学者と学ぶ認知言語学』中央公論新社，東京．

Pinker, Steven (2013 [1989]) *Learnability and Cognition: The Acquisition of Argument Structure*, MIT Press, Cambridge, MA.

Talmy, Leonard (1988) "Force Dynamics in Language and Cognition," *Cognitive Science* 12, 49–100.

van Hoek, Karen (1997) *Anaphora and Conceptual Structure*, University of Chicago Press, Chicago.

第 3 章

# 統語論の自律性仮説について*

田窪行則（京都大学名誉教授）

## 1. はじめに

　言語をコミュニケーションの道具と考え，その設計理念をこの性質に基づいて考察する立場は機能主義と呼ばれる．それに対して，言語はそのコアの部分はコミュニケーションから独立しているとし，統語計算にかかわる部門を認めて，それが意味形式と音声形式とをつなぐとする立場は形式主義と呼ばれることがある．生成文法は形式主義に立つ理論であり，それが仮定する統語的計算システムは，コミュニケーション機能とは原則的に独立して存在していると仮定される．言語コミュニケーションにかかわる一般化としては，例えば情報構造，語用論，相手の知識に関する想定などが考えられる．強い機能主義のアプローチでは，これらが言語形式のあり方を決定するとする．このような強い機能主義を標榜している言語学者はそれほど多くないと思われるが，例えば仁田 (1991) などは，書かれたものを読む限り強い機能主義に立っていると思われる．[1] 機能主義によるとしても，コミュニケーション機能が言語形式のすべて，あるいはその多くを決定していると考えるものは多くはなく，大部分は統語論の存在を認めている．また，Langacker (1987) などの認知言語学のアプローチはコミュニケーション以外に，認知

---

\* 本章は田窪 (2003) を大幅に修正加筆したものである．

[1] 仁田 (1991: 13)「文は，言語活動の基本的単位である．したがって，文は，そして，そのことによって，文の表す意味は，言語行動の単位にふさわしい構造的なあり方をしているはずである．」

システムを言語の設計理念に組み込んでいる．このアプローチも認知構造が言語形式を決定しているという意味で，認知主義とでも言ってよいだろう．これもその強い立場では，形式的な統語論の存在を認めない．これに対して，形式主義に立つ立場では，言語のコミュニケーション機能や認知機能にかかわる部分を認めない立場はないと思われる．ただ，生成文法ではその研究対象を言語の科学的に研究できる部分，すなわち「文法」に絞っているため，語用論やコミュニケーション，認知機能にかかわる部分は，その中心的研究対象にならなかったといえるだろう．

　生成文法では言語の統語計算にかかわる部分が，言語のパーフォーマンスにかかわる部分，例えば音声指令や意味解釈指令の入力となり，これらインターフェイス部分とは独立していると考えられている．これは「統語論の自律性仮説」と呼ばれる．[2]

　統語論の自律性仮説を認める立場に立つことと言語がコミュニケーションの道具であることを認めることとは特に矛盾しない．機能主義的立場と生成文法のような形式的な立場が矛盾するのは，言語の設計理念をコミュニケーションや一般認知機能に求めるか否かであろう．認知言語学のテーゼでは統語論，意味論，語用論を特に区別しない．例えば，語彙に関しては当然，ある種の認知インターフェイスを取らなければ記述できない現象は多くあるし，言語の使用場面で決まる意味や解釈は多く存在するからである．これに対して統語論の自律性を認めると機能的な規則に関しても，統語部門の出力に対して適用されるとせねばならないことになる．

　実際には，機能主義的なアプローチをとる研究者が生成文法研究者に対して，形式的なアプローチでは解明できない言語の側面も多くあるとして非難することもある．生成文法は言語ではなく，文法という，言語形式の形式的な計算がかかわる言語の非常に限られた側面しか研究対象にしていないのであるからそのような非難はあたらない．また，生成文法研究者も，機能主義的な研究が一般化，形式化が不十分であるなどの批判をすることもあるだろう．

　しかし，言語形式の形式的な計算がかかわる文法装置の研究とその装置のコミュニケーションにおける機能や，言語の情報構造と言語形式の関係との

---

[2] これと「言語機能の自律性」仮説とは概念として別のものと考えることができる．

研究は特に両立できない理由は見当たらない．一方で，生成文法のような文法の構成に関して非常に特定的な性質を付与している理論においては，文法と言語の機能的側面との関わり方が制約される．本章では，生成文法のいくつかの理論的基盤を見て，それが機能的側面，使用的側面といかに関わり得るかを見てみよう．

## 2. 統語論の自律性仮説

「統語論の自律性仮説」は，通常特に明示的な形でその内容が述べられることがなく仮定されている．上述したように統語論の自律性仮説と機能主義的なアプローチとはアプリオリには背反するものではなく，両立することも可能である．しかし，統語論の自律性仮説を仮定する理論的アプローチでは，ある形の機能論的言明は述べることができない．ここでは，統語論の自律性仮説をある程度明示的に述べることにより，機能主義的アプローチと自律性仮説に基づく統語論とがどのような形で両立可能かを探る．

まず，各部門は表示からなるとしよう．表示を唯一生産できるのは統語部門であり，他の部門はその統語部門の出力に対する解釈（表示変換と詳細化）である．

統語計算が他の部門から自律しているというのは次のような前提が暗黙裡にあると考えられる．

(A) 統語論自律性のドグマ：
統語論の規則に意味論的，あるいは，語用論的言及を混在させてはならない．

ここで統語論規則とは単語や句の組みあわせ（併合 merge）および組み合わせによってできた構造だけに言及して述べられる表示変換規則だけであると仮定する．

このドグマには，いくつかの実現の可能性がある．そのうちの1つは例えば次のように述べることができる．ここで，統語論は統語計算による表示変換である．統語部門でできた表示を受けて，音声表示，意味表示に変換する．また，意味部門と語用論の関係の与え方は人によってさまざまである．メンタルスペースのように意味論と語用論を特に区別しないアプローチをと

る理論も存在する．ここでは意味論部門と語用論部門が存在することにして，どちらも表示を持つことにする．この規則は例えば次のような表示 $\alpha$ から表示 $\beta$ の入出力変換として表現することができる．

(1)　表示 $\alpha$ →規則 $\gamma$ →表示 $\beta$

このとき各論の規則の集合からなるものを部門と呼ぶことにする．このとき次のような制約が存在すると考えられる．

(B)　適用条件の制約：
　　　統語論部門の規則の適用条件に意味論部門，あるいは，語用論部門の規則を混在させてはならない．
(C)　入力条件の制約：
　　　統語論部門の規則は意味論部門，あるいは，語用論部門規則の出力を入力としてはならない．

(B), (C) から次のような派生は不可能になる．

(2)　表示 $\alpha$ →統語論部門規則→表示 $\beta$ →意味・語用論部門規則→表示 $\gamma$ →統語論部門規則

　例えば，「旧情報のみが削除できる」という規則は，上の条件に違反するためこのままでは述べられないので規則からはずすか，旧情報のような意味論，語用論に言及せずに削除規則を書かないといけない．これにはさまざまな方法が可能である．単語自体に [+E] のような統語的特徴を辞書的性質として持たせ，その前後の構成素を削除することを可能にするようにすれば統語的規則として述べられる．例えば Merchant (2001) の sluicing の規則はそのような構成をなしていると考えられる．この場合，削除規則は局所的なものとなる．

　(B), (C) の制約を持つ自律的統語論と「機能主義」の構文論とは必ずしも矛盾しない．例えば，統語論の入力と，出力とに機能主義的規則がかかると仮定すれば，自律的な統語論の仮定を維持することができる．しかし，その場合でも自律性仮説に次の仮定を入れると入力と出力とに制約がかかる．

(D)　入出力仮定：
　　　統語部門の規則のみが構造の生成ができ，他の部門は解釈的である．

　もしこの仮定を入れたとすると，次のような入力と出力に関わる制約が生じる．

(E)　入出力制約：
　　　統語計算の入力をある有限の語彙要素（形態素，あるいは単語，場合によっては慣用句）の集合とすると，統語計算への入力はこれらの語彙要素を最大単位とする局所的な制約しか述べることしかできない．

　つまり，統語論の入力は形態素か単語（あるいは Feature の束）でしかないので，それを越えた制約は述べることはできない．併合の際に意味に関わる情報を使えないとすると，姉妹関係にある場合でも意味に関わる制約は，別に使うことになる．単語（あるいは形態素）は，音形とともに統語的な性質，意味的な性質，場合によっては百科事典的な知識まで含む語用論的な性質，等の集積として存在する．しかし，この情報は統語的な結合の際には使えない．(E) の強い形の解釈では，統語部門で意味的な共起制限，語用論的な文脈情報は述べられないことになる．例えば，統語部門においては派生の途中では，統語的な特性に基づくものしかチェックできないため，選択制限のような意味的な制約も派生の途中ではチェックできない．

　従って，意味要素からなる階層構造を入力とするようなアプローチはこの仮説のもとでは述べることができないことになる．意味要素を階層にまとめるアプローチとしては，生成意味論，語彙意味論（の一部），認知言語学，南の4段階仮説による構造（南 (1973, 1993)）を意味的階層構造として表したもの，などが挙げられる．このようなアプローチは，統語論と意味論が（一部）並行する構造になっていると思われるが，意味階層構造の出力を入力とし，音声形式を単語として入れることにより統語構造を形成するという意味で，(D) の仮定を認めていないからである．また，認知言語学的なアプローチをとる Fauconnier (1997: 172-176) では，具体的な文法構文 (grammatical construction) と認知構造との写像（mapping）が仮定されて

おり，複数の認知構造が単一の構文に写像される分析（Blending）を行っている．ここでは認知構造が入力となり文法構文が出力となっているが，その認知構造は語や形態素のような辞書的な要素ではないため，(E) の制約に違反している．

この意味では Montague（1973）の PTQ タイプの意味論もそのままの形では (D) の仮定には反するため，統語論の自律性は認められないかもしれない．

(D), (E) から次の制約がでてくる．

(F)　出力制約：
非局所的な制約はすべて統語規則により生成された出力構造にかかる．

もし，生成意味論や南のような意味的階層構造をインプットとすると，統語部門の規則のみが生成的である必要はなくなり，(D) の仮定に反する．[3] (E) の仮定に反した統語論はトリビアルに自律的になる可能性があるが，意味部門に全く性質を決定されていることになり，そのようなものは自律統語論の名に値せず，統語論の自律性仮説は意味のある形では維持できないことになる．次節では日本語の例でより具体的に統語論の自律性仮説をみとめる理論がどのような制約を受けるかを見てみよう．

## 3. 統語論と世界知識との関係

### 3.1. トコロデ

意味論は自律的な統語論ではその出力である LF の構造に基づいて行なわれるが，この場合も構成性原理を認め，真理条件的意味論を採用すれば，局所的な意味関係しか問題にできない．回帰的な関数適用によって，意味関係を問題にするだけである．もし，意味解釈の規則が LF の出力と準同型であり，LF が多義性に関わるすべての情報をもっているとすると，語用論は単に意味論の出力を受けて文脈的に精緻化するだけになる．このような理論で

---

[3] この意味では田窪（1987）も「統語論の自律性」を守っていないことになるかもしれない．田窪（2005）は意味的階層性と統語的自律性とを守って書かれている．

は記述される関係は非常に制限されたものになる．ここで話を具体的にするために田窪（2006, 2008b）で議論されたトコロデの用法を考えてみよう．

 （3） 田中がきたところでパーティはだめになったよ．

(3) は，(4) のように前件「田中がきた」が後件の表すイベントの契機となったとする解釈（契機読み）と，(5) のように前件と後件との条件的結びつきを否定する解釈（譲歩読み）との間で曖昧である．

 （4） 田中がきたときにパーティはだめになったよ．
 （5） 田中がきても（きっと）パーティはだめになったよ．

さて，田窪・笹栗（2002），田窪（2006, 2008b）では前田（1993）等の観察から，契機的な解釈と譲歩的な解釈とは，後件を状況の変化ととれるか，状況が不変ととれるかと相関していることが述べられている．契機的な解釈では，後件が表す出来事が発生する時間を前件の出来事の発生する時間によって示している．つまり，後件は出来事の生起を表している．これに対し，譲歩解釈では，仮に前件が表す事態が発生したと仮定して，後件が表す事態は現状と変わらないことを表す．これは，ある種の譲歩が反証の提示により条件文の否定を述べることと相関していることによる．つまり，「田中が来ればパーティが成功する」を否定すると譲歩の解釈となるのである．「田中が来る」を p，「パーティが成功する」を q とする．「田中が来ればパーティが成功する」の否定は，「田中が来て，パーティが成功しない」である．

 （6） $\neg(p \rightarrow q) = \neg(\neg p \lor q) = p \lor \neg q$

実際には→は実質含意ではなく，causality に関わるものとしなければならないかもしれない．つまり，「p て否定 q」と述べることで，「p れば q」が成り立たないことを述べていることで譲歩の意味がでるわけである（坂原(1985, 1993) 参照）．

 さて譲歩解釈において後件の解釈が「変化」か「不変化」かを決めるためには現在の世界の状態，あるいは問題となる世界の状態と比較せねばならない．「p ところで q」という文において，現在の世界の状態が¬q の場合変化となり，契機の解釈となり，現在の世界の状態が q のとき不変化となり，譲歩の解釈となる．この契機，譲歩の区別が前件内の WH 句のスコープと

# 第 3 章 統語論の自律性仮説について

相関する．WH のスコープは譲歩の場合，譲歩節内にとどまり，契機の場合，スコープは主節をスコープとする WH 疑問文となる．例えば (7) は，二義的で，1 つの解釈では，「誰が」の取るスコープが前件の中におさまり，「誰がきても」とパラフレーズできるため全体は平叙文と解釈される．これは譲歩的な読みである．これに対し，契機の解釈では，「誰が」は主文までスコープがのびて，全体は疑問詞疑問文となる．

(7) 誰がきたところでパーティはだめになった．

不変化，変化の解釈を決定するためには後件 q が現在の世界状態と比較して，違うのか同じなのかを知る必要がある．もし，WH- スコープの決定が統語論（LF 統語論）に属するとすると，文脈状態を WH- スコープ決定の入力とせねばならず，制約 (B) (C) に抵触するため統語論の自律性は維持できない．

統語論の自律を維持するためには，WH- スコープを文脈に依存せずに決定できなければならない．1 つの方法は，トコロデの解釈は文脈によってきまる不確定（vague）なものではなく，二義的（ambiguous）なものとすることである．二義性には構造的二義性と語彙的二義性があるが，まず語彙的な二義性があると見てみよう．この場合，レキシコンでトコロデはトコロデ$_{契機}$，トコロデ$_{譲歩}$と同音異義語にして，語彙自体が異なるとする．例えば，トコロデ$_{契機}$は契機の前件を構成し，トコロデ$_{譲歩}$は譲歩を表すとしよう．[[p ところで$_{契機}$], q] は契機を，[[p ところで$_{譲歩}$], q] は譲歩となる．この場合，[[p ところで$_{契機}$], q] は，世界状態が ¬q の場合，整合的な文となり，q の場合は非整合的な文となる．これとは逆に [[p ところで$_{譲歩}$], q] は，世界の状態が q のとき，整合的な文となり，¬q のとき非整合的な文となる．譲歩と契機の意味は，世界の状態がわかって初めて決まるとしても，文脈の情報は LF 表示には現れない．

さて，MERGE{[[p ところで$_{契機}$]], [q]} あるいは，MERGE{[[p ところで$_{譲歩}$]], [q]} で，2 つの節を結びつけたとき，まだ譲歩か契機は決まっていない．これを LF に送った後も同じである．また，前件に WH が含まれる場合，WH のスコープは「トコロデ$_{契機}$，トコロデ$_{譲歩}$」の語彙的性質として，局所的に決まっているとしなければならない．実はこれは簡単ではない．

田窪（2006）ではトコロは，「基準点と位置づけされる点が一致すること

を表す2引数の述語」とされている．「右，左，前，後」などのいわゆる相対名詞は，基準点と位置づけされる点を取って基準点からの位置を表す．これに対し，トコロは，基準点そのものが位置づけされる点の位置であることを表す．トコロが節を取る場合は，節が基準点を表し，節の表す基準点と位置づけされる点が一致することを表す．トコロデはイベントの生起場所を表すが，この場合，場所が時間的位置に拡張されていると考えられる．この拡張は構成的には計算できないためトコロデ$_{契機}$，トコロデ$_{譲歩}$でレキシコンに登録されていると考えるべきである．

トコロデ$_{契機}$，トコロデ$_{譲歩}$の違いは，それぞれがとる下位範疇化特性の違いとして表すことができる．トコロデ$_{契機}$は，それが取る節が表す時間を取って，後件のイベントの生起する時間を表す．トコロデ$_{譲歩}$はそれが取る節が表す命題を表すとすることができる．

契機の意味は，トコロデ$_{契機}$節の表す時点で後件が起こる時点を表すことにより生じる．この解釈は構成的に出すことが可能である．前件の表す時点をトコロデ$_{契機}$が同定するような表示があればよい．トコロデ$_{契機}$はそれが付く節が表すイベントのアスペクトに従い，そのイベントの始点，最中，終点を選ぶ操作とそれを問題となる時点と一致させる操作からなる．[4] 前件節とトコロデ$_{契機}$を併合し，それと後件とを構成的に計算した表示から契機の意味を計算するのはそれほど問題がないであろう．これに対しトコロデ$_{譲歩}$の場合の計算は多少ややこしく，文脈の助けなしにトコロデ$_{譲歩}$が譲歩の意味に十分な表示をするためには，まず，トコロデ$_{譲歩}$が取る節の性質が決められないといけない．譲歩のトコロデが取る節は，基本形は取れず，タ形を取らないといけない．

(8) 田中が来{*る／た}ところで，パーティは成功しない．

ここでタ形は過去や完了を表すものではなく，未来の出来事を表すこともできる（田窪（2006）およびそこに引用された文献参照）．

(9) 明日田中が来たところで，パーティは成功しない．

---

[4] この際節の主動詞のとるアスペクト形式により基準点の取り出し方が異なる．基本形ルの場合，トコロは主動詞の表すイベントの始点，タ形はイベントの終点，テイはイベントの最中を取り出す．テイルとテイタの違いは時制の違いである．

この時のタは事態が現実でないこと（irrealis）を表すとしてもよいかもしれない．ところで譲歩節では，アスペクト・テンスの対立はなくなり，irrealis を表すタのみがトコロデの前に生起できることになる．この場合，irrealis のタは，時間構造を失い，Igarashi and Gunji (1998) のいう degenerate な動詞意味構造になっていると解釈できる．すなわち，基本形と対立を持ち，過去や完了を表すタ$_1$ と，基本形との対立を失ったタ$_2$ とを認め，タ$_2$ が選ばれたときにトコロデ$_{譲歩}$ が共起できることになる．このようにするとトコロデ$_{契機}$，トコロデ$_{譲歩}$ が取る節はその性質を異にすることになる．契機節と譲歩節の構成要素，すなわち統語的な表示が異なることになる．

以上から契機と譲歩の解釈の差を統語表示の差に還元し，統語論の自律性を守ることができる．

### 3.2. Still

時間と譲歩の同様の関係は英語にもみられる．例えば，Michaelis (1996) が研究した英語の still という語について時間と譲歩との意味的相関を見てみよう．[5] 通常，still は (10a) のように状態変化を前提とする継続状態にしか使えない．still は時間的な継続（temporal persistence）を表すため，死んだ状態から生き返ることがありえない限り，(10b) のように dead に対して still を使うことは適切ではない．これは日本語で「まだ生きている」が可能であるのに「まだ死んでいる」が不可能であるのと同じ制限である．[6]

(10) a. John is still alive.
     b. *John is still dead.

しかし，次のような譲歩的な解釈が関わる文脈では，帰結の変化を前提とする論理的な継続性（logical persistence）を表す解釈が可能となり，(11b) のように still dead の表現が可能になる．

(11) a. If John had taken these pills, he would still be alive.

---

[5] 以下の説明は田窪 (2008b) による．
[6] もちろん芝居で死んだふりをするとか，ドラキュラのように死んでから生き返ることができるといった場合は別である．この場合「死ぬ」という語の意味自体が異なってくることになり，アスペクト的性質を異にする別の語として辞書に登録されるべきである．

b. If John had taken these pills, he would still be dead.

　これは論理推論の領域では，変化の概念が異なるためである．Michaelis（前掲）によれば，時間の still はある時点から別の時点への状態の継続を表し，いわば状態の内部構造を見て，その連続した継続状態の要素をサンプルとしてとりだすという見方をとるが，譲歩の still は，出来事や状態を1つのまとまった全体として捉え，特定の条件で成り立つようなエピソードや状況として見る，という違いから来る．[7]

　出来事や状態を捉えるのに，その内部構造を見るのか，1つの全体としてみるのかは言語のさまざまな側面に現れる．特に，ここで注目すべきは譲歩のような解釈が関わる場合では文は真偽を問題とするため，文が表す事態が時間的な内部構造を問題とせず，アスペクト的な対立がなくなるという点である．still は抽象的には継続性を表すが，それが時間的領域では時間的継続を表し，アスペクト的な制約を受けるため，例（10）のような分布をなすが，譲歩のような論理推論の領域で使用された場合，その解釈は論理推論的領域の制約を受け，例（11）のように別の分布をなすわけである．still に対応する日本語は，時間領域では「まだ」であり，論理推論領域では「やはり」という別の表現が使われる．しかしまた同時にこれらの表現が領域間で対応関係を持つことは，日本語でも古い時代では「なほ」ということばが still と同じく時間，論理の両方の用法を持っていたことでも示唆されるであろう．

　この still の時間的用法，譲歩的用法に関しても，統語論の自律性を保つためにトコロデと同じアプローチを取らなければならない．すなわち，語彙のレベルで $still_1$, $still_2$ のように区別をし，同音異議語と扱うのである．

　ここで述べられた統語論，意味論，語用論との関係は，Chomsky (1995, 2000) のいう Inclusiveness condition から出てくる．

---

[7] 'While temporal *still* codes the continuation of an imperfective process from one moment to the next, concessive *still* codes the persistence of an outcome (or state of affairs) from one set of circumstances to another ... Temporal *still* takes an internal perspective on a state: it "samples" a component of this state at an advanced time point. By contrast, <u>concessive *still* views the event or state in its entirety</u> — as an episode or situation that obtains under specific (unfavorable) conditions.' (Michaelis (1996: p. 206) underline by Y.T.)

(G)　Inclusiveness condition: No new features are introduced in $C_{HL}$
(Chomsky (2000:113))

　この制約により統語計算により新らたに素性を導入することは禁止される．したがって，意味論，語用論などの情報は，統語計算の入力となる語彙のリストにすでに含まれていなければならないことになる．
　統語論の入力となる語彙にすでに文脈，語用論情報まで含まれていないといけないとすると，例えばFauconnier (1985, 1997) の認知言語学的なアプローチと本質的な差があるのかが疑われる．しかし，Fauconnierは制約(A)-(F)は認めておらず，現象に対する可能な分析は非常に異なる．Inclusiveness conditionを認めて，統語論の自律性を保証するアプローチにおいて可能な記述は非常に制限されたものになる．しかし，その制限を守ることで，非常に多くの知見が得られる．

## 4. おわりに

　形式文法と機能的な文法は必ずしも背反するものではなく，ある一定の条件のもとで共存し，協力して言語現象の解明に当たれるものである可能性を示唆した．
　(A)-(F) の6つの仮定を持つ理論では，意味論部門，語用論部門は解釈的なものでしかない．しかし，(D) の仮定を認めず，意味論部門，語用論部門を統語論部門とは独立した構造生成システムとして構築し，これらの各部門が互いの出力をしあうような仕方で関係付けることは可能である．例えば，南や生成意味論的な構造が認知システムで構築され，これと自律的な構造が何らかの対応関係で対応するようなシステムである．これが，解釈的な意味論，語用論と経験的に異なるかどうかは自明ではない．
　また，トコロデ$_{契機}$，トコロデ$_{譲歩}$や still$_1$, still$_2$ は明らかに同一の語の異なった使い方であり，これらを別の語彙として扱うのは説明を放棄していると考えられるかもしれない．この場合，これらの語彙の関係はレキシコンで扱われる．統語論の自律性を認める立場で，このような語彙の認知的関係，認知的拡張があった場合，必ずレキシコンで扱わざるを得ないことになるかどうかもそれほど明らかではない．

統語論の規則を明示化し，また，談話情報，語用論の規則も明示化して，前提をつき合わせてみると，(A)-(G)の制約は満たされず，統語論の自律性のような形式文法のテーゼの一部は崩れるかもしれない．もし，そうなら，形式文法にとっても大変な進歩である．したがって，形式文法研究者は自律性の仮説はできるだけ強い形で保持し，反証が可能な形にする必要がある．機能主義的研究者はあらゆる手段を使って，これを反証する努力をするというのが一番健全な形であると思われる．具体的にこのような研究の形態がどのようにして可能となるかはこれからの課題である．

## 参考文献

Chomsky, Noam (1995) *The Minimalist Program,* MIT Press, Cambridge, MA.

Chomsky, Noam (2000) "Minimalist Inquires: The Framework," *Step by Step: Essays on Minimalist Syntax in honor of Howard Lasnik*, ed. by Roger Martin, David Michaels and Juan Uriagereka, 89-155, MIT Press, Cambridge, MA.

Fauconnier, Gilles (1985) *Mental Spaces*, MIT Press, Cambridge, MA.

Fauconnier, Gilles (1997) *Mapping in Thought and Language*, Cambridge University Press, Cambridge.

Igarashi, Yoshiyuki and Takao Gunji (1998) "The Temporal System in Japanese," *Topics in Constraint-based Grammar of Japanese*, ed. by Takao Gunji and Koiti Hasida, 81-97, Kluwer, Dordrecht.

Langacker, Ronald W. (1987) *Foundation of Cognitive Grammar, Volume 1: Theoretical Prerequisite,* Stanford University Press, Stanford.

Merchant, Jason (2001) *The Syntax of Silence: Sluicing, Islands, and the Theory of Ellipsis*, Oxford University Press, Oxford.

Michaelis, Laura A. (1996) "Cross-world Continuity and the Polysemy of adverbial *Still*," *Spaces, Worlds, and Grammar*, ed. by Gilles Fauconnier and Eve Sweetser, 179-226, University of Chicago Press: Chicago.

前田直子(1993)「逆接条件文「〜テモ」をめぐって」益岡隆志(編)『日本語の条件表現』149-167，くろしお出版，東京．

前田直子(1996)『日本語複文の記述的研究——論理文を中心に——』未公刊博士論文，大阪大学．

宮崎茂子(1984)「〜たところで／〜たところでは」『日本語学』Vol. 3, No. 10,

35-41, 明治書院, 東京.
南不二男 (1974)『日本語の構造』大修館書店, 東京.
南不二男 (1993)『現代日本語文法の輪郭』大修館書店, 東京.
Montague, Richard (1974) *Formal Philosophy: Selected Papers of Richard Montague,* ed. and with an introduction by Richmond H. Thomason, Yale University Press, New Haven.
坂原茂 (1985)『日常言語の推論』東京大学出版会, 東京.
坂原茂 (1993)「条件文の語用論」益岡隆志(編)『日本語の条件表現』185-201, くろしお出版, 東京.
仁田義雄 (1993)『日本語のモダリティと人称』ひつじ書房, 東京.
田窪行則 (1987)「統語構造と文脈情報」『日本語学』6(5), 37-48, 明治書院, 東京.
田窪行則・笹栗淳子 (2002)「日本語条件文と認知的マッピング」大堀俊夫(編)『シリーズ言語科学3 認知言語学 II：カテゴリー化』135-162, 東京大学出版会, 東京.
田窪行則 (2003)「言語の形式的アプローチと機能主義的アプローチ」『日本語学』22(9), 6-11, 明治書院, 東京.
田窪行則 (2005)「日本語の文構造」北原保雄・早田輝洋(編)『朝倉日本語講座1 世界の中の日本語』42-64, 朝倉書店, 東京.
田窪行則 (2006)『日本語の条件文とモダリティ』京都大学博士論文.
田窪行則 (2008a)「日本語のテンスとアスペクト——参照点を表すトコロダを中心に」『日本文化研究』25, 5-20, 東アジア日本学会, ソウル.
田窪行則 (2008b)「言語と思考：ことばがあらわすもの」紀平英作(編)『グローバル化時代の人文学 対話と寛容の知を求めて（下）京都大学文学部創立百周年記念論集 共生への問い』66-92, 岩波書店, 東京.

第 4 章

# 「シンタクスの自律性」と「文法性」
―田窪論文への脚注として―

西村義樹（東京大学）
藤田耕司（京都大学）

## 1. はじめに

　田窪論文では生成文法が一貫して主張してきたシンタクスの自律性について，そこから導かれる文法理論自体の概念的考察と，これに一見反するように見える日英語の現象に関する経験的考察が行われている．シンタクスの自律性は生成文法と認知言語学の根本的論争点の1つであるだけでなく，より包括的な認知科学の枠組みにおいても極めて重要なテーマであって，早急に結論を導くことは不可能であろう．本章では，田窪論文が改めて焦点を当てたこの問題を，認知言語学（第2節，西村）と生成文法（第3節，藤田）双方の立場から改めて検討し，本書の狙いの1つでもある生成文法と認知言語学の統合の可能性を探るきっかけとしたい．

## 2. 認知文法の文法観

　認知言語学，とりわけ R. W. Langacker の認知文法の最大の特徴の1つは，語彙と相補って言語の知識を構成する（狭義の）文法が特定の形式と特定の意味の組み合せ（＝記号）のみを単位として成立している，[1] という主張

---

[1] この点では語彙項目（言うまでもなく記号）を単位とする語彙と共通である．認知文法では，さらに，語彙と文法が，截然と区別される2つの領域ではなく，（可視スペクトルにおける青と緑のように）連続体を構成すると考えている．本書第19章も参照されたい．

である．記号現象としての文法（the symbolic view of grammar）として知られるこの主張が意味から自律したシンタクス（autonomous syntax）という生成文法の根幹にあるテーゼと真っ向から対立することはいうまでもない．認知文法のこの主張（以下では「文法の有意味性」と呼ぶ）は，Langackerの長年にわたる明確化の努力[2]にもかかわらず，誤解や曲解がいまだに後を絶たない．この節の目的は，文法の有意味性の本質を明らかにすることによって，（田窪論文とは異なる角度から）生成文法と認知言語学との有意義な対話の端緒を開くことにある．

　最初に指摘しておきたいのは，文法の有意味性という認知文法の主張は文法が意味によって予測可能であるという（認知文法にしばしば誤って帰される）主張ではないことである．Langackerが再三明言しているように，文法の有意味性と対置されているのは，シンタクスの自律性のテーゼの弱い解釈ではなく，強い解釈である．シンタクスの記述には（意味に基盤をもたないという点で）純粋に形式的な単位や原理が必要であるというのが自律性テーゼの強い解釈であるのに対して，弱い解釈とは，シンタクスは意味やコミュニケーション上の機能などの独立の要因によって完全に予測可能ではない，というものである．機能主義に属するほとんどすべての理論がそうであるように，認知文法はシンタクスの自律性テーゼの弱い解釈に異を唱えてはいない．文法構造が，意味や機能によって動機づけを与えられ，制約を課されてはいても，それらの要因によって完全に決定されているわけではない——個別言語の使用者はそれぞれの言語の文法的なパターンを習得しなければならない——のは自明だからである．

　同様に，シンタクスの自律性の弱い解釈は受け入れつつ，文法の知識を構成する単位はすべて有意味であると主張することによって強い解釈を拒絶するという立場がありうることも自明のはずである．そして，これこそが文法の有意味性という認知文法の立場にほかならない．それにもかかわらず，シンタクスの自律性の弱い解釈が妥当であることから強い解釈の妥当性をも（暗黙のうちに）導き出し，それを根拠にして，文法の有意味性という立場は成立しえないと考える言語理論家がいることは不可解であるといわざるを

---

[2] 例えばLangacker (1991: 12.2.), Langacker (2008: 1.2.1) 参照.

えない.³（語彙項目が個々に習得されなければならないからといって語彙の有意味性が成立しなくなるわけではないことを想起されたい.）

　シンタクスの自律性の重要な一面として文法性（grammaticality）の概念がある．Chomsky（1957: 15）は以下の例文が意味的に不整合であるにもかかわらず文法的（に適格）であると主張し，そこからシンタクスが意味から自律している—文法性と有意味性は次元が異なる—という結論を導き出した．

　　(1)　Colorless green ideas sleep furiously.

したがって，文法の有意味性という立場にとっては文法性をどう位置づけるかが問題になる．結論からいえば，Chomsky の主張を受け入れても，文法の有意味性という認知文法の立場は維持することが可能である．与えられた文が生成文法の意味で文法的であるとは，認知文法の観点からは，その文が何らかの構文スキーマ（constructional schema）の具現形（instantiation）である，ということである．認知文法における構文スキーマは当然特定の形式と特定の意味の組み合わせであるから，その文の意味はその特定の意味を具体化したものということになる．例えば (1) を具現形とする構文スキーマの意味は概略《A1 と A2 の指定する属性をもった N の指定するタイプの複数のものが Adv の指定する様態で Vi の表す行為をする》⁴ のようなものと考えられる．A1，A2，N，Adv，Vi にそれぞれの文法カテゴリーに属する具体的な語彙項目を代入したものがこの構文スキーマの具現形としての文の意味に相当することになるが，そうした意味の中に（少なくとも字義通りには）不整合なものがあることはいうまでもない．Chomsky のいう文法的（に適格）ではあっても意味的に不整合な文（例えば (1)）とはまさにそうした意味を表す文であるが，そのような文の生成を許容するからといって文法（ここでは構文スキーマ）の有意味性が成立しなくなるわけではないことは明らかであろう．むしろ，常識的には逸脱したものをも含む新規の意味を表

---

　³ Newmeyer（1983）参照．
　⁴ A1 と A2 は主語名詞句に含まれる 2 つの形容詞，N は主語名詞句に含まれる名詞の辞書形，Adv は動詞句に含まれる様態副詞，Vi は行為を表す自動詞をそれぞれ指す．いうまでもなく，認知文法ではこれらの文法カテゴリーにも意味的な基盤があると考えている．

す文を組み立てることを可能にするところにこそ文法の有意味性の本質があると考えられる．

## 3. ミニマリズムと自律性・文法性[5]

　現在のミニマリズムは，過去の生成文法とは決定的に異なって，シンタクス内部の領域固有の原理・制約群を全廃して普遍文法の最小化を目指していることや，言語現象の説明をインターフェイス条件に委ねていることから，シンタクスの自律性も否定しているように思われるかもしれない．しかしインターフェイスという考え方は，それによって繋がるべき機能どうしが自律しているからこそ必要となるのであり，例えば形式と意味が不可分であるなら，両者間にインターフェイスを設けることは不必要かつ不可能である．むしろミニマリズムは，併合の自由適用（Merge $\alpha$）という考え方を採ることで，実はシンタクスの自律性を最大限に強化するものであることに注意したい．意味的考察や，田窪論文でも言及のある厳密下位範疇化素性などの語彙情報も，この Merge $\alpha$ の枠組みでは統語演算への影響を及ぼすことはなく，併合はいわば盲目的・非先見的にあらゆる構造を構築する．田窪論文の問題設定が，シンタクスが意味的・談話的情報に依存しているように見えながらもいかに自律的であり得るか，であるとすると，ミニマリズムはそのような依存関係は一切存在しないとすることでこの問題に答えるものだといえる．

　現在，シンタクスの自律性は特に言語進化の観点からも新たな重要性を帯びている．シンタクスの自律性，あるいは言語能力のモジュール性とは，言語が本来は別個に進化した諸能力が後に結合することで成立した複合的機能であることの反映であり，特にシンタクスは言語やコミュニケーションとは無関係な先行能力から派生したため，言語を構成する他の機能から自律しているという考え方が成り立つ．またこのモジュール性ゆえに，これまでは不可能であった言語進化の種間比較研究が可能になった点も重要である．この自律性やモジュール性を否定する立場の研究者は，これに代わる言語進化の有力なシナリオを提示する必要がある．そういった立場の代表である認知言

---

[5] 本節をまとめるにあたり，成田広樹氏（日本大学）とのメールのやりとりが有益であった．ここに記してお礼を述べたい．

語学側からどのような進化モデルが提示可能であるのかが注目される．

シンタクスの自律性は，「文法性」という重要な概念とも深く関係してきた．ある文が文法的であるとは，それが当該の文法（I 言語）が生成可能な構造であるということを指しており，そこに意味的（不）自然さは一切関与しないとされる．むしろ意味的にいかに奇妙であり，現実には起こり得ないような出来事でも正確に表現し伝達できることが，人間言語の創造性を保証しているともいえる．

その一方で，非文法的な文を排除する仕組みは（定義上）シンタクス内部に存在していなければならず，この観点から GB 理論までの生成文法は普遍文法内部に多種多様の複雑な文法原理を設けていた．文法性は理論依存度の高い概念であり，同じ出力構造であっても想定される理論によって文法的であるか否かが変わる．この考え方をシンタクスを Merge α のみに集約する現在のミニマリズムに当てはめてみると，文法性という概念自体がもはや成立しなくなるという（驚くべき）見通しが得られる．これまで非文法的だとされた例文の説明はすべてインターフェイス条件や「第三要因」に委ねられ，シンタクス内部で生成不可能な構造というのは，原則，存在しないからである．

例えばよく指摘されるように，併合は常に binary な操作であり，結果的に言語構造は必ず二項分岐であるとしよう．では三項分岐や四項分岐の構造は非文法的なのだろうか．併合が binary にしか適用しないことは併合自体の内在的特性ではなく，演算の効率化を求める第三要因からの帰結だと考えられる限りにおいて，これはそもそもシンタクスの問題ではない，つまり非文法的ではない，というのが自然な結論である．

ミニマリズムでは範疇選択や意味選択もその役割を終えていることにも注意したい．一例として，Chomsky（2015）で示される，「凍結効果」のラベル付けによる説明を見てみよう．

(2) a. *Which dog do you wonder John likes?
    b. [$_\beta$ which dog [you wonder [$_\alpha$ t′ C$_Q$ [John likes t]]]]

従来の考え方では，wonder は [+WH] 補文を選択するため，(2) は非文法的であるとされていたが，Merge α はこの派生を妨げず，(2) も文法的だということになる．(2) で問題になるのは α のラベル付けである．中間コピー

（痕跡）t' はラベル付けに参与できないので，α のラベルは C によって [+Q] となるが，するとこの従属節は Yes-No 疑問節として解釈されるため，「意味不明 (gibberish)」なものとして排除される．田窪論文にも例があるが，WH 移動（＝併合）により WH のスコープが誤って指定された場合，それはインターフェイスで意味的な問題を引き起こすだけであり，非文法的ではなくなる．Merge α の枠組みは過剰生成を自由に許し，それをインターフェイスで制御するものと理解されるが，厳密にいえば，過剰生成（非文法的な構造の生成）という現象は存在しないのである．

このようにして，シンタクスの自律性は維持・強化しつつも，文法性という概念の根本的見直しを進めているのが現在の生成文法・ミニマリズムであるといえるだろう（関連する考察として Ott (2010) を参照）．

## 4. まとめ

以上のような簡単な考察からも，生成文法と認知言語学の収束点を求める上でクリアすべき問題や，それぞれの立場に立つ研究者が相互理解すべき論点がいくつか浮かび上がってくる．まず，文法やシンタクスという用語が具体的に何を指しているのかが生成文法と認知言語学では異なっており，そういった基本概念の共有の欠如ゆえに，これまで建設的な議論がなされてこなかったのではないかという問題がある．

一例として，「文法の有意味性」の議論から明らかなように，認知文法では文法を形式と意味の組み合わせに基づくものと見ているのに対し，生成文法では形式自体が派生的な産物であり，注目すべきはその形式をもたらす心的演算能力（つまりシンタクス）であるという立場をとる．そのシンタクスの本体が併合のみであるとするのが現在のミニマリズムであるが，するとシンタクスの自律性は，この併合の適用が意味的・語用論的情報によって影響を受けることはないという主張に集約されることになる．この意味での自律性と文法の有意味性の考え方がどう関係するのか，そもそも対立すべきものであるのかは慎重に検討する必要があろう．

また認知文法でも，ある構造や言語表現を生み出す併合的な組み合わせ操作の存在を否定することはないにせよ，重視されるのはそれによって生み出された形式と意味との関係であり，そのスキーマ化である．生成文法でこれ

に該当するものを敢えて求めるなら，シンタクスと概念意図システムとのインターフェイスということになるが，これはあくまで統語演算のあり方から自動的に読み出される一方向的な合成的意味計算であり，それを超えた構文的意味を扱うことはできない．やや乱暴な言い方をするなら，生成文法は言語の最も基本的な仕組みを還元論的に見極めようとするのに対し，認知言語学ではそれには直接触れず，それだけでは捉えられない言語の諸相を，言語と一般認知能力の関わりに着目しつつ掘り下げようとするものである．

　これらをもってして，両者が相補的な関係にあると楽観するのは早計かも知れない．しかし少なくともこれまで両者が群盲撫象の状態にあり，言語の完全な理解のためにはいずれの一方だけでも不十分であるという謙虚な態度を共有することが，強く求められているように思われる．

## 参考文献

Boeckx, Cedric (2015) *Elementary Syntactic Structures: Prospects of a Feature-free Syntax*, Cambridge University Press, Cambridge.

Chomsky, Noam (1957) *Syntactic Structures*, Mouton, The Hague.

Chomsky, Noam (1995) *The Minimalist Program*, MIT Press, Cambridge, MA.

Chomsky, Noam (2013) "Problems of Projection," *Lingua* 130, 33-49.

Chomsky, Noam (2015) "Problems of Projection—Extensions," *Structures, Strategies and Beyond: Studies in Honour of Adriana Belletti*, ed. by Elisa Di Domenico, Cornelia Hamann and Simona Matteini, 3-16, John Benjamins, Amsterdam.

Langacker, Ronald W. (1991) *Foundations of Cognitive Grammar*, vol. 2, *Descriptive Application*, Stanford University Press, Stanford.

Langacker, Ronald W. (2008) *Cognitive Grammar: A Basic Introduction*, Oxford University Press, New York.

Newmeyer, Frederick J. (1983) *Grammatical Theory: Its Limits and Its Possibilities*, University of Chicago Press, Chicago.

Ott, Dennis (2010) "Grammaticality, Interfaces, and UG," *Exploring Crash-proof Grammars*, ed. by Michael T. Putnam, 89-104, John Benjamins, Amsterdam.

第 5 章

# 日本語モーダル述語構文の統語構造と
# 時制辞の統語的役割*

竹沢幸一（筑波大学）

## 1. はじめに

　生成文法の目的は，単語の表面的配列の背後でそれらを結びつけている心内の構造的原理を解明することにある．そうした構造的原理を追究するにあたって，生成文法の誕生当初から注目されてきたのが同型異義文の分析である．(1) に挙げた英語の繰り上げ構文とコントロール構文の対立は，見かけ上の同型性にもかかわらず，異なった統語的，意味的特徴をもつ典型例としてこれまで繰り返し分析が行われてきた（Davies and Dubinsky (2004) などを参照）．

(1) a. John is likely to leave.
   b. John is ready to leave.

生成統語論の標準的な分析では，両文は単に likely と ready という形容詞の語彙意味上の相違だけでなく，統語構造と派生にも違いがあり，それに従って文全体に対して異なる意味解釈が構成的に与えられることが論じられてきた．下の (1′) に示すように，繰り上げ構文 (1a) の場合，John は埋め

---

*  本章は，2012 年 11 月 25 日に九州大学で開催された第 145 回日本言語学会のシンポジウム「文構造はどこまで意味を表しているか」で発表した「日本語モーダル述語文における構造と意味の対応とズレ」を大幅に書き直したものである．同シンポジウム司会の田窪行則氏，発表者の上山あゆみ氏と定延利之氏に感謝する．また本章執筆にあたって，王丹丹氏，鈴木彩香氏，阿久澤弘陽氏，藤井友比呂氏との議論が有益であったことを付記しておきたい．

込み節で leave から意味（$\theta$）役割を受け取り，それが $\theta$ 役割を与えられない主節主語位置へ移動するのに対して，コントロール構文（1b）の場合には，John は主節述語と補文述語からともに $\theta$ 役割を受けるので，主節，埋め込み節ともに同一指示でありながら，別個の主語が統語上存在すると考えられてきた．

(1′) a. [$_{主節}$ John$_i$ is likely [$_{埋込節}$ $t_i$ to leave]][1]
 b. [$_{主節}$ John$_i$ is ready [$_{埋込節}$ $\phi_i$ to leave]][2]

さて，本章では日本語における同型異義文として下の（2）に挙げたモーダル述語を含む構文のペアに焦点をあて，それらの統語構造と意味解釈の関係を明らかにすることを目的とする．

(2) a. 太郎が出かけるはずだった．
 b. 太郎が出かけるつもりだった．

この両文は「はず」と「つもり」を除き表面的にはまったく同じ形式を持っているが，2つの間には重要な文法的，意味的違いが存在する．日本語の場合，語順の自由さ，音声的な実体を持たないゼロ代名詞の存在，さらには主要部後置語順および複合述語化による節境界の不明瞭さといった特徴から，こうした構文は階層構造に基づいて分析するのが難しく，両者の対立に対して構造的観点からの分析がほとんど行われてこなかった．本章では両者の相違点を詳しく観察するとともに，それらの詳しい分析から日本語の節がどのような構造を有しているのかについて，(1) に挙げた英語の主語繰り上げ・主語コントロール両構文との比較も交えつつ，特に時制辞の統語的役割に焦点をあてて考察を行う．

本章の構成は以下の通りである．まず2節では「はずだ」・「つもりだ」両構文の特徴を詳しく観察し，外項の有無によるそれらの違いを指摘する．3

---

[1] 説明の便宜上，統率・束縛（GB）理論流の痕跡 $t$ と指標 $i$ により移動関係を表す．また説明を簡略にするために，ここでは VP 内部主語については無視しておく．
[2] コントロール構文については，標準理論の同一名詞句削除（EQUI NP deletion）分析，統率・束縛（GB）理論の PRO 分析（Chomsky (1981))，Hornstein (1999) らの移動分析など，いくつかの分析法がこれまで提案されている．とりあえず，ここでは特定の分析にコミットせず，コントロール補文内のゼロ要素を指標付きの $\phi$ を使って表示しておく．

節では外項のない「はずだ」構文について補文主語位置から主節主語位置への繰り上げは起こっていないことを証明し，続く4節で「はずだ」構文で繰り上げが起こらない原因が時制辞によるものであることを，時制節補文と連用形節補文をとる2種類の「そうだ」構文の対立に基づいて示す．5節では外項を持つ「つもりだ」構文の埋め込み補文は時制節（定形節）であり，主節主語と補文主語の間のコントロールは必ずしもゼロ形だけでなく音声内容を持つ「自分」や「彼」といった代名詞類要素を介しても行われることを示す．6節ではさらに「つもりだ」構文の補文内での時制辞の特徴をFujii (2006) の「こと」節コントロール構文の観察に基づいて示す．そして最後の7節では本章全体のまとめを行う．

なお，本章の議論は「原理とパラメータアプローチ」以降の生成文法理論の基本的な考え方に則っているが，事実間の関係をできるだけ体系的に捉えることに主眼を置いており，そうした本章の目的にとって重要でない限り，最近の理論に関わる技術的な議論はなるべく避けて分析を進めていくことを最初に断っておく．

## 2. 2種類のモーダル述語構文

本節では，1節の (2) に挙げた「はずだ」と「つもりだ」という2種類のモーダル述語を含む文の基本構造について，特に文頭のガ格句の構造的位置に焦点をあてて考察を進める．

最初に「はずだ」の語彙的意味と項構造を考えてみる．このタイプのモーダル述語では，蓋然性に関する判断を行うのはこの文の発話者であるが，その発話者は英語の likely と同様に文中の項としては顕在化せず，項として現れるのは判断内容（命題）のみである．[3] 一方「つもりだ」は，経験者主語 (ES) 心理述語と同じように，意図を持つ心理主体としての経験者と意図される内容（命題）を項としてとる2項述語と捉えるのが妥当である．そう考

---

[3] 英語の繰り上げを持つモーダル述語では，seem, appear のように経験者を to 与格句として随意的にとるタイプとそれを許さない likely タイプの2種類がある．Seem, appear と日本語のニ格経験者句をとる「思える」「見える」の比較については，Takezawa (1993), 竹沢 (1998), Takezawa (1999) などを参照．

えると，それぞれのモーダル述語の項構造は次のように表される．

(3) a. はず（だ）：[φ, 命題]
    b. つもり（だ）：[<u>経験者</u>, 命題]　（下線は外項を表す）

つまり「はずだ」と「つもりだ」はどちらも命題を内項としてとるが，前者には外項がないのに対して，後者では経験者が統語的に顕在化しており，それが外項となる．この項構造から，(2) はそれぞれ (4) のような基底構造を持つことが仮定される．

(4) a. [$_{主節}$ ___ [$_{埋込節}$ 太郎が出かける] はずだった]]
    b. [$_{主節}$ 太郎$_i$ が [$_{埋込節}$ φ$_i$ 出かける] つもりだった]]

以下では，それぞれのモーダル述語に対してこの 2 つの基底構造を支持する現象を見ていくことにする．

第一に「はずだ」は主格句に対して選択制限がないが，「つもりだ」は有生名詞句を要求する．

(5) a. 噂が噂を呼ぶはず／*つもりだった
    b. 太郎が遊ぶはず／つもりだった

無生名詞主格句（主語イディオム）が「つもりだ」と共起しない事実は「つもりだ」が主節内に主格句を項として持ち，それに対して有生性に関する選択制限を課しているのに対して，「はずだ」は主格句と直接意味（$\theta$）関係を結んでいないことを示している．同様のことは次の受動文の対立からも示される．

(6) a. 多くの人がその本を読むはず／つもりだった
    b. その本が多くの人に読まれるはず／*つもりだった

2 つ目の関連する事実として「ある」所有文への書き換えを見てみよう．日本語の「ある／いる」という存在動詞は，「机の上に本がある」といった存在だけでなく，「太郎に財産がある」といった所有を表すこともできる．この 2 つの用法は統語的に異なっており，所有用法は所有者を外項としてとる状態述語文であることがよく知られている（久野 (1973)，柴谷 (1978)，竹沢 (2000)，岸本 (2005) など）．「つもりだ」文と「はずだ」文を「ある」

所有文で書き換えてみると，書き換え可能性に違いが見られる．

 (7) a. 太郎は会議に参加するはず／つもりだ．
   b. 太郎には会議に参加する*はず／つもりがある．

この事実は，「つもりだ」が経験者（別の言い方をすれば，意図の所有者）を外項としているため書き換えが可能であるのに対して，「はずだ」にはそうした外項がないため，書き換えができないと説明される．
 3つ目の事実として，アスペクト助動詞「（て）いる」の接続を見てみる．

 (8) a. 太郎は出かけるつもりだ／でいる．
   b. 太郎は出かけるはずだ／*でいる．

よく知られているように，「（て）いる」は通常，状態動詞には後接しないが，意図性がある場合，後接が許される場合がある．[4]「つもりだ」が「（て）いる」の接続を許し，「はずだ」がそれを許さないのは，前者が意図性を持つ外項を持っているからであるということができる．
 「はずだ」と「つもりだ」の4つ目の違いとして，両者が共起したときの語順がある．

 (9) a. 太郎は3時に帰るつもりのはずだった．
   b. *太郎は3時に帰るはずのつもりだった．

(9)に示すように，「つもり」は「はず」に先行することはできるが，その逆の語順は許されない．英語の場合，(10)に示すように，繰り上げ系のlikelyはコントロール系のreadyに必ず先行する．

 (10) a. John is likely to be ready to leave.
    b. *John is ready to be likely to leave.

英語と日本語の主要部位置の違いから，語順的には逆転しているが，構造的には繰り上げ述語がコントロール述語を埋め込んで，それより高い位置にな

---

[4]「つもりでいる」には意図性に加えて，時間的限定性の意味が加わる．「（て）いる」の状態動詞との共起については竹沢（2015）参照．なお，「で」は形態論的にコピュラ「だ」のテ形である．

くてはならないことを示している．もちろんコントロールが可能であるためには下位の構造中にコントロールされるべき外項がなくてはならないため，語順の制限が生じることは容易に説明できる．

以上，本節では「はずだ」と「つもりだ」という2種類のモーダル述語に関して，それぞれが語彙的に持つ(3)の項構造に基づいて，(4)に示すように主格句の基底位置に関する構造的な違いがあることを，①主語の選択制限，②所有文への書き換え，③相助動詞「(て)いる」の接続可能性，④両者の語順，に関わるデータを見ながら確認した．外項を持たない「はずだ」類と外項を持つ「つもりだ」類にはその他に次のような述語がそれぞれ分類される．

(11) a. 「はずだ」類：そうだ／ようだ／みたいだ／様子だ[5]
　　 b. 「つもりだ」類：気だ／覚悟だ／魂胆だ／心づもりだ／計画だ

## 3. 「はずだ」構文における繰り上げの可能性

前節では「はずだ」構文に現れる主格句は主節述語の「はずだ」とは直接的な $\theta$ 関係を持たず，埋め込み節内に生成されることを示した．ここで「はずだ」構文の統語構造を考える際に重要な問題は，埋め込み節内に基底生成された主格名詞句が主節に繰り上がるかどうかという点である．

英語の主語繰り上げ構文の場合，補文のタイプによって主語の繰り上げの可能性が異なる．よく知られているように，英語では繰り上げは不定詞節からに限られ，時制節からの繰り上げは不可能である．

(12) a.　[It is likely [(that) John will leave]]
　　 b.　*[John$_i$ is likely [(that) $t_i$ will leave]]
(13) a.　[John$_i$ is likely [$t_i$ to leave]]
　　 b.　*[It is likely [John to leave]]

---

[5] 「はずだ」は品詞分類上，名詞＋コピュラだが，「そうだ／ようだ／みたいだ」は形容動詞に属する．形容詞「らしい」も「はずだ」類に入る．モーダル述語とは言い難いが，「のだ／ところだ／だけだ／ばかりだ／くらいだ」などの節をとる「形式名詞＋だ」も統語上「はずだ」類に属する．「[節....V-T] N＋だ」の形式を持つ「体言締め」構文については高橋(1975)，角田(1996)，Tada (2003) なども参照．

主要部前置型の英語では主節と埋め込み節の主語の位置が線形的に異なるため埋め込み節から主節への移動の有無が可視的に分かるのに対して，主要部後置型の日本語では主節と埋め込み節の主語位置が見かけ上区別できず，実際に繰り上がっているかどうかの判別が難しい．実際，GB 理論以前の分析でも，「はずだ」に加え，「かもしれない」，「だろう」といったモーダル述語についてそれらは埋め込み補文をとり，その中から主語の繰り上げが起こるとする主張（Nakau (1973)，澤田 (1980)）と，繰り上げは実際には起こっていないという反論（Takubo (1982)，田窪 (1982)）が提示されていた．以下では，「はずだ」構文において主語繰り上げは起こらず，主格句は補文内に留まっていることを，否定極性項目（NPI）のシカ・ナイと主語尊敬語化の 2 つのテストを用いて示す．

まず NPI シカ・ナイのふるまいから観察を始める．基本的に係助詞シカが付加する句は否定辞ナイが後続する述語と同一節内に生起していなければならないことが知られている．[6] 議論の前提として，シカがガ格句に付加された場合，格助詞ガは表面的には削除されなければならないが，シカが付加された名詞句は統語的には格を担っているものと仮定しておく．その上で (14) の「はずだ」構文におけるシカ・ナイのふるまいを見てみよう．

(14) a.　太郎しか出かけないはずだった．
　　　b. *太郎しか出かけるはずじゃなかった．

(14a) では否定辞ナイが補文述語に後接していることから，「太郎しか」は補文内にあることを示している．また (14b) が非文であることから，「太郎しか」はナイを伴った主節述語とは同一節にない，つまり主節主語位置には繰り上がらず，埋め込み文内に留まっていることになる．この対立を表示すると (15) のようになる．

(15) a.　[主節 ＿＿ [埋込節 太郎シカ　出かけナイ] はずだった]
　　　b. *[主節 ＿＿ [埋込節 太郎シカ　出かける] はずじゃナカッタ]

続いて主語尊敬語化現象の観察に移る．これもまた日本語生成文法研究では初期の頃からよく知られているように，「お V になる」「N/AN でいらっ

---

[6] シカ・ナイについては，Muraki (1978)，Kato (1985) などを参照．

しゃる」といった形式を持つ尊敬語化述語は同一節内の主語位置に尊敬に値する人物を表す名詞句を持たなければならない.[7] 別の言い方をすれば，それらの尊敬語化述語は同一節の主語と「一致 (agree)」する. そのことを前提として (16) の「はずだ」文の尊敬語化を見てみよう.

(16) a. 社長がお出かけになる　はずだ.
　　 b. *社長が出かける　はずでいらっしゃる.
　　 c. *社長がお出かけになる　はずでいらっしゃる.

まず (16a) は「社長」が埋め込み文に位置する尊敬語動詞「お出かけになる」と同一節内にあることを示している. さらに (16b, c) において主節述語「はずでいらっしゃる」が不可能であることから社長は主節にはないことが分かる. したがって,「はずだ」構文では主語繰り上げはないことが示される.

本節では，シカ・ナイと主語尊敬語化の2つの現象に基づいて「はずだ」構文の主格句は補文内に留まっていることを示した.

## 4. 2種類の「そうだ」構文：「出かけるそうだ」と「出かけそうだ」

前節では「はずだ」構文で補文内から主節への主語繰り上げは起こらないことを観察したが，主節主語位置が非 $\theta$ 位置であるにもかかわらず，なぜ移動は起こらないのかという問題が当然起こってくる. 本節では，その理由を明らかにするために，選択する補文に違いがある2種類の「そうだ」モーダル述語構文について考察を行い，時制辞の存在が移動の可否に重要な役割を果たしていることを示す.

最初に2種類の「そうだ」についてそれらの基本的な特徴を見ておきたい.

(17) a. 太郎が出かけるそうだ.
　　 b. 太郎が出かけそうだ.

(17a) の「そうだ」は形態的に現在形（非過去形）の時制辞ルをとる述語「出かける」に後続しており，補文は少なくとも TP 以上の投射（TP または

---

[7] 主語尊敬語化現象については Harada (1976), 柴谷 (1978), Toribio (1991), Kishimoto (2012) などを参照.

CP) を持つと考えられる．ちなみに，この場合の「そうだ」は伝聞の意味を表す．一方，(17b) の「そうだ」は動詞連用形に後続しており，形態的に複合述語化している．しかし，それが語彙的な複合ではなく，統語的な複合であることは，動詞（「出かけ＋そうだ」），形容詞（「美し＋そうだ」），否定辞（「食べ・な（さ）＋そうだ」），ヴォイス形態（「食べ・られ＋そうだ」，「食べ・させ＋そうだ」），アスペクト形式（「食べ・て・い＋そうだ」，「食べ・て・しまい＋そうだ」）といった様々な統語要素が現れることからも明らかである．このことは，この「そうだ」述語の補文サイズが VP 以上 TP 未満（$v$P, VoiceP, AspP または PolP）であること示している．こちらは意味的には (17a) とは異なり，見かけからの判断の意味を持つ．細かな意味的違いはとりあえず横に置くとして，選択制限に関する (18) の事実から (17) の両文は少なくとも外項を持たないタイプのモーダル述語であり，(19) のような基底構造を持つと考えられる．

(18) a. 噂が噂を呼ぶそうだ
b. 噂が噂を呼びそうだ
(19) a. [$_{TP}$ ___ [$_α$ NP-ガ ..... V-T] そうだ]　（$α$ = TP/CP）
b. [$_{TP}$ ___ [$_β$ NP-ガ ..... V$_{連用形}$] そうだ]
（$β$ = VP/$v$P/VoiceP/AspP/PolP）

さてここで主格句が埋め込み節内に留まっているのか，あるいは主節に繰り上がっているかという問題であるが，「時制辞＋そうだ」の (17a) と「連用形＋そうだ」の (17b) を比較してみると，主語の繰り上げ可能性と関係する興味深い対立が見られる．

(20) a. 太郎しか帰らないそうだ
b. ＊太郎しか帰るそうじゃない
(21) a. ＊太郎しか帰らなさそうだ
b. 太郎しか帰りそうじゃない／そうにない

(20) の「時制辞＋そうだ」は上で見た「はずだ」の場合と同じように，「太郎シカ」はナイが補文内にある場合には容認可能だが，主節にある場合には，非文となっている．それに対して，(21) の「連用形＋そうだ」構文では，逆にナイが主節にある場合にのみ，容認可能となっている．シカ・ナイの同

一節内条件から,「連用形＋そうだ」構文では「太郎しか」は表面上主節に位置している,つまり埋め込み節内から主節に繰り上がっていると結論づけることができる.

(22) [$_{TP}$ NP-ガ$_i$ [$_\beta$ $t_i$ … V$_{連用形}$] そうだ]

ここまで時制辞と連用形の述語形式を補文に含む2種類の「そうだ」構文の比較から,時制辞の有無が繰り上げ操作の可否に関与していることを論じた.以下では繰り上げに違いがある2種類の「そうだ」構文に関わる理論的な問題をいくつか検討しておきたい.

最初に時制節から繰り上げが起こらない事実に対する理論的な説明に触れておく.GB理論以前の分析では,時制節補文からの移動は,それを文字通り禁止する「時制節条件」(Tensed S Condition; Chomsky (1973))として規定されていた.一方GB理論では,時制節から移動ができないことを単に条件として規定するのではなく,格理論に還元した説明が提案された.つまり,主語(TP指定辞)位置への移動(A移動)は元位置で格を与えられない名詞句が格を受けるための移動であり,時制節では主語に主格が与えられるため,時制節の主語位置からそれ以上の移動が起こらないとする説明(Chomsky (1981))である.さらにミニマリスト理論においては,時制節からの移動の禁止はフェイズ(phase)という構造構築の領域の設定とフェイズ内への統語的アクセスを禁ずる「フェイズ不可侵条件」(Phase Impenetrability Condition)によって説明が与えられる.技術的な詳細は別としてフェイズに基づく基本的な説明のし方を述べるなら,フェイズがある種の「意味上の命題」に対応すると考えられる統語範疇であるCPと$v$Pである(Chomsky (2000))とすると,2種類の「そうだ」構文における移動の可否は,連用形節がフェイズを形成しないのに対して,時制節補文はフェイズを形成すると考えることによって説明されることになる.つまり,(23a)では連用形節$\beta$が時制を含まずCPまでを投射していない「不完全な節」(defective clause)なのでフェイズをなさず,移動が許容されるのに対して,(23b)の時制辞を含む節ではCPまでを投射しており,フェイズとしての

CP を越えての移動ができないと説明されることになる.[8]

(23) a. [_CP [_TP 太郎が _i [_β _t_i 出かけ] そうだ]
     b. [_CP [_TP ___ [_CP 太郎が 出かける] そうだ]]

ここまで，時制節と連用節でなぜ移動可能性が異なるのかについて，どのように説明が与えられるのかを，いくつかの理論的枠組みに沿って述べたが，それと関連して，「はずだ」構文で繰り上げが起こらない場合の主節主語位置がどのように特徴づけられるのかという問題が生じる．上の (23b) に示されるように，時制補文の場合，主節主語位置は表面上は空のままである．もしこの位置が統語的にいかなる要素によっても占められていないとすると，理論的には TP 指定部位置は必ず何らかの統語的要素によって埋められなければならないことを規定する「拡大投射原理 (EPP) 制約」(Chomsky (1981) など) の違反となってしまうことになる．確かに英語の場合には，(24) に示すように，虚辞の it の挿入によってそうした条件を回避しているが，日本語の場合は (23b) の空の主節主語位置についてどう考えることができるだろうか．

(24) [_CP [_TP it is likely [_CP that John will leave]]]

この問題を考えるためには，イタリア語のような pro 脱落 (pro-drop) 言語のふるまいが参考になる．イタリア語では虚辞は音声内容を持たない代名詞 pro と考えられている．

(25) [_CP [_TP *pro* sembra [_CP che [_TP Giovanni sia qui]]]]
         (it) seems    that    Giovanni is  here
     'It seems that Giovanni is here'

pro は音声形式を持たないことを除いては，いわゆる代名詞と統語上まったく同じものである．タイプはやや異なるが，同じく pro 脱落言語に分類さ

---

[8] C が T との間に密接な選択関係を持っていることは生成文法初期の頃から指摘されているが，Chomsky (2008) ではこの関係を両範疇間での素性の継承 (inheritance) として扱っている．つまり，格や一致などの統語素性はもともと C にあり，それが下の T に受け継がれるとしている．日本語の C/T 関係についてはあまり研究が進んでおらず，詳しい研究が必要である．

れる日本語でも (23b) の空の位置を pro によって占められていると分析することは合理的であると考えられる．

次に，日本語で主語位置への繰り上げ移動（A 移動）の起こる理由について格付与との関係で一言付け加えておく．「連用形＋そうだ」構文では埋め込み節から主節への繰り上げが起こっていることを見たが，その理由として連用節は非時制節であり，そこでは主語に主格が与えられないので格を受けるために主節に移動するという GB 理論で行われていた格に基づく繰り上げの説明によって時制節と連用節からの移動の違いを捉えることができそうに思われる．しかし日本語では主節主語位置への繰り上げには主格主語だけでなく，状態述語文の与格主語も参与することができる．

(26) 先生に英語が話せる（こと）
(27) a. <u>先生に</u>英語が話せそうで<u>いらっしゃる</u>（こと）
  b. 太郎に<u>しか</u>英語が話せそうじゃ<u>ない</u>[9]
(28) [$_{TP}$ 太郎に$_i$ [$_\beta$ $t_i$ 英語が話せ] そうだ]

(26) は可能述語を持つ与格主語構文であるが，それを連用形「そうだ」構文に埋め込んだ (27a) では主節述語が尊敬語化されており，与格主語はそれと一致するために (28) に示されるように主節 TP の指定部位置に繰り上がっていると考える必要がある．(27b) もシカが付加した与格句はナイによって同一節内での認可が必要なことから，主節に繰り上がっていると結論づけられる．この事実は，アイスランド語などで論じられているように，主語繰り上げ構文において主格素性が移動の直接の引き金になっているのではなく，移動そのものには EPP 素性あるいは格以外の素性が関わっていることを示している．[10]

「そうだ」に関わるもう 1 つの問題として，形態統語的な時制辞の生起と意味的な時制解釈の関係について触れておきたい．「連用形＋そうだ」構文で埋め込み節は時制辞を投射していないと指摘したが，形態統語的に時制辞

---

[9] cf. (i) a. *先生に英語が話せそうでいらっしゃる
    b. *先生に<u>しか</u>英語が話せそうじゃ<u>ない</u>
[10] アイスランド語の格については Thráinsson (1979), Zaenen, Maling, and Thráinsson (1985), Holmberg and Hróarsdóttir (2003) などを参照．

がないことが意味的にその節が時制解釈を持たないことを意味しない．例えば (29) の例を考えてみよう．

(29) a. 太郎は [先生に 明日／*昨日 会い] そうだ．
　　　b. 太郎は [先生に 昨日 会ってい] そうだ．

(29a) は動詞連用形「会い」が未来時を指していることを示しているのに対して，(29b) は動詞がアスペクト形式テイルを伴った「会っている」の連用形「会ってい」が過去時を指していることを示している．英語の likely 補文でも同様の現象が見られる．

(30) a. John is likely to leave tomorrow/*yesterday.
　　　b. John is likely to have left yesterday.

この構文では to 不定詞は未来時だけでなく完了相アスペクト形式 have + 過去分詞によって過去時を指すことができる．[11] このことは，時の解釈ではなく，形態統語的な要素としての時制辞ル・タの出現が繰り上げの統語的なふるまいを説明するのに重要であることを示している．

本節では，時制節と連用節を補文としてとる「そうだ」構文を比較し，連用節補文の「そうだ」では埋め込み主語位置から主節主語位置への繰り上げが起こっているのに対して，時制節補文の「そうだ」ではそうした繰り上げがないことを示し，時制辞の存在が移動の条件となっていることを論じた．

## 5.「つもりだ」構文の統語的特徴

前 2 節では外項を持たない「はずだ」構文および 2 種類の「そうだ」モーダル述語構文の構造について詳しく検討したが，本節では経験者項を外項として持つ「つもりだ」構文に目を転じて，その統語的特徴について考察を加える．

---

[11] 英語の to 不定詞には，繰り上げおよび ECM 構文の補文の場合のように時の解釈が未指定のものとコントロール構文の場合のように未来（あるいは未実現）の指定を持っているものがある．Stowell (1982) はこの 2 つのタイプの to 不定詞を [±tense] という素性で区別しているが，意味的に時の解釈を担うことと形態統語的に時制辞を持つことは明確に区別する必要がある．

まず「つもりだ」構文の構造を主格句に注目して「はずだ」構文と対比しながら確認しておこう．前節でも用いたシカ・ナイおよび主語尊敬語化のテストから，「はずだ」構文では主格句が埋め込み節に留まっているのに対して，「つもりだ」構文では主格句が主節主語位置を占めていることが分かる．

(31) シカ・ナイ
　　a. [太郎$_i$しか [φ$_i$ 出かける] つもりじゃなかった]
　　b. *[pro [太郎しか出かける] はずじゃなかった]
(32) 主語尊敬語化
　　a. [社長$_i$ が [φ$_i$ でかける] つもりでいらっしゃった]$^{12}$
　　b. *[pro [社長が出かける] はずでいらっしゃった]

さらに，もう一つ両者の主格句の位置が区別されるべきであることを示す現象として ES 心理述語の人称制約を挙げることができる．日本語では，(33) に示すように，心理述語が現在時制をとる場合に主語は 1 人称に限られることがよく知られている．

(33) 　私／*あなた／*彼は　うれしい

この 1 人称制約は，経験者主語を持つ「つもりだ」構文においても同様に観察される．

(34) 　私／*あなた／*彼は 試験に合格するつもりだ$^{13}$

本章ではここまで，この 1 人称制約を避けるために「つもりだった」という過去形を使ってきたが，(34) のように時制を現在形にした場合，1 人称以外の代名詞は「つもりだ」構文の主語には生起できない．もちろん，「はずだ」構文にはそうした人称制限は働かない．

(35) 　私／あなた／彼は 試験に合格するはずだ

---

　$^{12}$ 経験者を外項にとる「つもりだ」コントロール構文では主節および補文の両方の尊敬語述語とも一致できる．
　　(i) 社長がお出かけになる　つもりでいらっしゃった
　$^{13}$ 次節で見るように「つもりでいる」という（テ）イル形を用いると 1 人称以外でも問題なくなる．

こうした人称制限を，叙述関係を結ぶ主語と述語形式の間に起こる一種の一致現象と捉えるなら，「つもりだ」構文の主格句が主節に存在することの証拠に数えることができる．

さて，ここまでは主格句の統語的位置に焦点をあて「つもりだ」構文を「はずだ」構文と対比しながら見てきたが，「つもりだ」構文の特徴を特に英語との対比で考える際にもう一つ注目すべき点は，補文内に現れる時制辞である．「つもりだ」のような日本語のコントロール構文を英語の対応構文と比較した時の大きな違いは，英語のコントロール構文が不定詞節補文に限られるのに対して，日本語の「つもりだ」構文は時制辞ルを含む時制節を補文としているという対立である．

(36) a. [John$_i$ is ready [$\phi_i$ to leave]]
 b. [太郎$_i$ は [$\phi_i$ 出かける] つもりだった]

英語の場合，不定詞節の主語位置には特別な場合（believe 等の不定詞補文の例外的格付与（ECM）環境，または補文化辞 for がある場合）を除いて，顕在的な主語は出現しない．コントロール現象が一般に語彙主語を持たない不定詞節補文に限られるというこの事実は，GB 理論においてはいわゆる「PRO の定理」（PRO theorem）によって保証されていた．[14]

一方，日本語の「つもりだ」類述語の補文には現在時制の活用形である V-ル が出現しており，それを含んだ補文は形態統語上，明らかに時制節である．Takezawa (1987) などで論じられているように，日本語でも英語同様，主格は時制辞のル・タによって与えられる格であるなら，時制形述語を持つ補文の主語位置は語彙的な主語が現れる環境であり，コントロールの環境を非時制補文の主語というようには規定できないことになる．実際，「つもりだ」コントロール構文では，英語の不定詞節コントロール構文とは異なり，補文主語位置には「彼」や「自分」などの顕在的な代名詞類の要素が出現することが可能である．

---

[14] PRO の定理では，PRO は [+anaphor], [+pronominal] という矛盾する素性を同時に満たすために統率されない位置（ungoverned position），つまり不定詞節の主語位置にしか現れないと説明されていた．PRO の定理が持つ問題を解決するため，Chomsky and Lasnik (1993) では一定の時制指定を持つ T の主要部である不定詞の to が空格（null Case）を与えるといった提案がなされた．

(37) a. [太郎ᵢ は [彼ᵢ／自分ᵢ が最後に出かける] つもりだった]
　　 b. *[Johnᵢ is ready [him(self)ᵢ to leave]]

日本語の場合，一般的には「彼」「自分」を使わないほうが普通ではあるが，(37a) の文は容認可能性にまったく問題はない．特に「彼」「自分」に強勢を置いたり，あるいは「自分だけが」のようにとりたて詞を付加するとより自然になる．[15] いずれにせよ，(37a) の英語の不定詞補文には顕在的主語は決して現れず，日本語とは大きく異なる．この対立は日本語の「つもりだ」構文におけるコントロール現象が英語のコントロール現象とは本質的に異なった統語的扱いを受ける必要があることを示している．

こうした観察から，「つもりだ」構文の補文内のゼロ主語は英語の不定詞節の主語位置に現れるもの（例えば GB 理論流の PRO）とは異なり，音声内容を持つ顕在的語彙主語「彼」「自分」に統語的に対応するゼロ要素であると見なすのが妥当と考えられる．[16] そして顕在的代用形式が選択されるか，音声内容を持たないゼロ形式が選択されるかは統語的には任意であり，最終的にどちらが選ばれるかは次のような語用論的な原則が働いていると考えるのが合理的である．[17]

(38)　顕在的代名詞類要素回避の原則
　　　特別な語用論的要請がない限り顕在的代名詞類要素を回避せよ

この原則に従えば，「彼」「自分」はそれを強調するようなコンテクストでのみ使われることになり，そうでない場合は音声的に具現しないゼロ形式が選択されると分析される．そして，このような原則は代名詞類の音声形とゼロ形の自由な交替を許す pro 脱落言語の特徴として位置づけることが可能である．

以上本節では，「つもりだ」コントロール構文の補文は時制節であり，英語

---

[15] ちなみに「はずだ」構文の補文主語に「彼」「自分」を挿入することはできない．
　(i) *太郎ᵢ は [彼ᵢ／自分ᵢ が最後に出かける] はずだった
この非文性は「太郎ᵢ が」が埋め込み節の主語位置を占めているため，「彼」「自分」が挿入されるべき位置がないことから説明される．

[16] cf. Fujii (2006)

[17] これは Chomsky (1981) の「代名詞回避の原則」(Avoid Pronoun Principle) の修正版である．

とは異なり，埋め込み節の主語には「彼」「自分」といった顕在的な要素も現れることを指摘するとともに，「彼」「自分」を使うか，ゼロ形を使うかは語用論的な原理によって決定されていることを論じた．

## 6. 「つもりだ」補文内の時制辞

前節では「つもりだ」コントロール構文の補文は時制節であることを見たが，「つもりだ」構文には補文内の時制辞に関してさらに面白い特徴が存在する．以下では補文マーカー「こと」を含む日本語のコントロール構文について詳しい分析を行っている Fujii (2006) の観察に基づいて，「つもりだ」構文の特徴をさらに明らかにしたい．

Fujii は「こと」節を補文にとるコントロール述語と非コントロール述語を比較し，コントロール性と補文の時制辞の現れ方との間の興味深い相関関係を指摘している．次の (39) の例はどちらも「こと」節を補文としてとる「決意する」と「発表する」という動詞を含んでおり，表面上，主節動詞以外はまったく同形であるが，前者は主節主語と埋め込み節主語が同一であることを求める義務的主語コントロール動詞であるのに対して，後者は主節主語と埋め込み節主語の同一指示を要求しない非コントロール動詞である．

(39) a. 首相$_i$ は [$\phi_{\{i, *j\}}$ 辞職すること] を決意した．
    b. 首相$_i$ は [$\phi_{\{i, j\}}$ 辞職すること] を発表した．

Fujii は (40) に示すようにコントロール可能性が補文の時制辞の選択と関連していることを指摘している．

(40) a. *首相は [$\phi$ 辞職した_こと] を決意した．
    b. 首相は [$\phi$ 辞職した_こと] を発表した．

つまり，コントロール述語「決意する」の場合には，補文内の時制辞としては現在形ルのみが可能であり，過去形のタとは交替できないのに対して，非コントロールの「発表する」の場合には，ル・タの交替が可能である．Fujii はこの事実から時制が固定された場合の節は英語の to 不定詞節と同じような不定形節 (non-finite clause) と考えるべきであり，したがってそこには主節主語によってコントロールを受けるゼロ形式 (GB 理論におけるコント

ロール理論に従えば PRO) が出現すると分析している.[18]

ここで「つもりだ」構文に戻って, Fujii の指摘するコントロールと時制の選択に関する対応関係について,「はずだ」構文との比較を行ってみよう.

(41) a.　[pro [太郎が出かける／た] はずだった]
　　 b.　[太郎が$_i$ [$\phi_i$ 出かける／*た] つもりだった]

(41a) の「はずだ」構文にはコントロールは関与しておらず, その補文にはル・タが交替できる. それに対して, コントロールを要求する「つもりだ」の補文内では (41b) に示すように, ル形しか許されない. この対立は, まさに Fujii が「こと」補文において指摘するとおりであり,「つもりだ」構文でもコントロールの可能性が補文の時制辞の固定と関わっていることが確かめられる.[19]

最後にもう1つ「つもりだ」述語構文の補文の時制とコントロールの関係に関する補足的なデータを加えておきたい. 上で「つもりだ」構文の補文では時制はル形に限られるとの指摘を行った. しかし, 実際には「つもりだ」の補文にタ形が現れる例も見受けられる.

(42) a.　私は君にお礼を言ったつもりだ.
　　 b.　太郎は十分に準備したつもりだった.

---

[18] Fujii は時制交替と節の特徴づけについて, 次のような一般化を提示している.
　(i) Tense alternation generalization (informal):
　　　Tensed subordinate clauses in Japanese act like infinitives if and only if their predicate does not alternate between the present tense form and the past tense form. (Fujii (2006: 13))
Fujii の分析では, [±tense] と [±fin(ite)] という2つの素性の組み合わせを用いて言語間のコントロール補文形式の異同を捉えようとしているが, 日本語において [±fin] という素性の形態統語的実態は明らかにされておらず, コントロール特性と時制の関係がどのように関連づけられているのかは不明である (cf. Terzi (1997), Landau (2004)).

[19] これと関連する事実として「任意の解釈」(arbitrary interpretation) のゼロ要素を主語位置に持つ構文が挙げられる. 英語ではそうした要素 ($PRO_{arb}$) は不定詞節の主語位置に限られるのに対して, 日本語では時制節でかつ補文述語がル形の場合に現れる. 王 (2008), 竹沢・王 (2010) を参照.
　(i) a.　[$PRO_{arb}$ to buy alcohol] is banned
　　　 b.　[$\phi_{arb}$ 酒を買う] のは禁じられている

これらの例をどう扱うかは時制とコントロールの関係を考える際に重要である．(42) の例で注意してほしいのは，もとの「つもりだ」から意味の推移が起こっている点である．もとの典型的な「つもりだ」構文の意味は主語の「意図」を表している．それに対して，(42) の例では，主語の「意図」ではなく「思い込み」を表している．そして「思い込み」の意味においては，非常に興味深いことに，主節主語とは異なる語彙主語が現れることができる．

(43)　太郎は [すべてが解決した] つもりだった／つもりでいる

つまり，意味の推移によって補文内の時制の制約がなくなり，さらにそれによってコントロール特性も失われている．この事実は Fujii が指摘する時制辞の固定・交替と埋め込み節の主語コントロールが密接な関係にあることをさらに示すものである．[20]

## 7. まとめ

本章では，見かけ上は同じような構文形をとるモーダル述語構文を比較し，その構造的な共通点と相違点を明らかにした．上で論じた「はずだ」(「時制辞＋そうだ」) 類，「連用形＋そうだ」類，「つもりだ」類の統語構造と特徴は次のようにまとめられる．

　　A.　「はずだ」類：虚辞主語構文 (時制補文)
　　　　[$_{CP}$ pro [$_{CP}$ 太郎が出かける] はずだ])
　　B.　「連用形＋そうだ」類：主語繰り上げ構文 (非時制補文)
　　　　[$_{CP}$ 太郎が$_i$ [$_\beta$ $t_i$ 出かけ] そうだ]　　($\beta$＝TP 未満の句)
　　C.　「つもりだ」類：主語コントロール構文 (時制補文)
　　　　[$_{CP}$ 太郎$_i$ が [$_{CP}$ $\phi_i$ 出かける] つもりだ]

語の線形的な配列や格形式など可視的な部分では一見したところよく似ていても，その背後に多様な文法的違いを引き起こす統語構造と原理に関する心内知識が潜んでいる場合があり，本章で扱った日本語のモーダル述語構文に関する分析はそうした潜在的知識の一部を垣間見させてくれるものである

---

[20] 補文内の時制の固定がコントロール性をどう理論的に保証するのかという問題は残る．

と考えられる．また表面上は活用の一部として形態的に動詞内部に編入されている時制辞は，単にその動詞によって表される出来事の時を表すだけのマーカーに留まらず，日英両語において節という統語的，意味的単位を構築する際に中核となる役割を果たしていることは本章の議論からかなりの程度，明らかになったものと思われる．

## 参考文献

Chomsky, Noam (1973) "Conditions on Transformations," *A Festschrift for Morris Halle*, ed. by Stephen R. Anderson and Paul Kiparsky, 232-285, Holt, Rinehart and Winston, New York.

Chomsky, Noam (1981) *Lectures on Government and Binding*, Foris, Dordrecht.

Chomsky, Noam (1995) *Minimalist Program*, MIT Press, Cambridge, MA.

Chomsky, Noam (2000) "Minimalist Inquiries: The Framework," *Step by Step: Essays on Minimalist Syntax in Honor of Howard Lasnik*, ed. by Roger Martin, David Michaels and Juan Uriagereka, 89-155, MIT Press, Cambridge, MA.

Chomsky, Noam (2001) "Derivation by Phase," *Ken Hale: A Life in Language*, ed. by Michael J. Kenstowicz, 1-52, MIT Press, Cambridge, MA.

Chomsky, Noam (2008) "On Phases," *Foundational Issues in Linguistic Theory: Essay in Honor of Jean-Roger Vergnaud*, ed. by Robert Freidin, Carlos P. Otero and Maria Luisa Zubizarreta, 133-166, MIT Press, Cambridge, MA.

Chomsky, Noam and Howard Lasnik (1993) "The Theory of Principles and Parameters," *Syntax: An International Handbook of Contemporary Research,* ed. by Joachim Jacobs, Arnim von Stechow, Wolfgang Sternefeld and Theo Vennemann, 506-569, Walter de Gruyter, Berlin/New York.

Davies, Williams D. and Stanley Dubinsky (2004) *The Grammar of Raising and Control*, Blackwell, New York.

Fujii, Tomohiro (2006) *Some Theoretical Issues in Japanese Control*, Doctoral dissertation, University of Maryland.

Harada, Shin-Ichi (1976) "Honorifics," *Syntax and Semantics 5: Japanese Generative Grammar*, ed. by Masayoshi Shibatani, 499-561, Academic Press, New York.

Hiraiwa, Ken (2005) *Dimensions of Symmetry in Syntax: Agreement and Clausal Architecture*, Doctoral dissertation, MIT.
Holmberg, Anders and Thorbjörg Hróarsdóttir (2003) "Agreement and Movement in Icelandic Raising Constructions," *Lingua* 113, 997-1019.
Hornstein, Norbert (1999) "Movement and Control," *Linguistic Inquiry* 30, 69-96.
Kato, Yasuhiko (1985) *Negative Sentences in Japanese*, *Sophia Linguistica* 19.
岸本秀樹 (2005)『統語構造と文法関係』くろしお出版，東京．
Kishimoto, Hideki (2012) "Subject Honorification and the Position of Subjects in Japanese," *Journal of East Asian Linguist* 21, 1-41.
久野暲 (1973)『日本文法研究』大修館書店，東京．
Landau, Idan (2004) "The Scale of Finiteness and the Calculus of Control," *Natural Language and Linguistic Theory* 22, 811-877.
Muraki, Masatake (1978) "The *Sika Nai* Construction and Predicate Restructuring," *Problems in Japanese Syntax and Semantics*, ed. by John Hinds and Irwin Howard, 155-177, Kaitakusha, Tokyo.
Nakau, Minoru (1973) *Sentential Complementation in Japanese*, Kaitakusha, Tokyo.
王丹丹 (2008)「任意の解釈をもつゼロ要素と代名詞の交替」『日本語文法』8, 20-35.
澤田治美 (1980)「日本語「認識」構文の構造と意味」『言語研究』78, 1-35.
柴谷方良 (1978)『日本語の分析』大修館書店，東京．
Stowell, Tim (1982) "The Tense of Infinitives," *Linguistic Inquiry* 13, 561-570.
Tada, Hiroaki (2003) "On the Nature of Configurational Invariance," 神田外語大学言語科学センターコロキアム口頭発表．
高橋太郎 (1975)「はずがない」と「はずじゃない」『言語生活』289, 79-81.
Takezawa, Koichi (1987) *A Configurational Approach to Case-marking in Japanese*, Doctoral dissertation, University of Washington.
Takezawa, Koichi (1993) "A Comparative Study of *Seem* and *Omoe*," *Argument Structure: Its Syntax and Acquisition*, ed. by Heizo Nakajima and Yukio Otsu, 75-102, Kaitakusha, Tokyo.
竹沢幸一 (1998)「格の役割と構造」『日英語比較選書9　格と語順と統語構造』竹沢幸一・John Whitman (共著)，研究社，東京．
Takezawa, Koichi (1999) "Syntactic Structures and Derivations of Two Types of Epistemic Verbs with an Infinitival Complement in English and Japa-

nese," *An Attempt at Construction of Universal Grammar Based on Comparative Syntax of Japanese, Korean, Chinese and English*, ed. by Yukinori Takubo, 187-205, Report of International Scientific Research Program, Kyushu University.

竹沢幸一（2000）「空間表現の統語論——項と述部の対立に基づくアプローチ——」青木三郎・竹沢幸一（編）『空間表現と文法』163-214，くろしお出版，東京．

竹沢幸一（2004）「日本語複合述語文における否定辞の位置と節構造」『日本語文法学会第5回大会論文集』175-184，日本語文法学会．

竹沢幸一（2015）「2種類の可能動詞＋「テイル」構文」深田智・西田光一・田村敏広（編）『言語研究の視座』266-279，開拓社，東京．

竹沢幸一・王丹丹（2010）「日中英語におけるモーダル要素の統語的分析——繰り上げとコントロールを中心に——」『第8回北京大学・人民大学・筑波大学合同フォーラム』口頭発表．北京大学．

Takubo, Yukinori (1982) "On the Derivation of Japanese Modal Constructions," *Kansai Linguistic Society* 2, 63-69.

田窪行則（1982）「日本語複合述語の構造と派生の諸問題——述語繰り上げ変換を中心にして」『日本学読』2・3号，15-41，啓明大学校日本文化研究所．

Terzi, Arhonto (1997) "PRO and null Case in Finite Clauses," *The Linguistic Review* 14, 335-360.

Thráinsson, Höskuldur (1979) *On Complementation in Icelandic*, Garland, New York.

Toribio, Almeida (1991) "Specifier-Head Agreement in Japanese," *Proceedings of the Ninth West Coast Conference on Formal Linguistics*, ed. by Aaron Halpern, 535-548, Center for the Study of Language and Information, Stanford.

角田太作（1996）「体言締め文」鈴木泰・角田太作（編）『日本語文法の諸問題』139-161，ひつじ書房，東京．

Zaenen, Annie, Joan Maling and Höskuldur Thráinsson (1985) "Case and Grammatical Functions: The Icelandic Passive," *Natural Language and Linguistic Theory* 3, 441-483.

第6章

# 統語構造の異なりと意味
―竹沢論文の類例の検証―

天野みどり（大妻女子大学）

## 1. はじめに

　竹沢論文では同型異義文の統語構造の違いとして「はずだ」構文と「つもりだ」構文が考察されている．

　竹沢論文で用いられているような，統語構造の異なりの証拠として複数の言語現象の違いを挙げていく生成文法論の手法は，日本語学の領域でも様々な説明の補強のために少なからず採用されてきた経緯がある．しかし，これまでの日本語学分野の大勢は，多くの実例を観察し，研究者自身の言語直観に基づきそれらの形式の表す意味の違いをつぶさに記述するものであったと言えるだろう．「はずだ」構文・「つもりだ」構文に関しても，その意味や用法について多くの指摘がある．それらの意味の違いのすべてを証拠づける現象が少ない，あるいは示せない場合も多いが，どのような文脈・場面で使用されるかされないかという点は，かなり詳細に記述されている．

　こうした日本語学分野の研究に対して竹沢論文はどのような意義を持つかに関し筆者の考えを簡単に述べ，日本語学研究の観点から竹沢論文を発展的に考察するために必要と思われる言語事実の検証も行ってみたい．

## 2. 2つの構造の違いが意味するもの

### 2.1. 日本語学の記述する「はずだ」と「つもりだ」

　竹沢論文で取りあげられている「はずだ」「つもりだ」は，日本語学の分野においても寺村 (1984)，仁田 (1991)，野田 (1984)，三宅 (1993,

1995),森山 (1989, 1995) など,モダリティの論考の中で詳述されてきた.

日本語記述文法研究会 (2003) はモダリティを,①文の伝達的な表し分けを表すもの,②命題が表す事態に対する話し手のとらえ方を表すもの,③文と先行文脈との関係づけを表すもの,④聞き手に対する伝え方を表すものの4つに分け,「つもりだ」は①に,「はずだ」は②に位置づけている.

「つもりだ」は,①の,文の伝達的な表し分けを表すモダリティのうち「行為系」の「意志のモダリティ」とされる.発話時の話し手の意志の表出を担う「しよう」に対し,「つもりだ」は「発話時以前から決めていた計画としての意志」を表し (p. 59),独話や心内発話では用いられず,発話時の話し手の意志以外に他者の意志を表したり,聞き手の計画を尋ねる疑問文にすることもできるとされる.

「はずだ」は,②の,事態に対するとらえ方を表すモダリティのうち,認識のモダリティの類型の1つ,「蓋然性」を表すものの中に位置づけられている.それによると,「はずだ」は「基本的に,何らかの根拠によって,話し手がその事柄の成立・存在を当然視しているということを表す」(p. 161) のであり,「論理的推論」を表すとされ,この場合には「にちがいない」と置き換え可能とされる.その他,「記憶の中の事柄を再確認することによって,その事柄を当然視する」(p. 161) 用法や,「その事柄の成立が当然のことであるということを,その原因を知ることによって,その場で納得する」(p. 161) 用法があるとし,後者の場合説明のモダリティ形式の「わけだ」に近づくとされる.

## 2.2. 2つの構造

竹沢論文で示される2つの構造は (1)「はずだ」類:虚辞主語構文 [cp *pro* [cp 太郎が出かける] はずだ] (2)「つもりだ」類:主語コントロール構文 [cp 太郎$_i$ が [cp $\phi_i$ 出かける] つもりだ] の二種である.この統語構造の違いは何を表しているのだろうか.この点がより明らかになれば他言語も加えた普遍的な新たな観点から日本語の体系を見直すことが可能となる.

2つの構造の違いが意味することを理解するには,それぞれの構造の構文に共通する意味(「同型異義」とする,その「義」とは何であるのか)も理解しなければならない.「はずだ」「つもりだ」を比べる限りは,いずれもモダリティを表すが,竹沢論文 p. 3 にもあるように一方は「蓋然性に関する判

断」を，一方は「意図」を表すという違いがあり，統語構造の違いはそのことに対応しているようにも見える．しかし，「はずだ」類として竹沢論文では「そうだ／ようだ／みたいだ／様子だ」(p.60)，さらに脚注5では，「らしい」やモーダル述語とは言いがたい「のだ／ところだ／だけだ／ばかりだ／くらいだ」なども挙げられており，この統語構造の違いがモダリティの違いだけを説明するものではないことがわかる．

　日本語学で提示される意味的なモダリティの枠組みに慣れた立場からするとその共通性を読み取ることは困難だが，だからこそ，既成のカテゴリーを越えた新たな見方の提示と捉え，その仮説の検証とともに日本語学分野での研究に生かせる点をさぐるべきだろう．

## 3. 構造を支持する4つの現象

### 3.1. 竹沢論文の「はずだ」構文・「つもりだ」構文のその他類の検証

　竹沢論文では，それぞれの構文の構造を支持する4つの現象（ここでは①主格の有生性制約②「ある」所有文置換③「ている」接続④共起語順と呼んでおく）が示されている．こうした証拠現象は論を明確にする利点が認められるものの，その容認性を巡って研究者間で対立することもある．容認性判断が困難であり，またそれが実例としてはほとんど見出しがたい現象である場合，日本語学研究領域では論全体に疑念が抱かれてしまう場合も少なくないように思う．生成文法研究と日本語学研究とが協同するためには，ささやかだがこうした点を理解する工夫や努力も必要に感じる．

　例えば，筆者には，④の現象に対する容認性判断が困難であった．竹沢論文では「*はずのつもり」「つもりのはず」という判断であったが，そもそも容認される「つもりのはず」の文意を解釈することが困難だったのである．

　　（1）　太郎は3時に帰るつもりのはずだった

　この場合，〈太郎は3時に帰ろうと思っているだろう，と私は確信していた〉という意味として（1）はあり得るだろうかと考え，竹沢論文と同じ容認性判断を得るに至った．また，「*はずのつもり」については，その「つもり」の表す意図が「太郎」のものであって発話者ではない場合の意味に固定して容認性を判断しなければならない．

(2) *太郎は3時に帰るはずのつもりだった

 以上のように，どのような意味として解釈した場合にその容認性はどのようなのかがここでの問題である，という生成文法研究では訓練され自明と考えられることが，日本語学研究では困難な場合もある．
 さて，ここでは容認性判断を竹沢論文に拠りながら，「はずだ」「つもりだ」以外の類例を考察してみたい．まずはそれぞれの構文に属すると竹沢論文で示された「はずだ」類の「様子だ」，「つもりだ」類の「計画だ」について，4つの現象を検証してみる．

① 主格の有生性制約
　(3) a. 噂が噂を呼ぶ様子（はず）/計画（*つもり）だった
　　　b. 太郎が遊ぶ様子（はず）/計画（つもり）だった
② 「ある」所有文置換
　(4) a. 太郎は会議に参加する様子（はず）/計画（つもり）だった
　　　b. 太郎には会議に参加する*様子（*はず）/計画（つもり）がある
③ 「ている」接続
　(5) a. 太郎は出かける計画（つもり）?でいる
　　　b. 太郎は出かける様子（*はず）でいる
④ 共起語順
　(6) a. 太郎は3時に帰る計画（つもり）の様子（はず）だった
　　　b. *太郎は3時に帰る様子（はず）の計画（つもり）だった

 筆者の内省に拠れば，竹沢論文の示す統語構造を支持する以上の4つの言語現象のうち，「計画だ」は①③において，「様子だ」は③において，下線を引いたように竹沢論文に反する結果となる．この結果は，筆者には，「計画だ」・「様子だ」がそれぞれ「つもりだ」・「はずだ」と類義とは言え異なる特徴も持つことが反映しているように思える．例えば，「つもり」に比べ「計画」には人の心情の意味が無いこと，また，「はず」に比べ「様子」にはモダリティの無い実質的な名詞性が認められることが，上記のテスト結果に関与しているのではないかと思う．この結果を承けた場合に竹沢論文の類例のリストから「計画だ」「様子だ」を単に削除すればよいことなのか，構造的には同類としつつ補説を施すべきなのかはわからない．

## 3.2. 他の類例の追加と検証

　さらに類例として竹沢論文で挙げられているもの以外を追加し，2つの構造の意味するところを探る基礎的データを集めてみたい．とりあえず，モーダルな意味が「はずだ」（蓋然性判断）・「つもりだ」（意図・意志）にそれぞれ直観的に似ていると思われるものを挙げる．

(7) 「はずだ」類候補………見込みだ　見通しだ　予定だ　模様だ
　　　　　　　　　　　　　　気配だ
　　「つもりだ」類候補……所存だ　気構えだ　心意気だ　気概だ
　　　　　　　　　　　　　　心持ちだ　ねらいだ　もくろみだ
　　　　　　　　　　　　　　たくらみだ　企てだ

　以上の追加候補について，①主格の有生性制約②「ある」所有文置換③「ている」接続④共起語順の現象がどのようかを見てみる．

① 主格の有生性制約
　(8) a. 法案が通る見込み／見通し／予定／模様／気配だった（はず類）
　　　b. 法案が通る*所存／*気構え／*心意気／*気概／*心持ち／*ねらい／*もくろみ／*たくらみ／*企てだった　　　　　　　　（つもり類）
② 「ある」所有文置換
　(9) a. 太郎には会議に参加する見込み／見通し／予定／*模様／気配がある．　　　　　　　　　　　　　　　　　　　　　　　　（はず類）
　　　b. 太郎には会議に参加する所存／気構え／心意気／気概／心持ち／ねらい／もくろみ／たくらみ／企てがある　　　　　（つもり類）
③ 「ている」接続
　(10) a. 太郎は出かける所存／気構え／心意気／気概／心持ち／ねらい／もくろみ／たくらみ／企てでいる　　　　　　　　　（つもり類）
　　　b. 太郎は出かける*見込み／*見通し／予定／*模様／*気配でいる
　　　　　　　　　　　　　　　　　　　　　　　　　　　　（つもり類）
④ 共起語順
　(11) a. 太郎は3時に帰るつもりの見込み／見通し／予定／模様／気配だった　　　　　　　　　　　　　　　　　　　　　　（つもり類前置）
　　　b. 太郎（私）は3時に帰る所存／気構え／心意気／心持ち

／ねらい／もくろみ／たくらみ／企てのはずだった

(つもり類前置)

c. 太郎は3時に帰る*見込み／*見通し／*予定／*模様／*気配の
つもりだった　　　　　　　　　　　　　　　　(はず類前置)

d. 太郎（私）は3時に帰るはずの所存／*気構え／*心意気／*気概
／心持ち／*ねらい／*もくろみ／*たくらみ／*企てだった

(はず類前置)

以上の結果を表にして示す．

表1　類例に関する検証〈1〉

|  | ①無生名詞主格 | ②ある置換 | ③ている接続 | ④共起語順 |
|---|---|---|---|---|
| **はず** | ○ | × | × | 前置×後置○ |
| 様子 | ○ | × | ○ | 前置×後置○ |
| 見込み | ○ | ○ | ○ | 前置×後置○ |
| 見通し | ○ | ○ | ○ | 前置×後置○ |
| 予定 | ○ | ○ | ○ | 前置×後置○ |
| 模様 | ○ | × | × | 前置×後置○ |
| 気配 | ○ | ○ | × | 前置×後置○ |
| **つもり** | × | ○ | ○ | 前置○後置× |
| 計画 | × | ○ | ? | 前置○後置× |
| 所存 | × | ○ | ○ | 前置○後置○ |
| 気構え | × | ○ | ○ | 前置○後置× |
| 心意気 | × | ○ | ○ | 前置○後置○ |
| 気概 | × | ○ | ○ | 前置○後置○ |
| 心持ち | × | ○ | ○ | 前置○後置○ |
| ねらい | × | ○ | ○ | 前置○後置× |
| 目論見 | × | ○ | ○ | 前置○後置× |
| たくらみ | × | ○ | ○ | 前置○後置× |
| 企て | × | ○ | ○ | 前置○後置× |

上記の表は，①の無生名詞主格句が可能かどうかで「はずだ」類と「つも
りだ」類に分かれているが，「見込み」「見通し」「予定」などは②③の観点
では「つもりだ」類と同じであり，また，これらは④についても「つもり」
との語順ではなく「はず」との語順において「見込み／見通し／予定のはず

と言えるので，有生名詞主格句の場合の「見込み」「見通し」「予定」は「つもりだ」類と同じ構造を持つとするべきなのかもしれない．

## 4. 主節主語テスト

次に，主格句が補文内に留まっているかどうかのテスト，①主語尊敬語化と②シカ・ナイについて考えてみたい．

まず，主語尊敬語化テストだが，竹沢論文によれば，「はずだ」類は主節述語を尊敬語化することができない．

(12) *社長がお出かけになるはずでいらっしゃる

「はずだ」類の追加候補に挙げたもののうち，「ている」接続が可能なものは，主節述語の尊敬語化も容認できるように思われる．

(13) 社長がお出かけになる様子／見込み／見通し／予定でいらっしゃる

他方，「つもりだ」類の追加候補に挙げたものはすべて，「つもりだ」同様に主節述語の尊敬語化が可能である．

次に，シカ・ナイテストについて考えてみたい．竹沢論文では，はずだ構文は否定辞「ナイ」が主節述語にある場合は非文であり，「太郎しか」が埋め込み文内に留まっていることの証拠となるとする．しかし，筆者には「つもりじゃなかった」文の自然さと「はずじゃなかった」文の自然さが同程度のように感じられる．以下の例ではどうだろうか．

(14) 太郎しか内視鏡検査を受けるはずじゃなかった（しかし，多くの人が受けに来ている）
(15) 太郎しか内視鏡検査を受けるつもりじゃなかった（しかし，医師は他の人にも無理矢理検査している）

このような容認性判断の違いがあるが，ここでは竹沢論文の判断に従い，その上で他の類語について検証してみたい．

まず，筆者が追加した「はずだ」の類語のうち，「見込み・見通し」は「はずだ」と同程度に不自然だが，竹沢論文での類語「様子」や，筆者が追加した類語「予定・模様・気配」はより自然であるように思われる．

(16) 太郎しか出かける*はず／*見込み／*見通しじゃなかった
(17) 太郎しか出かける様子／予定／模様／気配じゃなかった

他方,「つもりだ」の類語として追加したもののうち,「目論見・たくらみ・ねらい・企て」はシカ・ナイテスト結果は不自然と判断されるように思われる.

(18) 太郎（私）しか内視鏡検査を受けるつもり／所存／気構え／心意気／気概／心持ち／じゃなかった
(19) 太郎しか内視鏡検査を受ける*目論見／*たくらみ／*ねらい／*企てじゃなかった.

「つもりじゃなかった」文そのものの自然さが落ちるように感じることは先に述べたが，そうであったとしても，それよりもさらに「目論見・たくらみ・ねらい・企て」の場合には「しか…じゃなかった」の自然さが落ちるように感じられるがどうだろうか．そもそも「目論見・たくらみ・ねらい・企て」は有生名詞主格句をとることがあまり自然ではなく，そのことの反映なのかもしれない.

(20) ?太郎達は学校を攻撃する目論見／たくらみ／ねらい／企てだ

以上の結果を表にする.

表2　類例に関する検証〈2〉

|  | ⑤尊敬語化 | ⑥シカナイ |  | ⑤尊敬語化 | ⑥シカナイ |
|---|---|---|---|---|---|
| はず | × | × | つもり | ○ | ○ |
| 様子 | ○ | ○ | 計画 | ○ | ○ |
| 見込み | ○ | × | 所存 | − | ○ |
| 見通し | ○ | × | 気構え | ○ | ○ |
| 予定 | ○ | ○ | 心意気 | ○ | ○ |
| 模様 | × | ○ | 気概 | ○ | ○ |
| 気配 | × | ○ | 心持ち | ○ | ○ |
|  |  |  | ねらい | ○ | × |
|  |  |  | 目論見 | ○ | × |
|  |  |  | たくらみ | ○ | × |
|  |  |  | 企て | ○ | × |

※表中の「−」は「所存」が謙譲語であるために尊敬語化テストが不可能であることを示す

第6章　統語構造の異なりと意味

　以上のように，直観的に類義と考えたものに①〜⑥の現象で異なりが現れる．筆者にはその一々の原因を突き止めることはできないが，こうした種々の検証をすることも，①〜⑥の現象の意義や，当の「はずだ」類・「つもりだ」類の本質を理解するのに貢献する点もあるのではないかと思われる．

　なお，「名詞＋だ」の形式ではないものも含め，先行研究との関係を補足しておきたい．日本語記述文法研究会（2003）が「はずだ」と一部重なるとしている「にちがいない」「わけだ（説明）」については，以下のように①③④⑤⑥について「はずだ」と同じ振るまいをすることが確かめられる（②「ある」所有文置換は当該項目に名詞性が無いため構文成立せず）．一方，「つもりだ」同様に意志を表すとされる「しよう」は，①が「つもりだ」と同じ，③④⑥が異なる（②は同上，⑤は「しよう」の主体が発話者に限られるため検証不可としたが，発話者を尊敬の対象とする特別な状況であっても非文であり「つもりだ」とは異なる）．

① 主格の有生性制約
　(21) a.　噂が噂を呼ぶにちがいなかった（はず）
　　　 b.　噂が噂を呼ぶわけだ（はず）
　　　 c. *噂が噂を呼ぼう（*つもり）
③ 「ている」接続
　(22) a. *太郎は3時に帰るにちがいないでいる　　　（*はずでいる）
　　　 b. *太郎は3時に帰るわけでいる　　　　　　（*はずでいる）
　　　 c. *私は3時に帰ろうでいる　　　　　　　　（つもりでいる）
④ 共起語順
　(23) a.　太郎は3時に帰るつもりにちがいない　　（つもりのはず）
　　　 b. *太郎は3時に帰るにちがいないつもりだ　（*はずのつもり）
　(24) a.　太郎は3時に帰るつもりのわけだ　　　　（つもりのはず）
　　　 b. *太郎は3時に帰るわけのつもりだ　　　　（*はずのつもり）
　(25) a. *私は3時に帰ろうはずだ　　　　　　　　（つもりのはず）
　　　 b. *私は3時に帰るはずだろう　　　　　　　（*はずのつもり）
⑤ 尊敬語化
　(26) a. ?先生は3時に帰るにちがいなくていらっしゃる
　　　　　　　　　　　　　　　　　　　　　　（*はずでいらっしゃる）

　　　　b. *先生は3時に帰るわけでいらっしゃる　　（*はずでいらっしゃる）
⑥　シカ・ナイ
　(27) a. *太郎しか3時に帰るにちがいないのではない　（*はずじゃない）
　　　　b. *太郎しか3時に帰るわけではない　　　　　（*はずじゃない）
　　　　c. *私しか3時に帰ろうではない　　　　　　　（つもりじゃない）

「つもりだ」同様に意志を表す「しよう」はその主体が発話者（第一人称）に限定され，過去や否定用法が無く文末に現れるという点で「つもりだ」と大きく異なる．仁田（1991）は「しよう」を「しろ（命令）・だろう（推量）・まい（否定推量）」とともに真正モダリティ形式，「つもりだ」「はずだ」を疑似モダリティ形式として区別するが，竹沢論文に則し，主節主語の有無という点に限れば，「しよう」「はずだ」が主節主語を持たず，「つもりだ」が持つということになるのかもしれない．しかし，この特異な「しよう」の位置づけについては，ぜひ竹沢論文の発展として教えていただきたい．

## 5. おわりに

　竹沢論文で「はずだ」「つもりだ」の類語とされている「様子だ」「計画だ」の他，それぞれの類語となりそうな候補を追加して考察してみたが，「はずだ」「つもりだ」と類義であっても同様のテスト結果とはならないものがあることがわかった．それらは構造の異なりを示すのか，構造は同じだが語彙的な意味の違いを示すのか，それぞれのテストは何を示すものなのかなど，考えてみたいことは尽きないが，今後の研究に委ねたい．
　学問領域を越えてこうした検証の積み重ねに参加することは，双方にとって有意義なことだろう．生成文法理論に触発された検証は，日本語の文構造研究はもとより，類義語の用法の異なり，体言締め文の成立の起因，主語概念の設定，モダリティ体系のありようなど，日本語学の語彙意味論研究や，文法論研究全般に新たな視点を与えることにもなると思われる．

### 参考文献

寺村秀夫（1984）『日本語のシンタクスと意味II』くろしお出版，東京．

仁田義雄（1991）『日本語のモダリティと人称』ひつじ書房，東京．
日本語記述文法研究会（2003）『現代日本語文法4』くろしお出版，東京．
野田尚史（1984）「〜にちがいない／〜かもしれない／〜はずだ」『日本語学』3(10), 111-119, 明治書院．
三宅知宏（1993）「認識的モダリティにおける確信的判断について」『語文』61, 35-47, 大阪大学．
三宅知宏（1995）「ニチガイナイとハズダとダロウ──概言の助動詞②──」『日本語類義表現の文法（上）』190-196, くろしお出版，東京．
森山卓郎（1989）「認識のムードとその周辺」仁田義雄・益岡隆志(編)『日本語のモダリティ』57-74, くろしお出版，東京．
森山卓郎（1995）「ト思ウ，ハズダ，ニチガイナイ，ダロウ，副詞〜φ──不確実だが高い確信があることの表現──」『日本語類義表現の文法（上）』171-182, くろしお出版，東京．

第 7 章

# 自然言語と数詞のシンタクス*

平岩　健（明治学院大学）

## 1. 数詞と自然言語

　言語能力（the faculty of language）はヒトのみがもち，言語をもたない文化や民族グループは存在しないが，同様にヒトは他の動物には見られない高度な数能力（the faculty of number）を進化させている（Chomsky (1982, 1988)；数能力の研究については Gelman and Gallistel (1986), Butterworth (1992), Wynn (1992), Dehaene (1993, 2010), Wiese (2003), Devlin (2012) を参照．どちらの能力にも共通して見られるのは離散無限性（discrete infinity）であり，有限の離散的な手段（＝連続的ではない個別の要素）を用いて無限を生み出すシステムであるといえる（Humboldt (1836), Chomsky (1965)). Hauser, Chomsky and Fitch (2002) は後者の数能力は前者の言語能力の再帰性メカニズム（recursion）を基盤にして進化したのではないかという仮説を提示している．[1]

　そのような高度な数能力の一端は，ヒトの文明における無限の自然数に象

---

\* 本研究は JSPS 科研費 25770159（若手研究（B）「人間言語における数詞の統語構造と再帰メカニズムの研究」）の助成を受けたものである．また，Noam Chomsky, Pierre Pica, 根上生也，藤井友比呂，渡辺明，（敬称略）及び Symposium on Number（2014 年 10 月 25 日開催・明治学院大学）の参加者から直接的・間接的に有益なコメントを頂いた．ここに感謝申し上げる．

[1] "In parallel with the faculty of language, our capacity for number relies on a recursive computation." (Hauser, Chomsky and Fitch (2002): 1576). 再帰性に関しては Watumull et al. (2013), Chomsky (2014) を参照．

徴される高度な数学の発達に如実に現れているが，本章はそれは等しく自然言語における「数詞（numerals）のシステム」（Stampe (1977), Greenberg (1978), Comrie (2005a, b)）にも現れていると考える．実際，（ほぼ）すべての自然言語はなんらかの数詞をもつ．例えば，日本語や英語のように限りなく大きな数の（ほぼ無限の）数詞をもつ言語が存在する．一方，Pirahā 語（Everett (2005)）のように非常に限られた数詞システムしかもたない言語や，Port Essington Tasmanian 語（Greenberg (1978)）のように1と2を表す数詞しかもたず4以上の数は「たくさん」に相当する語を用いるような言語も存在する．

(1) Pirahā (Nevins, Pesetsky and Rodrigues (2009); Everett (1978))
  a. hói   'one'
  b. hoí   'two'
  c. xaíbái/báagiso 'many'
  d. xapagí/[xogií] 'much'

このように，言語によって数詞が表す最大数には変異が見られるが，ここで重要なのは自然言語が無限の自然数という離散システムを扱う上で，無限の手段（＝単語）に依存するような数詞体系を産出しなかったという事実である．[2]

今ここで 100 までの数詞をもつ言語を考えてみよう．いかなる自然言語も1から100までを数えるのに100種類のまったく異なる数詞を用いる言語は存在しないというのは注目すべき事実である．例えば日本語では，1から10までは「いち，に，さん，…じゅう」，英語では one, two, three, ... ten のように数えていく．

(2) a. いち one
  b. に  two
  c. さん three
  d. し  four

---

[2] 各言語がもつ単語の種類には文化的・社会的要因により大きな幅があるように，すべての言語がほぼ無限の自然数を表す数詞システムを発達させていないのは当然である．脚注6も参照．

e. ご　　　 five
  f. ろく　　 six
  g. なな　　 seven
  h. はち　　 eight
  i. きゅう　 nine
  j. じゅう　 ten

しかしここから両言語がとった方策は，限られた数の単純な数詞（1 から最小の基数までの数詞；日本語や英語の場合は 1-9）と基数（numeral base; 日英語の場合は 10, 100, 1000, ...）を組み合わせることですべてのより大きな数を複合的な数詞として表すシステムである（Hurford (1975), Ionin and Matushansky (2006), Kayne (2010) など参照）．

(3) a. じゅういち　 eleven[3]
    b. じゅうに　　 twelve
    c. じゅうさん　 thirteen
    d. にじゅう　　 twenty

ここでは日本語と英語を一例としてとりあげたが，このような特徴は比較的大きな数の数詞体系をもつ自然言語に共通に観察される．[4]

Greenberg (1978: 275) はそれ以上分割できない数詞を原子（atom）とよんだ．本章では単純数詞（simplex numerals）とよんでおく．どのような言語にも単純数詞は必ず存在する．[5] この単純数詞は上の (3) で見たように，基数とともにより大きな数を表す複合数詞（complex numerals）を構成する際の構成員となる．

本章では，このような数詞のシンタクスを詳しく考察することにより，数詞に内部階層構造が存在することを明らかにする．そして，その内部構造を生み出すメカニズムに統語的併合操作（Merge）が深くかかわっていること

---

[3] 現代英語の eleven と twelve は語源的には "one/two left over ten" であり，その意味でやはり複合的である．

[4] もちろん言語により単純数詞と基数の種類は異なる．Harrison (2005) などを参照．

[5] Greenberg の一般化 #4 "In every numerical system, some numbers receive simple lexical representation." (Greenberg (1978: 275))．

を示す.すなわち,(少なくとも複合的な)数詞は分解不能な語彙ではなく,統語的併合操作により生成される句 (phrase) であることを主張する.

本論に入る前にいくつか使用する用語を明確にしておく.まず,本章では,数詞 (numeral) と数 (number; かず・すう) を明確に区別する (Greenberg (1978: 272-273)).数とは言語に依らない観念であり,数詞とは数の言語的表現である.次に,ここでいう数詞は「いち／one」「に／two」等,数のみを表す形態素を指す.英語と異なり日本語の場合は,多くの数詞は類別詞 (classifier) をともなって用いられるが,その場合は「数詞＋類別詞」とよび,数詞そのものとは区別する.

本章の構成は以下のとおりである.まず第2節では数詞の離散無限性とその内部構造が統語的併合操作によりもたらされるものであることを見る.[6] 第3節では自然言語が数詞をどのように構成・表現するのかに焦点を当てる.数詞がまず単純数詞と複合数詞とに分類されるべきであることを見た後,多くの言語で加算演算を等位接続(＝併合)により表すことでより大きな数を表す複合数詞を構成することを明らかにする.第4節では数詞の統語カテゴリーが何であるかについて論じる.第5節は結論と今後の展望である.[7]

## 2. 数詞と再帰性と併合

少なからぬ数の自然言語がほぼ無限の自然数を有限の手段により表す方策を進化させたことは第1節で見たとおりであるが,興味深いことにこの数詞のシンタクスには人間語に見られる再帰性 (recursion) が最もよく表れていると言っても過言ではない.

自然言語は無限の自然数を扱うために,基数と単純数詞をベースに,四則演算を用いる.その中でも非常に多くの言語が加算演算操作を基礎とする.実際,私が知る限り比較的大きな数の複合数詞をもつ自然言語で加算演算操

---

[6] Nevins, Pesetsky and Rodrigues (2009) が正しく指摘しているように,併合操作の存在がすべての自然言語におけるほぼ無限の数詞の存在を保証するわけではない.

[7] 数の観念が人間とは独立した客観性をもつのか,それとも文化や言語ごとに異なる相対的なものであるのかは重要で興味深い問題であるが本章では立ち入らない.足立 (2011),Dehaene (2010),Lakoff and Nunez (2001),などを参照.

作を用いない言語は存在しない（Greenberg (1978) を参照）．自然言語で最もシンプルでミニマルな数詞システムは 2 を基数として加算演算を加えるもので，Aiome 語等に見られる．

(4) Aiome (Harrison (2007); Aufenanger (1960))
  a. nogom      'one'
  b. omngar     'two'
  c. omngar nogom   'two and one (= three)'
  d. omngar omngar   'two and two (= four)'
  e. omngar omngar nogom 'two and two and one (= five)'
  f. omngar omngar omngar 'two and two and two (= six)'

この加算演算操作は (4) のように言語によっては非顕在的な標示を受ける．英語や日本語の 17 を表す数詞でも加算演算を示すような形態素は見られず，単純数詞（なな，seven）と基数（じゅう，-teen）とを並列配置することで示される．

(5) a. じゅうなな（$= 10 + 7$）
  b. seventeen（$= 7 + 10$）

しかし，より大きな数に目を向けると，英語では加算演算が等位接続詞 "and" により具現化されることがわかる．[8]

(6) two hundred *and* seventeen

一方で，数詞における加算演算をすべて形態的に具現化する言語もある．ガーナ北西部で話されている Dagaare 語では，加算演算が等位接続詞 "ne" により繰り返し表されている．

---

[8] 日本語や英語では乗算演算は形態的に具現化されることはなく，位置で示される．すなわち，20 以降の数詞では基数の前の数詞が来る場合は乗算演算を，基数の後ろに数詞が来る場合は加算演算を表している（e.g. two×hundred＋seventeen，に×ひゃく＋じゅうなな）．Greenberg (1978) によると乗算演算を形態的に表す言語は極めて稀なようである．

第 7 章　自然言語と数詞のシンタクス　　93

(7) Dagaare
baare kɔɔre a-naare *ne* lezaɛ a-yi *ne* a-yi
dog.Pl 100 NC-4 and 20 NC-2 and NC-2
'four hundred and forty-two dogs'（$100 \times 4 + 20 \times 2 + 2$）

自然言語の数詞において加算演算に使われる等位接続詞は統語的にも意味的にも二つの要素を結びつける機能（集合の形成）をもっている．数詞の場合と同様，等位接続詞は明示的な要素として形態的に具現化される言語（8a）もあれば，等位接続詞を介さず要素を並列する言語（8b）も存在する（Stassen（2000），Haspelmath（2007）を参照）．

(8) a. Lango（Noonan（1992: 163））
　　Òkélò òmàtò　　　câу *kèdè* càk.
　　Okelo 3Sg.drink.Perf tea and milk
　　'Okelo drank tea and milk.'
b. Sarcee（Cook（1984: 87））
　　[ìstlí gútsìs dóóní] ìcīctcùd, gīní.
　　horse scalp gun 1Sg.capture 3Pl.say
　　'"I captured horses, scalps, and guns," they say.'

注目すべきは英語でも Dagaare 語でも，数詞において加算演算を示す要素として用いられているのが等位接続詞であるという事実である．興味深いことに，なんらかの等位構造をもたない自然言語は現在のところ報告されていない．より一般化すれば，要素と要素を組み合わせる手段をもたない自然言語は存在しない．従って，(9)-(10) に示すように，この等位接続構造は最も基本的な統語操作である併合（Merge）の最も簡潔な適用例といえる（Chomsky（2008）を参照）．

(9) 自然言語における複合数詞の生成に見られる加算演算操作は等位接続構造をもつ．

(10)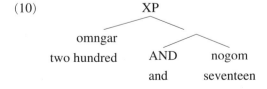

統語部門で唯一の統語操作と見られるこの併合操作が，複合数詞の生成に形態的に見られるという事実は，自然言語が併合を駆使することで離散無限的な自然数を扱うことを可能にしたことの証左であるといえよう．換言すれば(11)のように述べることができる．

(11) 併合操作の存在が等位構造を可能にし，それを加算演算として用いることで，離散無限の自然数を限られた要素で表す数詞のシステムが可能になった．

高度な離散無限性を備えた数能力が言語能力に基づいているという仮説(Hauser, Chomsky and Fitch (2002), Chomsky (2008)) の妥当性がこのような自然言語の数詞のシステムに見てとれるのではないかと考える．[9]

自然数は数学的にはなんらかの後者関数（successor function）により定義されることが多く，Chomsky (2008) はただ1つの語彙（1を表す語彙）と併合操作の再帰的適用が後者関数を生み出す可能性について言及している．[10] もし数が後者関数的な表示を持つとすると (12) のように考えることが可能である．

(12) X = 1 を表す数詞
1 = X
2 = X + X
3 = X + X + X
4 = X + X + X + X
5 = X + X + X + X + X
...

しかし，数の抽象的な内的計算システムではそのようになっているとして

---

[9] Chomsky (2008) は次のように述べている．"The mathematical capacity may be abstracted from FL by reducing the latter to its bare minimum." (Chomsky (2008: 139))．再帰性に関しては Watumull et al. (2013), Chomsky (2014) の議論も参照．

[10] "Suppose that a language has the simplest possible lexicon: just one LI, call it "one." Application of Merge to the LI yields {one}, call it "two" Application of Merge to {one} yields {{one}}, call it "three." Etc. In effect, Merge applied in this manner yields the successor function." (Chomsky (2008: 139))

も，(2) を見てわかるように，日本語や英語で 1-10 までの数詞においてある数を表す数詞が一つ前の数を表す数詞に 1 を加えて構成されているという形態的証拠はどの言語を見ても見当たらない．実際，どの自然言語を見ても，数詞が (12) のように後者関数を形態的に反映しているように見える例は存在しない．

もし Chomsky (2008) の推論が正しいとした場合，なぜ自然言語の数詞のシステムが自然数の後者関数のような形式にならなかったのかは説明すべき興味深い謎として残る．換言すれば，併合を極限にまでシンプルに適用して得られる自然数のシステム（Chomsky (2008: 139)）と自然言語の数詞のシステムとの間には Chomsky (2008) 等で考察されていない大きなギャップが存在する．

自然言語の数詞のシステムは，まさに言語の内的計算システムと外在化 (externalization) との間の緊張関係の産物であると言える．併合操作とたった一つの語彙に基づく後者関数は確かに内的システムにとっては十分にシンプルな自然数の枚挙システムを提供するが，一方で，そのようなシステムは極めて煩雑な統語構造を生成してしまう．たとえば，1000 という数は 999 回の併合操作の適用により生成される．しかしその統語構造に正しい意味解釈を与え，さらにそれを外在化するのは容易ではないことは想像に難くない．外在化において，1 と 2，2 と 3 を区別するためにはひたすら数詞の 1 を繰り返すか，もしくはそれぞれの数（を表す統語構造）に対してそれぞれ異なる音形を付与する必要が生じる．

言語の計算システムにおける経済性と記憶などの外的システムの制約との競合の結果，自然言語は 1 つの語彙のみを用いることも自然数の数だけ異なる語彙を用いることもせず，併合操作を最大限に用いながらも，限られた数の単純数詞と基数という語彙に基づく複合数詞のシステムを最適解として生み出したとも考えらえる．[11]

以上，本節の分析が正しけば，自然言語の数詞のシステムは有限の単純数詞と基数と四則演算を用いて無限の複合数詞を生み出すシステムになってい

---

[11] 前註を参照．本章が示唆する方向性が正しければ，全ての言語が無限の数を表現する数詞のシステムを発達させているわけではなく，またどの数を基数にするかに言語間に大きな違いが見られるというギャップは，外在化に関わる恣意性に還元されるかもしれない．

ることがわかる.[12] したがって，我々が数詞とよぶものの中の（少なくとも）複合数詞は内部階層構造をもつことになる．次節では数詞のシンタクスを詳しく検証する．

## 3. 数詞のシンタクス

日本語で数442がどのように表されるか考えてみよう．

(13) よんひゃくよんじゅうに
4 100 4 10 2

(13)では基数10，100，及び単純数詞の4と2が用いられている．表面上はこれらの数詞が直線的に左から右に配列されているだけであるが，これが442という数を表すことができるのはこの5つの数詞の間に算術関係が存在するからに他ならない．具体的には，(14)に示すように乗算と加算関係が含意されている．

(14) よんひゃくよんじゅうに
$(4 \times 100) + (4 \times 10) + 2$

さて，これら5つの数詞は併合操作により構成されていることは前節で見たとおりだが，では自然言語における"442 (NP)"という数詞（＋名詞）はどのような内部構成素構造をもつのだろうか？ 可能性としては少なくとも以下の4つが考えられる．

(15) a. [442 NP]
b. [[100×4 & 20×2 & 2] NP]
c. [[100×4] & [[20×2 & 2] NP]]
d. [[[100×4] & [20×2]] & [2×NP]]

(15a)は442がそれ以上分解のできない要素（主要部）である可能性，(15b)

---

[12] したがって，次の一般化が成り立つのは当然の帰結である．Greenbergの一般化 #2: "Every number $n$ ($0<n<L$) can be expressed as part of the numerical system in any language."

は 442 が内部構造をもちながら一つの構成素をなしている可能性，(15c) は，400 と 42 が別の構成素をなしている可能性，そして (15d) は 440 と 2 が別の構成素をなしている可能性である．

まず，Watanabe (2006: 253) が観察しているように数詞はなんらかの主要部要素ではありえない．第一に，数詞を修飾することが可能であることがあげられる．

(16) a. at least four people/thirty-seven people
　　 b. more than four people/thirty-seven people
(17) a. 少なくとも {4 人／37 人}
　　 b. {4 人／37 人} 以上

また，すでに見たように，複合数詞は言語によっては顕在的な等位接続詞が用いられる（後に見るように，日本語は顕在的な等位接続詞は見られないが，顕在化することは可能である）．

したがって，数詞は主要部ではなく句 (XP) であり，なんらかの投射の指定部もしくは補部に位置すると考えられる．ここで数詞を XP とし，等位接続構造を鑑みると複合数詞は次のような構造であると考えらえる（等位接続構造については Progovac (1998a, b)，Chino and Hiraiwa (2014)，Hiraiwa (2014) を参照）．

(18)　複合数詞の構造（XP＝数詞）

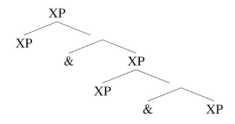

たとえば，442（よんひゃくよんじゅうに）はまず，40（よんじゅう）と 2（に）が等位接続詞 & を介して併合され，複合数詞 42（よんじゅうに）を出力として生み出す．そしてそれがさらに等位接続詞 & を介して 400（よんひゃく）と併合され，さらに大きな複合数詞 442（よんひゃくよんじゅうに）が生成される．このように機能範疇 & と数詞 XP の併合操作は規則適用の

出力が次の規則適用の入力となる再帰的構造を生成することから，無限の大きさの複合数詞の生成が可能になる．

さて，ここで Dagaare 語は数詞の内部構造に関して重要な洞察をもたらす．Dagaare 語では，基数以外の単純数詞は必ず名詞クラス（Noun Class; NC）を表す要素とともに現れる（Hiraiwa (2011)）．名詞クラスは人間（*ba-*）・非人間（*a-*）で区別され，(19) では主名詞が犬であるため *a-* が現れている．

(19) Dagaare
baare  kɔɔre a-naare ne  lezaɛ a-yi  ne  a-yi
dog.Pl 100   NC-4   and 20    NC-2 and NC-2
'four hundred and forty-two dogs'（100×4＋20×2＋2）

主名詞が人の場合は *ba-* が用いられるが，興味深いことに加算を表す単純数詞のみに *ba-* が現れ，基数とともに乗算を表す単純数詞には *a-* が現れる．

(20) Dagaare
noba       kɔɔre a-naare ne  lezaɛ a-yi  ne  ba-yi
person.Pl  100   NC-4   and 20    NC-2 and NC-2
'four hundred and forty-two people'（100×4＋20×2＋2）

このことは，400 や 40 は構造上 2 と直接結びついておらず，2 だけが主名詞と局所的関係になっていることを示唆している．すなわち，本章は複合数詞 442 は，基数と単純数詞が別の構成素をなす (21) のような構造をもっていると結論する（主名詞 *noba* "people" はこの後，XP の上へ移動するが本章では立ち入らない．Hiraiwa (2011) を参照）．

(21)

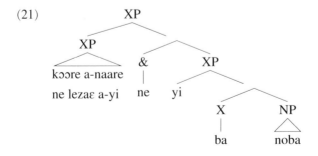

第7章 自然言語と数詞のシンタクス

日本語の数詞は Dagaare 語より複雑である．日本語は数詞のみが名詞クラス要素（後に見る類別詞要素）をともなわずに生起する場合があり，少なくとも複合数詞全体が一つの構成素をなすような構造が許されると考えらえる．[13]

(22) a. 世界 123（ヶ国）の国々
   b. 6000 から 8000（個）の言語
   c. 12 億（人）の人口
   d. 数千（匹）ものバッタ
   e. 47 都道府県

一方，(21) のような構造は一見すると日本語には当てはまらないように見えるかもしれないが，(23)-(24) のように加算演算を表す等位接続詞「と」を顕在化させることもできる．

(23) a. 52 個の謎
   b. 二千数百人の医療関係者
(24) a. 50 と 2 個の謎
   b. 二千と数百人の医療関係者

ここで顕在的等位接続詞をともなう複合数詞の統語構造を，Watanabe (2010) の興味深い観察を使ってテストしてみる．Watanabe (2010: 56) は，(25) に示すように数詞 1 と 2 は人を表す類別詞「人」と組み合わされた時，/-nin/ ではなく /-ri/ という音形に変化することを指摘している．一方，11，12 では /-nin/ となる．

---

[13] 日本語でしばしば誤って観察されるのと同様に，Chierchia (1998, 2010) や Cheng and Sybesma (1999) は中国語の名詞は必ず類別詞を必要とすると主張しているが，実際には中国語でも日本語同様，類別詞をともなわずに数詞が生起する現象がある．
  (i) a. Mandarin Chinese (Feng-fan Hsieh p.c.)
      wo-wan          ge  xuesheng
      5-ten.thousand  Cl  student
      'fifty thousand students'
    b. wo-wan          de   xuesheng
      5-ten.thousand  Gen  student
      'fifty thousand students'

(25) a. ひと-{り／*にん}
b. いち-{*り／*にん}
c. ふた-{り／*にん}
d. に-{*り／にん}
e. さん-{*り／にん}
f. よん-{*り／にん}
g. ご-{*り／にん}
h. じゅう-{*り／にん}
i. じゅういち-{*り／にん}
j. じゅうひと-{*り／*にん}
k. じゅうふた-{*り／*にん}
h. じゅうに-{*り／にん}

しかし，ここで等位接続詞「と」を顕在化させるとパターンが変化する．(26)に示すように，類別詞は /-ri/ となる．

(26) a. よんひゃくよんじゅう{いちにん／*ひとり}の邦人
b. よんひゃく（と）よんじゅう と
{*いちにん／ひとり}の邦人

このことから，顕在的等位接続詞が現れる場合は加算を表す複合数詞は日本語でも Dagaare 語同様に(21)の構造をもつといえる．[14]

## 4. 数詞のカテゴリー

本章では単純数詞はそれ以上分解することができないものであると考えていることは第2節で述べたとおりである．日本語や英語の複合数詞は単純数詞を加算演算と乗算演算で組み合わせることで構成されているが，そうして出来上がった複合数詞は単純数詞と同じ統語カテゴリーであるといえる．

先行研究では数詞と類別詞（またはその複合）の研究は多くあるが，数詞

---

[14] 同様のことは次の例でもいえる．
(i) a. 52{個／*つ}の謎
b. 50と2{個／つ}の謎

自体がどのような統語カテゴリーに属する要素なのかは明らかではない．Fukui and Takano (2000) は (27) に示すように，数詞＋類別詞は #P という構造をもち，NP に対する修飾語句としてその指定部に位置しているとする．

(27) Fukui and Takano (2000)

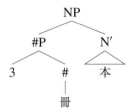

一方，Watanabe (2006) は，Fukui and Takano (2000) と同様に類別詞は機能範疇 #P の主要部である # の位置にあり，数詞はその指定部の位置にあると提案するが，#P 自体が NP 上部の拡大投射を形成している点で異なる（渡辺の分析ではさらに NP が移動し，その後さらに上位の機能範疇が併合と移動が適用されるが本章では立ち入らない）．

(28) Watanabe (2006)

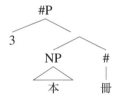

しかし，上の構造からわかるように，いずれの提案も数詞（及び類別詞）の生起する統語ポジションが焦点になっており数詞自体のカテゴリーが何であるのかは論じられていない．

　一見すると数詞＋類別詞は名詞と同じ振る舞いを示すことから全体としては名詞カテゴリーに属するかのように見える．(29) に見られるように，数詞は英語では定冠詞や指示詞をとり，項の位置に生起することが可能である．

(29) The/Those three are my students.

また，(30)-(32) に示すとおり，日本語では格助詞や後置詞をとることができる．

(30) a. 2人が来た．
　　 b. 健が来た． 　　　　　　　　　　　　　　　　　　（主格／対格）
(31) a. 2人の秘密
　　 b. 健の秘密 　　　　　　　　　　　　　　　　　　　　　　（属格）
(32) a. 2人から連絡をもらった．
　　 b. 健から連絡をもらった． 　　　　　　　　　　　　　　（後置詞）

しかしこれらのデータが示しているのは，数詞＋類別詞が少なくとも名詞と同じ振る舞いを示す場合があるということのみで，数詞の統語カテゴリーが名詞であることは示していないことに注意するべきである．[15]

実際 (33) の例が示すように，数詞＋類別詞は名詞とは異なり，格や後置詞で標示されなくとも文中に生起することが可能である．また，格表示される名詞句と共起していることからも数詞が文の項ではないことがわかる．

(33) a. 学生が何人来た？
　　 b. (学生が) 3人来た．

さらに，日本語の数詞＋類別詞は格標示を受ける場合とそうでない場合とでは統語的な振る舞いが全く異なる．数詞＋類別詞は関係節や形容詞などの連体修飾語句をとることができるが，その場合は必ず格標示されなければならない．

(34) a. あそこにいる3人*(が) 来た．
　　 b. 怪しげな3人*(が) 来た．
　　 c. あの3人*(が) 来た．

したがって連体修飾句や格助詞などをともなわない数詞＋類別詞は名詞とは異なるカテゴリーであると考えられる．

---

[15] Watanabe (2010) は「3人の学生」のように数詞とともに現れるノは属格ではなく，連結辞 (linker) であると論じているが，渡辺の議論が正しい限りにおいて，これも数詞のカテゴリーが名詞とは異なることを示す証拠といえる．

ではその中の数詞の統語カテゴリーは何なのだろうか？ 本章では，数詞は指示代名詞と同じカテゴリーを形成していると考える．その根拠は以下のとおりである．日本語の類別詞は前接要素として数詞を要求するのは周知の事実である．

(35) 2本，2匹，2冊，2本，2枚，2個, ...

ここで重要な点は，これら類別詞は名詞を前接要素としてとることは決してないということである．

(36) a. *学生人
b. *犬匹
c. *本冊

類別詞は数量を表す要素を要求するために (36) は非文法的だと思われるかもしれないが，Watanabe (2010) が指摘しているように，数量を表す量化詞とも共起できないことは極めて重要である．[16]

(37) a. *たくさん個
b. *{多く・多い} 個／*多個　　cf. 多頭飼い
c. *いっぱい個
d. *少ない個／小個
e. *いくつか個
f. *ほとんど個

このことから数詞は量化詞とも統語カテゴリーが異なると考えられる．一方，類別詞は，Watanabe (2010: 58, fn. 17) が指摘しているように，数詞だけでなく Kuroda (1965) で論じられている不定語 (wh-indeterminate) の「何」や「幾 (いく)」をとることもできる．

(38) a. 何個
b. 何／幾人

---

[16] 4-5 の数を表す「数」は類別詞と共起する (e.g. 数人，数匹，数冊, ...) ことから，本章では「数」は数詞の一種であると考えておく．

(39) a. 何個も
　　 b. 何／幾人も
(40) a. 何個か
　　 b. 何／幾人か

このことから，本章は (41) の仮説を提案する．

(41) 数詞は不定代名詞根と同じカテゴリー Dem (onstrative) に属する．[17]

よく知られるように，不定語ド系は代名詞コ・ソ・ア系とパラダイムをなす．Hiraiwa (2013, 2015) の日本語と Bantus 諸語及び Gur 諸語との比較対照分析が正しいとすると，不定語は不定代名詞の根 (Dem) と名詞クラス (Noun Class; NC) の 2 つの形態素からなる NCP である．

(42)

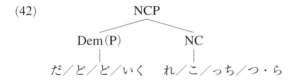

(43) 不定語の分解 (Hiraiwa (2013, 2015) 参照)

|  | Dem | NC |
|---|---|---|
| 誰 | da | re |
| どこ | do | ko |
| どっち | do | tti |
| いくつ／いくら | iku | tu/ra |

ここで類別詞の前に現れる数量を表す不定語にもう一度注目してみると，「幾人」は NC「つ／ら」をともなっていないという極めて重要な事実に気づく．したがって，類別詞の前に現れる不定語及び数詞は Dem であることがわかる．

---

[17] 不定語は必ずしも類別詞を必要とせず単独で生起することが可能である (e.g. 何を買ったの？) が，(22) で見たように数詞も類別詞をともなわずに生起することがある．詳しくは Hiraiwa (2015) を参照．

第7章 自然言語と数詞のシンタクス　105

(44)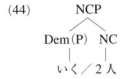

さらにこのことから，類別詞は名詞クラスを表す NC 要素であるということが予測される．これは名詞クラスの研究（Kihm (2008) などを参照）が度々指摘している以上の統語的類似点が名詞クラスのシステムと類別詞との間に存在していることを意味する．実際，(45) に見られるように類別詞「人」と名詞クラス要素「つ／ら」は共起できないことから，両者が同一要素であることがわかる．

(45) a.　いく人
　　　b. *いくつ人／いくら人
(46)　名詞クラスも類別詞も NC カテゴリーに属する．

尚，NC は言語によって以下の3つの形態で現れると本章では考える．したがって類別詞をもつ言語においては従来機能範疇 # とされてきたものと同じであると考えて構わない．

(47)　NC は「クラス」(Class) を担う機能範疇であり，言語により以下のいずれか，もしくはそのいくつかとして具現化される．
　　a.　名詞クラス (noun class)
　　b.　類別詞 (classifier)
　　c.　性 (gender)

以上をまとめると，数詞＋類別詞＋名詞（e.g. 3人の学生）は概略以下の構造をもつと考える．

(48)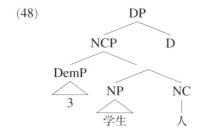

最後に，本節の初めで見たように数詞＋類別詞が名詞のように振る舞う場合とそうでない場合の構造的な違いについて言及しておきたい．名詞のように振る舞う場合は，NCP がさらに上の階層構造をもち全体が (48) のように DP の投射になっていると考えられる．一方，非名詞的振る舞いを示す場合は，NCP（もしくはその上の QP）のみの投射にとどまっている（Hiraiwa (2015) を参照）．

(49)　[$_{DP}$ D [$_{CaseP}$ Case [$_{QP}$ Q [$_{NCP}$ NC [$_{DemP}$ Dem]]]]]
(50)　数詞＋類別詞

|  | NCP/QP | DP |
|---|---|---|
| 格表示 | * | ✓ |
| 名詞句との共起 | ✓ | * |
| 連体修飾可能性 | * | ✓ |

## 5.　まとめ

本章は，自然言語における数詞のシステムが再帰的併合操作という加算演算を基礎にもちながら，有限の要素（単純数詞と基数）から無限の数詞（複合数詞）を生成するシステムになっていることを明らかにした．

言語能力と数能力の関連は，言語獲得等の言語学の領域からの研究だけでなく，ヒトと他の動物との学際的な比較研究が不可欠である．数に関する認知能力に関しては様々な興味深い研究結果が報告されており，今後言語学からの提言や，言語学と他領域との積極的な共同研究が待たれる．

## 参考文献

足立恒雄 (2011)『数とは何か そしてまた何であったか』共立出版, 東京.
Aufenanger, Heinrich (1960) "The Ayom Pygmies' Myth of Origin and Their Method of Counting," *Anthropos* 55, 247-249.
Butterworth, Brian (1999) *The Mathematical Brain*, Macmillan, New York.
Cheng, Lisa Lai-Shen and Rint Sybesma (1999) "Bare and Not-So-Bare Nouns and the Structure of NP," *Linguistic Inquiry* 30(4), 509-542.
Chino, Yukiko and Ken Hiraiwa (2014) "Coordination and the Head Parameter," A poster presented at the 88th Annual Meeting of LSA.
Chierchia, Gennaro (1998) "Reference to Kinds across Languages," *Natural Language Semantics* 6, 339-405.
Chierchia, Gennaro (2010) "Mass Nouns, Vagueness and Semantic Variation," *Synthese* 174(1), 99-149.
Chomsky, Noam (1965) *Aspects of the Theory of Syntax*, MIT Press, Cambridge, MA.
Chomsky, Noam (1982) *Noam Chomsky on The Generative Enterprise, A Discussion with Riny Hyybregts and Henk van Riemsdijk*, Foris, Dordrecht.
Chomsky, Noam (1988) *Language and the Problems of Knowledge*, MIT Press, Cambridge, MA.
Chomsky, Noam (2008) "On Phases," *Foundational Issues in Linguistic Theory*, ed. by Robert Freidin, Carlos P. Otero and Maria Luisa Zubizarreta, 133–166, MIT Press, Cambridge, MA.
Chomsky, Noam (2014) "Minimal Recursion: Exploring the Prospects," *Complexity in Cognition*, ed. by Thomas Roeper and Margaret Speas, Springer, Switzerland.
Comrie, Bernard (2005a) "Endangered Numeral Systems," *Bedrohte Vielfalt: Aspekte des Sprach(en)tods (Endangered Diversity: Aspects of Language Death)*, ed. by Jan Wohlgemuth and Tyko Dirksmeyer, 203-230, Weißensee, Verlag.
Comrie, Bernard (2005b) "Chapter 131: Numeral Bases," *The World Atlas of Language Structures*, ed. by Martin Haspelmath, Matthew S. Dryer, David Gil and Bernard Comrie, Oxford University Press, New York.
Cook, Eung-Do (1984) *A Sarcee Grammar*, University of British Columbia Press, Vancouver.
Dehaene, Stanislas (1993) *Numerical Cognition* (Cognition Special Issues),

Blackwell, New York.

Dehaene, Stanislas (2011) *The Number Sense: How the Mind Creates Mathematics*, Oxford University Press, New York.

Devlin, Keith (2012) *The Man of Numbers: Fibonacci's Arithmetic Revolution*, Walker Books, New York.

Everett, Daniel (2005) "Cultural Constraints on Grammar and Cognition in Pirahã: Another Look at the Design Features of Human Language," *Current Anthropology* 46(4), 621-646.

Fukui, Naoki and Yuji Takano (2000) "Nominal Structure: An Extension of the Symmetry Principle," *The Derivation of VO and OV*, ed. by Peter Svenonius, 219-254, John Benjamins, Amsterdam.

Gelman, Rochel and C. R. Gallistel (1986) *The Child's Understanding of Number*, Harvard University Press, Cambridge, MA.

Greenberg, Joseph (1978) "Generalizations about Numeral Systems," *Universals of Human Language Vol. 3: Word Structure*, ed. by Joseph O. Greenberg, 249-295, Stanford University Press, Stanford.

Harrison, David K. (2007) *When Languages Die: The Extinction of the World's Languages and the Erosion of Human Knowledge*, Oxford University Press, New York.

Haspelmath, Martin (2007) "Coordination," *Language Typology and Syntactic Description (Vol. 1)*, 2nd ed., ed. by Timothy Shopen, 1-51, Cambridge University Press, Cambridge.

Hauser, Marc D., Noam Chomsky and W. Tecumseh Fitch (2002) "The Faculty of Language: What Is It, Who Has It, and How Did It Evolve?" *Science* 298(22), November, 1569-1579.

Hiraiwa, Ken (2011) "The Arithmetic Structure of the Numeral System in Dagaare," A poster presented at MIT 50, Cambridge, MA.

Hiraiwa, Ken (2013) "Decomposition of Indefinite Pronouns," *The Proceedings of the Workshop on Syntax and Semantics*, ed. by Hiroko Yamakido, 53-68, Fuji Woman's University, Sapporo.

Hiraiwa, Ken (2014) "Constrai*ning* Doubl*ing*," *Identity Relations in Grammar*, ed. by Kuniya Nasukawa and Henk van Riemsdijk, 225-254, Mouton de Gruyter, Berlin.

Hiraiwa, Ken (2015) "The QP Syntax: Noun Class, Case, and Augment," *NELS* 45(2), 1-11.

Hurford, James. R. (1975) *The Linguistic Theory of Numerals*, Cambridge

University Press, Cambridge.

Ionin, Tania and Ora Matushansky (2006) "The Composition of Complex Numerals," *Journal of Semantics* 23, 315–360.

Kayne, Richard (2010) "A Note on the Syntax of Numeral Bases," *Comparisons and Contrasts*, Oxford University Press, New York.

Kihm, Alain (2008) "Noun Class, Gender, and the Lexicon-Syntax-Morphology Interfaces: A Comparative Study of Niger-Congo and Romance Languages," *The Oxford Handbook of Comparative Syntax*, ed. by Guglielmo Cinque and Richard S. Kayne, 459–512, Oxford University Press, New York.

Lakoff, George and Rafael Nuñez (2001) *Where Mathematics Come from: How the Embodied Mind Brings Mathematics into Being*, Basic Books, New York.

Nevins, Andrew, David Pesetsky and Cilene Rodrigues (2009) "Pirahã Exceptionality: A Reassessment," *Language* 85(2), 355–404.

Noonan, Michael P. (1992) *A Grammar of Lango*, Mouton de Gruyter, Berlin.

Progovac, Ljiljana (1998a) "Structure for Coordination Part I," *Glot International* 3, Issue 7, 3–6.

Progovac, Ljiljana (1998b) "Structure for Coordination Part II," *Glot International* 3, Issue 8, 3–9.

Stampe, David (1977) "Cardinal Number Systems," *CLS* 12, 594–609.

Stassen, Leon (2000) "And-Languages and WITH-Languages," *Linguistic Typology* 4(1), 1–54.

Watanabe, Akira (2006) "Functional Projections of Nominals in Japanese: Syntax of Classifiers," *Natural Language & Linguistic Theory* 24(1), 241–306.

Watanabe, Akira (2010) "Vague Quantity, Numerals, and Natural Numbers," *Syntax* 13(1), 37–77.

Watumull, Jeffrey, Marc D. Hauser, Ian G. Roberts and Norbert Hornstein (2013) "On Recursion," *Frontiers in Psychology* 4, 1017.

Wiese, Heike (2003) *Numbers, Language, and the Human Mind*, Cambridge University Press, Cambridge.

Wynn, Karen (1992) "Addition and Subtraction by Human Infants," *Nature* 358, 749–750.

第8章

# 数詞のシンタクス
## ──平岩論文へのコメント：日本語史研究の立場から──

小柳智一（聖心女子大学）

## 1. はじめに

　この平岩氏の論文（以下「本論文」）は数詞を，それ以上分割できない「いち／one」「に／two」などの「単純数詞」と，単純数詞と基数（10, 100, 1000, ...）から構成される「じゅうなな／seventeen」「にひゃくじゅうなな／two hundreds and seventeen」などの「複合数詞」に分け，複合数詞が統語的併合操作による内部構造を有することを指摘し，さらに数詞のカテゴリーが「だ（れ）」「ど（こ）」「いく（つ）」などの不定語根（代名詞の根 Dem(onstrative)）と同じカテゴリーに属することを述べる．非常に面白く，緻密なこの議論について，以下では，日本語学，特に日本語史研究の立場からコメントをする．研究上の対話のきっかけが得られればと思う．

## 2. いくつかのコメント

### コメントI. 「句」について

　日本語学では「じゅういち」（複合数詞）を複合語，「いくつ」（不定語）を派生語として形態論で扱うのが普通だが，生成文法の中にはこれらも「句 (phrase)」として扱う立場（統語論で扱うということ）があるようである．たしかに，構成素の「じゅう」と「いち」，「いく」と「つ」の結合の仕方は，「花の」と「色」を統語的に結びつける仕方と平行的に捉えられそうなので，肯けるところがある．しかし，要素間にどのような構造があるかということと，要素およびそれの結合体がどのような資格・単位かということは別のこ

となので,構造的な平行性を認めながら,「花の色」のような句とは区別して,「じゅういち」「いくつ」を語とする見方も成り立つと思う.これは突き詰めれば,「句」さらに「語」をどのように考え,この用語で何を指すべきかという古くかつ常に新しい問題である.

本論文注3で eleven と twelve について「語源的には "one/two left over ten" であり,その意味でやはり複合的である」とある.eleven は endleofon (= end〔一〕+ leofon〔残り〕) からの変化とされ,語源に遡って見れば複合的だが,要素が融合し分解可能性を排除する方向で歴史的に変化しているので,その結果としての eleven を見れば,単純数詞化していると思う——本論文が的確に指摘するとおり,観念としての数 (number) と言語形式としての数詞 (numeral) は別物で,観念としての 11 ではなく,eleven というこの形式が問題である——.似たような例は一般的な語彙でも頻繁に見られ,「きのこ〔菌・茸〕」の語源は「木の子」に遡るが,現代語ではこれを句とする理由はなく,1 語の名詞と見るべきである.複合数詞の単純数詞化の可能性が認められるとすれば,そのことも含めて,数詞の形態の形成あるいは変化を考えるのは,歴史研究にとって重要な課題となる.

## コメント II. 数詞の構造について

本論文は,Dagaare 語の 442 を表す複合数詞の構造を,ともに現れる名詞クラス (noun class) の観察から (1) のように考える (本論文 (15) (21) を参考にして私に表示).構造的に 440 と 2 に分かれる.

 (1) [[400&40]&2]

日本語では,(2) の 2 通りが可能で (本論文 (22) (26) を参考に私に作成),この 2 つは構造が異なると指摘している.

 (2) a. [[よんひゃく&[よんじゅう&に]]にん]の邦人
   b. [[よんひゃく(と)よんじゅう]とふたり]の邦人

(2a) の「よんひゃくよんじゅうに」は内部構造はあるが,全体が一まとまりとなる構造である.等位接続詞「と」の現れる (2b)「よんひゃく(と)よんじゅうとふたり」は,類別詞 (classifier, 助数詞)「り〔人〕」が直前の「ふた」としか結びつかないので (全体と結びつくのであれば (2a) になる),

(1) と同じ構造であるとする．言語事実に基づき，説得力のある結論である．それはそれとして，(2b) の意味関係は [[よんひゃく（と）よんじゅうとふた〔442〕]＋り〔人〕] と考えられ，上の構造と一致しない．この場合に限らず，「［仕事にかかり］っきり」（影山 (1993: 329) の「句の包摂」）や「［日本'ルーマニア］関係」（定延 (2000: 156) の「分節ミスマッチ」）など，形式的には [[X]＋[Y＋Z]] だが意味的には [[X＋Y]＋Z] ということがあり，形式と意味の折り合いの付け方には，常々関心がある．

このように，Dagaare 語では複合数詞が1つの構造しか持たず，日本語では2つの構造を有するという指摘は面白く，他の言語ではどうなのか，普遍的に1つの構造に絞れる話なのか，興味が広がる．

ところで，本論文から離れてしまうが，かねてから知りたいと思っていることがあるので一言．生成文法では常に2項の併合という構造を考えると思うが，それはなぜだろうか．3項以上でなく2項とすることに，経験的・技術的でなく，原理的な理由があるのだろうか．その理由がもし人間の認知能力に関わるのであれば，生成文法と認知言語学や日本語学（伝統的な日本語学（国語学）は意味や世界の捉え方に関心を持ち，「認知」と相性のよい面がある）との対話は，相当に有益なものとなるにちがいない．

## コメント III．数詞のカテゴリーについて

数詞は類別詞を伴えば「11人が来た」のように名詞と同じ振る舞いをするが，単独で「*11が来た」とはいえないので，これ自体は名詞ではない．本論文は，(3) のように数詞と不定語根がともに類別詞に前接することから，2つを同カテゴリーとする．

(3) a. <u>2</u>本　<u>2</u>匹　<u>2</u>冊　<u>2</u>本　<u>2</u>枚　<u>2</u>個　　　　　　（本論文 (35)）
　　b. <u>何</u>個　<u>何／幾</u>人　　　　　　　　　　　　　　　　（本論文 (38)）

ここでは，数詞と不定語根が類別詞に前接する理由を，別の観点から考えてみたい．本論文の指摘するとおり，類別詞は名詞 ((4a)) や量副詞 ((4b)) に後接しない．

(4) a. *<u>学生</u>人　*<u>犬</u>匹　*<u>本</u>冊　　　　　　　　　　　　（本論文 (36)）
　　b. *<u>たくさん</u>個　*<u>いっぱい</u>個　*<u>ほとんど</u>個　　　（本論文 (37)）

本論文は，このことは，数詞・不定語根と名詞・量化詞との統語カテゴリーの違いを示すと解釈している．しかし，これは，類別詞（接辞）が数を表す語基にしか付かないということではないだろうか．そうであれば，事物を表す名詞や，連続的な分量を表す量副詞は，数を表さないので，類別詞に前接しないのは当然である．また，類別詞に前接する不定語根には制限があり，不定の人・場所を表す「誰」「何処」は前接しない．これは「誰」「何処」が数を表さないからで，対して，(3b) の「何」「幾」は不定の数を表すことができるので，類別詞に前接する．ちなみに，本論文注16に「数人」「数匹」の「数」を数詞の一種と考える旨の注記があるが，「数」はまさに数を表す語基だから，類別詞に前接するのである．このように，「何」「幾」が類別詞に前接するのは，不定語根（代名詞の根）だからというよりも，数詞と同じく数を表すからと考える方がわかりやすいと思う．

たしかに「数詞+類別詞」には代名詞的な用法（e.g. 先生は2人を呼び止めた）があるが，これ自体に代名詞性があるのではなく，文脈の中で「数詞+類別詞」が数えられる事物を指示することで，代名詞のように使われるのだと考えられる（岩田 (2013: 第7章)）．類別詞は数えられる事物の特性を表し，「数詞+類別詞」はその特性を有する事物の数を表すので，詳細は省くが，本質は副詞的な用法（e.g. 学生が2人来た）にあると思われる（川端 (1967)）．その点で，「数詞+類別詞」自体に名詞性を認めず，その上の構造DPを有すると見ることによって，名詞としての振る舞いを説明する本論文 (48) の分析の仕方には共感を覚える．

## コメントIV. 和語の複合数詞について

日本語の数詞には「いち」「に」などの漢語（中国語からの借用）と，「ひと」「ふた」などの和語（日本語固有）があり，頻用されるのは前者だが，日本語の個性がよくわかるのは後者である．最後に，日本語史研究の立場から，古代日本語の和語の複合数詞に触れたい．

文献資料には望まれるほど多様な例が残っているわけではないが，用例を博捜した安田 (2015: 168, 179) によれば，複合数詞の形式は大きく (5) (6) の2つのタイプに分かれる（私に再整理）．(5a) の方が古く8世紀から，(6a) はおおよそ11世紀後半から見られるという．

(5) a. ［数詞 M＋類別詞 A］＋あまり＋［数詞 N＋類別詞 A］
    b. はつかあまりいつか〔20 日あまり 5 日（＝25 日）〕
    c. みそもじあまりひともじ〔30 文字あまり 1 文字（＝31 文字）〕
(6) a. ［数詞 M＋類別詞 A］＋あまり＋［数詞 N＋類別詞 B］
    b. とをかあまりみよ〔10 日あまり 3 夜（＝13 夜）〕
    c. ももとせあまりよそち〔100 年あまり 40 ち（＝140 年）〕

注目される点が2つある．1つは，「数詞 M＋あまり＋数詞 N＋類別詞」や「数詞 M＋数詞 N＋類別詞」というタイプはなく（皆無ではないがきわめて特異で稀），先行する数詞 M も類別詞を伴うことである．もう1つは，「あまり」を介在させることである（コメント I で触れた eleven の語源が思い起こされる）．日数の場合には例外（e.g. とをかむゆか〔10 日 6 日（＝16 日）〕）もあるが，原則として「あまり」が介在する．

数詞 M と数詞 N がともに類別詞を伴うことは，それぞれが独立可能な形式であることを意味し，それをつなぐ「あまり」は等位接続詞ではないが，それに相当する役割を担っていると考えられる．はたして和語の複合数詞の構造は，前掲 (2a) と (2b) のどちらと同じであろうか．あるいは，データ不足でどちらとも決められないかもしれない．ただ，もし (2b) と同じであるなら，(2a) のような構造は日本語本来のものではなく，借用してきた中国語に由来する可能性がある．古代中国語にも「十<u>有</u>五」「百<u>有</u>二十人」のような言い方があるので，慎重に考えなければならないが，知的好奇心は募る．

なお，数詞の和語と漢語に関連して，人を数える場合，明治時代まで和語の「ひとり」「ふたり」「みたり」と漢語の「いちにん」「ににん」「さんにん」が併存していたことを付け加えておく．

あらゆる言語形式は歴史の所産なので，現代の共時的な研究であっても，通時的な状況を視野に入れると，考察がより豊かになると思う．自然言語の普遍性を解明することを目指す生成文法には，そのような考察が大いに期待される．

## 3. おわりに

　生成文法の議論は，私には抽象的すぎると思われることが度々あり，一方で，根拠とされる現象がトリヴィアルに映ることもあった．また，スタートにある言語事実とゴールで示される結論（仮説）との距離があまりにもかけ離れているように見え，正直面食らうこともあった．しかし，本論文は違った．具体的で奥行きのある言語事実に基づき，よく練られた考察がわかりやすく表現されている．平岩氏のこの論文に出会えたことは，私にとって幸いだった．平岩氏には数詞の研究を通じて，「数の観念が人間とは独立した客観性をもつのか，それとも文化や言語ごとに異なる相対的なものであるのか」（本論文注7）という大問題にも迫っていただきたいと願う．

### 参考文献

岩田一成（2013）『日本語数量詞の諸相 数量詞は数を表すコトバか』くろしお出版，東京．
影山太郎（1993）『文法と語形成』ひつじ書房，東京．
川端善明（1967）「数・量の副詞——時空副詞との関連——」『国語国文』36(10)，1-27，京都大学国文学会．
定延利之（2000）『認知言語論』大修館書店，東京．
安田尚道（2015）『日本語数詞の歴史的研究』武蔵野書院，東京．

第 9 章

# 受動動詞の日英比較
## —生物言語学的アプローチの試み—*

藤田耕司（京都大学）

## 1. はじめに： 新たな緊張関係

　ここ十数年間の生成文法研究の流れを特徴付けるものとして，従来型の記述的・理論的研究とその先を目指す超理論的・学際的研究との両極化を指摘することができる．Rizzi（1997）あたりに端を発するであろうカートグラフィ研究は前者の典型であり，詳細なデータ分析に基づいて個別言語の節構造を多数の機能範疇の投射を用いて細かく規定しようとする．そこでは生成文法が目標として掲げてきた言語能力やその生得的基盤である普遍文法

---

　* 本章の内容の一部は，日本語学会 2014 年度秋季大会シンポジウム『一般言語理論と日本語研究』（2014 年 10 月 18 日，於北海道大学），日本英語学会第 32 回大会シンポジウム『動詞句とその周辺をめぐって：語彙範疇と機能範疇の役割』（2014 年 11 月 9 日，於学習院大学），「言語の脳遺伝学研究センター」キックオフ・シンポジウム（2015 年 3 月 7 日，於首都大学東京），Tokyo Lectures in Language Evolution（2015 年 4 月 4 日，於東京大学），日本フランス語学会 2015 年度シンポジウム『言語の進化とコミュニケーション』（2015 年 5 月 30 日，於明治学院大学），慶應言語学コロキアム（2015 年 6 月 27 日，於慶應義塾大学）にて筆者が行った招待講演に基づいている．これらの席上，有益なコメントなどをいただいた各位，ならびに本章のドラフトに対してコメントをいただいた遊佐典昭氏に感謝したい．
　特に，本章脱稿直前に萩原裕子氏の訃報に接した．上記の首都大学東京におけるシンポジウムは，氏がセンター長となって新たに発足した研究センターの船出を祝う催しであったが，既に体調を崩され欠席された氏に，筆者の発表を聴いていただくことが叶わなかったことが非常に悔やまれる．このシンポに招待いただき，筆者の言語進化研究とブローカ失語の関係について改めて考察する機会を与えて下さった故・萩原裕子氏に深くお礼申し上げたい．

(UG)の生物学的実体の解明，また「言語獲得の論理的問題」（ましてや「言語進化の論理的問題」）の解決は一旦棚上げにされ，ひたすら記述的精度を上げることに関心が払われているように思われる．これは，一部の先進的研究者にとっては「一体これのどこが生成文法？」という疑問さえ抱きかねない伝統文法的なアプローチである．

　また逆に，後者の代表である生物言語学（Berwick and Chomsky (2011) ほか多数）では，言語現象の分析はあくまで手掛かりの1つであり，言語脳科学や言語遺伝学をはじめ，進化生物学・人類学・比較認知科学などの多岐に渡る関連分野の知見を総動員して言語能力の設計・発達・進化の解明が試みられている．これは特にチョムスキー以降ないしミニマリズム以降をも見据えて，単なる理論言語学から脱却して生物学との整合性や親和性をより強く求める急進的な次世代型生物言語学の試み（Boeckx and Benítez-Burraco (2014) でいう"Biolinguistics 2.0"; Martins and Boeckx (2015) も参照）において顕著である．これもやはり一部の人から見れば「一体これのどこが言語学？」ということになってしまうのではないか．

　この，いわば収縮派と拡散派の間に生まれた新たな緊張関係は，かつて記述的妥当性と説明的妥当性の間に存在したそれをはるかに凌ぐ深刻なものだと言える．両者を繋いでその乖離状態を改善し，総合的な視点に立つ言語研究を推進することが，生成文法や言語学全体の未来にとって重要な課題となる．提案された分析の記述的・理論的卓越性を確保しつつ，それに対して生物（言語）学的な裏付けをも提示できることが強く求められるのである．

　このような問題意識を念頭に置きながら，本章では日・英両言語の受動動詞の特性を，特に英語にはないとされる日本語の間接受動に注目して考察する．このテーマについては既に膨大な研究の蓄積があるが，それらはいずれも理論内部の整合性のみを追求したものであり，提案された説明方法に対する生物言語学的ないし理論越境的な考察に乏しいものであった．本章では，こういった見地からも興味深いと筆者が考える新しい分析を提案したい．

　本章の構成は以下のとおりである．まず次の2節で現在のミニマリズムが採択する「$\alpha$併合」および「併合のみ」の考え方を振り返り，3節で併合の進化に関する筆者の「運動制御起源仮説」を紹介する．この仮説の構築のきっかけとなったのは，Greenfield (1991) の「行動文法」の考え方であるが，そこで区別された物体組み合わせの「ポット方式」と「サブアセンブリ

方式」の相違を，併合に当てはめることを4節で提案する．5節は本章が説明しようとする直接受動と間接受動の特性の概観である．そして6節で，これらの特性を，ポット式併合 (Pot-Merge) とサブアセンブリ式併合 (Sub-Merge) の相違から説明することを提案する．概略，直接受動は Sub-Merge によって生成されるが間接受動は Pot-Merge によって生成され，この違いが両者間に観察される異なる振る舞いをもたらすというのが，本提案の骨子である．7節では6節の提案をより包括的な考察の中に位置づけることを行い，8節がまとめである．

## 2. $\alpha$ 併合

　人間言語は意味と音声という異質の二物を（線形順序ではなく）階層構造を介して繋ぐシステムであり，この意味での構造依存性が人間言語をして生物世界において極めてユニークな存在にしている．言語は単一の機能ではなく，複数の異なる機能（モジュール）から構成される複合的な能力であるが，その中にあってこの階層構造を生成して意味解釈および音声解釈に供給する機能，すなわちシンタクス（統語演算システム）が言語能力の最も根幹をなすヒト固有の機能だと考えられる．生成文法は主にこのシンタクスの解明を通じて人間言語およびこれを有する人間の心・脳の特性の理解を目指すものである．

　過去の生成文法においては，このシンタクスは複雑かつ言語固有の規則や一般原理から成り立つと考えられた時代もあったが，現在のミニマリズムでは併合 (Merge) という最もシンプルな演算操作が無制限に適用すること (Boeckx (2015) などで「$\alpha$ 併合 (Merge $\alpha$)」と呼ばれるもの）にすべて収束可能であるとされている．どの理論もそうであるが，生成統語論は常により簡潔で一般性の高い仮説を求めて改訂を繰り返してきている．この半世紀以上に渡る理論的進展は図1のようにまとめられるが，特に，複雑と思われた統語演算能力を「併合のみ (Merge-only)」に還元可能としたことで，この能力とこれに基づく人間言語がどのように進化し得たかという進化言語学上の問題に対する解答が得やすくなった点が重要である (Berwick (2011), Berwick et al. (2013), Bolhuis et al. (2014, 2015) ほか）．ミニマリズムは言語進化研究のみのための研究戦略ではないが，進化言語学的に

見ても優れたアプローチなのである（藤田 (2012a, 2014b)）．

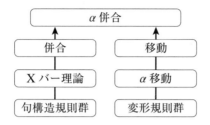

図1　生成文法における統語演算理論の推移

併合は2つの統語体を結合して1つの無順序集合を定義する操作である．

(1)　Merge $(\alpha, \beta)$ → $\{\alpha, \beta\}$

この操作の回帰的適用によってどの個別言語のどのような表現も生成可能であるとされるものの，これまでの生成文法研究が蓄積してきた膨大な統語現象の説明をすべてたったこれだけのシンプルな操作でいかに行えるのかは，今後の経験的な議論に委ねられる部分が大きい．実際，具体的な言語現象の分析においては併合だけでなく，一致（agreement）やフェイズ不可侵条件（phase impenetrability condition, PIC），ラベル付け（label），素性の継承（feature inheritance）といった他のメカニズムも同時に援用されることが通常であり（Chomsky (2000, 2001, 2005, 2008, 2010, 2013, 2014, 2015) ほか多数），「併合のみ」という考え方は一見，明らかに短絡的に過ぎることは否定できない．

しかし，併合自体は単純かつ単一の操作であるものの，その適用様式には多様性が存在し得る．過去においてはパラメータ値の相違などによって説明されてきた言語間の多様性を，この併合適用様式の多様性とそこから帰結する構造の相違によって説明するという新しい可能性を探ることもできる．特に，ミニマリズムが原則，統語演算に影響を及ぼすようなパラメータを破棄して，すべての個別言語間の多様性を統語体への形態・音韻解釈を含めた「外在化（externalization）」の領域のみに認める（Chomsky (2005, 2013) ほか）のであれば，この可能性は十分検討に値するものであろう．

ここでいう併合適用の多様性を理解する上で，まず併合の起源・進化に関わる筆者の「運動制御起源仮説」を振り返っておきたい．

## 3. 運動制御起源仮説

　生成文法の内部では，併合についてその起源・進化を積極的に議論することが稀である．チョムスキーは従来から，併合は前駆体から連続的・段階的に進化したのではなく，「突然変異による脳の再配線」(Chomsky (2008: 132)) により跳躍的に出現したものであるという考え方を表明している．これは主に，併合が例えば2回だけとか3回だけ適用可能といった有限の段階を経ることなく，最初から無制限に適用可能でなければならなかったはずだという推論に基づく主張である．しかしこれは併合を進化の産物として完成された統語演算操作として見た場合のことであって，このことと，以下で述べる，併合が他種にも見られる汎用的な機能の外適応 (exaptation) として成立したという進化的連続性の主張とは何ら矛盾しない．むしろそのような進化シナリオを併合に対して提示できなければ，併合もやはり理論内部の構築物に過ぎず，言語能力の生物学的実体とは異なるということになってしまうであろう．

　一般に，生物進化は何もないところからいきなり新奇なものを生み出すことはない．我々が目にする生物多様性は共通祖先（ルーツ）から分岐し，その過程の中でそれぞれ独特の特徴を帯びるようになった結果である．このような進化のあり方を，ダーウィンは「変化を伴う由来（修正を伴う系統）」(Descent with Modification) と呼んだ（図2）．

図2　進化＝「変化を伴う由来」　　図3　深層構造と表層構造

一見奇妙に思われるかも知れないが，同種の進化的視点は生成文法の黎明期から現在にいたるまで，言語分析のあらゆる局面に取り込まれてきたものである．例えば，図2と平行的に図3として示される，1つの深層構造とそこから変形規則によって派生する複数の表層構造の関係（能動文が受動文に変形するのではなく，両者ともに同じ深層構造からの変形体であるとする），動詞の他動性交替（自動詞が他動詞に変化したり，逆に他動詞が自動詞に変

化したりするのではなく，両者とも同じルーツ（＝まさに分散形態論でいう "Root"）に由来するとする；7節を参照），などの考え方である．[1]

「運動制御起源仮説」（Fujita (2009, 2014a)，藤田 (2012a, 2013)；関連する議論として Boeckx and Fujita (2014) も参照）は，人間言語固有の併合も同様に，最初は人間固有でも言語固有でもない機能から変化を伴う由来として生じたことを主張するものである．具体的には，動物の道具使用にも見られる物体の階層的組み合わせ能力（行動文法（Action Grammar）ないし行動シンタクス（Action Syntax）と呼ばれることがあるが，ここでは併合との関係を強調するために行動併合（Action Merge）と呼ぶ）が領域横断的な汎用併合（Generic Merge）に拡張した後，そこから生じた領域固有の機能の1つが統語演算操作としての併合であると考える．同じ汎用併合からは，他にも音楽や自然数，心の理論など，組み合わせ能力を基盤とする様々な領域固有の機能が進化した可能性がある（図4）．

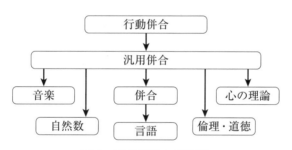

図4　運動制御起源仮説

言語と道具使用の間に進化的・発達的つながりを認める立場自体は，決して目新しいものではない．認知考古学・神経考古学の知見から，両者に共通する要因として，(1) 作業記憶などの一般的認知能力，(2) 心の理論や共同注意などの社会的知性，(3) ブローカ野やミラー・システムなどの特定の神経基盤，が指摘されることもある (Stout (2010))．しかしここでの提案は，言語という漠然とした言い方ではなく，その基盤となる併合（統語演算能力）

---

[1] 他動性交替に対するこのようなアプローチとしては，例えば Alexiadou, Anagnostopoulou and Schäfer (2015) を参照．Alexiadou らがそれを意図したかは不明であるが，明らかにこれはダーウィン進化的視点の反映である．

と道具使用との間に直接的なつながりを求める点で，従来よりもより特定的かつ反証可能性が高いものである．またこのような提案を行うことが併合理論の形成によって初めて可能になったこと自体，ミニマリズムが潜在的に持つ進化的妥当性の指標として注目される．

## 4. Pot-Merge と Sub-Merge

Greenfield（1991）はその行動文法の提案において，物体組み合わせ方式に3つの複雑性のレベルの異なるものがあることを観察した．このうち，特に重要だと思われるのは，ポット方式（Pot strategy）とサブアセンブリ方式（Subassembly strategy）の違いである．図5で示されるように，ポット方式では1つの対象物をターゲットとして固定し，それに他の対象物を連続的に組み合わせるのに対して，サブアセンブリ方式では，操作ごとにターゲットが変化している．組み合わせてできた全体を部分部品化（チャンク化）して，今度はそれを別の対象物をターゲットとして組み合わせるやり方である．

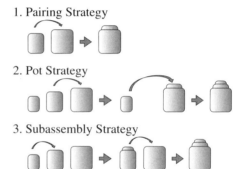

図5 入れ子カップに見られる行動文法（Greenfield（1991）を改変）

興味深いのは，ポット方式と異なりサブアセンブリ方式は人間固有の能力であるらしい点で，人間の幼児の場合，生後20ヶ月頃からサブアセンブリ方式を始めるのに対して，野生のチンパンジーやボノボではこのような行動は観察されない．これはサブアセンブリ方式のほうが手順が複雑であり，より多くの作業記憶を必要とするものであるためだと思われる．また人間以外でサブアセンブリ方式を行うとされる唯一の事例が，飼育下で集中的な言語訓練を受けたチンパンジーだとされるが，このことはサブアセンブリ方式と言語との強いつながりを十分に窺わせるものであろう．

この2つの組み合わせ方式とまったく平行的に，併合にも2つの適用様式を区別して，それぞれポット式併合（以下，Pot-Merge），サブアセンブ

第 9 章　受動動詞の日英比較　　123

リ式併合（以下，Sub-Merge）と呼ぶことにする．両者の相違が分かり易い例としては，複合語形成の場合をあげることができる．

(2) a.　現代日本語研究
　　b.　Pot-Merge　　　　　　c.　Sub-Merge

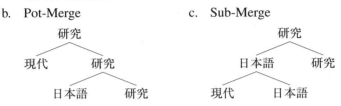

(2b) の Pot-Merge ではどの併合の適用段階でもターゲットが「研究」に固定されているのに対して，(2c) の Sub-Merge では {現代, 日本語} を併合する際には「日本語」が，({現代, 日本語}, 研究) を併合する際には「研究」が，それぞれターゲットとなる．これを明示するためにここでは便宜上，投射方式のラベル表記を用いているが，この構造上の相違が (2a) の多義性を生み出していることは明白であろう．[2]

　Sub-Merge は複合語だけに見られる特殊な方式ではなく，むしろこれこそが人間言語の構造構築の要である．これは単純な動詞句の派生からも明らかである．

(3) a.　[the boy [saw [the dog]]]
　　b.

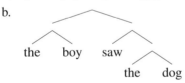

主語 {the, boy} も目的語 {the, dog} も，先に部分部品として組み立てておかなければこの構造の中に取り込むことはできない．さらに言えば，個々の語が範疇未指定の Root と範疇指定を行う機能範疇から構成される統語的複

---

　[2] このような意味でのラベル表記は現在の併合理論では存在しない．Chomsky (2013, 2015) などで展開される新しいラベル付け理論が，受動文や他の構文の分析にどう活かされるのかも検討されるべきであり，その試みの一部は既に筆者自身も行っているが（2014年・日本英語学会第 32 回大会シンポジウムでの発表），本章では割愛した．注 8 も参照．

合体であるという分散形態論の知見に従うなら，{the, boy}，{the, dog} が既に Sub-Merge によってしか生成できない構造を内包しているのである．

　行動文法がポット方式からサブアセンブリ方式へと進化・発達したのと同様に，言語も Pot-Merge から Sub-Merge への拡張によって，萌芽的な原型言語（protolanguage）から，完全な人間言語へと変貌を遂げたと考えられるのではないだろうか．ただ併合の有無によって線引きを行うのではなく，作業記憶の増大に支援されて併合にどのような適用様式が可能になったかという観点に立つことで，言語進化の道筋をより丁寧に追うことができると思われる．[3]

　さらに重要なことは，この Pot-Merge と Sub-Merge の相違が，実際の言語現象の分析においても有効に働くことが示されれば，冒頭に述べたような新たな緊張関係を解消して，記述・理論研究と生物言語学研究を架橋することが可能になるという点である．その1つの試みとして，日・英受動動詞を考察してみる．

## 5. 直接受動と間接受動

　日本語受動動詞には英語にはないとされる間接受動のオプションが存在し，その直接受動との体系的な相違がこれまでにも盛んに議論されてきた．ここで便宜上，間接受動において自動詞を基体とするものをI型，目的語

---

[3] 本多啓氏によるコメント論文でも指摘されるように，Pot-Merge と Sub-Merge の相違点がまだ判然としないと感じる読者もおられると思う．本多氏はターゲットの変化（主要部のシフト）と部分部品化（チャンク化）を別の事象だと捉え，後者のみに注目した場合には Pot-Merge はすべて Sub-Merge の例になるのではないかと述べている．しかし元々の Greenfield の行動文法においても，結果的に生じる階層構造だけを見ればポット方式とサブアセンブリ方式は同じであり，両者を区別するのは操作のプロセスだということがわかる．
　この操作プロセス上の相違は，併合による統語派生においては，併合されるべき2つの統語体のうち，どちらがどちらを併合するのかという非対称性に対応している．「現代日本語研究」の場合，「日本語研究」が「現代」を併合しているのか（Pot-Merge），「研究」が「現代日本語」を併合しているのか（Sub-Merge）という相違である．そしてこの相違がこの複合語内部の主要部の選択と連動するため，ターゲットの変化と部分部品化は実は同じ現象だということになる．部分部品化は集合を形成するだけでは起きず，この集合を操作の対象（標的，probe-goal 関係でいう goal 側）にすることで初めて起きるのである．

を伴う他動詞を基体とするものを II 型と呼んでおく．

(4) ［日本語直接受動］
太郎が花子に ___ ぶたれた．
(5) ［日本語間接受動］
   a. 太郎が息子に家出された．　　（I 型＝自動詞型）
   b. 花子が隣人に警察を呼ばれた．（II 型＝他動詞型）
(6) ［英語直接受動］
John was hit ___ by Mary.
(7) ［英語間接受動］
   a. *John was run away from home by his son.　（I 型）
   b. *Mary was called the police by her neighbors.　（II 型）

以上の基本データの比較から，直ちに次の (8)-(10) の事実をどう説明するかが問題として浮かび上がってくる．

(8) 間接受動の有無：間接受動は日本語には存在し，英語には存在しない．
(9) 基体動詞の結合価への影響の相違：受動形態素 (-EN, -rare) は直接受動においては外項を抑制し，間接受動においては新たな外項（被害者ないし経験者）を追加する．
(10) 格吸収効果の有無：受動形態素は直接受動においては基体となる他動詞の目的語への格付与を阻止し，日本語 II 型間接受動においてはこれを阻止しない．

加えて，日本語の直接受動・間接受動について母語獲得および失語症の研究から以下の興味深い観察が報告されているが，その説明も問題となる．

(11) 直接受動の獲得は間接受動の獲得より遅れる．

(Sugisaki and Otsu (2011))[4]

---

[4] ただし，杉崎鉱司氏（私信）によると，同じ間接受動であっても II 型は I 型より獲得が遅れるという報告がある．これは項の数が増えることに伴う処理上の問題だと考えられる．

(12) ブローカ失語では直接受動の理解は困難となるが，間接受動の理解は正常である． (萩原 (1998))[5]

　(11), (12) の事実は，(一見不思議なことに) 直接受動のほうが間接受動よりも複雑な派生や処理を含むものであることを示唆している．これは統率・束縛理論や初期ミニマリズムまでの旧生成文法においては，直接受動は目的語の移動 (Move) を含むが，間接受動はこれを必要としないという差異に帰することも可能であった．例えば初期ミニマリズムでは，移動は併合よりもコストの高い，独立した操作であり，派生の収束のためにだけ許容される最終手段であるとされた (Chomsky (1995))．これに従えば，例えば (4) は (5a, b) では必要とされない余分な操作が関与する分，複雑であると理解することもできるだろう．[6]

　実際，ブローカ失語では能動文に比較して対応する直接受動文の正しい理解が妨げられることもよく知られており，これも移動を含む受動文の階層構造の処理が困難であるためと考えられたのである (萩原 (1998))．[7] しかし現在では，移動は内的併合として再解釈され，外的併合と区別されることなく唯一の統語演算操作である併合として統合されているため，このような移動の関与の有無に基づく説明方法が成立する余地はない．ではこの間接受動・直接受動の対比や能動・直接受動の対比は，何に起因するのであろうか．

---

　[5] ただし，同じ間接受動であっても移動が関与するとされる (i) のような例 (萩原 (1998) が「所有可分離受動文」と呼ぶもの) では，(5b) のような例に比べて理解が困難だとされる．
　(i)　花子が隣人に [＿＿ 財布] を盗まれた．
これは移動の有無を要因に含めない本章の以下の分析にとって問題となるが，例えば移動ではなくコントロールが関与する可能性もあるため，他の理由も考えられるのかも知れない．
　[6] これは当時の「派生の経済性」とはまったく異なる考え方であることに注意が必要である．(4) と (5a, b) は計数列 (numeration) を共有しておらず，競合する派生ではそもそもない．
　[7] 具体的な提案としては，ブローカ失語では移動によって生じる痕跡が消失するために，移動要素の主題解釈が行えなくなるという Trace-Deletion Hypothesis がよく知られている (Grodzinsky (2004))．

## 6. 分析

　本章で提案する分析の骨子は，間接受動動詞の生成が Pot-Merge で行われるのに対して，直接受動動詞は Sub-Merge によるものであるため，後者のほうがより複雑であり，また結果的に生じる構造の違いから両者の対比が生じるというものである．[8]

### 6.1. 併合による受動動詞の生成

　今日の動詞研究においては，動詞句を (13) のように少なくとも3つの主要部（呼称は研究者によって異なるが，ここではそれぞれ Voice, $v$, Root ($\sqrt{}$) としておく）からなる三層構造として捉え，統語構造と項構造・事象構造の同型性を追求するアプローチが注目されている (Alexiadou (2010), Lohndal (2014), Pylkkänen (2008), Ramchand (2008) ほか多数)．それらに共通するのは，外項を導入する主要部として，従来の $v$ の上にさらに別の機能範疇を設けている点であり，同主旨の提案は筆者自身も早くから行っていたものである (Fujita (1993, 1996)；最近の議論として Alexiadou (2015) も参照)．

(13) [$_{VoiceP}$ Subj Voice [$_{vP}$ $v$ [$_{\sqrt{P}}$ $\sqrt{}$ Obj]]]
(14) a. [$_{vP}$ Subj $v$ [$_{VP}$ V Obj]]
　　　b. [$_{VoiceP}$ Voice [$_{vP}$ Subj $v$ [$_{VP}$ V Obj]]]

しかしここでは煩雑さを避けるために，(14a) のように $v$ と V からなる伝統的な二層 $v$P 構造を用い，受動形態素は (14b) のようにこの $v$P を補部にとる機能範疇 Voice の具現化であるとしておく．

　間接受動における受動形態素は外項 Subj として被害者ないし経験者を導入する．従って受動形態素 (Voice$_{Pass}$) がそのまま $v$P と併合する場合，I 型間接受動の動詞句構造は概略 (15a) であり，II 型間接受動は概略 (15b) で

---

[8] この着想への手掛かりとなったのは，Goro (2006) による日本語受動態の分析であり，その重要な部分を筆者の運動制御起源仮説および Pot-Merge/Sub-Merge の議論にリンクさせたのが以下の提案である．本提案では Goro の分析の詳細のすべてを反映させてはいないが，併合の自由適用からの理論的帰結が日本語受動文の特性の説明に有効に働くという Goro の主張はまったく正当なものであると考えている．

ある（線形順序は無視している）．

(15) a. [$_{\text{VoiceP}}$ Subj Voice$_{\text{Pass}}$ [$_{v\text{P}}$ Subj $v$ [V]]]　　cf. (5a)
b. [$_{\text{VoiceP}}$ Subj Voice$_{\text{Pass}}$ [$_{v\text{P}}$ Subj $v$ [V Obj]]]　　cf. (5b)

特に (15b) において，併合による統語演算がボトムアップ式に進行する限りにおいて，Voice$_{\text{Pass}}$ が $v$P と併合する以前に，$v$P 内において $v$ が一致に基づいて目的語 Obj の格素性値を指定することが問題なく可能である．仮に受動形態素が格吸収という特性を持つものであったとしても，(15b) においては問題の受動形態素の併合が格指定終了後に起きるために，この特性が発揮されることはないのである．間接受動において格吸収効果が生じないのはこの派生モデルではむしろ当然の帰結であり，説明を要するのは直接受動でそれが生じるという事実のほうだということになる．

受動形態素が格吸収効果を発揮するには，$v$ が目的語に格指定を行う前に，まずこの受動形態素と $v$ が併合しなければならない．従って，直接受動の動詞句構造は (16) のようになるはずである．

(16)　[$_{\text{VoiceP}}$ [$v$-Voice$_{\text{Pass}}$] [V Obj]]

{$v$, Voice$_{\text{Pass}}$} の複合体が先に形成されると，このアマルガム構造の特性によって $v$ や Voice$_{\text{Pass}}$ が単独で主要部として機能することが阻止されると考えよう．[9] ここから，直接受動は間接受動と異なって，(i) Voice$_{\text{Pass}}$ はその外項を導入・認可することができない，(ii) $v$ もその外項を認可することができない，さらに (iii) $v$ は目的語への格指定を行うことができない，という3つの効果が導かれる．これが，間接受動とは異なる直接受動の特性（上記 (9) と (10)）の説明である．[10]

---

[9] 具体的には，{$v$, Voice$_{\text{Pass}}$} は2つの主要部が併合したものであるため，最小探索によるラベル決定（Chomsky (2013, 2015)）が行えず，$v$ も Voice$_{\text{Pass}}$ もその特性を {$v$, Voice$_{\text{Pass}}$} 全体に行き渡らすことができないと考えておく．間接受動でも後に $v$ が Voice$_{\text{Pass}}$ に移動して {$v$, Voice$_{\text{Pass}}$} を形成することになるが，この場合，移動前にそれぞれが単独の主要部として機能できる．これは能動文において V が $v$ に移動し {V, $v$} を形成する場合も同じである．

[10] (16) で V が範疇未指定の Root であった場合，$v$ による範疇指定も行えなくなるのではないかという指摘を京都大学大学院生・岡久太郎氏から受けた（平成27年度京都大学における講義）．確かに，$v$ が単独で主要部として機能できなくなるのであればそう考えるの

第9章　受動動詞の日英比較　　129

すでに明らかであるが，(16) における {$v$, Voice$_{Pass}$} の形成は Sub-Merge によるものであって，(15) では必要とされない手順である．もちろん，(15) でも他の派生ステップでは Sub-Merge が適用するが，(17a, b) の対比で示されるように受動動詞の生成において，直接受動のみがより複雑な Sub-Merge の適用を要請するという点が重要である．[11]

(17) a. 間接受動 (Pot-Merge) 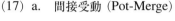 b. 直接受動 (Sub-Merge)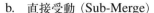

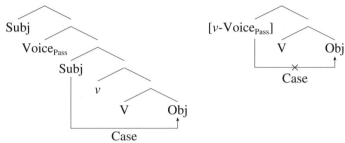

そしてこの相違が同時に，幼児の母語獲得 (11) およびブローカ失語 (12) の観察の説明ともなる．演算的により単純な間接受動のほうが獲得が早く，またブローカ失語でもその処理に困難をきたさないと考えることは，決して不自然ではない．

ただしブローカ失語の症例に関する解釈では，次の点に留意が必要であろう．まずブローカ野は BA44・45 を含む複数の部位をカバーしており，そのどの特定の箇所に病変が生じるかによって起きる障害の内容が異なる．またブローカ野と他の部位とのネットワークの異常からブローカ失語が引き起こされる場合もある（遊佐典昭氏による指摘）．言語専用の階層構造の処理は進化的により新しい BA45 に特化した可能性が高いが（遊佐 (2012)），ブローカ野は全体として統語演算専用の領野ではないから，直接受動の理解力の低下を併合や統語演算以外の要因によって説明する可能性も検討されるべきである．加えて，ここでの Pot-Merge と Sub-Merge の相違を直接，ブローカ野内部の特定の神経基盤に対応付けることは現状では困難である．そ

---

が自然であって，Root 分析の詳細についてさらに検討の必要がある．

[11] もちろん，直接受動を生成するために Sub-Merge を適用しているのではなく，たまたま Sub-Merge を適用した結果が直接受動であるということである．

もそも Pot-Merge/Sub-Merge の区別は，併合そのものの種類ではなく，併合を適用する際に求められる作業記憶などの違いに由来するものであるというのが，本章の立場であったから（4節），たとえ併合がブローカ野の機能であり，Sub-Merge に特化した部位が存在したとしても，そこからすぐに問題の症例を予測することはできない．間接受動においても，受動動詞の形成以外の部分では Sub-Merge の適用が求められることを勘案すればなおさらである．

## 6.2. ブローカ失語と線形文法

これに関連して，ブローカ失語における能動文と直接受動文の理解度の相違を，語順に基づく線形文法への代替という観点から説明する可能性について触れておこう（Grodzinsky (2004) を参照）．先にも述べたように，受動文の理解度の低下を移動操作の関与によって説明することは，移動を併合に含める α 併合の理論の観点からは妥当ではないことになる．代案として，ブローカ失語では併合による階層構造の処理が阻害されており，階層文法の代わりに「主語（行為者）＞目的語（被行為者）」という単純な語順に基づく文法が応急措置的に用いられているとの見方ができる．The cat chased the dog. では語順的にも行為者が被行為者に先行しており，線形文法によっても正しい解釈が得られるが，The dog was chased by the cat. では語順が逆転しており，the dog を行為者とする誤った解釈が生じやすくなる，と考える立場である．これは確かに能動・直接受動の対比をうまく，しかもよりシンプルに捉えられるのみならず，次のように語順の異なる言語間におけるブローカ失語の症例の相違の説明にも有効である．

(19a, b) は英語の関係代名詞節を含む文（18a, b）に対応する中国語文であるが，失語症患者の理解度が逆転している（Grodzinsky (2004)）．

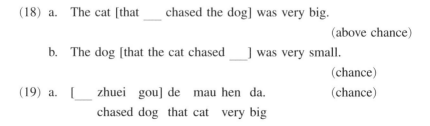

b. [mau zhuei ___] de gou hen xiao.　　　　　(above chance)
　　cat　chased　　　that dog very small

　中国語では日本語と同様，関係節は先行詞の前に生じるため，主語・目的語の順序が英語とは逆になる．そのため，(19a) では目的語 (dog) ＞主語 (cat) の順となって理解度はチャンスレベルに留まり，(19b) は主語 (cat) ＞目的語 (dog) で理解度は良好であると考えられる．同じ説明は，日本語における基本語順（太郎が花子を追いかけた）とスクランブリングによる倒置文（花子を太郎が追いかけた）で，ブローカ失語では後者の理解度が低下するという事実についても成り立つ．

　Boeckx, Martinez-Alvarez and Leivada (2014) は，従来の考え方に異を唱え，ブローカ野は階層構造を生成・処理するのではなく，その階層関係を外在化のために線形化することに関わる領野であると主張している．この主張は，今見たような，ブローカ失語では語順に基づく線形文法が前面に出て「正常に」作動しているという事実とは整合しないように思われる．遊佐 (2014: 145) は，第二言語習得におけるブローカ野の機能に関する先行研究の知見に基づき，この領野が「線形順序に依存した規則を拒否するバイアスを生物学的に有している」と述べているが，すると，ブローカ失語ではこの拒否バイアスが働かず線形文法が前面化するのは当然のことなのかも知れない．

　Boeckx らは分散形態論の洞察に従い，線形化のプロセスを (i) "immobilization"（統語演算の停止），(ii) "spell-out"（vocabulary 挿入），(iii) "serialization"（語順決定）の３つのステップに分け，それぞれに対応する神経回路を提案している．受動文の理解困難をもたらすブローカ失語がこれらのどの神経回路の損傷に該当するのかによっても違った考察が可能であるが，いずれにせよ，ブローカ失語において健常に保たれている非階層的な線形文法が存在するという観察は，併合が出現し階層文法が成立する以前の言語の有り様を考える上でも大きな意味を持つ．実際，これまで多くの動物実験を通じて，このような線形文法が人間以外の多様な生物種によって共有されるものであることが示されており（例えばイルカの文法能力について Herman (2010) を参照），線形文法を備えた原型言語が併合の出現により階

層文法を備えた人間言語へと変容していく姿がうかがえる（図6）.[12]

図6　原型言語から人間言語へ

### 6.3. 英語間接受動の不在

　ここまで，直接受動動詞は Sub-Merge によって，間接受動動詞は Pot-Merge によって，それぞれ生成され，Sub-Merge が Pot-Merge より複雑な演算方式であることや，これが形成する句構造が主語の認可や目的語の格指定を阻止することから，直接受動と間接受動の間に観察される相違が生じるという分析を提案した．残る問題は上記の (8)，なぜ英語には間接受動がそもそも存在しないのかであるが，本章の立場からは，英語は Pot-Merge による受動動詞の生成を許さないためということにならざるを得ない．Pot-Merge のほうがより単純なプロセスであることを考えると，これは一見奇妙な事態であり，また当然ながら，なぜ英語でそのような制限がかかるのかの原理的説明が別に必要となる．

　しかしここで強調しておきたいのは，併合自体が最大限に自由適用される操作であること（α併合）と，各個別言語においてこの併合がどのように働き，どんな言語表現を生成できるかに言語間多様性があることは，何ら矛盾しないという点である．生物進化の産物としての併合が，その後の文化進化の影響によって各個別言語において種々の文化的・社会的制限を受けるようになるというのはあり得る状況であり，従来パラメータが捉えようとしていた多様性の大部分は実は UG とは無関係の，そのような（大部分はコミュニケーションに動機付けられた）文化進化の反映である可能性が高い．

　その典型が Everett (2005) による「ピラハー語には埋め込み節構造がない」というよく知られた観察である．この観察が正しいとしても，これはこの言語にそもそも回帰的併合が存在しないことの論拠にはならない（藤田 (2012a)，Fujita (2014a)）．単純な単文の生成にも回帰的併合は等しく必要

---

[12] Bickerton (2010) は，非階層的な線形記号列を作る原型言語の統語的操作を "Sequence" と呼んで併合と区別することを提案している．

となるからである．むしろ，Everett自身の指摘するような文化的要因が確かに併合の適用に影響を及ぼすことがあることを示す事例として，ピラハー語のデータは意義を持つものである．同様の併合適用様式の言語間差は，複合語形成についても報告されており，例えばスウェーデン語では英語や日本語と異なり，(2b)のような右方分岐型の複合語形成だけが許され，(2c)のような左方分岐型は不可能であるという (Roeper and Snyder (2005))．本章の立場では，スウェーデン語ではSub-Mergeによる複合語形成はできないということになるが，これはもちろん，この言語にSub-Mergeが存在しないという意味ではない．

従って，(その文化的・社会的理由は不明のままに) 英語ではPot-Mergeによる受動動詞形成が許されないため，間接受動が存在しないという特徴付け自体は正しいと仮定した上で，この仮定と整合する他の事例研究を見ることで，この仮定が妥当であることを確認することにしよう．

よく知られるように，日本語では非能格動詞をさらに使役化することが可能であるのに対し，英語ではこれが不可能である．

(20) a. 太郎が泣いた．
　　　b. 花子が太郎を泣かした．
(21) a. John cried.
　　　b. *Mary cried John. （MaryがJohnを泣かした，の意）

一般に使役交替が英語で可能であることを考えると (The vase broke./John broke the vase.)，(21b) が不可能であることも一見奇妙であり，説明を要する．[13]

Pylkkänen (2008) は，この問題を取りあげて，英語におけるこの制限が，英語の使役主要部CauseがRootを補部に取り，かつ "Voice-bundling" と呼ばれる特性を持つことに起因すると主張した．Pylkkänenの採用する枠組みは本章のものと同じではないが，特にVoice-bundlingの考え方は，本章のSub-Mergeに極めて近いものである．

---

[13] 幼児の発話には *Daddy giggle me. のような過剰生成の例が見られるため，非能格動詞の使役化自体は原理的に可能であることが分かる．英語ではこのオプションが許されないことを，後に幼児は経験的・文化的に学習するのである．

Pylkkänen の提案では，(20b) の構造は概略 (22) のようになる．ここで外項 Hanako は Voice によって導入され，また被使役項 Taro は使役主要部 Cause によって導入されている．

(22) [Hanako Voice [Taro Cause [√ CRY]]]　cf. (20b)
(23) [{Mary/John} [Voice, Cause] [√ CRY]]　cf. (21b)
(24) [John [Voice, Cause] [√ BREAK [the vase]]]
　　　　　　　　　　　　　　　　　　　　　　cf. John broke the vase.

一方，英語では (23) のように Voice と Cause が1つに結合して生じるために (Voice-bundling)，主語位置が1つに限られてしまい，Mary と John の両方を同時に導入することができないので (21b) は生成不可能となる．しかし基体動詞が非対格型である場合は，使役化しても外項を1つ導入するだけでよいので，このような問題は起きず，(24) のように生成可能である．[14]

この英語の Voice-bundling は本章の Sub-Merge の考え方と軌を一にしており，「英語間接受動動詞の生成は Sub-Merge により不可能」という本章の主張と，「英語非能格型使役動詞の生成は Voice-bundling により不可能」という Pylkkänen の主張は，表裏一体をなすと言ってよい．つまり，(25) にまとめられる日・英の次の2つの対比は，実は (26) の違いに起因する同じ現象だということになる．

(25) a.　間接受動：日本語は可，英語は不可
　　　b.　非能格使役：日本語は可，英語は不可

---

[14] (24) で {Voice, Cause} が外項の認可と内項への格指定を行えることが，{$v$, $Voice_{Pass}$} がこれらを行えないという本章の主張と明らかに矛盾するのであるが，この違いは (24) の Voice と本章でいう $Voice_{Pass}$ の差異に起因するのかも知れない．例えば (24) の Voice は能動 Voice であるため，目的語と一致すべき $\phi$ 素性を欠いており，そもそもラベル決定のための探索の対象とならないなどである（注8参照）．この場合，Voice による外項（動作主）認可が問題になるが，動作主は Voice が単独で導入するのではなく，{Voice, Cause} が複合的に導入するものと考えることもできる．よく知られるように，John broke the vase. において John は動作主解釈と非意図的原因解釈で曖昧である．原因解釈は Cause 単独と，動作主解釈は {Voice, Cause} と，それぞれ結びついている可能性がある．関係する考察として，Fujita (1993, 1996)，藤田 (2012b)，藤田・松本 (2005) を参照．

(26) a. 日本語：間接受動や非能格使役の生成は Pot-Merge による
     b. 英語：これらは Sub-Merge による

このことはさらに，間接受動と使役がいずれも Voice による外項の追加導入によってもたらされる，表裏一体の現象であることも示唆している．[15]

なお Pylkkänen は Voice-bundling をパラメータとして見ているが，ミニマリズムや生物言語学の立場からは，このようなパラメータを UG 内に想定することはできない．安易なパラメータを設けることなく，Sub-Merge や Voice-bundling の適用に関する個別言語間差を説明することが，残された大きな課題である．

## 7. 考察

本章の基本的な問題意識は，$\alpha$ 併合の考え方を実践し，これまで提案された言語固有の理論装置を極力排除して併合の自由適用のみによって，具体的な言語現象を説明することがどの程度可能であるかということであった．「併合のみ」の仮説は生物言語学的・進化言語学的にはもちろん優れたものであるものの，これに言語理論としての記述力・説明力が伴わないのであれば，冒頭で述べた緊張関係の緩和・解消にはつながらないからである．

本章が説明のために用いた Pot-Merge/Sub-Merge という併合適用上の多様性は，もともと併合の起源・進化に関する「運動制御起源仮説」を構成する上で，行動文法との平行性を追求した結果として明らかになったものである．その意味でこれは，言語固有というより，本来は言語と無関係であった進化的前駆体から併合や言語が引き継いだものであり，進化的妥当性に照らしても検討に値する提案であるように思う．「変化を伴う由来」という進化観に従えば，共通のルーツから分岐した他の認知領域にも，Pot-Merge/Sub-Merge の違いに近似した多様性が見られるはずであり，それを探り当てることが本章の提案のより包括的な検証にもつながるものと期待できる．

---

[15] これに関連して，日本語のいわゆる被害使役は，使役が間接受動に近い解釈を持つ点で興味深いのであるが，ここではこの考察に立ち入らない．
  (i) 太郎が息子を死なせた．
  (ii) 太郎が息子に死なれた．

本章の提案の特徴の1つは，直接受動と間接受動の相違を説明するために，それぞれに専用の受動形態素があるとは考えなかったことであり，既にGoro (2006) が主張したように，これが最もシンプルな（つまりミニマリスト的な）仮説である．受動形態素には1種類しかなく，常に外項認可と格指定阻止の能力を持つと仮定した上で，この受動形態素がどのように併合されるかが結果的に直接受動と間接受動の差異につながるという，派生プロセスを重視した説明を本章では試みた．これはミニマリズムに即した説明方法であるのみならず，これまで支配的であった「語彙中心主義」からの脱却を目指すものでもある．

　動詞の他動性交替を例にとると，従来は，自動詞の他動詞化・使役化，ないし他動詞の自動詞化・脱使役化という観点から論じられることの多かったこの現象に対し，本章は，自動詞も他動詞も共通のRootから派生したものであって，両者が直接の交替関係にあるのではないという「変化

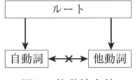

図7　他動性交替

を伴う由来」型の分析を想定してきた（図7）．これはレキシコン内に自動詞や他動詞の存在を認めず，いずれもが併合に基づく統語演算によって生成される統語的複合体であるという「反語彙主義」的な考え方である（藤田・松本 (2005)，Boeckx (2015)).

　しかし同じ考え方に立つなら，動詞を形成する $v$ に他動詞を作るものと自動詞を作るものの区別（$v^*/v$, strong $v$/weak $v$ といった"flavor"）を設ける従来のアプローチも，やはり語彙中心主義の範疇に留まるものだと考えなければならない．あらかじめ自動詞型 $v$ と他動詞型 $v^*$ の別を仮定することは，自動詞・他動詞の別が語彙的に決まっていると仮定することと実質的に大差ないからである．Voiceの場合と同様，$v$ にも1種類しかなく，それがどのように併合されるか次第で，結果的に他動性交替を含めた多様な動詞関連現象が生じる，という可能性が検討されてしかるべきである．

　例えば，$\alpha$ 併合によればVoiceと $v$ のSub-Mergeが可能であるのと同様に，$v$ とその補部主要部（VないしRoot）のSub-Mergeも可能であるはずで，これによると「他動詞」の動詞句構造には (27a) に加えて (27b) も存在することになる．

(27) a.　[Subj $v$ [V Obj]]
　　 b.　[(Subj) [$v$-V] Obj]

(27b) において $v$ が外項を認可できず，また目的語への格指定も阻止されるのだと考えると（注8を参照），これは結果的に非対格動詞や能格動詞の派生に該当する．非対格動詞・能格動詞なるものが語彙的に存在するのではなく，統語演算がたまたまある派生を辿った結果がそれらにつながるということであって，このような反語彙主義こそが，生成文法の「個々の言語表現ではなくそれらを生み出す一般メカニズム」に注目する「進化的」視座に合致したアプローチなのだと考える．[16]

　機能範疇のバリエーションをレキシコン内に認めず，普遍的な素材だけが与えられた状態で，併合の自由適用によっていかに多様な言語表現が生成可能であるのかという問題意識を持って従来の分析方法を洗い直すことが，言語の記述・理論研究と生物・進化研究の収束の鍵となるように思われる．

## 8.　むすび

　本章では，$a$ 併合とその適用様式の多様性の観点から，日・英語の受動動詞に観察される主な差異の説明を試みた．本章の Pot-Merge/Sub-Merge の差異に基づく受動動詞の分析は，記述・理論言語学と生物言語学の架橋という目標に照らしても興味深いと思われる部分だけを抽出したものであり，当然ながら受動態全体の包括的な分析とはなっていない．受動態（を含むヴォイス現象）を巡っては本章では取りあげなかった膨大な数の特性がこれまで指摘され，その精緻な分析も盛んに行われてきている（生成文法によるまとまった日本語受動態研究の最近のものとして，Ishizuka (2012) がある）．しかしそれらの大部分は，非常に言語特定的ないし理論特定的なものであ

---

[16] 他に Pot-Merge/Sub-Merge による分析の拡張が期待できる現象として，文法化 (grammaticalization) をあげておきたい．文法化の多くは，例えば語彙動詞の助動詞化など，語彙範疇（L）から機能範疇（F）への転化として特徴付けられるが，これは元々 L と F が Pot-Merge により独立して併合されていたものが，Sub-Merge によってチャンク化されるようになるプロセスとして理解することができるだろう．Gelderen (2004)，保坂 (2014) などを参照．
　(i)　[F [L ...]]　→　[[F-L] [...]]

り，上記の目標に適うように再評価・再解釈することが現状では甚だ困難であるので割愛した．

これまで長きに渡り，生成文法は人間の心・脳や本性の理解のために，人間だけが持つ言語能力，特にその根幹をなす統語演算能力の研究を推進してきたが，その一方で，言語や統語演算の領域固有性も強調してきた．しかし，もしこれらが真に領域固有であるなら，それだけを理解しても人間の認知能力の全体像には迫れないはずであり，実は生成文法は大きな自己撞着を抱えてきたのである．

$\alpha$ 併合の考え方は，この問題を克服するための出発点だと筆者は考えている．UG や統語演算の実体をこのたった 1 つの基本的組み合わせ能力に集約し，それらの起源・進化を言語とは関係のない前駆体にまで遡って考察することが可能になった現在，その前駆体から派生した他の認知能力を併合や言語との関係において理解する見通しが立ちつつある．ミニマリズムが「併合のみ」という考え方に到達したことで，ようやく生成文法は当初より掲げていた理念に向かって大きな一歩を踏み出したのではないだろうか．

最後に，本書の企画意図に照らして一言付け加える．日・英受動動詞のふるまいを受動形態素の下位区分を設けずに統語派生の観点だけから捉えようとした本章の試みは，文法と語彙を独立したモジュールとして考えず，これまで語彙的特性として扱われてきた種々の現象を併合に基づく統語演算だけでどこまで説明できるかという問いかけに対する 1 つの提案である．この反語彙主義の考え方は，文法と語彙に別個の進化シナリオを要請しない点で，少なくとも生物言語学・進化言語学的にはより優れた研究方略を提供できる．同じ考え方が記述・理論研究からも優れたものであることを示すためにも，両立場の乖離状態を改善し，相互の交流を進めていかねばならない．

また個々の言語現象の分析の重要さは当然ながら，それのみに拘泥するのではなく，それがどういった汎用認知能力やそこからの領域固有機能の進化を背景にして生じるものであるのかという問題意識を共有することで，生成文法と認知言語学，そして日本語学のような個別言語研究は表面的な対立を超えて統合することが可能になると筆者は考えている．本章は，その統合のためのささやかな準備的考察でもあった．

## 参考文献

Alexiadou, Artemis (2010) "On the Morphosyntax of (Anti)causative Verbs," *Lexical Semantics, Syntax, and Event Structure*, ed. by Malka Rappaport Hovav, Edit Doron and Ivy Sichel, 177–203, Oxford University Press, Oxford.

Alexiadou, Artemis (2015) "The Causative Alternation Revisited: Constraints and Variation," *English Linguistics* 32, 1–21.

Alexiadou, Artemis, Elena Anagnostopoulou and Florian Schäfer (2015) *External Arguments in Transitivity Alternations: A Layering Approach*. Oxford University Press, Oxford.

Berwick, Robert C. (2011) "All You Need Is Merge: Biology, Computation, and Language from the Bottom UP," *The Biolinguistic Enterprise: New Perspectives on the Evolution and Nature of the Human Language Faculty*, ed. by Anna Maria Di Sciullo and Cedric Boeckx, 461–491, Oxford University Press, Oxford.

Berwick, Robert C. and Noam Chomsky (2011) "The Biolinguistic Program: The Current State of Its Development," *The Evolution of Human Language: Biolinguistic Perspectives*, ed. by Richard K. Larson, Viviane Déprez and Hiroko Yamakido, 19–41, Cambridge University Press, Cambridge.

Berwick, Robert C., Angela D. Friederici, Noam Chomsky and John J. Bolhus (2013) "Evolution, Brain, and the Nature of Language," *Trends in Cognitive Sciences* 17, 89–98.

Bickerton, Derek (2010) "On Two Incompatible Theories of Language Evolution," *The Evolution of Human Language: Biolinguistic Perspectives*, ed. by Richard K. Larson, Viviane Déprez and Hiroko Yamakido, 199–210, Cambridge University Press, Cambridge.

Boeckx, Cedric (2015) *Elementary Syntactic Structures: Prospects of a Feature-free Syntax*, Cambridge University Press, Cambridge.

Boeckx, Cedric and Antonio Benítez-Burraco (2014) "Biolinguistics 2.0," 藤田耕司・福井直樹・遊佐典昭・池内正幸(編)『言語の設計・発達・進化——生物言語学探究』8-30, 開拓社, 東京.

Boeckx, Cedric and Koji Fujita (2014) "Syntax, Action, Comparative Cognitive Science and Darwinian Thinking," *Frontiers in Psychology* 5, Article 627.

Boeckx, Cedric, Anna Martinez-Alvarez and Evelina Leivada (2014) "The Functional Neuroanatomy of Serial Order in Language," *Journal of Neurolinguistics* 32, 1-15.

Bolhuis, Johan J., Ian Tattersall, Noam Chomsky and Robert C. Berwick (2014) "How Could Language Have Evolved?" *PLoS Biology* 12, e1001934.

Bolhuis, Johan J., Ian Tattersall, Noam Chomsky and Robert C. Berwick (2015) "Language: UG or Not to Be, That Is the Question," *PLoS Biology* 13, e1002063.

Chomsky, Noam (1995) *The Minimalist Program*, MIT Press, Cambridge, MA.

Chomsky, Noam (2000) "Minimalist Inquiries," *Step by Step: Essays on Minimalist Syntax in Honor of Howard Lasnik*, ed. by Roger Martin, David Michaels and Juan Uriagereka, 89-155, MIT Press, Cambridge, MA.

Chomsky, Noam (2001) "Derivation by Phase," *Ken Hale: A Life in Language*, ed. by Michael Kenstowicz, 1-52, MIT Press, Cambridge, MA.

Chomsky, Noam (2005) "Three Factors in Language Design," *Linguistic Inquiry* 36, 1-22.

Chomsky, Noam (2008) "On Phases," *Foundational Issues in Linguistic Theory: Essays in Honor of Jean-Roger Vergnaud*, ed. by Robert Freidin, Carlos P. Otero and Maria Luisa Zubizarreta, 133-166, MIT Press, Cambridge, MA.

Chomsky, Noam (2010) "Some Simple Evo Devo Thesis: How True Might They Be for Language?" *The Evolution of Human Language: Biolinguistic Perspectives*, ed. by Richard K. Larson, Viviane Déprez and Hiroko Yamakido, 45-62, Cambridge University Press, Cambridge.

Chomsky, Noam (2013) "Problems of Projection," *Lingua* 130, 33-49.

Chomsky, Noam (2014) "Minimal Recursion: Exploring the Prospects," *Recursion: Complexity in Cognition*, ed. by Tom Roeper and Margaret Speas, 1-15, Springer, New York.

Chomsky, Noam (2015) "Problems of Projection—Extensions," *Structures, Strategies and Beyond: Studies in Honour of Adriana Belletti*, ed. by Elisa Di Domenico, Cornelia Hamann and Simona Matteini, 3-16, John Benjamins, Amsterdam.

Conway, Christopher M. and Morten H. Christiansen (2001) "Sequential Learning in Non-human Primates," *Trends in Cognitive Sciences* 5(12),

539-546.

Everett, Daniel L. (2005) "Cultural Constraints on Grammar and Cognition in Pirahã," *Current Anthropology* 464, 621-646.

Fujita, Koji (1993) "Object Movement and Binding at LF," *Linguistic Inquiry* 24, 381-388.

Fujita, Koji (1996) "Double Objects, Causatives, and Derivational Economy," *Linguistic Inquiry* 27, 146-173.

Fujita, Koji (2009) "A Prospect for Evolutionary Adequacy: Merge and the Evolution and Development of Human Language," *Biolinguistics* 3, 128-153.

藤田耕司（2012a）「統語演算能力と言語能力の進化」藤田耕司・岡ノ谷一夫（編）『進化言語学の構築――新しい人間科学を目指して』53-73, ひつじ書房, 東京.

藤田耕司（2012b）「動詞統語論と生物言語学・進化言語学」畠山雄二（編）『日英語の構文研究から探る理論言語学の可能性』1-13, 開拓社, 東京.

藤田耕司（2013）「生成文法から進化言語学へ――生成文法の新たな企て」池内正幸・郷路拓也（編）『生成言語研究の現在』95-123, ひつじ書房, 東京.

Fujita, Koji (2014a) "Recursive Merge and Human Language Evolution," *Recursion: Complexity in Cognition*, ed. by Tom Roeper and Margaret Speas, 243-264, Springer, New York.

藤田耕司（2014b）「投射の進化的問題」藤田耕司・福井直樹・遊佐典昭・池内正幸（編）『言語の設計・発達・進化――生物言語学探究』279-307, 開拓社, 東京.

藤田耕司・松本マスミ（2005）『語彙範疇 (I) 動詞』研究社, 東京.

Gelderen, Elly van (2004) *Grammaticalization as Economy*, John Benjamins, Amsterdam.

Goro, Takuya (2006) "A Minimalist Analysis of Japanese Passives," *Minimalist Essays*, ed. by Cedric Boeckx, 232-248, John Benjamins, Amsterdam.

Greenfield, Patricia M. (1991) "Language, Tools, and Brain: The Ontogeny and Phylogeny of Hierarchically Organized Sequential Behavior," *Behavioral and Brain Sciences* 14, 531-595.

Grodzinsky, Yosef (2004) "Variation in Broca's Region: Preliminary Cross-methodological Comparisons," *Variation and Universals in Biolinguistics*, ed. by Lyle Jenkins, 171-193, Elsevier, Amsterdam.

萩原裕子（1998）『脳にいどむ言語学』岩波書店, 東京.

Herman, Louis M. (2010) "What Laboratory Research Has Told Us about

Dolphin Cognition," *International Journal of Comparative Psychology* 23, 310-330.

保坂道雄（2014）『文法化する英語』開拓社，東京．

Ishizuka, Tomoko (2012) *The Passive in Japanese—A Cartographic Minimalist Approach*, John Benjamins, Amsterdam.

Lohndal, Terje (2014) *Phrase Structure and Argument Structure: A Case Study of the Syntax-Semantics Interface*, Oxford University Press, Oxford.

Martins, Pedro Tiago and Cedric Boeckx (2015) "What We Talk about When We Talk about Biolinguistics," Submitted draft.

Pylkkänen, Liina (2008) *Introducing Arguments*, MIT Press, Cambridge, MA.

Ramchand, Gillian Catriona (2008) *Verb Meaning and the Lexicon*, Cambridge University Press, Cambridge.

Rizzi, Luigi (1997) "The Fine Structure of the Left Periphery," *Elements of Grammar: Handbook of Generative Syntax*, ed. by Liliane Haegeman, 281-337, Kluwer, Dorcrecht.

Roeper, Tom and William Snyder (2005) "Language Learnability and the Forms of Recursion," *UG and External Systems: Language, Brain and Computation*, ed. by Anna Maria Di Sciullo, 155-169, John Benjamins, Amsterdam.

Stout, Dietrich (2010) "Possible Relations between Language and Technology in Human Evolution," *Stone Tools and the Evolution of Human Cognition*, ed. by April Nowell and Iain Davidson, 159-184, University Press of Colorado, Boulder, CO.

Sugisaki, Koji and Yukio Otsu (2011) "Universal Grammar and the Acquisition of Japanese Syntax," *Handbook of Generative Approaches to Language Acquisition*, ed. by Jill de Villiers and Tom Roeper, 291-317, Springer, New York.

遊佐典昭（2012）「ブローカ野における階層構造と回帰的計算」藤田耕司・岡ノ谷一夫(編)『進化言語学の構築――新しい人間科学を目指して』77-94，ひつじ書房，東京．

遊佐典昭（2014）「言語進化研究への覚え書き」藤田耕司・福井直樹・遊佐典昭・池内正幸(編)『言語の設計・発達・進化――生物言語学探究』128-155，開拓社，東京．

# 第 10 章

# 併合をめぐるあれやこれや
## ―藤田論文へのコメント―

本多　啓（神戸市外国語大学）

## 1. はじめに

　いきなり個人的な話から入ることになって恐縮だが，生成文法の論文を読むことは実は嫌いではない．分析に用いられる道具立ての（ときに見かけ上の）複雑さの背後にある言語現象への洞察を味わうことは楽しいし，人間の言語能力のありように対するスタンスが明確な論文は読んでいて気持ちがよい．そして言語事実に対する見方と言語能力に対する見方の有機的な関連づけが自覚的になされた論文は，知的興奮を感じさせる．細部にわたって完全に理解することは無理であると分かっていても，理解への意欲を掻きたててくれる．藤田論文は，そのような論文である．

## 2. 藤田論文について考えてみたいこと

　私の理解しえた限りでは，藤田論文は少なくとも次の主張を含む．

(1) a. 併合の進化的起源は運動制御である．（運動制御起源仮説）
　　b. 言語の多様性の大部分は UG とは無関係の文化進化の反映である可能性が高い．
　　c. 間接受動の日英対照と非能格使役の日英対照は共通の原理によっている．
　　d. その原理とは，これらの現象において，日本語においては Pot-Merge と Sub-Merge の両方が作用するのに対して英語では

Sub-Merge のみが作用するということである．
　e. その相違は文化進化による．

これらの項目は論文の主張を順番にそのまま再現したものではなく，私が再整理したものである．[1] またこの5項目が論理的に対等の関係に立つわけでもないが，便宜上このように並べておく．

以下，これに基づいて思いついたことを書いていく．

## 3. (1a, b) について：認知言語学から見た藤田論文の立ち位置

(1a) の運動制御起源仮説について，藤田論文は次のように述べる．

(2) 「運動制御起源仮説」(...) は，人間言語固有の併合も同様に，最初は人間固有でも言語固有でもない機能から変化を伴う由来として生じたことを主張するものである．具体的には，動物の道具使用にも見られる物体の階層的組み合わせ能力（...）が領域横断的な汎用併合（Generic Merge）に拡張した後，そこから生じた領域固有の機能の1つが統語演算操作としての併合であると考える．(p. 121)

この部分は言語能力のモジュール性ないし自律性についての次の Tomasello (1995) の議論を想起させる．

(3) Appeals to the brain have a certain cachet in psychological circles because they appeal to "hard science." But arguments about localization in the brain, selective deficits, and islands of competence in children and adults, are basically irrelevant to the issue of whether there is an innate syntax module. This point is made most clearly by the recent theoretical work of Greenfield (1991) and Karmiloff-Smith (1992) who argue, each in their own way, that there may very well be modularity of specific cognitive functions in adulthood, but that this may result from the channeling of cognitive resources into particular functional domains during

---

[1] 失語症についての議論はここに入れていない．

ontogeny. Modularity is very often the result of developmental processes, not their cause. In this view, instead of being seen as an innate encapsulated module already containing its adult structures, language may be seen as "a new machine made out of old parts" that becomes modularized and localized in the brain as ontogeny proceeds (Bates, 1979).　(Tomasello (1995: 143-144))

ここで Tomasello が述べていることは，言語能力がモジュール性を持つとしてもそれは個体発生において確立するということである．一方で藤田論文が主張する運動制御起源仮説は生物進化についての議論すなわち系統発生のレベルの議論であり，その点で両者の議論は完全な整合性はないと言える．しかしながら個体発生か系統発生かという相違はあるものの，Tomasello (1995: 144) が言及している "a new machine made out of old parts"[2] という基本的な考え方，あるいは（あえて卑近な言い回しを使うなら）「使いまわし」という考え方は，藤田論文で言う外適応につながるものであると思われる．そしてもちろん認知言語学も，言語の成立に生物進化が関わっていることを否定するわけではない．

また，Tomasello は次のようにも述べている．

(4)　It would seem reasonable in this context to think of language as a mosaic of different skills—a new function made out of old parts, in Bates' (1979) terms—some of which may be specific to language (e.g., speech) but some of which may be the same skills as those children use in other domains of their cognitive and social cognitive development.　(Tomasello (1995: 152))

---

[2] Bates (1979: 20) には次のようにある．
　(i)　We want do demonstrate that Nature builds many new systems out of old parts, and selects for organisms that can carry out the same reconstruction process ontogenetically, jerrybuilding the same new machines from the same old parts in a highly reliable fashion. Human language may be just such a jerrybuilt system, with human infants "discovering" and elaborating their capacity for symbolic communication by a route similar to the one that led our anscestors into language.

つまり言語の能力は多様な認知能力のモザイクと考えられるということである．実際認知文法では統語構造ないし文法に，事物の際立ちの相対的な違いを認識する能力（profile/base の違いなどとして具現化する），2つのものを同一と見なす能力（correspondence などとして具現化する），カテゴリー化の能力（スキーマ的に指定されたものとより詳細に指定されたものの関係の認識などとして具現化する）などが関わっていると考える．[3,4]

それに対して藤田論文が重視する「変化を伴う由来」はこれとは違う見方をしている．つまり，認知言語学が「複数の認知機能が言語という領域に使われるようになっている面に注目する」という議論の形式をとっているのに対して，藤田論文は「併合という1つの機能が複数の領域に使われるようになっている面に注目する」という議論の形式をとっている．

しかしこのことはもちろん，認知言語学と藤田論文の「対立」を指摘したものではない．両者の見方は完全に両立可能であるし，実際，藤田論文の立場が岡ノ谷一夫氏の相互分節化仮説と関連づけられるならば，複数の機能が単一の領域に使われるようになる面に注目することにつながるものと思われる．[5]

以上を考えると，藤田論文は生成文法の論文であると同時に，認知言語学の1バージョンの論文と位置づけることも可能である．

(1b) については，言語に関わるヒトの能力のうちの生得的な部分についての解明を目指してきた生成文法の研究者がこれを（どのように）受け入れるのか，受け入れた場合に生成文法の研究プログラムはどのような変容が求められるのか（あるいは求められないのか），それらについては私は何とも想像ができない．

---

[3] Langacker (1987, 1995) などを参照．

[4] これは，認知文法におけるいわゆる「お絵かき」が言語の意味構造を視覚に還元することを意図したものではないことも意味する．

[5] さかのぼれば Hauser, Chomsky and Fitch (2002) の FLN/FLB の区別にも同様の問題意識がうかがえる．

## 4. (1c, e) について：藤田論文が認知・機能言語学者に求めていること

(1c, e)，およびこの文化進化がコミュニケーションに動機づけられた社会・文化的な要因によっている可能性が高いとされていることから，認知・機能言語学者は次のことを明らかにするように求められていることになる．

(5) 「英語においては間接受動が不可能である」と「英語においては非能格動詞の使役化が不可能である」を同時に動機づける（コミュニケーションに動機づけられた）文化的・社会的な要因

それがどのようなものであるのか，私には見当がつかないことを告白しなければならない．

研究の手順としてはまず，間接受動の有無と非能格動詞の使役化の有無に見られる相関が偶然ではないということを示す独立の根拠が見つかることが望ましい．その次の段階としてその相関を動機づける文化的・社会的な要因を求めることになるが，たとえば McWhorter (2014) が批判するような安易な言語文化論に陥らないような議論を構築するのは私には相当困難なことのように見える．そしてそのような要因が見つかったとして，最後にそれはたとえば，「ドイツ語などにある非人称受動が英語と日本語にはない」というような事実と整合性を持つものであることが求められる．そのような要因とはいったいどのようなものか，私にはまったく想像がつかない．

## 5. (1d) について：Sub-Merge とは何か

そして最後にもう1つだけ告白しておかなければならないことは，結局私は「Sub-Merge とは何か」ということがまだ分かっていないらしいということである．

Greenfield (1991) の言う物体組み合わせの「サブアセンブリ方式」(Subassembly strategy) には，藤田論文によれば2つの側面がある．操作ごとに起こる「ターゲットの変化」と，組み合わせてできた全体の「部分部品化（チャンク化）」である．藤田論文ではこの2つの関係は明示的に議論されていないが，言語においては両者が独立しているようにも見える．

たとえば「現代日本語研究」の多義性に関して，藤田論文は「[現代日本語] 研究」を Sub-Merge の例とし，「現代 [日本語研究]」を Pot-Merge の例とする．たしかにターゲットに着目すればそのように見える．「現代日本語」のヘッドは「日本語」であるが「[現代日本語] 研究」のヘッドは「研究」であるから「[現代日本語] 研究」においてはターゲット（ヘッド）の変化が生じている．他方「日本語研究」のヘッドは「研究」であり，「現代 [日本語研究]」のヘッドも「研究」であるから，「現代 [日本語研究]」においてはターゲットの変化が生じていない．

しかし部分部品化（チャンク化）に注目すれば見え方が変わる．「[現代日本語] 研究」において部分部品化した「現代日本語」が「研究」と併合されているのは問題ないとして，「現代 [日本語研究]」においても「現代」が部分部品化した「日本語研究」と併合されているように見えるわけである．

そこで今度はサブアセンブリ方式に関して，ターゲットの変化と部分部品化のどちらを優先させるべきかという問題が生じる．これについては，Greenfield (1991) と Conway and Christiansen (2001) がいずれも "hierarchical organization" を主題としていることを踏まえると，彼らの洞察を受け継ぐ立場においては部分部品化を優先させることになると考えられる．そしてこの解釈の下では，藤田論文で Pot-Merge の例とされているものはすべて Sub-Merge の例と解釈されることになる．

もっとも，この「現代日本語研究」の例は道具立ての説明に使われているだけであって分析それ自体とは無関係であるから，藤田論文の主張に対する直接の批判になりうるものではない．

## 6. ゲシュタルト心理学における「群化」

### 6.1. 併合に対応する認知文法の道具立てはあるか

最後に補足的に，ゲシュタルト心理学における「群化」との関連に触れておきたい．

すでに述べたように Langacker の認知文法では文法に関わる認知能力を単一のメカニズムに還元することはせず，複数の認知能力のモザイクと考える．その意味で，生成文法における「併合」に相当する役割をそのまま果たす道具立ては認知文法には存在しないことになる．

ただしその一方で，機構上併合に類似した道具立ても Langacker は使用している．それが群化（grouping）である．群化は認知文法では文法範疇としての名詞の規定にも用いられている（Langacker (1998, 2015)）が，文法すなわち複合表現の形成のパターンの説明にも用いられている（Langacker (1997)）．

ただし Langacker の言う群化はゲシュタルト心理学の影響を受けて提示されたものである．これは，群化が知覚に起源を持つと述べていると解釈することができるものである．このことと藤田論文が提唱する併合の運動制御起源仮説とがどのような論理的な関係にあるかについては精査が必要である．

また認知文法では構成性（constituency）を柔軟なものと見ている．これは生成文法が固定的な構成素構造を想定するのとは対比的である．

## 6.2. ゲシュタルトとしての「焼きそば」

ゲシュタルト心理学に関してしばしば誤解されるのは，これが「全体は部分の総和以上のものである」と主張しているとされることである．実際にゲシュタルト心理学が主張しているのはそのようなことではなく，「全体は部分の総和とは異なる」ということである（Köhler (1969: 邦訳 p. 10)）．このことを「焼きそば」を例に考えてみたい．

「焼きそば」は語形成上は「そば」に含められることになるだろうが，「そば」屋で焼きそばを注文しても呆れられて断られておしまいであろう．すなわち「焼きそば」は「そば」カテゴリーに含まれるかどうか，たいへん微妙である．かりに含まれるとしてもプロトタイプではなく，周辺事例となる．

また，「そば」を焼いても「焼きそば」になるとは限らない．すなわち「そば」は「焼く」の対象目的語かどうか，あやしい．さらにカップ焼きそばのように焼かずに作る焼きそばもある．つまり「そば」は「焼く」の結果目的語かどうかもあやしい．

以上が意味することは，「焼きそば」においては「焼き」の意味も「そば」の意味も完全には保存されていないということである．「焼きそば」が「全体は部分の意味の総和とは異なる」例になるとはこのようなことである．

このことを本コメントの趣旨と絡めて言い換えると，併合によってできた構造においては部分の意味の中に外側からアクセスできないところが生じる

ということである.これが古典的な生成文法で移動に対する島の制約と呼ばれてきた現象や照応関係についての制約とどう関わるのかも私は興味をひかれている.[6]

## 7. 結語

以上,藤田論文に関して思いついたことを書いてきた.最後に再び個人的な感想を述べさせていただくと,この程度のコメントであっても,藤田論文について何か書くことは私にとっては大変しんどい作業になった.その苦痛の大半は,私自身の不勉強と向き合わなければならなかったことに由来する.認知科学や進化研究についての自分自身の視野が自分でも気づかないほど狭隘なものであったことを認識させられ,それに対して泥縄方式で対応しようとしたのがこのコメントである.

このコメントが生成文法と認知言語学に対してどれほどの寄与ができるものか,私は想像もつかない.[7] 自分自身の不勉強を思い知らされ,今後のより一層の研鑽の必要性を知らされたという点で,このコメントによって最も恩恵を受けたのは実は私自身である.その意味で,本書の企画を立てられ,貴重な機会を与えてくださった藤田・西村両編者に謝意を表したい.

### 参考文献

Bates, Elizabeth (1979) *The Emergence of Symbols: Cognition and Communication in Infancy*, Academic Press, New York.

Conway, Christopher M. and Morten H. Christiansen (2001) "Sequential Learning in Non-human Primates," *Trends in Cognitive Sciences* 5(12), 539–546.

Greenfield, Patricia M. (1991) "Language, Tools, and Brain: The Ontogeny and Phylogeny of Hierarchically Organized Sequential Behavior," *Behavioral and Brain Sciences* 14, 531–595.

Hauser, Marc D., Noam Chomsky and W. Tecumseh Fitch (2002) "The Facul-

---

[6] 認知文法におけるその方向の論考としては Langacker (1996) などがある.

[7] むしろ想像したくない.

ty of Language: What Is It, Who Has It, and How Did It Evolve?" *Science* 298, 1569-1579, November 22.

Karmiloff-Smith, Annette (1992) *Beyond Modularity: A Developmental Perspective on Cognitive Science*, MIT Press, Cambridge, MA.

Köhler, Wolfgang (1969) *The Task of Gestalt Psychology*, Princeton University Press, New Jersey.［田中良久・上村保子（訳）（1971）『ゲシタルト心理学入門』東京大学出版会.］

Langacker, Ronald W. (1987) *Foundations of Cognitive Grammar*, Volume I: *Theoretical Prerequisites*, Stanford University Press, Stanford.

Langacker, Ronald W. (1995) "Raising and Transparency," *Language* 71(1), 1-62.

Langacker, Ronald W. (1996) "Conceptual Grouping and Pronominal Anaphora," *Studies in Anaphora*, ed. by Barbara Fox, 333-378, John Benjamins, Amsterdam and Philadelphia.

Langacker, Ronald W. (1997) "Constituency, Dependency, and Conceptual Grouping," *Cognitive Linguistics* 8, 1-32.

Langacker, Ronald W. (1998) "Conceptualzation, Symbolization, and Grammar," *The New Psychology of Language: Cognitive and Functional Approaches to Language Structure*, ed. by Michael Tomasello, 1-39, Lawrence Erlbaum Associates, Mahwah, NJ and London.

Langacker, Ronald W. (2015) "On Grammatical Categories," *Journal of Cognitive Linguistics* 1, 44-79, The Japanese Cognitive Linguistics Association.

McWhorter, John H. (2014) *The Language Hoax: Why the World Looks the Same in Any Language*, Oxford University Press, Oxford.

Tomasello, Michael (1995) "Language is Not an Instinct," *Cognitive Development* 10, 131-156.

# 第Ⅱ部

# 認知言語学編

# 第 11 章

# 英語の定冠詞句と日本語の裸名詞句の類似

坂原　茂（東京大学名誉教授）

## 1. 導入

### 1.1. 目的

　この論文は，英語で定冠詞で限定された名詞句（定冠詞句と呼ぶ）と，日本語で限定表現がなにもつかない名詞句（裸名詞句と呼ぶ）との用法の類似を，名詞句の談話処理モデルにもとづき説明する．日英語彙の対照研究の特殊例として，単純な語彙どうしの比較でなく，冠詞をもつ言語とそうでない言語の名詞句の振る舞いを比較し，限定とはどういうものかを考える．

　英語とフランス語の定冠詞句のように，意味が同じであれば，同じような用法が予想される．しかし，定冠詞句と裸名詞句とでは意味が異なり，類似の振る舞いはむしろ予想外であり，説明の必要がある．

　この説明では，おおよそのところでは，日本語の名詞句ができることは英語の名詞句もでき，その逆も成り立つと仮定する．そこで，役割分担，すなわち，ある特定の名詞句が，名詞句全体の用法のどの部分を担っているかを考えないといけない．したがって，主要な研究対象は定冠詞句であっても，指示形容詞句，所有形容詞句，代名詞などの用法も見ることになる．

　次に，定冠詞句と裸名詞句の類似の振る舞いが，意味の類似で説明できない以上，言語表現の振る舞いは意味だけによって決定されるものではないと仮定し，意味を出発点にして，用法を生みだすメカニズムを考える必要がある．そのためには，名詞句の機能を背景で支える知識ベースに目を向け，それぞれの名詞句が知識ベースとどのような関連をもつかを考えることになる．

第 11 章　英語の定冠詞句と日本語の裸名詞句の類似　　　　155

　この論文は，定冠詞句と裸名詞句の用法の類似は，同定すべき指示対象の
カテゴリだけを指定し，その同定方法は指定しない同定表現の必然的な行動
パターンとして説明できると主張する．

## 1.2.　典型的用法と非典型的用法

　対照研究を行う場合，考えておかねばならないのは，典型的用法と非典型
的用法の違いである．典型的用法に注目すると，異なる言語間で比較的安定
した対応関係が見られるが，非典型的用法については，言語間で著しい違い
が出てくる．

　簡単な例では，英語の kill と日本語の「殺す」は，「意図的に他人の生命
を奪う」という典型的解釈では同じように振る舞う．ところが，英語では，
時間は kill できるが，日本語では「殺す」でなく，「潰す」と言うのが普通
である．さらに，スピードの出し過ぎで，カーブを曲がりきれず，道路壁に
突っ込んで死んだ場合，動作主らしい動作主はいないが，英語では，"He
was killed in a car accident."のように言える．日本語で「彼は自動車事故
で殺された」と言うと，別の車にぶつかる衝突事故を起こし，その車から降
りてきた人に殺されたというように，意図的に彼を殺した動作主が必要にな
る．このように，日本語の「殺す」には，英語の kill に見られる非典型的用
法への拡張が見られないので，kill の非典型的用法に注目して，対照研究を
行うと，kill と「殺す」はまったく無関係と判断されかねない．

　同様に，名詞句の対照研究の場合でも，まずもって取り上げるべきは典型
用法である．名詞句の典型性を考える場合，(a) 名詞自体の典型性，(b)
用法の典型性，の両方を考える必要がある．

　名詞は基本的にものを指す．名詞の指す対象のものらしさに応じて，可算
名詞，物質名詞，抽象名詞がある．もっとも名詞らしい名詞は，人，イヌ，
机などの個体性のはっきりしたものを指す可算名詞であり，もっとも名詞ら
しくない名詞は，抽象名詞である．物質名詞は，その中間に位置する．

　用法については，可算名詞に限った場合でも，特定の個体を指す指示的用
法，カテゴリ全体を指す総称，属性を表すコピュラ文の名詞述語など，多様
な用法が存在する．名詞の基本的機能はものを指すことであるから，典型的
用法とは，特定の個体を指す指示的用法であり，総称や名詞述語は，名詞の
用法としては非典型的である．単数と複数では，単数の方が典型的である．

したがって，もっとも典型的な名詞句とは，指示的用法の単数可算名詞句である．冠詞は，まずもって，指示的用法の単数可算名詞の定・不定を表現する言語形式であり，冠詞のシステムは，指示的用法の単数可算名詞を修飾するときに，最大の効果を発揮するように構成されている．この理由で，指示的用法の単数可算名詞の用法を中心に，考察を進めていく．

### 1.3. 指示的名詞句の2つの機能：不定表現，定表現

談話での名詞句の基本的機能は，新しい要素を導入することと，すでに導入されている要素を同定することである．(1a) の a book, the book, (1b) の「本」はこの2つの機能に対応している．

(1) a. I ordered a book a month ago and the book finally arrived yesterday.
    b. 私は1月前に本を注文したが，本はやっと昨日届いた．

不定冠詞句のように，聞き手の知らない要素を談話に導入する表現を，不定表現と呼ぶ．定冠詞句，指示形容詞句，代名詞も談話に要素を導入できるが，導入された要素は，進行中の談話に対し新しいだけで，聞き手はすでにそれを知っている．したがって，聞き手はそれが自分の知識内のどの要素であるかを同定する必要がある．要素の同定が必要である表現は，定表現と呼ぶ．

日本語では裸名詞句が，不定表現・定表現のどちらにも使われる．

### 1.4. 談話資源

談話理解に用いられる知識ベース（これを談話資源と呼ぶ）は，(a) 一般的知識，(b) 発話状況についての知識，(c) 先行の談話についての記憶，の3種類である．(c) を談話記憶と呼ぶ．

この談話処理モデルでは，入力データは談話資源を用いて処理され，処理されたデータは談話記憶に書き込まれる．更新された談話記憶は，談話資源に組み込まれ，それ以降の入力データの処理に用いられる（図1．金水・田窪 (1990) 参照）．

第 11 章　英語の定冠詞句と日本語の裸名詞句の類似　　　　　　　　157

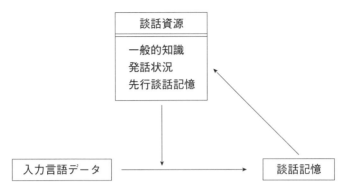

図 1．入力言語データは，談話資源（一般的知識，発話状況，先行談話記憶）を用いて処理される．処理されたデータは談話記憶に付け加えられる．新たな談話記憶は以降の入力言語データの処理を助ける談話資源に組み込まれる．

**1.5. 限定表現の意味**

英語の名詞限定表現に対し，(2) のような意味を仮定する．言語表現の意味は，聞き手になにをすべきかを指示する指令である．

(2) a. 不定冠詞句 a N：談話記憶に N である新しい要素を導入せよ
　　b. 定冠詞句 the N：談話資源内の N である要素を同定せよ
　　c. 指示形容詞句 this/that N：this/that の領域にある N である要素を同定せよ
　　d. 所有形容詞句 his N：he と関連する N である要素を同定せよ

定冠詞句 the N は，要素の同定を要求するが，それがカテゴリ N に属すという情報を与えるだけで，どのように同定するかは教えてくれない．指示形容詞句 this/that N は，指示対象のカテゴリに加えて，指示対象が話し手の近くにあるという場所の情報を与える．所有形容詞句 his N は，指示対象のカテゴリに加えて，指示対象と何らかの関係をもつ対象の情報を与える．

定冠詞句，所有形容詞句，指示形容詞句はすべて定表現であるが，与える情報量も，要素の同定の仕方も異なる．自然言語では，類似のことを行うのに複数のやり方があるとき，すべてのやり方が同じように適切であるわけで

はなく，目的達成のために必要でかつ十分な情報を与える表現が適切な表現になる（Grice (1975))．この原則からすれば，ある要素が定冠詞句で同定できるなら定冠詞句を使うべきである．所有形容詞句や指示形容詞は，定冠詞句で同定ができないときに使う表現である．さらに，定冠詞句の情報でさえ余剰であれば，代名詞を使う．日本語はこのときは，ゼロ代名詞になる．

以下，日本語と英語の名詞句の対照研究を行うが，英語の不定冠詞句と定冠詞句は日本語では裸名詞句に，指示形容詞句は「この／その／あの」名詞句に，所有形容詞句は基本的に所有表現に対応すると仮定する．ただし，英語での代名詞が日本語でゼロ代名詞になることが多いのと同様，所有形容詞句が裸名詞句になることもある（三藤博氏の指摘）．主たる考察の対象は，定冠詞句と裸名詞句の類似性である．

## 2. 定冠詞句と裸名詞句

定冠詞句の用法は，非照応と照応に分けられる．日本語の裸名詞句にも，その2つの用法があり，それをさらに下位分類した用法においても，著しい類似性が観察できる．

### 2.1. 非照応用法

非照応をいくつかの用法を分けることができる．

第1の用法は，一般的知識から指示対象が唯一に決定できる場合である．話を地球に限定した場合，太陽や月は1つしかない．そこで，the sun や the moon はこの1つしかない太陽や月を指すと解釈される．日本語の裸名詞句「太陽」や「月」にも同じ用法がある．

(3) a.　The moon is smaller than the sun.
　　b.　月は，太陽より小さい．

第2の非照応用法は直示で，発話状況依存的に指示対象の同定が行われる．例えば，話し手と聞き手のいる部屋にドアが1つしかなければ，そのドアは the door で指せる．

(4) a.　Close the door.

b. ドアを閉めろ．

第3の用法では，発話状況で得られる情報と，発話された文が伝える情報の組み合わせから，唯一物の同定が可能になる．例えば，部屋にドアが2つあっても，片方だけが開いているなら，開いている方のドアを，(4a) の命令文の中の the door で指すことができる．命令文には，命令が実行可能でなければならないという前提がある．「ドアを閉めろ」という命令が実行できるためには，ドアは開いていなければならない．そこで，ドアがいくつあろうが，開いているドアが1つしかなければ，「ドアを閉めろ」という命令文中の the door は，この開いているドアを指すことになる．

複数の候補があるときに指示対象の同定が可能かどうかは，命令内容に依存する．例えば，(5) は複数のドアがある状況では，どのドアが問題になっているのか決定できない．

(5) a. Look at the door.
b. ドアを見ろ．

第4の用法は総称で，カテゴリそのものを指す．

(6) a. In a hospital, the nurse assists the doctor.
b. 病院では，看護婦は医者を助ける

## 2.2. 照応

照応には，(7) のような同一指示と，(8) のような非同一指示がある．同一指示とは，それそのものを指す言語手段によって直接的に導入された個体を指す用法である．非同一指示とは，使われた文に対する語用論的推論によって間接的に導入された要素を指す照応である．同一指示を直接的照応と呼び，非同一指示を間接的照応と呼ぶこともある．

(7) a. I'm going to tell you the story of a man that lived next to us about three years ago. One evening the man visited me ...
b. 3年ばかり前に隣に住んでいた男の話をしよう．ある晩，男がやってきて …
(8) a. I'm going to tell you the story of a married couple that lived

next to us about three years ago. One evening the man visited me ...
b. 3年ばかり前に隣に住んでいた夫婦の話をしよう．ある晩，男がやってきて ...

### 2.2.1. 同一指示

同一指示には，面白い特徴がある．(9a) のように，照応表現は，基本的に先行詞に含まれない情報をもつことができない．その逆に，(9b) のように，照応表現が，先行詞より少ない情報しかもたないのはかまわない (Gross (1975))．

(9) a. *I see a rose. The red rose is lovely.
　　b. I see a red rose. The rose is lovely.

同じ理由で，(10b) のような限定的関係節の付加は許されないが，(10c) のように非限定的関係節の付加は構わない (池内 (1985))．

(10) a. I see a man. The man wears a hat.
　　 b. *I see a man. The man you know wears a hat.
　　 c. I see a man. The man, whom you know, wears a hat.

ただし，照応表現の意味内容が言語的文脈あるいは一般的知識から予測できるなら，照応表現に先行詞に含まれない情報があってもよい．(11) では，最初の文から John が犬を飼い続けることができなくなったことには，なんらかの理由があるはずだと推論できる．その理由がどんなものかは分からない．2番目の文は，前文が設定した「飼い犬を処分する」というフレームでブランクになっていた原因スロットを埋めるのに，ぴったりの情報を与える．すなわち，犬が凶暴で，子供たちを怖がらせるようになったために，John はその犬を処分せざるをえなくなったのである．このフレームで，解釈の整合性を保つには，the crazy beast は前文の his dog を指さねばならず，この解釈を禁止するものがないので，この同一指示が受け入れられる (Marslen-Wilson, Levy and Tyler (1983))．

(11) John will have to get rid of his dog. The crazy beast has started

to terrorize the neighbourhood children.

　先行詞と異なる照応表現による照応のメカニズムがよりはっきり分かる例もある．『長靴をはいたネコ』は，フランス作家 Charles Perrault の童話である．この童話で，主人から長靴と袋を受け取ったネコは，ウサギを狩りに出かける．その場面で，フランス語原文では，袋を指すのに，所有形容詞句 son sac（「彼の袋」）という表現が3回繰り返される．その英語訳（12）では，まず定冠詞句 the bag が使われ，次に所有形容詞句 his bag が2回現れる．フランス語の原テキストでも英語の翻訳でも，照応について特記すべきことはない．

(12) After receiving what he had asked for, the cat gallantly pulled on the boots and slung the bag about his neck. Holding its drawstrings in his forepaws, he went to a place where there was a great abundance of rabbits. He put some bran and greens into his bag, then stretched himself out as if he were dead. He thus waited for some young rabbits, not yet acquainted with the deceits of the world, to come and look into his bag.

　次に，スペイン語の子供向けのリライト（13）を見てみよう．ここでは，袋は，2回定冠詞句 le saco（袋）で指されたあとに，意味がまったく異なる定冠詞句 la trampa（罠）で受けられる．袋はそれ自体では罠ではないので，la trampa による le saco への照応は，単なる一般常識からは成立しない．一方，この引用では，袋がウサギを捕るための罠に用いられているために，この照応が可能になっている．

(13) Cuando el Gato se vio con las botas puestas, se echó el saco al hombro y fue a un matorral donde había muchos conejos. Metió en el saco algunas hierbas y se tumbó a la sombra a esperar que algún inocente conejo cayera en la trampa que había preparado.
(Lit. When the Cat saw himself with the boots put on, (he) slung the bag about his shoulder and went to a brush where there was many rabbits. He put some grass into the bag and stretched himself out in the shade, waiting for some young rabbit to fall into

the trap that he had prepared.)

興味深いのは，(14) のように，テキストを切り詰め，袋が罠に使われていることが分からなくすると，la trampa による el saco の照応はできなくなり，袋と別になんからの罠があったかのような解釈となってしまうことである．

(14) Cuando el Gato se vio con las botas puestas, se echó el saco al hombro y fue a un matorral donde había muchos conejos. Se tumbó a la sombra a esperar que algún inocente conejo cayera en la trampa que había preparado.

こうした例から分かることは，テキストが照応のために使える情報を与えなければ，一般常識から理解できる照応表現しか許されないが，テキストが指示対象の同定を可能にする情報を与えるなら，一般常識を越えた照応表現が可能になるということである．したがって，上の (9a) (10b) で照応が成り立たなかった本当の理由は，単に照応表現が先行詞に含まれない情報をもつことではなく，言語的に設定されるフレームが貧弱すぎて，照応表現だけにある red や you know という情報が，このフレームの中に適切に位置づけられないからである．

非照応でも発話状況に複数の指示対象の候補があっても指示が成功したのと同様，何らかの方法で指示対象が唯一に決まるなら，談話記憶領域に N で指せる対象が複数あってもよい．次の (15) の 2 番目の文には，the boy という表現が使われている．John も Bill も少年であるから，この表現はどちらの少年を指すかは分からない．しかし，適当な文脈を作れば，そのどちらかを指す例は簡単に作れる．

(15) John met Bill one day. The boy told his friend that he was going to visit France during the Christmas vacations.

## 2.2.2. 非同一指示

非同一指示照応の典型的例は，先行文脈が設定したフレームの中にすでに存在するが，まだ言語化されていない要素を同定する用法である．これは，定冠詞句の解釈を先行文脈に結びつけるため，連合照応，橋渡し推論などと

言われる．

(16) では最初の文が本のフレームを導入する．われわれの本についての知識から，本には唯一の著者がいると推測する．そこで，この本との関連では，著者は新しい要素であっても唯一的に決定でき，定冠詞句で導入される．日本語では，裸名詞句がこの種類の照応に使われる．

(16) a. I read an interesting book. The author is a good friend of mine.
  b. 私は面白い本を読んだ．著者は私の親友だ．

同一指示と非同一指示照応を説明するためには，談話記憶を少なくとも2つに分ける必要がある．明示的な言語的手段により導入された要素が蓄えられる領域を，言語データ記憶と呼ぼう．同一指示は，典型的には，この領域の探索である．

言語データ処理は，深い理解を達成するために，一般的知識内にあるフレーム，理想認知モデルなどのさまざまな知識を活性化する．この活性化された知識は，入力データの深い処理を可能にし，より完全な理解を達成する．深い処理によって得られた談話理解を，言語理解記憶と名付けよう．定冠詞句は，言語データ記憶だけでなく，言語理解記憶も探索でき，非同一指示照応が可能になる．

言語データ記憶と言語理解記憶は，活性度の高い短期談話記憶であり，この領域の要素は，もっともアクセスしやすい．しかし，短期談話記憶は，あまり多くのものをもち続けることはできない．時間の経過とともに，アクセスされない要素の活性度は弱まり，他の領域に移される．この領域を，長期談話記憶と呼ぼう．長期談話記憶とは，談話処理で得られた情報のうち，活性度が弱まった情報の貯蔵場所である．したがって，談話記憶は，(a) 言語データ記憶，(b) 言語理解記憶，(c) 長期談話記憶，に3分割される．談話処理モデルの全体は，図2のようになる．定冠詞句は，一般的知識，発話状況に加えて，この3つの下位領域の探索も可能である．

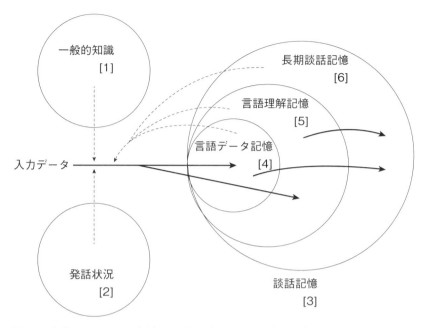

図 2. 入力データは，点線で示すように，談話資源（[1] 一般的知識，[2] 発話状況，[3] 談話記憶）を利用して処理される．[3] は，[4] 言語データ記憶，[5] 言語理解記憶，[6] 長期談話記憶に分かれる．入力データから直接えられる情報は，[4] に登録される．言語データから間接的にえられる情報は，より包括的な言語理解に対応する [5] に登録される．[4] と [5] は活性度の高い短期的談話記憶で，談話処理でもっとも活発に用いられる作業記憶である．[6] は，非焦点化された要素が転送される倉庫のような役割を果たす談話記憶領域である．指示形容詞句は，基本的に [2] に [4] しか探索できない．代名詞は，[4] だけしか探索できない．これに対して，定冠詞句は，談話資源すべてを探索できる．

## 3. 指示形容詞

指示名詞句には (17) のような直示と (18) のような照応の用法がある．

(17) a. Take this young lady to her room.

  b. このお若いご婦人を部屋に連れていってやって下さい．
(18) a. He bought his son a dog for his birthday, but that dog died soon after.
  b. 彼は息子の誕生日に犬を買ってやったが，その犬はすぐに死んでしまった．

　指示詞は，話し手からの距離，聞き手からの距離に応じて，発話の現場を分割せよという指令である．英語の指示形容詞句と日本語の「こそあ」の指示詞句はよく似た振る舞いをする．直示と照応のいずれの場合でも，英語，日本語の基本的用法には差はない．

　ただし，英語だけにある興味深い用法もある．Fillmore (1982) は，手にもったものを聞き手に見せる場合に，それを this でも that でも指せ，そのことで視点の違いを表すことができると指摘している．(19) は自分の視点から，(20) は聞き手の視点からのものの提示である．

(19) Would you like this one?
(20) Would you like that one?

　英語の直示の移動表現では，話し手が聞き手のいる場所へ移動する場合，直示の中心 (here で指される話し手が知る場所) を，聞き手がいる場所に移し，"I'll come to you" と表現する．(20) が示すのは，指示形容詞句の場合も，この視点の転移が可能であるということである．ただし，移動動詞のように義務的ではない．日本語では，視点の転移が禁止されるので，(19) に対応する「これ」しか許容されない．

### 3.1. 直示と概念的対象への指示

　直示の典型的用法は，(17) のように発話状況にある，直接的感覚でアクセス可能なものを指す用法である．これに対して，遠称の that N,「あの N」には，一般的知識ベースに存在する，ある顕著な属性をもつ概念的対象を指す用法がある．

　『不思議の国のアリス』で，アリスは，キノコを食べたために首が伸び，頭が樹上にあるハトの巣にまで届くようになる．ハトはアリスを卵を取りにきた蛇だと思う．ハトは，木の上に巣を作ってやっと安全だと思っていたの

に，そこまでヘビが追ってくるのを知り，絶望して次のように言う．

(21) I've tried every way, and nothing seems to suit them! (...) I've tried the roots of trees, and I've tried banks, and I've tried hedges, (...) but those serpents! There's no pleasing them!
(Lewis Carroll, *Alice's Adventures in Wonderland*)

those serpents は，発話状況にいるヘビやアリスを指しているわけではない．ハトの知識内には，どこに巣を作っても卵を奪いに来る恐怖の対象としてのヘビの表象があり，those serpents はハトがもっているこのヘビの表象を指している．もちろん，この心的表象を介して，派生的には外的世界のヘビへの指示を行う．

この用法では，愛情，軽蔑，嫌悪，恐怖などの特殊な感情的ニュアンスが加わる．この場合は，典型的な直示にある，直接的感覚によるアクセス可能性が欠けているが，ある種の顕著性が，この欠落を補い，疑似的なアクセスを作り出していると思われる．

### 3.2. 照応

指示形容詞句の照応は同一指示に限られ，先行詞は必ず明示的に言語化されている必要がある．このため指示対象の同定が容易で，指示形容詞句の主要名詞の選択はかなり自由になる．極端な場合，先行詞と照応表現が，ほぼ無関係のカテゴリに属すことがある．

例えば，次の引用では，筆者は，むやみに熱帯林の生態系を乱すと，エボラ出血熱ウィルスのような，未知の恐ろしいウィルスが飛び出してきて，乱開発に対する熱帯林の逆襲を受けかねないと警告している．ここでは，「熱帯林」が「このゆりかご」で受けられているが，熱帯林はゆりかごではない．

(22) 熱帯林は，恐竜の時代から氷河期を越えて生き残ってきた地球最古の森林だ．時の流れの中で，熱帯林にすむ生物は多くの種に分かれ，針葉樹林や温帯林とは異なる複雑な生態系を作った．そして無数の未知のウィルスも，このゆりかごの中に身を隠している．
(朝日新聞，1995.8.3)

次の例は，GMのターボエンジン搭載新型シボレーの宣伝の一部である．

第11章 英語の定冠詞句と日本語の裸名詞句の類似　　　167

ここでは，the regular Chevy sprint が，this little street hustler で受けられているが，自動車は人ではない．

(23) 　New Chevy Sprint Turbo. A fast course in street smarts.
　　　The regular Chevy sprint is already a secret weapon in the car wars.
　　　So imagine what happens when this little street hustler gets fortified with a megadose of Vitamin T, turbocharger.
　　　There is a piranha loose in the goldfish bowl, that's what.

次の例は La Fontaine の寓話，「ハトとアリ」の英語訳であるが，ここでは a brook が，this ocean で受けられているが，小川は大海ではない．

(24) 　An Ant who in a brook would drink
　　　Fell off the bank. He tried
　　　To swim, and felt his courage sink—
　　　This ocean seemed so wide.
　　　But for a dove who flew above
　　　He would have drowned and died.

　これらの例で，指示形容詞を取り去ったり（日本語の場合），指示形容詞を定冠詞に変えると（英語の場合），照応は不可能となる．
　こうした例では，複数のフレームが併存して使われており，同じ対象が異なるフレームで異なるカテゴリ化を受ける．ところが，その2つのカテゴリ化は同じ対象に対しては，通常は両立しない類のものなのである．もっとも分かりやすいのは，La Fontaine の例で，通常の人間の視点から brook とカテゴリ化された小川が，アリの視点から ocean と再カテゴリ化されている．朝日新聞の例では，ジャングルが養育のフレームで評価され，そのフレームにあわせて「このゆりかご」という記述を受けている．GM の宣伝では，ストリートファイトのフレームにあわせて，Chevy Sprint はハスラになっている．こうした例での指示形容詞句は，単なる照応だけでなく，フレームの転換の合図にもなっている．
　フレームとの調和を欠いたカテゴリ化は，当然，奇妙な印象を与える．次の (26) はそうした例である．ここで注目すべきは，照応そのものは成立し

ているということである．指示形容詞句の照応では，照応表現のカテゴリ化が適切であろうがなかろうが，明示的な言語的手段で談話記憶内に登録されている要素のうちから，指示対象を義務的に選択させる (cf. (29))．照応は成立しているが，brook と ocean と 2 重カテゴリ化を正当化されないので，奇妙になるのである．

(25) a. He came to a brook and jumped across this ocean.
b. 彼は小川のところにやってきて，この大海を飛び越えた．

これより，もっと微妙なやり方でも，指示形容詞と定冠詞の違いが，フレームが連続しているか，そうでないかの合図になることがある．指示形容詞は，指示対象にある種の近接性を与え，同定される対象に特別の注意を向けさせる．これは，映画のズームアップのような効果である．こうした焦点化は，必然的に事件全体のスムーズな流れを中断させる．一方，定冠詞句は目立たず，話の流れを中断させない．例えば，(26) では，すべての文は 1 つの事件の下位部分を表し，文の間で事件の中断はない．このため，3 番目の文で定冠詞が普通である．(27) では，最初の 2 つの文はある事件を表すが，3 番目の文の時制は現在であり，この文は事件を語るのを中断して，城に対する補足的説明を与えている．ここでは，フレームが変わっている．より正確には，事件のフレームから，その中に現れる要素自身のフレームに移っている．このフレームの移動のせいで，(27) では指示形容詞が普通となる．

(26) I entered a castle. I crossed the hall and went to the stairs. {The/?This} castle was calm and peaceful.

(27) I entered a castle. I crossed the hall and went to the stairs. {?The/This} castle is always calm and peaceful.

直示においても，発話状況で自明な情報を指示詞句を使って伝えるのは不自然である．例えば，犬が聞き手に向かって吠えているときに，その犬を指して，(28a) のように言うのは不自然である．一方，その犬の行動の理由を表す (28b) は，発話状況からは自明でない情報を含んでいるので問題がない．

(28) a. ?This dog is barking at you.
　　 b. This dog doesn't like you.

　このような例では，指示形容詞句は，異なるフレームに共通して現れる要素間に張られた照応リンクを利用して，中心的なフレームに，別のフレームを従属させ，中心的フレームに補助的情報を与える働きをしている．(27)では中心的フレームは事件であり，指示形容詞句は，それと独立に存在する城のフレームを，事件のフレームに従属させ，城についての補助的情報を与える．(28b)では，中心的フレームは，発話状況で犬が聞き手に向かって吠えていることである．補助的フレームは，その犬の行動を説明する犬についてのフレームである．

　また，次のような興味深い例もある．(29)の最初の文では，指示的な主語 'my brother' に 'a doctor' という情報が付加される．したがって，my brother を定冠詞句 the doctor で受ける照応は適切であると予想されるが，実際は，適切でない (Declerck (1988))．一方，代名詞 him や指示形容詞句 that doctor による照応は許容される．定冠詞句での照応が不自然になるには，いろいろの要因があると思うが，1つの要因はフレームの変化があると思われる．

(29) My brother is a doctor. ― I cannot trust {him/*the doctor/that doctor}.

## 4. 定名詞句と指示形容詞句の違い

　定冠詞句と指示形容詞句は，ともに照応と非照応という類似の用法をもつとはいえ，相当大きな違いがある．
　第1に，話し手の近くにあるが，聞き手から見えないものは，定冠詞句で指せるが，指示形容詞句では指せない．例えば，高い塀の反対側にいる人に，犬がいて危険だから，入ってこないように伝えるのに，(30a)のように言うことはできるが，(30b)のようには言えない (池内 (1985))．

(30) a. Don't come in. The dog will bite you.
　　 b. Don't come in. *This dog will bite you.

こうした例を見ると，this N の意味は，単に「話し手の近くにある N を指す」では不十分であるような気がする．しかし，this N の定義を「直接的知覚によって，話し手と聞き手に共有された要素を指す」に変えた方がよいかどうかは，自明ではない．

発話状況は，典型的には，話し手と聞き手に共有される．通常，話し手に見えるものは，聞き手にも見え，話し手に聞こえるものは，聞き手にも聞こえる．直示は，典型的な発話状況に依存して，始めてその機能を十分に発揮するように作られている．したがって，典型的な発話状況が成立していない状況で，直示が機能不全に陥るのは驚くべきことではない．とすると，直接的知覚による情報の共有は，this N の意味成分というより，むしろ背景情報であることになる．言語表現の意味は簡単な方がよいという考えからすれば，this N は，「話し手の近くにある N を指す」でよいのである．直示に課せられた制約は，指示形容詞について，何かを教えるというより，むしろ典型的な発話状況とは何か，および直示の発話状況への依存を明らかにする．

(30a) と (30b) の比較から起こってくるもう 1 つの問題は，定冠詞の直示と思える用法は，本当に直示なのであろうかということである．この問題に深入りするつもりはないが，聞き手が直接的知覚でアクセスできない対象を指示できるということは，定冠詞には，厳密な意味での直示はない可能性が高い．

第 2 に，定冠詞句と異なり，指示形容詞句はあくまで同一指示だけが可能で，連合照応はできない．指示対象は，先行談話で明示的に言語化されている対象に限定される．

(31) I drove to London at full speed.  I wore out {the/*this/*that} car in this trip.

第 3 に，指示形容詞句は，Kripke (1980) の意味で固定指示詞 (rigid designator) である．固定指示詞とは，ある領域である指示対象が割り当てられるなら，別の領域でも同じ対象を指し続けるような指示表現のことである．一方，定冠詞句は，同じ言語表現を使いながらも，指示領域が複数あれば，指示領域ごとに異なる指示対象を割り当てることができ，固定指示詞ではない．例えば，次の (32a) (33a) の these two sentences が (31) のことだとすると，(32a) の定冠詞句 the verb は，(31) の第 1 の文には drove を，

第11章　英語の定冠詞句と日本語の裸名詞句の類似　　　171

第2の文には wore を割り当てるというように，指示対象が異なって構わない．ところが，(33a) の指示形容詞句 this verb が指す動詞は，2つの文で同じでなければならないので（例えば，I drove to London at full speed. I drove the car to scraps in this trip. のように），(31) の記述としては不適当である．

(32) a. In these two sentences, the verb is put in the past.
　　　b. この2つの文では，動詞は過去形におかれている．
(33) a. In these two sentences, this verb is put in the past.
　　　b. この2つの文では，この動詞は過去形におかれている．

第4に，定冠詞句には総称の用法があるが，指示形容詞句には総称の解釈はない．

(34) a. In a hospital, the nurse assists the doctor.
　　　b. In a hospital, this nurse assists that doctor.

## 5. 代名詞と所有形容詞

　代名詞は，指示形容詞句と同様，明示的に言語的手段で導入されている先行詞を必要とする（ここでいう代名詞とは照応表現の三人称代名詞のことである．直示表現の一人称，二人称の代名詞には，この意味での代名詞的なところはない）．次の文で，定冠詞句は，最初の文が活性化したフレームに含まれる服を指すことができるが，代名詞や指示形容詞句は言語化されていない服は指せない．明示的に言語化されている対象は，Mary と the baby である．そこで，代名詞と指示形容詞句はそれを指すことになる．すると，彼らがピンクの毛糸でできているというナンセンスな解釈になる．指示形容詞句の場合は，彼らが服であるという情報まで付け加わり，さらにナンセンスな解釈になる (Garrod and Sanford (1982))．

(35) Mary dressed the baby.　{The clothes/*They/*These clothes} were made of pink wool.

　所有形容詞も，代名詞を含んでおり，明示的先行詞を必要とする．次の

(34) で，定冠詞句の場合，先行文が導入するドライブのフレームから，the engine は，話し手が乗っていた自動車のエンジンであると理解できる．ところが，所有形容詞の場合，明示的な先行詞を必要とするが，ここには London しか見つからない．これでは解釈できないので，非文となる．

(36) I was driving to London at top speed when {the/*its} engine hissed and exploded.

代名詞は，明示的な先行詞を必要とする点では，指示形容詞句と同じであるが，指示形容詞句とは異なり，固定指示詞的ではなく，不完全同一性による照応を許す．

(37) My tail fell off, but {it/*this tail} grew back.

落ちた尻尾も生えかわった尻尾も my tail であるが，同じ個体ではない．it ではこの読みが可能である．すなわち，照応は，ある個体を指し，それを経由して同じ名前の別の個体を指すことができる．これに対して，this tail では個体レベルの照応しか許されないので，個体としても同じ尻尾が再生したことになり，この場合は不適当である (Sakahara (1988))．

　代名詞に不完全同一性の照応が可能で，指示形容詞にはそれが不可能であることから，面白い結果が出てくる．先行文脈で，ある対象にある属性が付け加えられたとする．代名詞による照応では，その対象を指す場合もあれば，その対象を経由して同じ名前の別の対象をさすことができるので，付加された属性は受け継がれることもあればそうでないこともある．しかし，指示形容詞句による照応では，その対象を指せば，その対象を経由して別の対象を指すことはできないので，付加された属性は受け継がれなければならない．

　(38), (39) の最初の文に現れる sometimes は限量化副詞であり，犬の集合を値段の高い犬とそうでない犬の集合に分割する．(38) の2番目の文の they や these dogs は，値段の高い犬の集合を指す．つまり，この照応表現は，単なる dogs ではなく，dogs that are quite expensive を指している．言い換えるなら，この例では，代名詞も指示形容詞句も，前文で先行詞に付加された属性を受け継いでいる．一方，(39) では，第一の文と第二の文が同じ個体の集合を指せば，unreliable でかつ extremely trustworthy な犬に

第 11 章　英語の定冠詞句と日本語の裸名詞句の類似　　　173

なってしまい，矛盾が起こる．指示形容詞句 these dogs は前文と同じ犬の集合を指さざるをえないので，この矛盾を回避できず，不自然な文となる．一方，代名詞 they は，前文から dogs という名詞だけを受け，別の個体の集合を指せ，矛盾が回避できる．この場合，前文で dogs に付加された情報は受け継がれない．

(38) Dogs are sometimes quite expensive. This is strange because {they/these dogs} are usually worse pets than other dogs.

(39) Dogs are sometimes unreliable. However, {they/*these dogs} can also be extremely trustworthy.

(Declerck (1988))

英語の代名詞が日本語ではゼロ代名詞になることが多いのと同様，英語の所有形容詞句も日本語では裸名詞になることがある．所有形容詞句 his N の指示対象は，まず代名詞の指示対象を同定し，それに関連する N を探す．日本語では，he の指示対象が自明であるときには表現しないのが普通で，表現すると，むしろコントラストが感じられる（三藤博氏指摘）．

(40) a. That director is sure of the success of his next movie.
　　　b. あの映画監督は，今度の作品には自信をもっている．
　　　c. ?あの映画監督は，{彼の/自分の} 今度の作品には自信をもっている．

## 6.　談話処理モデル

### 6.1.　名詞句の探索領域

　1.4 節では，談話資源は，一般的知識，発話状況，談話記憶からなり，2.2.2 節では談話記憶は，さらに言語データ記憶，言語理解記憶，長期談話記憶の 3 つに分割されることを見た．これまでに観察した言語現象を，このモデルの関連づけよう．

　不定表現は，もっぱら言語データ記憶に新たな要素を導入する表現である．

　定表現は，固定指示詞であるかどうかと，明示的先行詞が必要であるかど

うかで，4種類に分けられる．

(41) a. ［＋固定指示詞，＋明示的先行詞が必要］
　　 b. ［＋固定指示詞，－明示的先行詞が必要］
　　 c. ［－固定指示詞，＋明示的先行詞が必要］
　　 d. ［－固定指示詞，－明示的先行詞が必要］

(41a)は指示形容詞句，(41c)は代名詞，(41d)は定冠詞句に対応する．照応表現が固定指示詞であるためには，先行詞がなければならない．したがって，(41b)はもともと不可能なカテゴリである．

指示形容詞句は，発話状況と，言語データ領域に対する探索指令である．代名詞は，言語データ領域しか探索できない．

指示形容詞句と代名詞は，照応においては言語データ記憶だけしか探索できない点では同じだが，指示形容詞句は固定指示詞であるが，代名詞は固定指示詞でないという違いがある．指示形容詞句には厳密に個体しか受けることができないという制約があると考える．

所有形容詞句の中に含まれる代名詞は，言語データ記憶しか探索できないが，全体は，固定指示詞でない．したがって，所有形容詞句は，言語データ記憶で同定された要素を経由して，談話資源のどの領域にある要素を同定してもよい．

定冠詞句は，談話資源の5つの領域のどこを探してもよい．以上より，名詞限定表現と代名詞は，以下のようになる．

(42) a. 不定冠詞句 a N：言語データ記憶に，N である新しい要素を設定せよ．
　　 b. 定冠詞句 the N：談話資源内の N である要素を同定せよ．
　　 c. 指示形容詞句 this/that N：発話状況，あるいは言語データ記憶内の N である要素を同定せよ．
　　 d. 代名詞 he：言語データ記憶内で，性数が一致する要素を同定せよ．
　　 e. 所有形容詞句 his N：言語データ記憶内で he の指示対象を同定し，談話資源内で，それに関係する N である要素を同定せよ．

## 6.2. 定冠詞句，裸名詞の類似性

　英語の定冠詞句と日本語の裸名詞句は，いずれも，談話資源のどの領域の要素でも指せる点でよく似ている．しかし，この2つの言語表現の意味は同じではない．定冠詞句は，指示対象のカテゴリだけでなく，それが聞き手に既知であるという情報も与える．一方，裸名詞句は，指示対象のカテゴリの情報しか与えず，定表現にも不定表現にもなれる．では，いったい，いかなる理由で，この2つは類似の振る舞いをするのであろうか．

　名詞句の処理に使われる談話資源の構成は，日本語でも英語でも同じで，5つの下位領域からなる．このそれぞれの領域に対して，そこにある要素に言及する言語手段が必要である．英語では定冠詞句，日本語では裸名詞句以外は，談話資源内のすべての領域を探索できない．所有形容詞句は，可能性としては，談話資源内のどの領域にある要素も指すことができるが，言語データ記憶を経由するという制約があり，言語データ記憶内の要素と関係づけられていない要素への言及はできない．定冠詞句，裸名詞句には，こうした制約はない．メンタル・スペース理論の用語では，英語定冠詞句と，日本語裸名詞句は，パラメータが特定されていない役割を表すが，このパラメータの決定の仕方が決まっていないということこそが，定冠詞句，裸名詞句が，談話資源内の全領域を探索できる理由である．

　いずれの言語も談話領域内のすべて下位領域に対して，探索指令を用意する必要がある．言語データ記憶内には，進行中の談話の中心的関心事である対象が格納されており，再利用の可能性が高いので，それに特化した探索手段を用意しておいた方が能率がよい．それが，代名詞や指示形容詞である．一方，他の領域に対しては，特別な言語表現は用意されていない．これは偶然そうなっているのではなく，それらの領域に特別な表現を用意するのは不経済であるから，そうなっているのであろう．特別の言語表現が用意されていない以上，定表現のうち，もっとも特定性が低いものが，これらの領域をカバーせざるをえない．こうして，英語では定冠詞句，日本語では裸名詞句が，その探索指令に選ばれる．したがって，この2つが類似の振る舞いをするのは，意味が似ているからではなく，名詞の役割分担からの帰結である．

　これは，一般原則として，次のように定式化できる．

(43) いかなる言語でも，その言語でもっとも特定性の低い定表現は，談話資源の全領域を探索できる探索指令である．

## 7. 「そのN」の特殊性と定冠詞句・所有形容詞句との類似

ここで，多少は定冠詞と関連があると仮定して，日本語の「そ」の特殊性に簡単に触れておく．

「そ」は，「こ」や「あ」にはない用法があり，この用法では，ある場合は所有形容詞，ある場合は定冠詞に近い．

(44) a. ジャックと{φ／その／*この／*あの}妻
b. Jack and {his/*this/*that} wife
(45) a. 昨夜，お産があった．その母親は元気だ．
b. There was a birth yesterday. {*Its/the} mother goes well.

また，「そ」に直前の先行節の内容を受ける用法がある．

(46) 相手を怒らせ，やみくもに打って出るその力を巻き込んで，投げ技にもちこむ． (高橋留美子「らんま1/2」)

この「そのN」の解釈は，「まさにそのN」といった強調を表し，英語の'the very N'に近い．この用法は「この」や「あの」にはない．

(47) 彼がフランスに着いた{その／*この／*あの}日は，革命記念日であった．
(48) 花子が太郎にあった{その／*この／*あの}時から，彼女の人生は激変した．

通常，指示詞と修飾句は位置を交換できる．

(49) a. 太郎のこの論文
b. この太郎の論文
(50) a. 次郎に酷評され，それに反論するため太郎が昨夜一晩で書き上げたこの論文
b. この，次郎に酷評され，それに反論するため太郎が昨夜一晩で

書き上げた論文

ところが，先行節を受ける「そ」は，当然，先行節の前には出られない．

(51) *その，相手を怒らせ，やみくもに打って出る力を巻き込んで，投げ技にもちこむ．

この用法の「そ」は，先行節を受け直すだけだから，(65)のように省略しても，解釈はあまり変わらない．

(52) 相手を怒らせ，やみくもに打って出る力を巻き込んで，投げ技にもちこむ．

フランス語などのロマンス系の言語では，定冠詞は，ラテン語の遠称の指示詞から発達した．英語では，that から発達した．ラテン語と同様に，近称・中称・遠称の3系統の指示詞をもつ日本語で，もし定冠詞が発達してくるなら，おそらく，中称の「そ」から発達してくると予想できる．

## 8. 結論

この論文では，言語理解に用いられるデータベース（談話資源）には一般的知識，発話状況，談話記憶があり，談話記憶は，さらに言語データ記憶，言語理解記憶と長期談話記憶に分かれ，都合，5つの領域があると論じた．このモデルを仮定した場合，英語定冠詞句と日本語裸名詞句の用法の類似は，定表現の役割分担で説明できることを示した．

認知意味論の主張の一つは，言語は，意味の構築過程を考慮することで，よりよく理解できるというものである．この立場では，言語表現の意味は単純でも，意味構築過程の多様性から，複雑な結果が生まれてくることが説明できる．ある場合は，意味の異なる表現が，偶然，類似した振る舞いを示すことも説明できる．こうして，英語定冠詞句と日本語裸名詞句の類似性のような，言語形式自身の意味の類似性がないところに成立する類似性を説明する道が開けてくる．[1]

---

[1] 田窪氏コメントに3点だけ簡単に答えておく．

## 参考文献

Declerck, Renaat (1988) "Restrictive When-clauses," *Linguistics and Philosophy* 11, 131–168

Fauconnier, G. (1985) *Mental Spaces*, MIT Press, Cambridge, MA. 新版，1994, Cambridge University Press, Cambridge. [『メンタル・スペース』(1988) 白水社，新版，1996.]

Fillmore, C. (1982) "Towards a Descriptive Framework for Spatial Deixis," *Speech, Place and Action*, ed. by R. J. Jarvella and W. Klein, 31–59, Wi-

---

　田窪氏は言語理解記憶という談話領域を設定する理由はないとするが，言語的手段で直接導入された情報と，それから推論によって間接的に得られる情報には，やはり違いがある．次の (a) から分かるように，裸名詞句「著者」やソ系指示詞句「その著者」は言語理解記憶にアクセスできるが，コ系指示詞句「この著者」や代名詞「彼」はできない．この違いは，何らかのやり方で捉える必要がある．
　(a)　私は面白い本を読んだ．{著者／その著者／*この著者／*彼} は私の親友だ．
　この論文では指示詞句の照応機能を扱っているが，主要な関心は指示機能自体にあり，コソアの使い分けは重視していない．欠陥ではあるが，それには理由がある．指示詞は，直示では言語間で比較的安定した対応関係が認められるが，それ以外ではむしろ違いの方が目立つ．例えば，近称・中称・遠称の3系列の指示詞をもつ言語でも，概念指示では，スペイン語が中称を使うところを日本語が遠称を使う (b1 vs b2)，照応では，スペイン語が遠称を使うところを日本語が中称を使う (c1 vs c2) といったように，かなりの違いがある．こうした事情があるので，この論文では，指示詞の指示機能に集中し，コソアの使い分けは2次的関心にとどめざるをえなかった．
　(b1)　¿Dónde está ese libro?
　　　　(lit. その本はどこにあるのですか)
　(b2)　あの本どこにあるのですか
　(c1)　El muñeco rompió a llorar desconsoladamente. En aquel momento, pasó por el aire una Paloma que le preguntó desde muy alto.
　　　　(lit. 人形は悲しげに泣き崩れた．あのとき，空中を1羽のハトが通り，ずっと高くから彼に尋ねた)（『ピノキオ』からの引用）
　(c2)　人形は悲しげに泣き崩れた．そのとき，空中を1羽のハトが通り，ずっと高くから彼に尋ねた．
　この論文で使われている指示の領域分割モデルは，田窪・金水氏による談話管理理論に多くを負っている．日本語を中心に考えると，D-領域，I-領域の違いを無視できないが，田窪氏が別の論文で指摘しているように，英語を始めとする西洋語では，この違いはまれにしか顕在化しない．この論文は，日英の対照研究ではありながら，むしろ西洋語寄りのモデルになっているのは，定冠詞句の用法の説明が主たる対象になっているからであり，その点，確かに田窪氏の指摘通り，不十分な点があるのは認めざるをえない．

ley, London.
Garrod, S. C. and A. J. Sanford (1982) "The Mental Representation of Discourse in a Focussed Memory System: Implications for the Interpretation of Anaphoric Noun Phrases," *Journal of Semantics* I(1), 21-41.
Grice, H. P. (1975) "Logic and Conversation," *Syntax and Semantics 3*, ed. by Cole and Morgan, 41-58, Academic Press, New York.
池内正幸 (1985)『名詞限定表現』大修館書店, 東京.
金水敏・田窪行則 (1990)「談話管理理論からみた日本語の指示詞」『認知科学の発展』Vol. 3, 85-116, 講談社サイエンティフィク.
Kripke, Saul (1980) *Naming and Necessity*, Blackwell, London.
Lakoff, G. (1987) *Women, Fire and Dangerous Things*, University of Chicago Press, Chicago. [『認知意味論』(1992) 紀伊國屋書店.]
Marslen-Wilson, W., E. Levy and L. K. Tyler (1982) "Producing Interpretable Discourse: The Establishment and Maintenance of Reference," *Speech, Place and Action*, ed. by Jarvella and Klein, 339-378, Wiley, London.
Sakahara, S. (1988) "On Sloppy Identity," *Kansai Linguistic Society* 8, 31-40.

# 第 12 章

## 知識ベースの構造について
―坂原論文に対するコメント―

田窪行則（京都大学名誉教授）

## 1. はじめに

　本書の趣旨からすると評者は筆者とは違う立場から，第 11 章坂原論文（以下坂原論文）に対してコメントをするべきなのかもしれないが，評者と筆者の立場はそれほど変わらない．坂原氏は，認知的なアプローチをすると同時に多くの形式的な研究も並行して行っており，その理解も深い．評者も形式的な研究と並行して認知的なアプローチによる研究を行ってきた．実際，坂原論文で扱われている現象に関しても，評者は坂原氏との共同研究をも含めて研究している．ただ，坂原氏がより認知的な立場を強調する方向で研究を進めているのに対し，評者はより形式的な立場を強調する方向で最近の研究を行ってきた．その点で言語に対する研究態度が微妙に異なっている．本コメントは坂原氏の立場に沿った観点と多少違った観点の両方から坂原論文を紹介し，評したい．

## 2. 知識データベースの構造

　坂原論文がよって立つアプローチは認知言語学である．認知言語学では言語表現を解釈する際に，現実との間に認知的領域を仮定する．本論文でも，構造化された認知的領域が設定され，その領域への設定と探索という手続きにより言語表現の解釈が与えられている．さらに，坂原氏は意味の構築に手続き的意味論を用いている．手続き的意味論と解釈のための認知領域の設定がこの論文の特徴であるといえる．この論文で坂原氏は英語の定冠詞のつい

た名詞と日本語の裸名詞の使用基礎に関して，認知的領域として構造化された知識ベースを想定し，その領域に対しての手続きとして意味論を与えて，日英両表現の用法の比較を行っている．

英語の定冠詞と日本語の裸名詞のような意味的に対応しない表現の用法の類似があるときに，それらを比較するための方法を氏は2つ挙げている．日英語の比較の方法は，典型的な用法と非典型的な方法を区別することである．次に，語彙の意味だけを考慮するのではなく用法を生み出すメカニズムを考えることである．典型的な用法を比較することで共通な部分に焦点が当てられる．また，用法を生み出すメカニズムを考察することで，意味が違う語彙要素の共通のコミュニケーション機能に着目した分析が可能となる．この点で坂原論文は認知言語学的であるだけでなく，機能主義的であるということができるかもしれない．

坂原論文は，談話理解に用いられる構造化した知識データベースとして，一般的知識，発話状況，談話記憶を分け，談話記憶をさらに言語データ記憶，言語理解記憶，長期談話記憶の，都合5つの領域を認める．氏はこの領域は言語で共通と考えているようである．

氏は言語表現の意味としては非常に簡単なものを想定する．名詞句はその意味によって要素を導入するもの（不定名詞句）と要素を同定するもの（定冠詞句，指示形容詞句，所有形容詞句）に分け，定名詞は単にNである要素を同定する定冠詞句と，指示詞 this/that の領域にあるNである要素を同定する指示形容詞句と代名詞 s/he と関連するNである要素を同定する．

坂原氏はこの2つの装置で日本語と英語の名詞句の用法を対照し，多くの興味深い観察を行い，非常に明晰な分析を与えている．氏はこの論文で多くの洞察力のある観察と一般化を行っているが，ここではそれらを紹介するのではなく，あえてその分析装置が最適なものであるかを問うことにする．

ここで提案されている談話領域は評者が談話管理理論の立場から（田窪 (1989)，田窪 (1990)，田窪・金水 (1996)，Takubo and Kinsui (1997)，金水・田窪 (1991)）提案している談話領域と一部共通性を持つが，一部はより詳細に構造化されており，一部はより簡潔になっている．たとえば談話記憶では言語データ記憶，言語理解記憶，長期談話記憶が区別されている．談話管理理論では言語理解記憶の領域は設定されていない．また，談話管理理論では，直接経験領域（以下D-領域）と間接経験領域（以下I-領域）とを

区別するが，坂原論文ではその区別は取り入れられていない．

さて，言語理解記憶は連合照応，橋渡し推論を支えているフレームにより深い処理をして得られた要素を格納している領域である．談話管理理論では，深い処理を用いるか否かの区別はするが，それによって得られた要素は言語データによって直接設定された要素との区別はしない．設定する際の手続きが異なるだけで，それがのちの処理で異なる要素とみなす理由はないからである．たとえば (1a) の文で，「本」のフレームの一部として導入された「著者」と，(1b) の文で言語表現によって直接導入された場合とで，導入の後で特に区別されなければならない経験的現象はないと思われる．

(1) a.　私は面白い本を読んだ．著者は私の親友だ．彼は …
　　b.　私は昨日面白い本を書いた著者にあった．彼は …

したがって，言語理解にかかわる深い処理は認められても，その処理によって得られた要素と言語表現によって直接導入された要素を区別して格納するためのするための「言語理解記憶」という談話領域は認める必要はないと考える．

これに対して，D-領域と I-領域は，日本語においては指示詞，終助詞，代名詞の探索領域の指令を記述するためには有用であり，認めなければならないと考える．日本語では指示詞の探索領域のうち，「ア系列の指示形容詞＋N」の指示対象は D-領域を，「ソ系列の指示形容詞＋N」の指示対象は I-領域を探索領域にしなければならない．また，日本語では「彼」「彼女」は，話し手が知っており，聞き手が知らないと想定される文脈では通常使えない．したがって，聞き手の共有状態を作るためにまず裸名詞を使って，談話に導入しなければならないといけない．しかも，談話の最中には，聞き手の方が問題となる人物を彼で指すことははばかられ，I-領域の要素として扱ってソの N として指示しなければならない．裸の固有名詞も似たような振る舞いをする．知識が共有されていない固有名は，固有名詞を「という人」などを使って，普通名詞として導入しなければならず，導入後も，この人物を直接しらない人は，固有名詞ではこの人物を同定できない．これらの区別は D-領域と I-領域という領域を区別しなければならないことを示している．談話管理理論では，普通名詞などの不定表現による新規の導入と，定表現による同定が可能な要素からなる領域を区別することを提案しているわけであ

る．前者は I-領域，後者は D-領域に該当する．

## 3. 個別分析に対するコメント

　実はその他の部分では談話管理理論と坂原論文ではそれほどの違いがあるわけではなく．解釈をするために談話領域を認めることも，名詞句の意味論の設定の仕方も共通している．以下では，これらの全体的な共通性を認めたうえで個別的な部分に関してコメントをすることにする．

　2.2.1 節で，坂原氏は「照応の同一指示」の用法に関して論じている．(2a)，(3b) のように，「照応表現は，基本的に先行詞に含まれる情報を持つことはできない」が，(2b)，(3a) のように「照応表現が先行詞より少ない（あるいは同じ）情報を持つことは構わない」ことを指摘し，それが (3c) の非限定的関係節は許される理由とする．

　(2) a. *I see a rose. The red rose is lovely. （坂原論文 (9)）
　　　b. I see a red rose. The rose is lovely.
　(3) a. I see a man. The man wears a hat. （坂原論文 (10)）
　　　b. *I see a man. The man you know wears a hat.
　　　c. I see a man. The man, whom you know, wears a hat.

　さらに，氏は，「照応表現の意味内容が言語的文脈あるいは一般知識から予測できるなら，照応表現に先行詞に含まれない情報があってもよい」とし，次の例を挙げている．

　(4) John will have to get rid of his dog. The crazy beast has started to terrorize the neighborhood children. （坂原論文 (11)）

　ここで問題となっているのは対象が新規に導入された要素であるか，そうでないかにかかわる現象である．実際には (3c) は，すでに話し手が知っており，聞き手も知っている特定の対象を指しており，それ以外の解釈の時は制限的関係節はつけられない．坂原氏が挙げている間接照応の例は，すべてが定表現の例か，不定表現でも話し手がよく知っている対象である．坂原氏の説明はこの点について多少説明不足であると思われる．

　坂原論文の指示詞の説明もやはり説明が不足している．氏は英語と日本語

の指示詞の類似性を言っている．指示詞が指示対象の探索領域を指定することは氏の言う通りであるが，「こ，あ」が指定する探索領域と「そ」が指定する探索領域は非常に異なる．黒田（1979），上山（1998）が示したようにそ系列の指示詞は基本的に言語データによって提供される談話記憶の要素を指すのである．発話状況にある要素もさすことができるがこれは田窪（2008）が示すように本務ではない．たとえば坂原論文 3.2 の例（22）では「熱帯林」を「このゆりかご」で受けられることを異なるフレーム間での同一指示で説明しているが，これは「この N」「あの N」でしか成り立たない．つまり，この場合，対象はすでに同定されており，フレームを移動して与えられる属性は同定される対象に変化を与えない．しかし，これは「あの N」「この N」のようにすでに対象が同定されて，それが持つ属性を自由に述べられる場合に限られる．「その N」は，談話で導入された対象とその属性にしか言及できないので，このようなフレーム移動による属性を付けることはできない．このことは氏の用いている領域の区別によっても説明できるはずであるが，指示詞の違いに注意していないために，見逃されている．

## 4. 統語論との関係

　坂原論文では統語論についてはまったく触れられていない．Ueyama (1998) や，Hoji et al. (2001) に述べられている分析では，「ソ系列の指示詞＋N」の名詞句とそれ以外の名詞句とでは統語的な振る舞いが異なる．これらの論文では，言語的な先行詞との連繋照応とそれ以外の照応を区別しなければならないことが詳しく論証されている．すなわち後者は，単なる同一指示（co-reference）であり，統語的な意味での照応ではないことになる．坂原論文は，統語論を扱ったものではなく，Ueyama (ibid.), Hoji et al. (ibid.) のアプローチとは両立できるものであるが，両者が両立するためには，統語的な現象と語用論的な現象とは厳密に区別する必要があるだろう．

## 5. おわりに

　以上，坂原論文について，その問題点を述べてきたが，実は基本的に坂原氏と評者の立場はそれほど異ならない．指摘してきた「問題点」も，氏の理

論の微調整によって解決される部分も多い．ここではあえて，評者の立場と坂原氏の立場の違いを大きくとることでコメントした．

## 参考文献

Hoji, Hajime, Satoshi Kinsui, Yukinori Takubo and Ayumi Ueyama (2003) "Demonstratives in Modern Japanese," *Functional Structure(s), Form and Interpretation: Perspectives from East Asian Languages*, ed. by A. Li and A. Simpson, 97-128, Routledge, London.

黒田成幸 (1979)「(コ) ソ・アについて」『英語と日本語と——林栄一教授還暦記念論文集』41-59, くろしお出版, 東京.

金水敏・田窪行則 (1990)「談話管理理論からみた日本語の指示詞」『認知科学の発展 3』85-115, 日本認知科学会.

田窪行則 (1989)「名詞句のモダリティ」仁田義雄・益岡隆志 (編)『日本語のモダリティ』211-233, くろしお出版, 東京.

田窪行則 (1990)「対話における知識管理について——対話モデルからみた日本語の特性」『東アジアの諸言語と一般言語学』837-845, 三省堂, 東京.

Takubo, Yukinori (1997) "Discourse Management in Terms of Mental Spaces," *Journal of Pragmatics* 28(6), 741-758.

田窪行則 (2008)「日本語指示詞の意味論と統語論：研究史的概説」寺村政男・久保智之・福盛貴弘 (編)『言語の研究：ユーラシア諸言語からの視座』311-338, 大東文化大学.

田窪行則・金水敏 (1996)「複数の心的領域による談話管理」『認知科学』Vol. 3, No. 3, 59-74, 日本認知科学会.

Ueyama, Ayumi (1998) *Two Types of Dependency*, Unpublished Ph.D. Thesis, USC.

第 13 章

# 事象統合からみた主要部内在型関係節構文
―「関連性条件」再考―

野村益寛（北海道大学）

## 1. はじめに

日本語には，主要部の占める位置により，次の2種類の関係節があるとされる．

 (1) a. ［皿の上にあった］りんごをくすねた．
    b. ［りんごが皿の上にあった］のをくすねた．

［ ］で示された従属節が，(1a)では主要部「りんご」を修飾する通常の関係節なのに対して，(1b)では「りんご」が意味的には主節動詞「くすねた」の目的語と解釈されるが，従属節動詞「あった」が要求するガ格をとって従属節の内にあるため，「主要部内在型関係節」(internally-headed relative clauses)とよばれる．主要部内在型関係節と主節が合わさったものを「主要部内在型関係節構文」とよぶことにすると，この構文のスキーマは次のように表すことができる．

 (2) ［従属節］の＋格助詞＋主節動詞

しかし，このスキーマを満たすものがすべて主要部内在型関係節構文の事例として容認可能になるわけではない．そのため，(2)のスキーマにどのような意味・語用論的制約が課されるかが問題となる．黒田成幸はこの制約を「関連性条件」(relevancy condition)と名づけ，次のように規定した．

 (3) 主要部内在型関係節が容認可能になるには，主節の語用論的内容

と直接的に関連するような仕方で語用論的に解釈される必要がある．　　　　　　　　　　　　　　　　　(Kuroda (1975-76: 86))

関連性条件がどのように機能するかを次のペアをもとにみてみよう（Kuroda (1976-77: 157-158) を一部改変）．

(4) a. 太郎は［りんごが皿の上にある］のを取った．
b. *太郎は［花子が昨日りんごをスケッチした］のを取った．

(4a) は，りんごの存在はそれを取ることと密接な関連があるので，関連性条件を満たし，容認される．これに対して，花子が前日りんごをスケッチしたことと，そのりんごを太郎が翌日取ることとの間には関連がなく，関連性条件を満たさないため，(4b) は容認不可となるとされる．ところで，(4b) を通常の関係節（以下，主要部外在型関係節）に書き換えた次の文は，容認可能となる (Kuroda (1976-77: 158))．

(4b′) 太郎は［花子が昨日スケッチした］りんごを取った．

このことから，関連性条件は主要部内在型関係節構文の構文的特徴のひとつをなすといえる．

　本章は，関連性条件を事象統合の観点から再考することを目的とする．2節では，関連性条件を複数の下位条件から構成されるとみる構成的アプローチを批判的に検討する．構成的アプローチの主張を概観した上で，そこで提案された下位条件が主要部内在型関係節構文の容認性にとって必要条件でも十分条件でもないことを示すことによって，その主張が成り立たないことを示す．3節では，事象統合の考えを導入し，関連性条件は事象統合に課される制約とみるべきことを主張し，構成的アプローチが設ける関連性条件の下位条件は2つの事象が統合されることから生じる典型的な結果であり，関連性条件を構成するものではないことを示す．さらに，主要部内在型関係節構文の事象統合の型として，「原因」型と「前提条件」型の2つを指摘し，これらが事象統合の型としてさまざまな語彙・文法現象に観察されることをみる．4節では，本章の議論をまとめ，今後の課題について述べる．

## 2. 構成的アプローチ批判

### 2.1. 構成的アプローチ概観

　関連性条件（3）の規定に含まれる「直接的関連性」という考えについては黒田自身も曖昧であることを認めている（Kuroda (1976-77: 158))．Ohara (1992) と Kim (2002) は，関連性条件を，容認可能な主要部内在型関係節構文が満たさなければならない複数の下位条件に分解することによって，黒田の「直接的関連性」の概念を明確化することを試みたものである．関連性条件を複数の下位条件から構成されると考える点において，彼らの研究を「構成的アプローチ」と呼ぶことにする．

　構成的アプローチにおいては，黒田の「同時性解釈」(simultaneous interpretation) と「同一場所解釈」(co-positional interpretation) は，関連性条件を構成する下位条件とみなされる．これらは，Kuroda (1975-76) において主要部内在型関係節構文の容認性の議論の中で持ち出された解釈方略であり，前者は従属節事象が主節事象と同時に起こるとする解釈，後者は2つの事象に同一の場所が含まれているとする解釈を指す．次の例をもとに説明しよう（同，p. 87 より一部改変）．

　　(5) a.　太郎は［花子がりんごを皿の上に置いた］のを取った．
　　　　b. *太郎は［花子が昨日りんごを皿の上に置いた］のを取った．

(5a) は，「花子がりんごを皿の上に置く」という事象と「太郎がりんごを取る」という事象が，時間的に重なり合うとともに，起きた場所が同じである（すなわち，2つの事象の間で皿が動かされていない）ことを意味する点で，同時性解釈と同一場所解釈がともに得られる．これに対して，(5b) では，従属節に「昨日」が含まれるため，従属節事象と主節事象が時間的に重なり合わず，同時性解釈が得られないので，容認不可能となるとされる．[1] Ohara (1992: 102-103) は，主要部内在型関係節構文が容認されるための条件として次のものを含めているが，(6a, b) と (6c) がそれぞれ黒田の同時性解

---

[1] ただし，Kuroda (1975-76: 88) は，(5b) の従属節に「花子が昨日りんごを皿の上に置いておいた」のように「～ておく」をつけると，2つの事象の関連性が直接に示されるため，容認可能になるとしている．

釈と同一場所解釈に対応していることは明らかであろう．

(6) a. 従属節事象時は，主節事象よりも後ではならない．
  b. 従属節事象は，未完了，進行中，あるいはその結果状態が主節事象時において現存していなければならない．
  c. 典型的には，従属節事象は主節事象と同じ場所で生起すると解釈される．

同様に，Tsubomoto (1981: 394), Itô (1986: 114), 三原 (1994: 81) も同時性解釈と同一場所解釈を関連性条件の構成条件とみなしている．[2]

一方，Kim (2002) は，以下の条件の場合においてのみ，事象 e は事象 e′ に対して関連性をもつとする (pp. 551-2).

(7) a. <e, e′> ∈ Rm（Rm は談話の参与者の背景知識から取り出すことができる関係の集合）[3]
  b. <l, l′> は，rm（rm ∈ Rm）に対して適切な仕方で部分的に重なり合う関係にある．ここで，l と l′ は，それぞれ e と e′ を指示する述語がとる場所項である．
  c. 話し手は rm に意識を向けている．

これらの下位条件のうち，(7b) が同時性解釈と同一場所解釈に対応する．キムは，場面レベル述語の項構造には時空間的場所を表す変項が含まれるとする Kratzer (1995) に基づき，主要部内在型関係節構文の従属節動詞・主節動詞は場面レベル述語であり，それぞれが時空間的場所を表す変項を導入すると考える．この変項が部分的に重なり合うと措定することで，同時性解釈と同一場所解釈が関連性条件に組み込まれるわけである．この分析では，主要部内在型関係節構文が同時性解釈と同一場所解釈をもつことと，この構文に個体レベル述語が生じないことが連動することに注意したい．個体レベル述語は時空間的場所を表す変項を含まないので，主要部内在型関係節構文の主節にも従属節にも生じないことが予測されるからである（主要部内在型

---

[2] 坪本のより最近の考えとして，坪本 (2014) を参照．
[3] (7a) こそが関連性条件の本質的部分をなすはずだが，キムは Rm がどのようなものかについてこれ以上分析をしていない．

関係節に個体レベル述語が生じないことは，Uchibori (1991: 85-86)，Ohara (1994: 263-264; 1996: 78, 80)，Hayashi and Nishigauchi (2003: 75-77) なども指摘している）．

## 2.2. 同時性解釈，同一場所解釈の検討

本節では，同時性解釈と同一場所解釈が主要部内在型関係節構文が容認可能となるための必要条件でも十分条件でもないことを示し，この2つの解釈方略が関連性条件の構成条件とは言えないことを論じる（cf. Nomura (2000: Ch. 4.4.4.2)）．

同時性解釈と同一場所解釈が，構成的アプローチが主張するように関連性条件を構成する下位条件であるならば，両者の可能な組み合わせを示した表 (8) のうち，両者が満たされる A の場合にのみ主要部内在型関係節構文が容認され，そうでない B, C, D の場合には容認されないことが予測される．

(8)

| 同時性解釈 \ 同一場所解釈 | + | − |
|---|---|---|
| + | A | B |
| − | C | D |

以下，この予測が成り立つかどうか具体的に検証してゆくが，その前に同時性解釈と同一場所解釈を満たすとはどういうことかを規定しておこう．

まず，同時性解釈は，Ohara (1992) の (6a) を満たすときに，成り立つと考える．次の例をみられたい．

(9) ［一ヶ月前に種を蒔いた］のが今日ようやく芽を出した．

この例において従属節動詞は，(4a) とは異なり，非状態動詞であり，時間副詞の「一ヶ月前に」と「今日」が示すように，従属節事象と主節事象は「同時」とは言えない．しかし，従属節事象が主節事象に後続するのではないため，(6a) を満たし，同時性解釈が成り立つと考える．

次に，同一場所解釈について考えよう．次例を比較されたい．

(10) ［太郎が大阪から葉書を送った］のを東京で受取った．
(11) ［太郎から葉書が届いた］のをその場で破り捨てた．

従属節事象と主節事象が生じた場所は，(10) では，場所副詞「大阪から」と「東京で」が示す通り，異なる一方，(11) では，「その場で」が示す通り，同一であるとみなせる．

このように，時と場所を表す副詞表現に注目することで，同時性解釈と同一場所解釈が成り立つかどうかを規定することができる．まとめると，次のようになる．

(12) a. 同時性解釈は，従属節に生じる時間副詞が，主節に生じる時間副詞よりも後の時間を指すときに成り立たない．
b. 同一場所解釈は，従属節と主節が異なる場所副詞を許容するときに成り立たない．

以下，この規定をもとに表 (8) の A〜D の場合を順に検討していく．

第 1 に，(8A) の場合を調べてみよう．次の例は［＋同時性解釈，＋同一場所解釈］の条件を満たしている．

(13) ［子供がはさみで遊んでいた］のを取り上げた．
(14) *［子供がはさみで遊んでいた］のを分解した．

これらの例文においては，従属節動詞に状態動詞「いた」が使われていることから同時性解釈が成り立つ．また，子供がはさみで遊んでいる場所と私がはさみを取り上げる／分解する場所が同じだとする同一場所解釈も成り立つ．2つの解釈方略が両方とも成り立つので，構成的アプローチによれば，これらの例文はともに容認可能であることが予測されるが，そうなってはいない．[4] このことは，同時性解釈と同一場所解釈を満たすだけでは，主要部内在型関係節構文が容認可能になるわけではないことを示している．

第 2 に，(8B) について考えよう．次の例は［＋同時性解釈，－同一場所解釈］の条件を満たしている．

(15) ［両親が田舎に住んでいる］のを東京へ呼び寄せた．
(16) *東京で事業に失敗し，［両親が田舎に住んでいる］のを心配させた．

---

[4] (14) は，「子供が遊んでいたはさみを分解した」のように主要部外在型関係節に書き換えることができる．

これらの例文において，従属節は状態動詞「いる」を含んでいるため，同時性解釈は保証される一方，従属節と主節が異なる場所を表す副詞表現「田舎に」と「東京へ／で」を含んでいることから，同一場所解釈は得られない．2つの解釈方略のうち，片方しか得られないので，構成的アプローチはこれらの例文はともに許容されないことを予測するが，そうはなっていない．[5]

第3に，(8C) の検討に移る．次の例は [−同時性解釈，＋同一場所解釈] の条件を満たしている．

(17) 週末に従業員たちは［見学者が来週その部屋を使う］のを掃除する．
(18) *[昨日りんごを食べた］のをおととい食卓の上に置いた．

これらの例文において，従属節事象と主節事象は同じ場所（それぞれ「その部屋」「食卓」）で生じるので，同一場所解釈は満たされている．一方，従属節に生じる時間副詞が主節に生じる時間副詞よりもあとの時間を指すことから，同時性解釈は成り立たない．ここでも，2つの解釈方略のうち，片方しか得られないので，構成的アプローチはこれらの例文は両方とも許容されないことを予測するが，そうはなっていない．

最後に，(8D) の場合を考えよう．次の例は，[−同時性解釈，−同一場所解釈] の条件を満たしている．

(19) ［来年大阪で博覧会が開かれる］のを縮小することが今日東京で発表された．
(20) *[今年大阪で博覧会が開かれた］のを縮小することが去年東京で発表された．

これらの例文において，従属節と主節に含まれる時間副詞と場所副詞から明らかなように，同時性解釈も同一場所解釈も得られない．構成的アプローチは，これらの例文はともに許容されないことを予測するが，そうはなっていない．

これまでの議論をまとめると，次の表のようになる．

---

[5] (16) は，「田舎に住んでいる両親を心配させた」のように主要部外在型関係節に書き換えることができる．

(21)

| 同時性解釈 \ 同一場所解釈 | + | − |
|---|---|---|
| + | A1: (13)<br>A2:*(14) | B1: (15)<br>B2:*(16) |
| − | C1: (17)<br>C2:*(18) | D1: (19)<br>D2:*(20) |

この表から，以下のことが読み取れる．

(i) C1 と D1 は同時性解釈が必要条件でないこと，A2 と B2 は同時性解釈が十分条件でないことを示す．

(ii) B1 と D1 は同一場所解釈が必要条件でないこと，A2 と C2 は同一場所解釈が十分条件でないことを示す．

すなわち，同時性解釈と同一場所解釈は，主要部内在型関係節構文の容認性にとって必要条件でも十分条件でもなく，これら2つの解釈方略を，構成的アプローチが主張するように，関連性条件を構成する下位条件とみなすことは正しくないと結論づけられる．

## 2.3. 個体レベル述語の生起

同時性解釈，同一場所解釈と連動して，Kim (2002) は主要部内在型関係節構文の従属節にも主節にも個体レベル述語が生起しないとしたが (2.1節参照)，この主張も正しくないと思われる．第1に，次の例が示すように，個体レベル述語は従属節に生じ得る (Nomura (2000: 161)).[6]

(22) a. 医者は [アルジャーノンが頭が悪い] のを手術で賢くしてやった．
b. 太郎は [母親が物忘れが激しい] のを病院へ連れて行った．
c. 王様は [花子が村で一番器量よしだった] のを妃に選んだ．

---

[6] Kitagawa (2005: 1272) も主要部内在型関係節が個体レベル述語をとれることを指摘しているが，挙げられている例文（=「警備員はビルがアメリカ人なのを咎めた」と「指導者は彼らがまだ子どもであるのを兵士として戦場へ送った」）の容認度はあまり高くないように感じられる．

第 2 に，個体レベル述語は主節にも生じることができるように思われる．

(23) a. ［孫がこっちを向いて微笑む］のがなんとも可愛い．
    b. ［桜がはらはら散る］のがなんとも美しい．

ただし，これらが「孫」「桜」の一局面を描写していると考えれば，「可愛い」「美しい」を場面レベル述語と解することもできよう．[7]

## 3. 事象統合制約としての関連性条件

2 節では，関連性条件への構成的アプローチが挙げる下位条件が，主要部内在型関係節構文が容認される上で，必要条件でも十分条件でもないことをみた．

ところで，黒田は関連性条件の定義（3）をのちに次のように修正している．

(24) 従属節の意味内容と主節の意味内容は，単一の事象（one（super）event）と解されるよう語用論的に結びつく．

(Kuroda (1976-77: 158))

この修正は，黒田が関連性条件を事象統合の問題として認識していたことを示すが，どのような場合に「単一の事象」をなすと解釈できるのかについて十分な分析は行われなかった．

本節では，事象統合の観点から主要部内在型関係節構文を分析し，関連性条件が従属節事象と主節事象の統合に関する制約として働き，同時性解釈，同一場所解釈，個体レベル述語の生起制限は，関連性条件を構成する要件というよりは，事象統合の典型的な結果とみなせることを論じる．

### 3.1. 事象統合

2 つの事象要素を高次の事象にまとめあげ，一体化することを「事象統合」(event integration) という (Talmy (2000b: 215-216))．事象統合の問

---

[7] 川端（1983）はこうした類の従属節を形容詞がとる補文だとみなしている．

題は，語彙化（Talmy (2000b)），動詞連続（(Lord (1973), Foley and Olson (1985), Bruce (1988), Durie (1997), Kingkarn (2008), Pawley (2011))，複合動詞（影山 (1993: 第3章)，Matsumoto (1996: Ch. 8)，由本 (2005: 第3章)），等位接続（Lakoff (1986)），構文的意味（Goldberg (1995: 59-66)），動詞句省略・空所化・取り出し（Kehler (2002)）など幅広い語彙・文法現象に関与することが指摘されてきている．

複合的な事象の中には，事象統合によって単一の節に圧縮して表される傾向のあるものが存在する．そうした複合的な事象を Talmy (2000b) は「マクロ事象」(macro-event) と名づける．マクロ事象は単一の節によって表され，統合的事象として概念化される一方，その概念構造に忠実に複文によって表されることもある．例えば，次の例文をみてみよう（Talmy (2000b: 217, 243)）．

(25) a. The candle went out because something blew on it.
    b. The candle blew out.

(25a) では，主節が結果事象，従属節が原因事象を表し，2つが接続詞 because によって結ばれているのに対して，(25b) では同じ内容を単一の節によって統合的事象としてまとめあげている．

マクロ事象は，移動，状態変化などを表す「主事象」(framing event) が支持関係（support relation）によって「副事象」(co-event) と結ばれることから構成される．[8]

---

[8] マクロ事象が使役を表す場合に限って，タルミーの「副事象」は西村 (1998: 123) の「基礎行為」にあたる．

(26) マクロ事象の概念構造 (Talmy (2000b: 221))

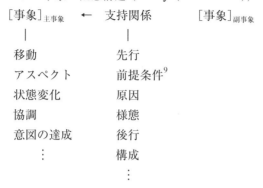

次のペアを比較してみよう．

(27) a. The candle blew out. ( = (25b))
　　 b. The candle flickered out.

この2つの文は，主事象が「ろうそくの火が消える」という状態変化を表す点で共通しているが，副事象が主事象に対して (27a) では「原因」，(27b) では「様態」という支持関係をもつ点で異なる．この概念構造の違いを表示すると次のようになる (Talmy (2000b: 243))．

(28) a. [the candle "MOVED" TO EXTINGUISHMENT]
　　　　 WITH-THE-CAUSE-OF [SOMETHING blew on it]
　　 b. [the candle "MOVED" TO EXTINGUISHMENT]
　　　　 WITH-THE-MANNER-OF [it flickered]

### 3.2. 主要部内在型関係節構文における事象統合の型

本節では，上で概観した事象統合の観点から主要部内在型関係節構文の概念構造を分析することにする．次の例文をみてみよう．

(29) 扉を開けた．

---

[9] 原語は Enablement だが，これは Goldberg (1995: 65) の precondition に相応すると思われるので，本章では「前提条件」と訳すことにする．

第 13 章 事象統合からみた主要部内在型関係節構文　　197

(30)　財布をなくした.

　これらは単一の節で状態変化を表しているが，(29) は私が押すなどして扉に働きかけた結果，扉が開いたことを表し，(30) は私が財布を机の上に放置しておくなどしたことが，財布をなくすことを可能にしたことを表す点で，それぞれマクロ事象を表していると考えられる．(28) でみたタルミーの分析にならうと，これらの例文が表すマクロ事象の概念構造は次のように表示される．

(29′)　[扉が開いた] WITH-THE-CAUSE-OF [扉を押した]
(30′)　[財布がなくなった] WITH-THE-ENABLEMENT-OF [財布を机の上に置いておいた]

　さて，(29), (30) が表すのと同じ状況を主要部内在型関係節構文を用いても表すことができる．

(31)　[扉を力任せに押した] のが運良く開いてくれた．
(32)　[財布を机の上に置いておいた] のがなくなった．

　(29), (30) と (31), (32) を比較してみると，他動詞によって"圧縮"して表されている状況が，主要部内在型関係節構文の従属節事象と主節事象に"解凍"されていることがわかる．すなわち，主要部内在型関係節構文は，従属節が副事象，主節が主事象を表すことでマクロ事象を表現するといえる．

(33)　[従属節事象]_{副事象} 支持関係 → [主節事象]_{主事象}

　この分析の視点からすると，関連性条件とは，主要部内在型関係節構文において，副事象が主事象に対してどのような支持関係で結ばれて統合されるかという事象統合の問題に他ならないことになる．以下では，タルミーが (26) において挙げたもののうち，主要部内在型関係節構文が許容する支持関係には「原因」と「前提条件」の 2 つの型があることを論じる (cf. Nomura (2000: Ch. 4.4.4.3))．

### 3.2.1. 「原因」型

　従属節事象が支持関係「原因」をもって主節事象と統合される主要部内在型関係節構文の例として，次をみてみよう．

(34)　［扉を力任せに押した］のが運良く開いてくれた．（＝(31)）
(35)　［暴漢を殴った］のが死んでしまった．

これらの例文においては，従属節事象が原因となって主節事象が引き起こされる．[10] このことを Talmy (2000a: 312) の「図」(Figure) と「地」(Ground) という術語を用いて表すと次のようになる．すなわち，例えば，(34) では，従属節事象において図としての「私」が地としての「扉」に働きかけることによってエネルギーを伝播すると，主節事象において「扉」が図となり，閉じた状態から開いた状態へと状態変化を被る．これを図示すると次のようになる（エネルギーの伝播を =>，状態変化を ~> で示す）．[11]

(36)　　　　　副事象　　　　　　　主事象
　　　　図 =================> 地／図 ~~~~~~~~~~~~~~~~~>
　　　　従属節　　　内在主要部　　　主節

(34) と (35) の従属節事象と主節事象は，上図のように「行為連鎖」(action chain; Langacker (1991: 283)) によって統合されると言える．「原因」型の主要部内在型関係節は，内在主要部が主節において図として機能するため，常にガ格をとることになる．[12]

　さて，他動詞によって"圧縮"して表された意味を"解凍"して表したのが主要部内在型関係節構文だとすると，その分，「原因」型の主要部内在型関係節構文における従属節事象と主節事象の因果的結びつきは緩やかである

---

[10] 同じ状況を「押し開ける」「殴り殺す」のように複合動詞によっても表すことができる．
[11] これは，2つの事象間の因果関係を複文で表現する際，原因事象を地／従属節，結果事象を図／主節として表すのが無標だとする Talmy (2000a: 328) の「原因-結果原則」(Cause-result principle) を反映している．
[12] これらの主節動詞は非対格動詞であり，主要部内在型関係節の主節動詞は非対格である傾向があるとする坪本 (1995: 84) の主張にあてはまる (Tonosaki (1996: 37) も参照)．しかし，次のように主節が非能格動詞をとることも不可能ではない．
　(i)　［部下に買い出しを命じた］のがコンビニへ走った．
　(ii)　［部下に余興を命じた］のが舞台で踊った．

ことが予測される．実際，次の例からその予測が正しいことがわかる．

(37) ［暴漢を手加減して殴った］のが{予期せず／三日後}死んでしまった．

「予期せず」「三日後」という副詞表現が主節に生起できるということは，主節事象が意図されたものや，従属節事象と同時に生じるものとは限らないことを示す．[13]

### 3.2.2. 「前提条件」型

従属節事象が支持関係「前提条件」をもって主節事象と統合される主要部内在型関係節構文としては，次のようなものがある．

(38) a. ［子猫が生まれた］のがすぐ死んでしまった．
b. ［上官が命令を下した］のに素直に従った．
c. ［落とし物を探していた］のがようやく見つかった．
d. ［見知らぬ男が殴ってきた］のを殴りかえした．

これらの例は，従属節事象と主節事象が行為連鎖によって統合されていないという点で「原因」型とは異なる．例えば，(38c) は，「私が落とし物に働きかけて，発見されるようにした」ことを意味するのではなく，「落とし物を探す」ことが「それが見つかる」ことを可能にしたことを表している．すなわち，従属節事象は主節事象が生起するための「前提条件」を表すといえる．[14]

これらの例文に現れる従属節動詞と主節動詞に注目しよう．例えば，command, obey, disobey という三つ組において，動詞 command は，obey と disobey が成り立つ前提条件をなすとともに，obey と反意関係を結ぶ．このタイプの反意語は，次の4つに分類される（Cruse (1986: 201-202)）．

---

[13] (23) の例文も，従属節事象の知覚が主節事象で表される判断を引き起こすという意味において，「原因」型として分析できるかもしれない．

[14] これは，ある事象が他の事象に付随して生じる際，前者が図／主節，後者が地／従属節で表現されるとする Talmy (2000a: 329) の「付随性原則」(Contingency principle) を反映している．

(39) a. 反転（例：be born: die, start: stop, learn: forget, arrive: leave, earn: spend）
　　 b. 相互作用（例：command: obey）
　　 c. 達成（例：try: succeed, seek: find, compete: win, aim: hit）
　　 d. 対抗（例：punch: parry (counter-punch), attack: defend (counter-attack), charge: refute）

　反転（reversives）は逆方向の変化を表し，相互作用（interactives），達成（satisfactives），対抗（counteractives）は，それぞれ〈刺激—反応〉，〈行為の試み—行為の成功〉，〈攻撃的行為—それを制する手段〉という関係をもつ。[15] いずれのタイプにおいても，反意関係を結ぶ片方が表す事象がもう一方の事象の前提条件をなすことで両者が統合されることになる．(38) の例は，これら4つのタイプに対応しており，従属節事態が主節事態の前提条件となり，事象統合がなされる．

　「前提条件」型の例をさらに挙げておこう．下の例では，(38) とは異なり，従属節動詞と主節動詞が慣習的な語彙的関係を結ぶものではないが，従属節事象全体が主節事象が生起するための前提条件をなすと言える．

(40) a. ［財布を机の上に置いておいた］のがなくなった．（＝(32)）
　　 b. ［街頭で募金を呼びかけた］のがぞくぞく集まった．
　　 c. ［先月本を注文した］のが今日ようやく届いた．
　　 d. ［凶悪犯が逃走していた］のがようやく捕まった．
　　 e. サリーは［ケーキを焼いた］のをハリーにあげた．
　　 f. 医師団は［大統領が重傷を負った］のを懸命に治療した．
　　 g. ［花子が走ってきた］のにぶつかった．

---

[15] 天野（2011: 第1章）は，ノヲ文の述語を形成する他動詞のうち，「方向性制御系」（例：やめる，こらえる，抑える，我慢する，防ぐ，堪える）が表す「対抗動作性」が，主要部内在型関係節が接続助詞（逆説）的解釈（例：二人がそれを手帳に写しとろうとするのを，じれったそうに手をふった）を生み出すベースとなるとしている．天野のいう「対抗動作性」は，(39) の反意語のタイプ（特に「対抗」）と重なり合う面がありそうだが，本章の立場からは，「前提条件」型の主要部内在型関係節構文が (39) のような反意関係にある動詞を従属節動詞と主節動詞として頻繁にとることが，主要部内在型関係節の逆説的解釈へと発展するきっかけとなったとも言えるかもしれない．

第13章　事象統合からみた主要部内在型関係節構文　　201

どのような事象が前提条件として解釈されるかについては，文化的な要因が役割を果たすことがある．次の例をみてみよう．[16]

(41) a.　［息子が病気になった］のを病院へ連れて行った．
　　　b. *［息子が病気になった］のを旅行へ連れて行った．
(42) a.　［みかんが庭でとれた］のを家でみんなで食べた．
　　　b. *［オレンジがフロリダでとれた］のを家でみんなで食べた．

これらのペアの容認度の違いは文化的要因によって説明できる．病気になった人を病院へ連れていくのは一続きの慣習的な文化的シナリオであるが，旅行へ連れていくのはそうではない．同様に，自宅の庭で果物をもぎ，食卓で食べるのは一続きの慣習的な文化的シナリオであるが，外国の名も知らぬ生産者が果物を収穫することと，それを消費者が近所のスーパーなどで買って食べることとの間には慣習的な文化的シナリオは認めにくい．[17]

### 3.3.「同時性解釈／同一場所解釈」再考

以上の考察をもとに，黒田の同時性解釈と同一場所解釈を再考してみよう．

Givón (2009: 65) は，事象統合の要素として「指示対象統合」(referential integration)，「時間的統合」(temporal integration)，「空間的統合」(spatial integration) の3つを挙げている．また，Talmy (2000a: 327) は，語彙化のパタンの研究から，2つの事象間の時間的順序関係を複文で表現する際，時間的に先行する事象を地／従属節，後行する事象を図／主節として表すのが無標だとする「順序原則」(Sequence principle) を提案している．[18] 同時

---

[16] 文化的要因は動詞連続構文においても重要な役割を果たすことが知られている．例えば，Bruce (1988: 29) によると，アランブラック語では，「木に登る」と「昆虫を探す」は文化的に重要な一続きの出来事なので動詞連続で表すことができるが，「木に登る」と「星を見る」はそうではないので，動詞連続で表せないという (Durie (1997) も参照).

[17] 東京に住んでいる人がフロリダにある果樹園を経営しているような文脈であれば，(42b) は (42a) に準じて容認可能となるだろう．

[18] この原則は，次のようなペアにおいて，b文が存在しないことから導かれる (Talmy (2000a: 325-326)).

　(i) a.　We stayed home *because of* his arrival. / *because* he had arrived.
　　　b. *He arrived *to-the-occasioning-of-*(*the-decision-of*) our staying home.

性解釈は，ギヴォンの時間的統合／タルミーの順序原則，同一場所解釈はギヴォンの空間的統合を反映したものに過ぎず，複文である主要部内在型関係節構文がこれら2つの解釈方略をもつことは事象統合の帰結といえる．

さらに，これら2つの解釈方略は，究極的にはギヴォンの指示対象統合に由来すると考えられる．主要部内在型関係節構文における指示対象統合は，従属節と主節が共有する内在主要部によってなされるわけだが，内在主要部の指示対象は特定の時間と空間において存在する．そのため，従属節事象と主節事象が内在主要部の指示対象を共有するには，2つの事象は内在主要部の指示対象が占める場所を共有する必要がある．これが同一場所解釈を動機づけることになる．同様に，内在主要部の指示対象を共有するには，2つの事象は時間的に重なり合う仕方で生じる必要がある．これが同時性解釈を動機づけるわけである．すなわち，同時性解釈と同一場所解釈は，構成的アプローチが主張するように関連性条件を構成する下位条件ではなく，主要部内在型関係節構文の従属節事象と主節事象が統合することから生じる典型的帰結にすぎないといえる．[19]

さて，2.2節において，同時性解釈と同一場所解釈は主要部内在型関係節構文の容認性にとって必要条件でも十分条件でもないことをみた．より具体的には，次の場合について論じた．

(43) a. (i) 同時性解釈が成り立たない，かつ／または
　　　　(ii) 同一場所解釈が成り立たない
　　　　にもかかわらず，主要部内在型関係節構文が容認される場合
　　b. (i) 同時性解釈が成り立つ，かつ／または
　　　　(ii) 同一場所解釈が成り立つ
　　　　にもかかわらず，主要部内在型関係節構文が容認されない場合

---

　(ii) a. She awoke *upon* his arrival. / *when* he arrived.
　　　b. *He arrived *immediately-before-(and-occasioning)* her awakening.

[19] 黒田もこう考えていたであろうことは，Kuroda（1975-76）の中の次のような言い回しから読み取れる．
　・"But simultaneous interpretation of the constituent and the matrix clauses is not in general a necessary consequence of the relevancy condition […]"　(p. 88)
　・"This is another consequence of the way the relevancy condition makes […] acceptable."　(p. 89)

以下，(43a) は事象統合としては非典型的であるにもかかわらず，従属節事象と主節事象が原因ないし前提条件の関係によって統合されると解釈される場合であり，(43b) は時間・場所が共有されながらもそのような統合が生じない場合であることを論じる．

まず，(43a-i) について考えよう．さきに触れたように，同時性解釈はタルミーの「順序原則」を反映しているが，この原則に違反すると主要部内在型関係節構文は容認されない．[20]

(44) a. *[田中角栄が後に首相になった]のを彼女は小学校で教えていた．
(Ohara (1996: 13))
b. *[荷物が明日届く]のを今日送った．
c. *[昨日りんごを食べた]のを一昨日スケッチした．

これらはいずれも従属節事象が主節事象に時間的に後行するので，順序原則に違反している．これに対して，次の例をみてみよう（野村 (2013)）．

(45) a. 昨日従業員たちは，[見学者が来週その部屋を使う]のを掃除した．
b. 週末に従業員たちは，[見学者が来週その部屋を使う]のを掃除する．
c. 今，従業員たちは，[見学者が来週その部屋を使う]のを掃除している．

(46) a. [公園で時限爆弾が爆発した]のを犯人は大晦日に仕掛けていた．
b. [三日後公園で時限爆弾が爆発する]のを犯人はその日仕掛けていた．
c. 亡くなった祖父が[我が家にかなりの財産がある]のを戦前に一代で築いた．

---

[20] 主要部内在型関係節は，少数の例外はあるが，一般に SOV 言語のみにみられるとされる (Gorbet (1977: 273), Downing (1978: 399), Keenan (1985: 163))．これについて生成文法の立場からいくつか説明が提出されているが (Cole (1987), Culy (1990: Ch. 4), 黒田 (2005: 232-233))，筆者は，SOV 言語において，従属節動詞は常に主節動詞に先行する (cf. [SOV] OV or S [SOV] V) ため，2つの事象の類像的な時間の前後関係が保持され，タルミーの順序原則が守られるためだと考える (Nomura (2000: 178))．

上の例において，主節事象は従属節事象に時間的に先行し，タルミーの順序原則に違反しているようにみえるが，(44) とは異なり，容認可能である．これは，これらの例文において従属節事象が主節事象の前提条件と解釈可能なためだと考えられる．こうした例は2つのタイプに分けられる（野村 (2013: 注6)）．第1が，(45) の例のように，従属節が〈予定された未来〉を表す場合である．従属節事象「見学者による部屋の使用」は，主節事象後に実現するとはいえ，主節事象が生じる時点ではすでに予定として成立しており，その点において順序原則は守られていると言える．第2が，(46) のように，従属節が〈被説明項〉をなし，主節が〈説明項〉となる場合である．従属節事象「時限爆弾の爆発」は，主節事象「犯人の爆弾の設置」に時間的に後続して起こるが，被説明項は説明項に対して与件として論理的に先行するという意味において，順序原則を満たしていると言えよう．[21] このように，これら2つのタイプは現実の時間の流れの中において順序原則が成立しているのではないという点で非典型的な事象統合ではあるが，〈予定された未来〉と〈被説明項〉はそれぞれ〈予定に備えた行動〉と〈説明項〉に対して「前提条件」と解釈されるため，(45), (46) は容認可能となると考えられる．

次に，(43a-ii) の場合について，先にみた (15), (16) のペアをみてみよう．

(15) ［両親が田舎に住んでいる］のを東京へ呼び寄せた．
(16) *東京で事業に失敗し，［両親が田舎に住んでいる］のを心配させた．

(15) は，内在主要部の指示対象（＝両親）が従属節事象時と主節事象時の間で場所を移動している点で非典型的な事象統合を表す．それにもかかわらず，「両親が離れて暮らしている」ことは，「子が両親を呼び寄せて一緒に住む」ことの前提条件となるため，(15) は容認可能となる．他方，「両親が離れて暮らしている」ことは，「子の事業の失敗が両親を心配させる」ことの前提条件とは解釈されにくいため，(16) は非適格となる．

今度は，(43b-i) の場合について考えてみる．次の例をみてみよう．

---

[21] (46a, b) の主節動詞がとる「ている」の用法については，寺村 (1984: 133-135) を参照．なお，(44a) は主節動詞が「ている」形をとっているが，従属節と主節が〈被説明項―説明項〉の関係にないため，容認されないと考えられる．

(47) a. ［昼すぎに母親が買い物に出かけた］のがさきほど帰って来た．
　　 b.??［母親が買い物から帰ってきた］のがテレビを見た．

上の例において，従属節事象は主節事象に先行し，同時性解釈・順序原則を満たすが，容認性が異なる．これも，従属節事象が主節事象に対して前提条件と解釈できるかどうかによる．「外出」することは「帰宅」することの前提条件となるのに対して，「帰宅」することは「テレビを見る」ことの前提条件とはなりにくく，両者は単なる継起的動作をなすに過ぎない．[22]

　最後に，(43b-ii) について考える．先に挙げた (13), (14) をみられたい．

(13) ［子供がはさみで遊んでいた］のを取り上げた．
(14) *［子供がはさみで遊んでいた］のを分解した．

ここにおいても容認性の違いは，従属節事象が主節事象に対して前提条件と解釈されるかどうかにかかわることは，説明を俟たないであろう．

　このように，(43b) は，事象統合にとって本質的なのは，2つの事象が適切な支持関係によって結ばれることであり，同時性解釈と同一場所解釈は事象統合の要件ではなく，その典型的な帰結にすぎないことを示す．

　ここで，Kim (2002) において，同時性解釈／同一場所解釈と連動していた個体レベル述語の生起の問題に触れることにする．個体レベル述語が主要部内在型関係節構文にふつう生じにくいことも我々の分析から導かれる．すなわち，個体レベル述語は，定義上，時間・場所に関係なく成り立つ内在的性質を表すため，従属節に生じた場合には，主節事象と時間的・空間的統合を起こしにくい．また，内在的性質は何か他の事象に依存・付随して生じるとはふつう考えられないので，個体レベル述語は主節にも生じにくいといえ

---

[22] このことは，主要部内在型関係節構文が (26) にある支持関係の「先行」は表せないことを示す．Matsumoto (1988: 115-118; 1997: 126-127) は，主要部外在型関係節構文においても単なる継起的動作は表せないことを指摘している．例えば，「飲む前／飲んだ後で音楽を聞いたワイン」という意味では，「［音楽を聞いた］ワイン」とは言えない．同様に，(26) に挙げられている他の支持関係は，主要部内在型関係節構文では表せないようである．例えば，次の2文は，「走って駅へ行った」や「テレビを見ながらごはんを食べた」というような「様態」の意味にはならない．
　(i) *［太郎が走った］のが駅へ行った．
　(ii) *［太郎がテレビを見ている］のがごはんを食べた．

る.

### 3.4. 「原因」と「前提条件」の遍在性

以上,主要部内在型関係節が主節に対して結ぶ支持関係として,「原因」型と「前提条件」型があることをみた.これら2つの型は,2つの事象が単一の高次の事象に統合される型として,さまざまな語彙・文法現象にみられるものである.例えば,Lakoff (1986) は,等位節が〈原因―結果〉(例:That's the stuff that the guys in the Caucasus drink and live to be a hundred.) や〈事象の自然な順序〉(例:What did Harry go to the store and buy?; How much can you drink and still stay sober?) で結ばれる際,等位構造制約があてはまらないことを指摘したが,この2つの型は我々の「原因」型と「前提条件」型に相当する.また,Goldberg (1995: 59-66) が同定する動詞の意味と構文的意味の融合パタンの中にも,「原因」型(例:Joe kicked Bob the ball)と「前提条件」型(例:Sally baked Harry a cake)が含まれる.「原因」型は,動詞連続(Kingkarn (2008))や複合動詞(由本 (2005: 106-110))においても観察される.さらに,Kehler (2002: Ch. 2) は談話における統一性(coherence)を類似関係,因果関係,隣接関係の3つに大別しているが,因果関係と隣接関係が,我々の「原因」型と「前提条件」型に概ね対応する.

これら2つ型のうち,主要部内在型関係節構文に関する限り,「前提条件」型の方が「原因」型よりも次のような理由で基本的であると考えられる.[23] 第1に,「前提条件」型の方が,ヲ格ほかをとれる点で,定義上ガ格しかとらない「原因」型よりも分布範囲が広い.第2に,「前提条件」型の方が歴史的に先行する.石垣 (1955) が中古日本語について提唱した「作用性用言反撥の法則」を,近藤 (2000: 297-298) は次のようにパラフレーズしている(一部改変).

(48) a. 主語の名詞節がモノ・ヒトの意味となり,一種の関係節を構成する場合,その関係節内部の述語用言はかならず [+状態性]

---

[23] この意味において Ohara (1996: Ch. 6.2) が主要部内在型関係節構文の従属節と主節との関係を enablement としているのは正しい.ただし,小原の enablement という用語は,タルミーのものとは関係なさそうである.

b. 主語である準体がコトの意味で，名詞節（補足節）を構成する場合は，その名詞節内部の用言には制限がないが，その代わり，主文の述語がかならず［＋状態性］である．
　　　c. 主語となる従属節の用言か，主文の述語用言かのいずれかが必ず［＋状態性］になる．

　このうち，(a) が主要部内在型関係節について述べたものであり，その述語が状態性でなければならないことを示す．［＋状態性］という条件は，行為連鎖を表す「原因」型の主要部内在型関係節とは相容れず，「前提条件」型の主要部内在型関係節とのみ相容れる．このことは，後者の方が歴史的にも基本的であることを示唆する．
　第3に，筆者が収集した実例を見る限り，「原因」型のものはほとんどなく，「前提条件」型の方が圧倒的に多い．また，母語話者によっては，(34)，(35) のような「原因」型の例の容認度をあまり高いと感じない人もいるであろう．

## 4. 結論

　本章では，主要部内在型関係節構文の関連性条件が，2つの事象を単一の高次の事象にまとめあげる事象統合に関する制約として理解されるべきことを論じた．その上で，同時性解釈，同一場所解釈，個体レベル述語の生起制限は，2つの事象が適切に統合される限りは成り立たなくてもよく，これらは事象統合の典型的帰結として導かれるべきものであり，関連性条件を構成する下位条件とみなされるべきでないことを示した．また，事象統合の型としては「原因」型と「前提条件」型の2つを指摘した．この2つの型は語彙・文法にわたるさまざまな言語現象に繰り返し現れるもので，関連性条件が一般的な事象統合を反映したものにすぎないことがわかる．
　主要部内在型関係節構文において，主節動詞が「の」と同格的に結びつく従属節全体を項として選択することを考えると，主節事象と従属節事象の間

の関係が意味的に制約されることに何ら不思議はない。[24] 関連性条件に類するものが他言語の主要部内在型関係節構文にもみられるかどうかは興味深い問題であり，今後の研究を俟ちたい。[25]

## 参考文献

天野みどり (2011)『日本語構文の意味と類推拡張』笠間書院，東京．
Bruce, Les (1988) "Serialization: from Syntax to Lexicon," *Studies in Language* 12(1), 19-49.
Cole, Peter (1987) "The Structure of Internally Headed Relative Clauses," *Natural Language and Linguistic Theory* 5, 277-302.
Cruse, D. A. (1986) *Lexical Semantics*, Cambridge University Press, Cambridge.
Culy, Christopher D. (1990) *The Syntax and Semantics of Internally Headed Relative Clauses*, Doctoral dissertation, Stanford University.
Downing, Bruce T. (1978) "Some Universals of Relative Clause Structure," *Universals of Human Language* IV, ed. by Joseph Greenberg, 375-418, Stanford University Press, Stanford.
Durie, M. (1997) "Grammatical Structures in Verb Serialization," *Complex Predicates*, ed. by A. Alsina, J. Bresnan and P. Sells, 289-354, CSLI Publications, Stanford.
Foley, William A. and Mike Olson (1985) "Clausehood and Verb Serialization," *Grammar Inside and Outside the Clause*, ed. by Johanna Nichols and Anthony C. Woodbury, 17-60, Cambridge University Press, Cambridge.

---

[24] 主要部内在型関係節構文の意味構造については，Nomura (2000)，野村 (2001) を参照．主要部外在型関係節構文においては，主節動詞が主名詞を項として選択するため，主名詞が関係節にどのように意味的に組み込まれるかが問題となり (cf. Matsumoto (1988, 1997))，関連性条件があてはまらないことになる．ただし，主要部外在型関係節構文において従属節と主節との間の意味的関係にまったく制約が課されないかというと，そうでもなさそうである．例えば，(18), (20) は主要部外在型関係節構文に書き換えても容認度はあまり上がらないと思われる．

[25] 日本語のものと全く同一なのかははっきりしないが，韓国語には関連性条件に類する制約があるようである (Jhang (1994: 23), Kim (2002) を参照)．ワルピリ語の接合 (adjoined) 型の主要部内在型関係節構文に語用論的条件が課されることについては，Hale (1976: 88) を参照．

Givón, Talmy (2009) *The Genesis of Syntactic Complexity*, John Benjamins, Amsterdam/Philadelphia.

Goldberg, Adele E. (1995) *Constructions: A Construction Grammar Approach to Argument Structure*, University of Chicago Press, Chicago and London.

Gorbet, Larry (1977) "Headless Relatives in the Southwest: Are They Related?" *BLS* 3, 270-278.

Hale, Kenneth L. (1976) "The Adjoined Relative Clause in Australia," *Grammatical Categories in Australian Languages*, ed. by R. M. W. Dixon, 78-105, Humanities Press, New Jersey.

Hayashi, Yuki and Taisuke Nishigauchi (2003) "Head-internal Relative Clauses and the Mapping Hypothesis," *Theoretical and Applied Linguistics at Kobe Shoin* 6, 65-85.

石垣謙二 (1955)『助詞の歴史的研究』岩波書店，東京．

Itô, Junko (1986) "Head-movement at LF and PF—The Syntax of Head-internal Relatives in Japanese—," *University of Massachusetts Occasional Papers in Linguistics* 11, 109-138.

Jhang, Sea-eun (1994) *Headed Nominalizations in Korean: Relative Clauses, Clefts, and Comparatives*, Doctoral dissertation, Simon Fraser University.

影山太郎 (1993)『文法と語形成』ひつじ書房，東京．

川端善明 (1983)「日本文法提要3: 文の構造と種類――形容詞文」『日本語学』2(5), 128-134.

Keenan, Edward L. (1985) "Relative Clauses," *Language Typology and Syntactic Description*, Vol. II: *Complex Constructions*, ed. by Timothy Shopen, 141-170, Cambridge University Press, Cambridge.

Kehler, Andrew (2002) *Coherence, Reference, and the Theory of Grammar*, CSLI Publications, Stanford.

Kingkarn, Thepkanjana (2008) "Verb Serialization as a Means of Expressing Complex Events in Thai," *Asymmetric Events*, ed. by Barbara Lewandowska-Tomaszczyk, 103-120, John Benjamins, Amsterdam/Philadelphia.

Kim, Yong-Beom (2002) "Relevancy in Internally Headed Relative Clauses in Korean," *Lingua* 112, 541-559.

Kitagawa, Chisato (2005) "Typological Variations of Head-internal Relatives in Japanese," *Lingua* 115, 1243-1276.

近藤泰弘 (2000)『日本語記述文法の理論』ひつじ書房，東京．

Kratzer, Angelika (1995) "Stage-level and Individual-level Predicates," *The Generic Book*, ed. by Gregory N. Carlson and Francis Jeffry Pelletier,

125-175, University of Chicago Press, Chicago and London.
Kuroda, Shige-Yuki (1975-76) "Pivot-independent Relativization in Japanese (II)," *Papers in Japanese Linguistics* 4, 85-96.
Kuroda, Shige-Yuki (1976-77) "Pivot-independent Relativization in Japanese (III)," *Papers in Japanese Linguistics* 5, 157-179.
黒田成幸 (2005)『日本語からみた生成文法』岩波書店，東京．
Lakoff, George (1986) "Frame Semantic Control of the Coordinate Structure Constraint," *CLS* 22 Part 2, 152-167.
Langacker, Ronald W. (1991) *Foundations of Cognitive Grammar*, Vol. II, Stanford University Press, Stanford.
Lord, Carol (1973) "Serial Verbs in Transition," *Studies in African Linguistics* 4(3), 269-296.
Matsumoto, Yo (1996) *Complex Predicates in Japanese*, CSLI Publications, Stanford.
Matsumoto, Yoshiko (1988) *Grammar and Semantics of Adnominal Clauses in Japanese*, Doctoral dissertation, University of California at Berkeley.
Matsumoto, Yoshiko (1997) *Noun-Modifying Constructions in Japanese: A Frame-Semantic Approach*, John Benjamins, Amsterdam/Philadelphia.
三原健一 (1994)「いわゆる主要部内在型関係節について」『日本語学』13(8), 80-92.
西村義樹 (1998)「行為者と使役構文」中右実・西村義樹『構文と事象構造』107-203, 研究社, 東京.
Nomura, Masuhiro (2000) *The Internally-Headed Relative Clause Construction in Japanese: A Cognitive Grammar Approach*, Doctoral dissertation, University of California, San Diego.
野村益寛 (2001)「参照点構文としての主要部内在型関係節構文」山梨正明・辻幸夫・西村義樹・坪井栄治郎(編)『認知言語学論考』1, 229-255, ひつじ書房, 東京.
野村益寛 (2013)「日本語主要部内在型関係節の時制解釈」『言語研究』143, 1-28.
Ohara, Kyoko Hirose (1992) "On Japanese Internally Headed Relative Clauses," *BLS* 18, 100-108.
Ohara, Kyoko Hirose (1994) "An Event-reporting Relative Construction in Japanese," *BLS* 20, 260-272.
Ohara, Kyoko Hirose (1996) *A Constructional Approach to Japanese Internally Headed Relativization*, Doctoral dissertation, University of California at

Berkeley.

Pawley, Andrew (2011) "Event Representation in Serial Verb Constructions," *Event Representation in Language and Cognition*, ed. by Jürgen Bohnemeyer and Eric Pederson, 13-42, Cambridge University Press, Cambridge.

Talmy, Leonard (2000a) *Toward A Cognitive Semantics, Volume I: Concept Structuring Systems*, MIT Press, Cambridge, MA.

Talmy, Leonard (2000b) *Toward A Cognitive Semantics, Volume II: Typology and Process in Concept Structuring*, MIT Press, Cambridge, MA.

寺村秀夫 (1984)『日本語のシンタクスと意味 II』くろしお出版，東京．

Tonosaki, Sumiko (1996) "Change of State Head-internal Relative Clauses in Japanese," *Gengokagaku Kenkyu* 2, 31-47, Kanda University of International Studies.

Tsubomoto, Atsuro (1981) "It's All *No*: Unifying Function of *No* in Japanese," *CLS* 17, 393-403.

坪本篤朗 (1995)「文連結と認知図式——いわゆる主要部内在型関係節とその解釈」『日本語学』14(3), 79-91.

坪本篤朗 (2014)「いわゆる主要部内在型関係節の形式と意味と語用論」益岡隆志ほか(編)『日本語複文構文の研究』55-84，ひつじ書房，東京．

Uchibori, Asako (1991) "Head-internal Relatives in Japanese," *Kansai Linguistic Society* 11, 81-90.

由本陽子 (2005)『複合動詞・派生動詞の意味と統語』ひつじ書房，東京．

第 14 章

# 関連性条件からみた主要部内在型関係節の諸問題
── 野村論文の意義と再解釈 ──

平岩　健（明治学院大学）

## 1. はじめに：日本語の主要部内在型関係節研究と関連性条件

　日本語の主要部内在型関係節に関しては，国語学においては石垣（1955），近藤（2000）等早くから注目を集め，生成文法研究においても Kuroda（1974）以降数多くの論考が生み出されてきた．その最も大きな理由の1つが，まさに野村氏が論じている「関連性条件」にあることは疑いの余地がない．日本語の主要部内在型関係節には主要部外在型関係節には見られない特殊な意味的・語用論的制約──関連性条件──が課せられるという奇妙な事実に加えて，その制約の本質の解明が非常に困難であるという2つの要因が果たしている役割は小さくない．

　しかし，同時に日本語の主要部内在型関係節の研究はややもすると奇異な状況も生み出してきた．日本語の主要部内在型関係節の研究は日本語というコンテクストで論じられることがほとんどで，類型論的考察・他言語との比較対照研究はほとんど見られなかった．[1] ここでもやはり日本語の主要部内在型関係節の特異性が大きく影響していると言える．後述するように，関連性条件は日本語（と韓国語）の主要部内在型関係節にしか観察されず，さらに統語的にも日本語の主要部内在型関係節には他言語の主要部内在型関係節

---

[1] たとえ日本語以外の主要部内在型関係節の研究において日本語の主要部内在型関係節が取り上げられたとしても，その特異性は看過され，そのような特異性をどのように理論的に説明するのかが論じられることはなかった．

にはみられない様々な特徴がある.[2]

野村論文はまさにこの「関連性条件」の解明という難問に正面を切って取り組む重要な論考と言える．以下では野村論文の意義と今後の展望について考察する．

## 2. 関連性条件と事象統合

関連性条件の構成的アプローチに対し，野村論文は関連性条件を事象統合という観点から捉え直すことを提案し，(i)「同時性解釈」と (ii)「同一場所解釈」という2つの明示的な下位条件には，必要条件としても十分条件としても還元することはできないと主張している．そして野村氏はこの特殊な関連性条件を事象統合という，より一般的な観点から捉え直し，主要部内在型関係節だけでなく，様々な言語の動詞連続や複合動詞等，幅広い言語現象に見られる一般的な事象統合メカニズムの問題に還元されると提案する．

関連性条件を日本語の主要部内在型関係節に特有のものとせず，一般的制約の1つの表れとして理解しようとする野村氏のアプローチは非常に重要であると考える．

ただし，私には野村論文で提示されているデータに関して必ずしもすべて判断を共有できたわけではなく，例文の選択に最適ではないものが含まれているようにも感じた.[3] また，主事象を表す主節と副事象を表す従属節の統合問題であるとする野村氏の考え方は，野村氏自身が述べているように Kuroda (1976-77: 158) の関連性条件の定義と相通ずるものと言えるが，

---

[2] 現代日本語の主要部内在型関係節は主要部外在型関係節と比べその使用頻度は限られ，後者が使用される状況で前者に自由に置き換えが可能な場合は非常に少ない．また複雑な意味的・語用論的制約により主要部内在型関係節の容認可能性には話者の間で揺れが見られる場合が多々ある．これらの点で他の言語とは状況は非常に異なる．

[3] 野村論文のデータをここで詳細に1つ1つ検証することはしない．例えば，野村氏が挙げる主要部内在型関係節の例の多くは内在主要部が固有名詞や定性名詞になっており，他言語の主要部内在型関係節では許されないタイプである．また，野村論文の (13) はトコロ節に置き換えることが可能である．さらに (23b) は主要部内在型関係節ではなく文補文になっている可能性が高い．また，野村氏が脚註24で述べているように (18) (20) は主要部外在型関係節を用いたとしても容認度は高くなく，このデータから構成的アプローチの是非に関して何かを述べることは適切ではないと思われる．

私見では，この問題は黒田（1999a）では主要部内在型関係節とノ節との連続性，及び黒田（1999b）ではトコロ節との比較という形で，間接的にではあるが詳しく考察されているものの，野村論文では言及されていない．今後黒田の洞察と事象統合という野村氏の洞察を詳細に比較検討することでさらに進展が見込めるのではないかと思う．

　私は日本語の主要部内在型関係節に事象統合のような制約が関わっているとする野村氏の考えには十分な共感を覚える．しかし，関連性条件が事象統合という一般メカニズムに帰するとすると，なぜ関連性条件のような制約が日本語以外の主要部内在型関係節では見られないのかという根本的な問題が残る．

　次に述べるように，私は野村氏の考えの最も重要な点（かつ野村氏が論文内で言及していない点）は，日本語の主要部内在型関係節の「特異性」を浮かび上がらせる点にあるのではないかと考える．すなわち，野村氏による関連性条件の再定式化が正しいとするならば，それは日本語の主要部内在型関係節が（名詞を修飾し全体として名詞句を形成し項として機能するような）他の言語に見られる主要部内在型関係節ではないことを示唆しているように思われる．

## 3.　日本語の主要部内在型関係節再考

　これまでの先行研究で見逃されてきた最も重要な点は，類型論的に主要部内在型関係節を見てみると，関連性条件を有するような主要部内在型関係節が日本語（と韓国語）以外の言語ではまったく報告されていないという事実である．1970年代以降，さまざまな言語の調査研究が進み，主要部内在型関係節を持つ言語が多く明らかになった現在，これは実に驚くべきことである．しかし一方で，日本語の主要部内在型関係節の研究者はこの事実を軽視しすぎているきらいがある

　詳しくは拙稿（Hiraiwa（2015））で論じているのでここでは述べないが，この事実は，関連性条件そのものは主要部内在型関係節の普遍的メカニズムとはまったく別のものに起因しており，主要部内在型関係節の本質的特徴ではないことを如実に示している．

　では日本語のいわゆる主要部内在型関係節を他言語に見られるのと同等の

関係節と捉え，事象統合という一般メカニズムと結びつけようとする野村氏の試みは正しくないアプローチということになるのだろうか？ 私はむしろその逆であると思う．ただし，日本語の主要部内在型関係節（もしくはその多く）が事象統合のような制約に従うという事実は，三原（1994）や Murasugi（1994）が論じているように，項の位置に DP として生起する他言語の主要部外在型関係節とは異なり，副詞節であることを示しているのではないかと考える．

　野村氏は日本語の主要部内在型関係節における事象統合の支持関係には「原因」型と「前提条件」型の2つの型があるとするが，これはいわゆる主要部内在型関係節が副詞節として上位節に「関連性」を持つという主要部内在型関係節の副詞節説（三原（1994），Murasugi（1994））へと収斂し得る．もし日本語の主要部内在型関係節が関係節ではなく副詞節ならば，日本語の主要部内在型関係節が事象統合のような関連性条件の制約を受けることはまったく不思議ではない．さらに，野村論文が脚註 25 で指摘しているように，Walpiri 語の付加型関係節等で関連性条件に類似した制約が見られるという報告は，付加型関係節自体が副詞節のような統語構造と意味解釈を持つとされる事実を鑑みるとき，日本語の主要部内在型関係節の特異性と美しく調和する．

　実際，そのように日本語の主要部内在型関係節を再考してみると，日本語の主要部内在型関係節とされる構文には他の言語の主要部内在型関係節には見られない特徴がいくつもあることが分かる．実際，野村氏が提示する主要部内在型関係節の例の多くは意味的な主名詞に当たる名詞句が固有名詞や定性名詞句（definite NP）である（例えば野村論文の (15) (17) (22)）．このこと自体は初期の研究から知られているが，これは Williamson (1987) が観察しているように，主要部内在型関係節の主名詞が不定名詞句（indefinite NP）でなければならないという「不定性制約（Indefiniteness Restriction）」に反していることに注意しなくてはならない．

(1)　Lakhota (Williamson (1987: 175))
　　　*[[*Mila k'u*　　mų　　he] ki/cha] phe šni.
　　　　knife D.Past 1Sg.use Dur D/Idf　sharp Neg
　　　'The aforementioned knife that I was using isn't sharp.'

この事実は日本語のいわゆる主要部内在型関係節が他言語の主要部内在型関係節とは大きく異なることを示している．一方，副詞節一般にはもちろんこのような制約が課せられないことは言うまでもない．

拙稿（Hiraiwa et. al (2015)）では，さらに日本語の主要部内在型関係節特有の特徴として以下の4つを抽出し，それらが Gur 諸語（西アフリカ）の主要部内在型関係節にみられるかどうかを論じた．

(2) a. 分離軸現象（Split-Pivot Phenomena）
b. 「ジュースしぼり」現象（Squeeze-Juice Phenomena）
c. Wh 疑問に対する答え
d. 否定との適合性

(2a) は Kuroda (1975-76) で観察されているように日本語の主要部内在型関係節の意味的軸となる主名詞が主要部内在型関係節内の複数の名詞句に分離して解釈される現象である．

(3) ［巡査$_i$ が泥棒$_j$ を川の方へ追い詰めていったの］が，勢い余って2人とも$_{i+j}$ 川の中へ飛び込んだ．　　　　（Kuroda (1975-76: 93)）

この現象は，日本語の主要部内在型関係節が主名詞を軸とした連体修飾構造を持っていないことを示す重要な証拠であるが，このような分離軸現象は他言語の主要部内在型関係節では一切不可能である．

(2b) は Hoshi (1995) で観察されているように，主要部内在型関係節における内在主名詞が，外在主名詞と異なり，状態変化解釈（(4a) ではりんごを絞った結果としてのジュースという解釈）を許すという現象である．

(4) a. ジョンは［メアリーがりんごを絞ってくれたの］を一息で飲み干した．
b. #ジョンは［メアリーが絞ってくれたりんご］を一息で飲み干した．

(Hoshi (1995: 120-121))

またこれらに加えて，(2c, d) に挙げたように，日本語の主要内在型関係節は Wh 疑問文に対する答えとしては用いることができず（Matsuda (2002)），否定表現を含むこともできない．

(5) Q: どのりんごを食べたの？
　　A: a. ［テーブルの上にあったりんご］を食べたよ．
　　　 b. *［りんごがテーブルの上にあったの］を食べたよ．
(6) a. *僕は［健が論文を読んでいないの］を読んだ．
　　b. 　僕は［健が読んでいない論文］を読んだ．

　これらの特徴はいずれも日本語の主要部外在型関係節には見られないばかりか，他のいかなる言語の主要部内在型関係節でも一切観察されない特徴である．
　しかし，もし日本語のいわゆる主要部内在型関係節が関係節ではなく副詞節であるとすると，これらの特異性はまったく特異ではなくなる．そして，事象統合に関わる制約が日本語の主要部内在型関係節に観察されるという野村氏の主張はまさにそれを支持する．それはさらに，日本語の主要部内在型関係節には関係節であるものと副詞節であるものとが混在しているのか，それとも統語的には全て副詞節であるのか，という黒田 (1999a, b) や三原 (1994) 及び Murasugi (1994) が詳細に論じた，未解決の大きな問題へとつながるのではないかと思う．関連性条件・事象統合の研究から主要部内在型関係節の普遍性とパラメータの研究への今後の発展に期待したい．

## 参考文献

Hiraiwa, Ken (2015) "Internally-headed Relative Clauses," To appear in *The Companion to Syntax (2nd Edition)*, ed. by Martin Everaert and Henk van Riemsdijk, Wiley-Blackwell, New York.

Hiraiwa, Ken, George Akanlig-Pare, Samuel Atintono, Adams Bodomo, Komlan Essizewa and Hudu Fusheini (2015) "A Comparative Syntax of Internally-Headed Relative Clauses in Gur," ms., Meiji Gakuin University. (submitted for *Glossa: A Special Issue on Internally-Headed Relative Clauses*)

Hoshi, Koji (1995) *Structural and Interpretive Aspects of Head-Internal and Head-External Relative Clauses*, Ph.D. Thesis, University of Rochester.

Kuroda, S.-Y. (1974) "Pivot-independent Relativization in Japanese (I)," *Papers in Japanese Linguistics* 3, 59–93.

Kuroda, S.-Y. (1975–76) "Pivot-independent Relativization in Japanese (II),"

*Papers in Japanese Linguistics* 4, 85-96.

Kuroda, S.-Y. (1976-77) "Pivot-independent Relativization in Japanese (III)," *Papers in Japanese Linguistics* 5, 157-179.

黒田成幸 (1999a)「主部内在関係節」黒田成幸・中村捷(編)『ことばの核と周縁:日本語と英語の間』27-103, くろしお出版, 東京.

黒田成幸 (1999b)「トコロ節」黒田成幸・中村捷(編)『ことばの核と周縁:日本語と英語の間』105-162, くろしお出版, 東京.

Matsuda, Yuki (2002) "Event Sensitivity of Head-internal Relatives in Japanese," *Japanese/Korean Linguistics* 10, ed. by Noriko Akatsuka, 629-643, CSLI Publications, Stanford.

三原健一 (1994)「いわゆる主要部内在型関係節について」『日本語学』13(8), 80-92.

Murasugi, Keiko (1994) "Head Internal Relative Clauses as Adjunct Pure Complex NPs," *Syntactic and Diachronic Approaches to Language: A Festschrift for Toshio Nakano on Occasion of his Sixtieth Birthday*, ed. by Shuji Chiba et al., 425-437, Liber Press, Tokyo.

Williamson, Janis (1987) "An Indefiniteness Restriction for Relative Clauses in Lakhota," *The Representation of (In)definiteness*, ed. by Eric Reuland and Alice ter Meulen, 168-190, MIT Press, Cambridge, MA.

第 15 章

# 自律移動表現の日英比較
## ―類型論的視点から―*

古賀裕章（慶應義塾大学）


## 1. 導入：移動表現の類型論の概要

　空間における移動はヒトの経験の中でも最も基本的なものの 1 つであり，この経験の言語化は理論の別を問わず，言語研究において長く関心の的とされてきた（Beavers et al. (2009), Ikegami (1970), Jackendoff (1983), Levin and Rappaport（近刊）, Levinson and Wilkins (2006), 宮島 (1984), Papafragou et al. (2002), Strömqvist and Verhoeven (2004), Talmy (1975, 1985, 1991), Zubizarreta and Oh (2007), 他多数）. とりわけ，この分野における先駆的な研究者である Leonard Talmy による一連の研究によって，1990 年代前半までにその類型論的な輪郭が概ね明らかとなった（Talmy (1985, 1991, 2000)）.

---

*  本章は，NINJAL International Symposium: Typology and Cognition in Motion Event Descriptions（2015 年 1 月 24-25 日，於国立国語研究所）で行った研究発表に基づいている．英語のデータを提供してくださった松本曜氏（神戸大学），秋田喜美氏（名古屋大学），眞野美穂氏（鳴門教育大学），日本語のデータの一部を提供してくださった吉成祐子（岐阜大学）にお礼を申し上げる．本章で提示する日英語以外の言語のデータの採取・コーディングは以下の方々による．ロシア語：Fabiana Andreani（神戸大学大学院），ハンガリー語：江口清子（Applied Technology High School. UAE），クプサビニ語：河内一博（防衛大学校），中国語：小嶋美由紀（関西大学），タイ語：高橋清子（神田外国語大学），ドイツ語：高橋亮介（上智大学），タガログ語：長屋尚典（東京外国語大学），モンゴル語：バドマ（内蒙古大学）；ネワール語：松瀬育子，フランス語：守田貴弘（東洋大学）．本研究は，平成 27 〜 30 年度科学研究費補助金研究「移動表現による言語類型：実験的統一課題による通言語的研究」（課題番号：15H03206；研究代表：松本曜）の一環である．

Talmy によれば，移動事象における経路という意味要素を文のどの統語要素で表現するかを基準として，世界の言語を 2 つのタイプに大別できるという．経路がおもに主動詞によって表される言語は動詞枠付け言語（verb-framed language）と呼ばれ，ロマンス諸語，セム諸語，バンツー諸語，日本語などはこのタイプに属するとされる．例えば，日本語では (1a) と (1b) のいずれにおいても移動の経路局面 (OUT) が主動詞である「出る」，「出す」によって表されている．また，下線部にあるように移動の様態，原因の表現を主動詞に従属する非定形動詞（「走って」，「投げて」）が担っている．[1]

(1) a. 太郎は部屋から走って出た．
    b. 太郎は部屋からボールを投げて出した．

一方，経路が動詞接辞や不変化詞といった動詞に付随する要素（正確には，名詞句もしくは側置詞句補語以外で動詞と姉妹関係を結ぶ要素），すなわち「衛星」によっておもに表される言語は衛星枠付け言語（satellite-framed language）と呼ばれ，英語を含むゲルマン諸語，スラブ諸語，フィン・ウゴル諸語などはこのタイプに属するとされる．[2] (2a, b) に見られるように，英語では移動経路が不変化詞 out で表され，様態，原因が下線部の主動詞によって表現されている．

(2) a. Taro ran out of the room.
    b. Taro threw the ball out of the room.

Dan Slobin の一連の研究は，移動経路に注目したこの類型が，実際の言語使用において話者が移動事象を言語化する際，どの意味要素にどの程度，またどのような方法で注意を向けるのかに一定の影響を及ぼすことを示した (Berman and Slobin (1994), Slobin (1996, 1997, 2000, 2004))．例えば

---

[1] 動詞枠付け言語でも，経路が非限界的 (atelic) な経路の場合，「太郎は川に沿って／向かって歩いた」のように，様態を主動詞，経路を前置詞または後置詞で表現する衛星枠付け言語のパターンが可能となる (Aske (1989), Slobin and Hoiting (1994))．

[2] 実際には Talmy の定義に該当しない前置詞と後置詞，つまり側置詞 (e.g. Taro walked into the room.) や，格標識によって経路が表現される言語 (e.g. フィン・ウゴル諸語) があるため，Matsumoto (2003) は主要部枠付け (head-framed) 言語 vs. 非主要部枠付け (nonhead-framed) 言語という類型を提案している．

(3) の英語の例が示すように，衛星枠付け言語では単一の動詞に経路を表す衛星や側置詞句を複数付加することが構造的に可能であるため，単一節内で詳細な経路の描写がなされる傾向が比較的強い．言うまでもなく，これは衛星枠付け言語においては経路が動詞以外の位置で表されることに起因する．

(3) We ran up the stairs, through the office, and into the large closet ...[3]

これに対して，動詞枠付け言語では経路の言及が動詞によってなされるため，(4) のように複数の動詞（下線部）の使用が必要となる．

(4) 私たちは階段を駆け<u>あがり</u>，オフィスを<u>通って</u>大きなクローゼットに<u>入った</u>．

動詞枠付け言語では1つの節において経路の精緻な記述が構造的に困難であるという事情から，これを補う手段として (5b) のように着点である瓶の場所に関する記述や場面設定が比較的頻繁に現れる．このような着点や起点となるモノ，つまり地 (ground) の静的な記述により (5a) の down のような衛星によって動的に表されている経路が推論されることになる．

(5) a. The boy put the frog <u>down</u> into a jar.　　(Slobin (1996: 84))
　　b. 男の子は<u>下</u>にある<u>瓶</u>にカエルを入れた．

さらに，動詞枠付け言語と比較して，衛星枠付け言語の話者は移動様態をより頻繁に表現する傾向が強いと指摘されている．この理由は，衛星枠付け言語においては経路情報の伝達を動詞に付随する要素が担うため，文の必須要素である主動詞によって容易に様態が表現可能であるという構造的特徴にある．[4] 一方，動詞枠付け言語は主動詞が経路表現を担うため，様態を表現に組み込むためには文の成立にとって必須ではない随意的な要素（典型的には動詞の非定形）の使用に依存することになる．このため，様態の指定はそれが注目に値する場合に限定される傾向がある．

---

[3] http://taramayastales.blogspot.jp/2013_10_01_archive.html
[4] Slobin (1997, 2000) はこのような構造的特徴が引き金となり，衛星枠付け言語は動詞枠付け言語と比較して様態を語彙化する動詞をより多く生み出すにいたったと主張する (cf. Wienold (1995))．

このように，枠付けの類型や語彙化のパターン[5]が移動にかかわる特定の意味要素の表現頻度や表現方法に少なからぬ影響をもたらすことが多くの研究によって指摘されている（Strömqvist and Verhoeven (2004)）．

本研究の目的は，言語使用に基盤を置いた Slobin の一連の研究と同様の路線を踏襲し，ビデオクリップを使った実験的手法を用いて，日本語と英語における自律移動の言語化の仕方を通言語的な視点から比較，対照することにある．ここで言う自律移動とは，(1a), (2a), (3), (4) のような移動物である図（figure）が自らの意志で移動する事象を指し，(1b), (2b), (5) のような図が動作主の外的力により位置を変化させる使役移動（caused motion）と区別される．[6] 前者は典型的に移動物を主語とした自動詞文で表されるのに対し，後者は典型的に移動物を目的語とした他動詞文で表される．本章では特に，これまでの研究では注目されることが少なかった直示情報[7]の表現を，移動のその他の意味要素，とりわけ様態との関連を通して考察する（cf. 古賀（近刊））．その過程において，日英語以外の言語データにも言及しながら，移動にかかわる意味要素の表現頻度を適切に理解するためには，枠付けの類型のみでなく様々な言語個別的な特徴を考慮する必要があることを主張

---

[5] Talmy (1985) は，移動表現の主動詞に語彙化される意味要素に注目して言語の類型を試みる．主動詞に移動の事実（fact of motion）と経路概念を包入する経路包入言語（e.g. 日本語），移動の事実と様態概念を包入する様態包入言語（e.g. 英語），そして移動の事実と移動物の形状や材質といった情報を包入する移動物包入言語（e.g. アツゲウィ語）の3つのタイプがある．Talmy (1991) の事象統合（event integration）の類型論では，経路包入言語は動詞枠付け言語に，様態包入言語と移動物包入言語は衛星枠付け言語に概ね対応付けられる．

[6] ここで言う自律移動とは Talmy (2000) の self-agentive motion に，使役移動は動作主移動（agentive motion）に相当する．

[7] Talmy (2000) は，経路を経路関係・方向（vector: FROM, TO, VIA, UP など），位置関係（conformation: IN, ON など），直示（deixis）の3つに分類する（田中・松本 (1997)）．つまり，直示は経路の一種であるため，三宅氏のコメントで指摘のある経路動詞（三宅氏の移動動詞）と直示動詞の共通性（例えば，様態動詞とは異なり，「部屋に入る／行く」のように単独で後置詞句を取る）は自明である．ただし，直示を経路の一種とする分析は，直示を主動詞で，経路を主要部以外の要素（格標識，後置詞，動詞接頭辞など）で表現するネワール語では問題となる．詳しくは，Matsuse (2015) 参照．一方，様態動詞が「*駅に歩いた」のように単独で着点を表す後置詞を取れない理由は，三宅氏の指摘のとおりであり，Talmy の枠組みでは註5に示した語彙化のパターンの違いによって説明される（日本語では移動の事実と経路を主動詞に包入する）．

する (cf. Slobin (2004)).

　本章の構成は以下のとおりである．第2節において本章で使用するデータの簡単な説明を行い，第3節でデータの分析に基づいて日英語の自律表現の特徴を他言語との比較を通して浮き彫りにしていく．第4節は結論である．

## 2. データ

　本章で使用するデータは，国立国語研究所のプロジェクト『空間移動表現の類型論と日本語：ダイクシスに焦点を当てた通言語的実験研究』[8]のために作成されたビデオクリップに基づく．プロジェクトでは，17言語[9]の母語話者から，この同一の刺激を使ってデータを収集している．本章における分析の対象となるのは，22人の日本語母語話者と23人の英語母語話者による27個のビデオクリップの口述描写を書き起こし，コーディングしたデータである．それぞれのクリップでは，移動物である人間が以下に示す3種類の様態，経路，直示のうち，各々1つずつを組み合わせた移動を行っている．

　　(6)　3種類の様態と経路と直示（3x3x3＝27クリップ）
　　　　a. 様態 (M)：WALK（歩く），RUN（走る），SKIP（スキップする）
　　　　b. 経路 (P)：TO（平面をある方向へ），UP（上方向へ），INTO（閉ざされた空間へ）[10]
　　　　c. 直示 (D)：TOWARD THE SPEAKER（話者の方向へ；Twd S），AWAY FROM THE SPEAKER（話者から離れて：Awy-frm S），NEUTRAL（話者とは中立の方向へ）

---

[8] プロジェクトの概要，研究目的，メンバー等については以下のページを参照．http://www.ninjal.ac.jp/research/project/pubpro/deixis/

[9] 日本語，英語，ドイツ語，ロシア語，ハンガリー語，イタリア語，フランス語，中国語，タイ語，モンゴル語，ネワール語，タガログ語，ユピック語，日本手話，シダーマ語，クブサビニ語，スワヒリ語の17言語．

[10] UP の場面では人物が階段を上方向に，INTO の場面では休憩所の中へ移動している．

例えば、あるクリップでは人間が歩いて階段を話者の方向に向かって上ってくる移動の場面を描いており、日本人の被験者は例えばこの移動を「友達が階段を上ってきた」と表現する。

被験者はカメラ（映像には現れていない）を自分と同一視するように指示されている。本研究では、話者から離れることも近づくこともない中立的な移動も NEUTRAL として直示の1種として捉える。[11] 被験者が自らを描写する状況に位置づけることを可能にするため、映像では移動を行う人物がカメラに向かってアイコンタクトを取ったり笑いかけたりしており、この人物の移動は（6c）に挙げた3つの被験者との直示空間的な関係のいずれかに位置づけることが可能である。

## 3. 分析の結果と考察

### 3.1. 日英語の自律移動表現における様態、経路、直示の分布頻度

まずは両言語における意味要素の表現頻度を見てみよう。図1と図2はそれぞれ、日本語と英語における1クリップあたりの様態（M）、経路（P）、直示（D）の平均指定回数を表している。値が1を超えているのは、1クリップの描写において、例えば経路に関して「中に入る」（経路の二重指定）や「こっちに来る」（直示の二重指定）といった多重指定が存在するためである。

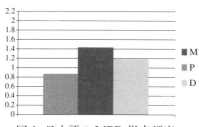

図1: 日本語のMPD指定頻度

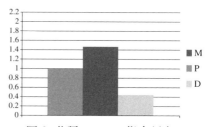

図2: 英語のMPD指定頻度

---

[11] 当該の移動の方向を、話者の位置する空間（直示的中心）と相対的に規定するという点で、Twd S や Awyfrm S と同様に Neutral も直示の一種と考えるのは妥当だろう。確かに、Neutral を表現する専用の形式を有する言語は（恐らく）なく、「行く」のような Awyfrm S を表す形式が代用されるのが普通である。しかし見逃してはならないのは、①「来る」などの Twd S を表す形式は間違いなく直示的であり、「行く」はそれとの対比において直示的意味を表現する点（よって、三宅氏のコメントの例文（3）「太郎が東京から大阪へ

図の比較からわかるとおり，経路の平均指定頻度については日英語においてそれほど違いはない（日本語：1.41 vs. 英語：1.46）．一方，様態の平均指定頻度については英語が日本語よりもやや高く（日本語：0.85 vs. 英語：0.97），直示の指定頻度は日本語が英語を大幅に上回っている（日本語：1.15 vs. 英語：0.44）．国立国語研究所の『移動表現の類型論と日本語』プロジェクトで調査した17言語の平均様態指定頻度は0.8であり，日本語は17言語中9位，英語は6位である．つまり，英語の様態指定頻度は日本語以外の言語と比較してもかなり高い値であり，日本語の様態指定頻度は平均程度である．一方，直示に目を向けると17言語の平均直示指定頻度はやはり0.8であり，日本語は4位，英語は13位に位置することから，日本語の直示指定頻度は他言語と比較してもかなり高いのに対し，英語のそれはかなり低いことがわかる．

日本語と英語のこのような移動にかかわる意味要素の表現頻度の差異は，動詞枠付け言語，衛星枠付け言語という類型の違いのみでは説明できない．例えば，英語と同様にゲルマン諸語に含まれるドイツ語の直示指定頻度は1.10と17言語中5位であるし，日本語と同じ動詞枠付け言語とされるフランス語の直示指定頻度は0.53であり17言語中12位とかなり下位に位置する．

以下，本章ではこのような情報の表現頻度を決定づける要因を，特に意味要素を表現するための形態統語スロットをめぐる競合，情報に対する注目の一貫性，多重指定と情報を表現する形態統語的手段の数，といった言語個別的な特徴に着目して考察していく．

### 3.2. 統語スロットをめぐる情報間の競合

Koga et al. (2008)，古賀（近刊）は，移動にかかわる意味要素の表現頻度を理解するうえで，動詞複合体におけるスロットをめぐって複数の情報が競合するか否かが重要であると指摘する（cf. 秋田他 (2010)）．つまり，ある言語が特定の意味要素を表現する際，他の意味要素と競合することのない

---

行った」は話者が大阪にいる場合には成立しない）と②その必要がないにもかかわらずNeutralの場面で直示を一貫して表現する傾向を持つ言語が日本語を含めて少なからず存在するし，一貫して完全に無視する言語は存在しない点にあると考える．

専用のスロットを有しているならば，それを利用してその意味要素を頻繁に表現することが予測される．[12]

### 3.2.1. 直示情報について

まずは直示情報に注目してみると，日本語はスロット非競合型言語であるのに対し英語はスロット競合型言語と言える．日本語の場合，(7) が示すように様態，経路，直示をすべて表現したい場合には，テ形や連用形を含む副動詞[13] (converb) 構文を使用し動詞のスロットを増やすことができる．

(7) a.　友人が休憩所の中に走って入って来ました．（A9-15, 5）
　　b.　友人は階段を駆け上がって行った．（A9-24, 13）

よって，他の情報との競合なしに主動詞の位置で直示情報を表現することが可能である．この構造的な特徴に鑑みると，日本語では主動詞による直示表現が頻繁に行われるという予測が成り立つ．実際に，日本語では図3が示すように，実に 90% 以上の確率で主動詞に直示情報が現れている．[14]

---

[12] データのコーディングでは，すべてのテ形や連用形を一括して同様に扱っているわけではない．例えば，「歩いて休憩所の中に入ってきた」のように様態動詞「歩く」，経路動詞「入る」，直示動詞「来る」の表す動作が同時に起こっているが，「休憩所の中に」という着点句が様態と経路の間に割って入っている場合には「歩いて」は従属節，「入って来た」は複合述語としている．一方 (7a) のように，様態，経路，直示が隣接して現れている場合には全体で複合述語，様態と経路が同時ではなく継起的であると解釈される場合には，等位節としてコーディングしている．三宅氏のコメントでは，(7a) の「走って」は付帯状況を表すとしているが，移動の研究における付帯状況とは，「口笛を吹きながら」や「赤い服を着て」といった移動とは直接関係のない行為を指す（田中・松本 (1997)）．本研究で扱っている3つの様態は移動を可能にする動作を表しており，移動に本質的にかかわっているため，付帯状況とはみなさない．本章の目的は，移動にかかわる意味要素の表現頻度を考察することにあるため，どのような種類の節・形式（等位節，従属節，複合述語，複合動詞）で当該の意味要素が表されるかは問題としない．ただし，三宅氏の指摘するとおり，情報によってはそれを表現する構造が異なる傾向がみられる．例えば，「スキップする」という様態は，「歩く」，「走る」という様態と比較して，従属節で表現される傾向が日本語に限らず，多くの言語で観察される．

[13] 副動詞については Haspelmath and König (1995) を参照．

[14] 同じ副動詞構文を持つネワール語は，日本語よりもさらに多い確率で主動詞に直示が現れる．

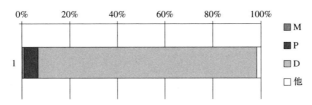

図 3: 日本語の主動詞における MPD 指定頻度

　一方で，英語においては様態と直示が動詞語幹をめぐって競合する．後に詳述するが，もちろん英語においても (8a) のように現在分詞を使用して動詞のスロットを付加することが可能である．しかし，この表現パターンは様態を非定形動詞で表現するという動詞枠付け言語に特徴的なパターンであり頻度が極端に低い．代わりに，(8b) のように動詞語幹で直示情報を表し様態を省略するか，逆に (8c) のように動詞で様態を表して直示を省略するか，または (8d) のように動詞で様態を表し直示を前置詞句に追いやることによって競合の解決が図られる．

(8) a. He's coming running up the stairs. (A9-22, 3)
　　b. Maria came into a pavilion. (A9-46, 1)
　　c. The man skipped up the steps. (A9-06, 5)
　　d. The guy walked up the stairs away from me. (A9-23, 1)

　移動表現の成立にとって，経路は必須の意味要素である．一方で，様態と直示は必須の意味要素ではないため，これらの情報を文の必須要素ではない前置詞句のような統語手段で表現する（例えば (8d)）には，余計な認知コストが必要となる (Talmy (2000))．英語において直示の平均指定頻度が低い1つの理由は，このような様態との動詞スロットをめぐる競合に求められる．[15]
　前述したように，英語と同じ衛星言語枠付け言語であるドイツ語は，高い直示の表現頻度を示す．これは，ドイツ語が直示専用のスロットを持つスロット非競合型言語であるという事実にその理由の一端が求められる．ドイ

---

[15] 英語には数は少ないが経路を表す動詞が存在するため（e.g. enter, ascend, pass）動詞語幹をめぐっては様態，経路，直示の3者が競合する．しかし，図18が示すとおり，主動詞による経路の指定は極端に少ない．

ツ語には動詞語幹から分離可能な接頭辞（前綴り）のスロットが2つ存在し，(9)のように1つ目のスロットが直示，2つ目のスロットが経路を表現するために使用される．

(9) Mein Freund hüpft die Treppe vor hin-auf.[16]
my friend skipped the stairs.ACC in.front.of thither-up
'My friend skipped up the stairs (in front of me) away from me.'

また，ドイツ語には英語の go に対応する gehen と，come に対応する kommen という直示動詞が存在するが，gehen は「歩行による移動」という様態的な意味を含んでいるため，WALK という様態場面の場合には直示との競合が解消される（つまり，gehen は WALK という様態と直示の両方を語彙化している）．これもドイツ語の直示指定頻度を高める一因となっている（古賀（近刊））．

ドイツ語と好対照をなすのがハンガリー語である．ハンガリー語もドイツ語同様，動詞接頭辞を持っているもののスロットが1つしかなく，このスロットをめぐって経路と直示が競合する．(10)のようにいずれか一方（この場合，経路）しかこの位置で表現することができない（(15)も参照）．

(10) A lány fel-gyalogol a lépcső-n felém.
the girl.NOM up-walk.3SG the stairs-SUP toward.me
'The girl walked up the stairs toward me.'

したがってハンガリー語も英語同様，スロット競合型言語であり，このため直示指定頻度が17言語中8位の0.69と比較的低い．ハンガリー語の直示指定頻度が英語よりも高い理由については3.5. で検討する．

動詞枠付け言語に分類されるフランス語において直示の指定頻度が比較的低い理由は，やはり直示専用のスロットがなく，動詞語幹をめぐって様態，経路，直示の3者が競合する状況にあるためである（守田（2008））．英語の現在分詞に相当する副動詞（フランス語文法ではジェロンディフと呼ばれる）構文が存在するものの，日本語の副動詞のような生産性がなく，特にこの構

---

[16] 例文のグロスにある略語は次のとおりである．ACC: accusative（対格）; ALL: Allative（向格）; NOM: nominative（主格）; SG: singular（単数）; SUP: superessive（上格）.

文で経路と直示の組み合わせ (e.g. 入ってくる) を表現することができない．そのため，図 4 に見られるように主動詞で直示を表す頻度は日本語と比較してかなり低く，フランス語では前置詞句による直示の表現が動詞によるものの 2.5 倍を数える (1 クリップあたりの指定数で，動詞 0.24 に対し前置詞句 0.6)．また，図 4 から，主動詞をめぐる競合は 60% に近い割合で経路が勝利し，直示は様態にすら競合に打ち勝つことが少ないことがわかる．

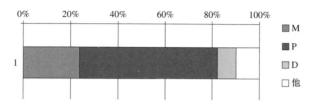

図 4: フランス語の主動詞における MPD 指定頻度

以上のように，動詞複合体に直示専用の表現スロットが存在するかどうかが，直示の表現頻度に影響を及ぼす重要な言語個別的要因となっている．

### 3.2.2. 様態について

次に，様態について考えてみよう．日本語の平均様態指定頻度は 0.85 とほぼ 17 言語の平均 (0.8) に値する．前述したとおり，日本語では様態，経路，直示の 3 つの意味要素をすべて表現に組み入れたければ，(7) のように副動詞構文を使用し動詞のスロットを増やすことができる．したがって，様態を表現するスロットは別の意味要素と競合しない専用スロットと考えられる．では，なぜ様態の指定頻度はそれほど振るわないのだろうか．

これを解く鍵は情報の際立ちにある．移動事象が言語化される際，表現に含まれる意味要素がすべて同程度の際立ちを有しているわけではなく，同一の情報であってもその表現を担う構成素の種類に応じて際立ちの度合いに違いが生じる．Talmy (2000) によれば，動詞に付随する要素である衛星を始めとする閉じたクラスに含まれる要素や主動詞によって表される情報は背景化されているのに対し，それ以外の要素で表される情報は前景化されているという．例えば，(11a) では様態が動詞によって背景的に表現されている．対して (11b) では動詞が直示を (背景的に) 表し，様態情報は文の必須要素ではない前置詞句によって前景的に提示されている．

(11) a. I *flew* to Hawaii last year.
　　b. I went to Hawaii *by plane* last month.
　　c. I went to Hawaii last month.　　　　(Talmy (2000: 128))

　さらに，背景的に提示された情報は処理に認知コストがあまり必要とされず，よって省略されるよりも表現される傾向が高い．前景的に表現された情報は処理により認知コストがかかり，したがってとりわけ注目に値する場合以外は (11c)（=様態），(11a)（=直示）のように省略される傾向が強い，と Talmy は主張する．[17]

　この Talmy の主張に照らして日本語の表現を見てみると，(7) のように様態は文の成立に必要のない動詞の非定形で典型的に表されているため前景化されている．これが日本語の様態指定頻度の低迷に繋がっていると考えられる．つまり，他の情報との競合のない専用スロットを持っていたとしても，そのスロットが情報を背景的に提示することができない構成素であった場合には，そこで当該の意味要素が表現される頻度は落ちる．一方で，定形・非定形の区別が形態的に個々の動詞に表示されない動詞連続 (serial verb) 構文における動詞スロットは，副動詞構文のそれとは異なり，情報を背景的に提示できるスロットと考えられ (Slobin (2004))，この構文を有する中国語やタイ語では様態の指定頻度が非常に高い（中国語とタイ語ともに約 1.13）．

　それでも様態情報の専用スロットを持たない言語と比較すると，日本語の様態指定頻度は比較的高いのではないかと思われるかもしれない．しかし，実際には様態の専用スロットを持たない動詞枠付け言語であるフランス語やイタリア語のそれと比較しても，日本語の様態指定頻度はそれほど高くない（フランス語：0.81；イタリア語：0.72）．この結果からわかることは，移動様態が注意を引くものであれば，専用スロットの有無にかかわらず，その様態は何らかの方法で表現に組み込まれるということである（例えば，図4からわかるとおり，フランス語では日本語よりも主動詞で様態が表される頻度がかなり高い）．この観察から，情報の前景・背景という際立ちに関する区

---

[17] Talmy (2000) は様態についてしか議論していないが，情報の背景化／前景化は直示にも適用できる．

別が，専用スロットの有無に優先すると言えるだろう．これは Slobin の一連の研究で報告されている観察と合致する結果であり，枠付けの類型や語彙化のパターンから予測できるものである．

一方，英語の場合はどうだろうか．先述のとおり英語は様態が直示と動詞語幹をめぐって競合する状況にある．しかし，様態の表現頻度は 0.97 と非常に高い．この事実を理解する鍵は，任意の意味要素内の異なる種類の情報にどれだけ一貫した注意を払うかという次の言語個別的要因と関連してくる．

### 3.3. 情報に対する注目の一貫性

本研究では，(6) に示した 3 種類の様態，経路，直示を含む移動の表現を扱っている．言語は同じ意味要素の中の異なる種類の情報（例えば，様態の中の WALK, RUN, SKIP）に，必ずしも同等の注意を払うわけではない．これが日英語の特に様態と直示の指定頻度の違いを生じさせる重要な要因となっている．

### 3.3.1. 様態について

日本語の様態指定頻度 (0.85) が 17 言語の平均 (0.8) 程度にとどまっている理由の 1 つは，Talmy (2000) や Slobin (1997, 2004) の指摘どおり，枠付けの類型や語彙化のパターンによってある程度予測ができる．前述したように，動詞枠付け言語である日本語においては，様態を前景的に提示する非定形動詞によって表すため，様態の指定はより多くの認知コストを要求する．したがって，様態の表現はそれがとりわけ注目に値するものである場合に限られる傾向があると予測される．図 5 が示すとおりこの予測は正しく，最も基本的なデフォルトの移動様態である WALK の平均指定回数は 0.5 とその他の RUN, SKIP といった際立った様態のそれよりも大幅に低い．[18]

---

[18] ところが，日本語と同様，生産的な副動詞構文を持つ動詞枠付け言語のモンゴル語では，様態専用の表現位置が日本語と同じく非定形動詞であるにもかかわらず，WALK に対する指定頻度も RUN や SKIP 同様に非常に高く (0.87)，様態全体の平均指定頻度も実に 17 言語中 2 位の 1.18 を誇る．これは明らかに予測に反する結果であり，今後の解明が待たれる．

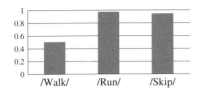
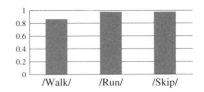

図 5: 日本語の様態種類別指定頻度　　図 6: 英語の様態種類別指定頻度

これに対して衛星枠付け言語である英語の場合，図 6 に見られるように WALK の平均指定回数は 0.85 と非常に高く RUN や SKIP とそれ程大差がない．

様態の平均指定頻度が 17 言語中上位に位置する言語は一様に，すべての種類の様態に一貫した注意を向けている．図 7 と図 8 はそれぞれ 17 言語中 3 位の中国語（1.13）と 4 位のタイ語（1.12）の種類別様態平均指定回数を示している．

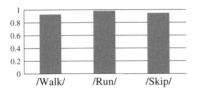
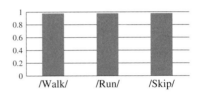

図 7: 中国語の様態種類別指定頻度　　図 8: タイ語の様態種類別指定頻度

注意が必要なのは，衛星枠付け言語であれば 3 つの種類の様態に必ず一貫した注意を向けるわけではないという事実である．例えばハンガリー語は衛星枠付け言語に属するが，図 9 が示すように WALK の言及頻度はかなり低く，動詞枠付け言語の日本語にも及ばない．

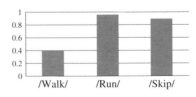

図 9: ハンガリー語の様態種類別指定頻度

ハンガリー語は英語同様，動詞語幹の位置で様態と直示が競合する状況にある．では，英語とハンガリー語でなぜこのような様態に関する違いが現れる

のだろうか．この疑問に答えを出すためには，様態と競合する直示に対してそれぞれの言語がどれほどの注意を払うのかに着目する必要がある（3.5. 参照）．

### 3.3.2. 直示について

様態についてもそうであったように，言語は異なる種類の直示情報に必ずしも同等の注意を向けるわけではない．日本語と英語の直示指定頻度に大きな相違をもたらす要因はここにある．図 10 からわかるとおり，日本語は Twd S, Awyfrm S, Neutral のすべての直示的区別にほぼ一貫した注意を向けている．

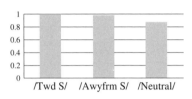

図 10: 日本語の直示種類別指定頻度

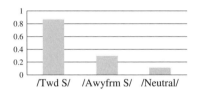

図 11: 英語の直示種類別指定頻度

一方，図 11 に見られるように，英語母語話者は Twd S には敏感であるが，それ以外の直示情報については無関心であることが多く，表現しない傾向が非常に強い．実際，平均直示指定頻度が 17 言語中上位の言語では，日本語と同様にすべての種類の直示場面において，ほぼ一貫して直示情報を表現している．図 12 は直示指定頻度 2 位のクプサピニ語（1.46），図 13 は 3 位のネワール語（1.25）の種類別平均直示指定回数を示す．

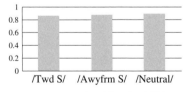

図12: クプサピニ語の直示種類別
指定頻度

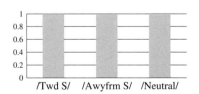

図13: ネワール語の直示種類別
指定頻度

興味深いことに，他の情報と競合することなく直示情報を表現することが可能な統語スロットを持ったスロット非競合型言語であるからといって，す

べての直示的区別に敏感で総合的に高い直示指定頻度を示すとは限らない．中国語は，(12) のように動詞連続 (serial verb) 構文を利用して様態，経路，直示をそれぞれ別のスロットで表現可能である．

(12)　Péngyou zǒu　jìn　　xiūxitíng lái.
　　　friend　 walk enter pavilion　come
　　　'My friend walked into the pavilion toward me.'

ところが，中国語の平均直示指定回数は 0.67 と 17 言語の平均 (0.8) にも及ばず，17 言語中 11 位に位置する．これは，図 14 から明らかなように専用スロットを持ちながらも Twd S 以外の直示に関する区別にそれほど関心を示さない傾向に起因する．[19] やはり動詞連続構文を具有し，中国語と類似する類型論的特徴を持つタイ語は，図 15 のようにすべての直示場面においてかなり高い直示言及率を示し，平均直示指定回数は 1.10 と 17 言語中 6 位に位置する．[20]

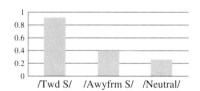
図 14: 中国語の直示種類別指定頻度

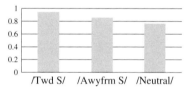
図 15: タイ語の直示種類別指定頻度

副動詞構文を持つ日本語とモンゴル語を比較しても同様のことが言える．両言語とも直示専用のスロットを持っているが，日本語は平均直示指定頻度が 1.15，モンゴル語は 0.88 (17 言語中 8 位) とかなりの開きがある．図 16

---

[19] 中国語では，経路の種類が TO である場合には着点句を様態動詞の前に置く語順と，様態動詞の後に置く語順の 2 つの選択肢がある．前者の場合には直示動詞の使用が必須となるが，後者の場合には動詞による直示への言及が不可能となる．この事実が中国語における直示指定頻度の低化を生む一因となっていると考えられる．

[20] 中国語やタイ語のような動詞連続構文を持つ言語では，主動詞を認定することが困難なため，Talmy の類型論に位置づけるのが難しい．Slobin (2004) はこれらの言語を等位枠付け言語 (equipollently-framed language) と名付け，動詞枠付け言語とも衛星枠付け言語とも異なるタイプとしている．

から明らかなように，この原因は，日本語とは異なり（図 10 参照）モンゴル語は Twd S 以外の直示情報にそれほど注目しないという事実にあり，したがって主動詞に直示が現れる頻度も，図 17 のように日本語（図 3 参照）と比べてかなり低くなっている．[21]

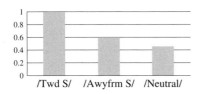

図 16: モンゴル語の直示種類別指定頻度

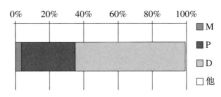

図 17: モンゴル語の主動詞における MPD 指定頻度

また，図 16 の特徴を反映して，直示が主動詞の位置を占める頻度が Twd S の場面では実に 90% 程であるにもかかわらず，それ以外の場合には日本語と比較して経路が主動詞を占める頻度が高いことが，図 18 と 19 の比較において顕著に見られる．

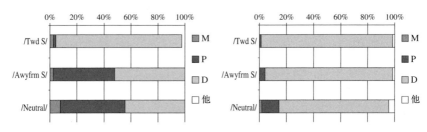

図18: モンゴル語 D 別主動詞位置情報　　図19: 日本語 D 別主動詞位置情報

以上の観察から，3.2. で議論した専用スロットの有無は，ここで議論の対象となっている同一意味要素内の区別に対する注意の一貫性とは独立の要因と捉えられる．

調査した 17 言語のうち，平均直示指定頻度が下位の言語も含めたすべての言語で，直示専用スロットの有無に関係なく Twd S はかなりの頻度で表

---

[21] しかし，専用スロットを持たないフランス語（図4）に比べると主動詞における直示の指定がかなり高いことに注意．

現されている（最下位のタガログ語でさえ 0.7 という値である）．これは，話者の方向への移動は特に注目の対象として捉えられる傾向が通言語的に見られることを示唆する．したがって，（背景的に情報を提示できる）直示専用のスロットを持たない言語（e.g. 英語やフランス語など）でも，余計な認知コストを払ってまで前置詞句や後置詞句といった文成立に必要のない要素を利用して Twd S の場面では直示を積極的に表現する傾向にある．この事実を踏まえると，Twd S 以外の Awyfrm S と Neutral にどれだけ注目するかが全体的な直示表現頻度の高低を決定づけるとりわけ重要な要因となっている．そして，認知コストのことを考えると，この情報を側置詞句ではなく，主動詞や動詞接辞，もしくはその両方で表現できる言語（e.g. 日本語，タイ語，ドイツ語，クプサピニ語など）が直示を高頻度に表現するのに特に有利な言語と言えるだろう．

### 3.4. 多重指定について

移動にかかわる意味要素の表現頻度を左右する更なる要因として，多重指定の可能性が挙げられる．様態の多重指定はあまり一般的ではないため，ここでは直示に焦点を絞って議論する．

多重指定とは，(13) のように同様の情報を複数の形態統語的手段で表示することを指す．

(13) a. 友人がこちらに向かって歩いて来ました．（A9-28, 5）
　　 b. My friend came into the pavilion toward me.（A9-10, 14）

(13a) の日本語の例では「こちらに」という後置詞句と「来る」という主動詞によって，(13b) の英語の例では come という動詞と toward me という前置詞句によって直示情報が二重に表現されている．両言語のこのような多重指定の頻度を以下の図 20-21 に示す．

第15章　自律移動表現の日英比較　　　　　　　　　　237

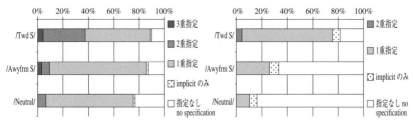

図 20: 日本語の直示多重指定　　　図 21: 英語の直示多重指定

　図 20 と 21 の比較から明らかなように，Twd S については日本語では 40%
程の確率で二重指定が見られるのに対し，英語ではわずか 5% ほどしか二
重指定が見られない．17 言語中，平均直示指定頻度で上位に位置する言語
では，このような多重指定がかなり見られることから，多重指定も直示表現
頻度に影響を及ぼす一因と考えられる．
　直示の多重指定を可能にする条件は，言うまでもなく直示を表現するため
の形態統語的手段を複数有することである．よって，直示動詞や直示接頭辞
を持たないタガログ語やロシア語は多重指定が少ないことが予想されるが，
実際に両言語においては三重指定はもちろん，二重指定もほとんどなく，全
体的な直示指定頻度はかなり低い（タガログ語は最下位，ロシア語は 14 位）．
英語はタガログ語やロシア語とは違って直示動詞を有しているにもかかわら
ず，なぜ図 21 のように二重指定がほとんど存在しないのだろうか．答えは
次節で検討する．

### 3.5. 各要因の相互作用

　ここでは，移動にかかわる意味要素の表現頻度を決定づける言語個別的要
因として挙げた①他の情報との競合なしに当該の情報を表現する専用スロッ
トの有無，②同一意味要素内の異なる区別に対する注意の一貫性，③意味要
素の多重指定と意味要素を表現するための形態統語的手段の数，がどのよう
に相互作用するのかを英語を例にとって検討しよう．
　まず，英語は動詞のスロットをめぐって様態と直示が競合する状態にあ
る．様態と直示を両方表現しようとした場合，主動詞をめぐる競合に直示が
勝利し，競合に敗れた様態が非定形動詞で表現される（14a）のような表現
パターンと，主動詞をめぐる競合に様態が勝利し，敗れた直示が前置詞句に

現れる (14b, c) の表現パターンが可能である．

(14) a. My friend came into the pavilion skipping. (A9-18, 21)
b. My friend skipped into the pavilion toward me. (A9-16, 17)
c. My friend skipped up to me into the pavilion. (A9-16, 20)
d. My friend skipped into the pavilion. (A9-17, 2)

図 11 で既に確認したように，英語は直示のうち Awyfrm S と Neutral については注目しない傾向にある．一方で，英語はすべての種類の様態に高い注目を示す．したがって，様態と Awyfrm S, Neutral が主動詞をめぐって競合する状況の場合には，あまり注目の対象にならない後者は競合相手として弱小であるため様態が競合に容易に勝利する．そして，前置詞句で表現された情報は前景化されており，その処理には余計な認知コストがかかるため，(14d) のように Awyfrm S と Neutral の場面では直示が表現されない傾向が顕著に見られる．問題が生じるのは，様態と Twd S が主動詞をめぐって競合する場合である．図 6 と図 11 からわかるとおり，様態にとって際立ちを持つ Twd S はかなり強力な競合相手となる．この競合の解決として，(14a) の表現手段がより多く取られるのか，それとも (14b, c) のような表現手段がより好まれるのだろうか．

図 22 は，英語において主動詞で様態 (M)，経路 (P)，直示 (D) が表現された頻度を，図 23 は直示の表現位置を示している．

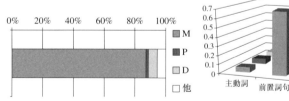

図 22: 英語主動詞 MPD 指定頻度　　図 23: 英語の D 表現位置

図 22 からわかるとおり，英語では 80% 以上の確率で様態が主動詞の位置を占めており，直示が主動詞で表現されるのは 10% にも満たない．また，図 23 から明らかなように，Twd S は圧倒的に前置詞句によって表現されている（主動詞：0.063 vs. 前置詞句：0.7）．この結果から様態と Twd S が競

合する際，様態が主動詞の位置を獲得する（14b, c）の選択肢が圧倒的に好まれることが明らかである．前置詞句による Twd S の指定は余計な認知コストを必要とするが，この情報は注目に値する情報であるため表現に組み入れられる．

以上の議論から英語において直示の多重指定が少ない理由も説明できる．直示の二重指定を行うためには主動詞と前置詞句を両方利用して直示を表現する必要があるが（(13b) 参照），主動詞で表される概念は圧倒的に様態である確率が高いため，直示の指定は前置詞による一重指定に留まらざるを得ないということになる．

この点において，英語はハンガリー語と好対照を成すと言える．ハンガリー語も英語同様，様態と直示が主動詞のスロットをめぐって競合する．また前述のとおり，ハンガリー語は動詞接頭辞のスロットを持つが，ドイツ語とは異なりこのスロットが1つしか存在せず，これをめぐって経路と直示が競合する．このように，ハンガリー語も英語同様，スロット競合型言語であるが，英語（0.44）と比べて平均直示指定頻度が 0.77 と比較的高い．これはなぜだろうか．

ハンガリー語の直示指定頻度が英語のそれと比較してかなり高い理由は2つある．まず1つ目は，ハンガリー語では直示情報を表現する形態統語的手段が豊富に存在するため，(15) のように専用のスロットがなくても多重指定が可能である（江口（近刊））．

(15) A  lány      ide-jött          hozzám.   (A29-01, 13)
     the girl.NOM hither-came.3SG  1SG.ALL
     'The girl came to me.'

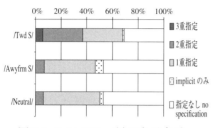 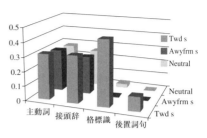

図24: ハンガリー語の直示多重指定　　図25: ハンガリー語のD表現位置

(15) では，下線を引いた動詞接頭辞，動詞語幹，格標識を伴った名詞句という3つの要素によってTwd Sが表現されている．図24からわかるとおり，ハンガリー語ではこのような多重指定（二重指定）が特にTwd Sの場面で40%に近い割合で起こり，図25に見られるように直示を表現する複数の要素が飛びぬけて高頻度ではないものの，比較的まんべんなく使用されていることがわかる．

　2つ目の理由は，様態に対する注目の一貫性における違いである．図6からわかるように，英語は3つの種類の様態すべてを高頻度で表現する傾向にある．一方，ハンガリー語は図9が示すように，WALKは無視して表現しない傾向が強い．また，図26からわかるように，直示についてはTwd Sへの言及率が高いものの，その他の直示的区別についても比較的高い注目度を示している．したがって，動詞語幹をめぐって様態と直示が競合する際，英語のように様態の圧勝という単純な決着にはならない．とりわけ，様態がWALKである場面においては，直示が競合に勝利し主動詞の位置を占める傾向が実に60%を超えていることが図28からわかる．このように，ハンガリー語では直示の区別について比較的敏感であり，WALKという様態については比較的無関心であるため，図27に見られるように様態との競合に直示が勝利し，主動詞の位置を獲得して表現される度合いが英語と比較して高い．

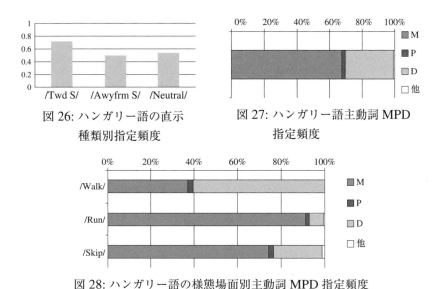

図 26: ハンガリー語の直示
種類別指定頻度

図 27: ハンガリー語主動詞 MPD
指定頻度

図 28: ハンガリー語の様態場面別主動詞 MPD 指定頻度

以上のように，この節で議論した移動の意味要素の表現頻度を決定づける要因は，それぞれ複雑に絡み合っており，表現頻度を適切に理解するには，その相互作用に目を向けることが不可欠である．

## 4. まとめ

本章では，通言語的な観点から日本語と英語の自律移動表現を，枠付けの類型や語彙化のパターンの他に，両言語の言語個別的な特徴に注目して考察した．実際の言語使用に現れる動詞枠付け言語，衛星枠付け言語という類型間の多様性のある側面は，第 1 節で見たようにそれぞれのタイプの語彙化のパターンや構造的特徴に基づいて適切に説明される．しかし，同一類型内に見られる移動にかかわる意味要素の表現頻度の違いを説明するうえで，言語個別的特徴を無視することはできない．本章では，異なる類型に属する日本語と英語の対照から出発し，情報の表現頻度における両言語の差異の少なからぬ部分が，形態統語スロットをめぐる情報間の競合，同一意味要素内の区別に対する注意の一貫性，情報の多重指定の可能性といった類型を横断する言語個別的特徴を考慮してはじめてその全体像を現すことを，様々な言語

との比較を通して示した.

　本研究ではこれまで議論の中心とされることの少なかった直示表現に特に注目した. Talmy (1991, 2000) では，直示は経路の一種とされているものの，動詞枠付け言語だけでなく，英語，ドイツ語，ハンガリー語など多くの衛星枠づけ言語にも直示を語彙化した基本動詞が存在する. このことからもわかるように，直示を経路の一種と捉えたとしても，それは特殊な位置づけとならざるを得ず，またその表現頻度は枠付けの類型や語彙化のパターンに照らして説明することは不可能である. これが本研究の出発点となった問題意識であり，直示表現の頻度の差異を考察する中で，ここで議論した言語個別的な特徴の重要性を見出すに至った.

　最後に，直示情報の表現頻度を決定づける要因として，本章では真正面からは扱わなかった主体性 (subjectivity) の問題について少し触れて結論としたい (池上 (2006), 本多 (2005), Langacker (1985)). 直示移動表現は，発話参与者，発話場所を本質的に概念内容に含む主体的表現の典型と捉えられる. 話者は描写しようとしている状況を客体化して眺めるのではなく，その内側に入り込んで主体的に把握し，その状況を自分との関わり (つまり (6c) に挙げた Twd S, Awyfrm S, Neutral) から述べることになる. 近年の研究から，主体性には言語によって程度の差があり，ある言語はより主体的な事態把握を好むのに対し，別の言語は概念化の主体と概念化の客体を切り離して外側から状況を眺める，より客体的で鳥瞰的な事態把握を好むというように，段階性が存在することがわかってきた (Uehara (2006)).

　主体性の観点から日本語と英語の自律移動比較してみると，直示表現頻度の高い日本語の方が英語よりも主体性が高いと言えるかもしれない. しかし，注意が必要なのは，英語の直示表現頻度が低いのは，専用スロットの欠如やその表現を担う要素の数が限定的であるといった構造的な (より正確には語彙・形態的な目録にかかわる) 側面によるところが大きい. むしろ，主体性による説明，類型論的比較がより意味を持つのは，例えば日本語，モンゴル語，中国語のように，いずれも直示情報を他の意味要素との競合なしに表現することが可能なスロットを有するという同一の条件を満たしている場合ではないだろうか. 移動表現の成立に必要不可欠な意味要素ではない直示情報を，日本語ではこの専用スロットを大いに活用して表現するのに対し，中国語では特にそれが Awyfrm S や Neutral の場合にはわざわざそのよう

な労を取らないことが多い．この観察から日本語の方が中国語よりも主体性が強いと言える．そして，モンゴル語の直示指定頻度は日本語よりも低く，中国語よりも高いことから，主体性において日本語と中国語の中間に位置すると考えられる．これにより「日本語＞モンゴル語＞中国語」という主体性の度合いの序列が想定できる．

## 参考文献

秋田喜美・松本曜・小原京子（2010）「移動表現の類型論における直示的経路表現と様態語彙レパートリー」『レキシコン・フォーラム No. 5』1-25，ひつじ書房，東京．

Aske, Jon (1989) "Path Predicates in English and Spanish: A Closer Look," *BLS* 16, 1-14.

Beavers, John, Beth Levin and Shiao Wei Tham (2009) "The Typology of Motion Expressions Revisited," *Journal of Linguistics* 46, 331-377.

Berman, Ruth and Dan I. Slobin, eds. (1994) *Relating Events on Narrative: A Crosslinguistic Developmental Study*, Lawrence Erlbaum, Hillsdale.

江口清子（近刊）「ハンガリー語における移動表現」松本曜（編）『移動表現の類型論』くろしお出版，東京．

Haspelmath, Martin and Ekkehard König, eds. (1995) *Converbs in Cross-Linguistic Perspective: Structure and Meaning of Adverbial Verb Forms—Adverbial Participles, Gerunds*, Mouton de Gruyter, Berlin.

本多啓（2005）『アフォーダンスの認知意味論』東京大学出版，東京．

Ikegami, Yoshihiko (1970) *The Semological Structure of the English Verbs of Motion: A Stratificational Approach*, Sanseido, Tokyo.

池上嘉彦（2006）『英語の感覚・日本語の感覚』NHKブックス，東京．

Jackendoff, Ray (1983) *Semantics and Cognition*, MIT Press, Cambridge, MA.

古賀裕章（近刊）「日英独露語の自律移動表現―対訳コーパスを用いた比較研究」松本曜（編）『移動表現の類型論』くろしお出版，東京．

Koga, Hiroaki, Yulia Koloskova, Makiko Mizuno and Yoko Aoki (2008) "Expressions of Spatial Motion Events in English, German, and Russian: With Special Reference to Japanese," *Typological Studies of the Linguistic Encoding of Motion Events*, ed. by Christine Lamarre, Toshio Ohori and Takahiro Morita, 13-44, Century COE Program, Center for Evolutionary

Cognitive Sciences at the University of Tokyo.

Langacker, Ronald W. (1985) "Observation and Speculations on Subjectivity," *Iconicity in Syntax*, ed. by John Haiman, 109-150, John Benjamins, Amsterdam/Philadelphia.

Levin, Beth and Malka Rappaport Hovav (to appear) "Lexicalization Patterns," *Oxford Handbook of Event Structure*, ed. by Robert Truswell, Oxford University Press, Oxford.

Levinson, Stephen and David Wilkins, eds. (2006) *Grammars of Space*, Cambridge University Press, Cambridge.

Matsuse, Ikuko (2015) "Motion Expressions in Newar: Prominence of Deictic Causative Verbs," *Paper presented at the NINJAL International Symposium: Typology and Cognition in Motion Event Descriptions*, Jan. 24-25 at National Institute for Japanese Language and Linguistics.

Matsumoto, Yo (2003) "Typologies of Lexicalization Patterns and Event Integration: Clarifications and Reformulations," *Empirical and Theoretical Investigations into Language: A Festschrift for Masaru Kajita*, ed. by Shuji Chiba, 403-428, Kaitakusha, Tokyo.

宮島達夫（1984）「日本語とヨーロッパ語の移動動詞」国語学会（編）『金田一春彦博士古希記念論文集（第二巻：言語学編）』三省堂，東京.

守田貴弘（2008）「日本語とフランス語の移動表現──類型内の多様性」ラマール・クリスティーン，大堀壽夫・守田貴弘（編）『空間移動の言語表現の類型論的研究』2, 45-68, 東京大学21世紀COEプログラム「心とことば──進化認知科学的展開」報告書.

Papafragou, Anna, Christine Massey, and Lila Gleitman (2002) "Shake, Rattle, 'n' Roll: The Representation of Motion in Language and Cognition," *Cognition* 84, 189-219.

Slobin, Dan I. (1996) "From 'Thought and Language' to 'Thinking for Speaking,'" *Rethinking Linguistic Relativity*, ed. by John J. Gumperz and Stephen C. Levinson, 70-96, Cambridge University Press, Cambridge.

Slobin, Dan I. (1997) "Mind, Code, and Text" *Essays on Language Function and Language Type: Dedicated to Givón*, ed. by Joan Bybee, John Haiman and Sandra Thompson, 437-467, John Benjamins, Amsterdam/Philadelphia.

Slobin, Dan I. (2000) "Verbalized Events: A Dynamic Approach to Linguistic Relativity and Determinism," *Evidence for Linguistic Relativity*, ed. by Susanne Niemeier and Rene Dirven, 107-138, Mouton de Gruyter, Berlin.

Slobin, Dan I. (2004) "Many Ways to Search for a Frog," *Relating Events in Narrative, Vol. 2: Typological and Contextual Perspectives*, ed. by Sven Strömqvist and Ludo Verhoven, 219-257, Laurence Erlbaum Associates, New Jersey/London.

Slobin, Dan I. and Nini Hoiting (1994) "Reference to Movement in Spoken and Signed Languages: Typological Considerations," *BLS* 20, 487-505.

Strömpvist, Sven and Ludo Verhoeven, eds. (2004) *Relating Events in Narrative, Vol. 2: Typological and Contextual Perspective*, Laurence Erlbaum Associates, New Jersey/London.

田中茂範・松本曜 (1997)『空間と移動の表現』研究社出版, 東京.

Talmy, Leonard (1975) "Semantics and Syntax of Motion," *Syntax and Semantics, Vol. 4*, ed. by John Kimball, 181-238, Academic Press, New York.

Talmy, Leonard (1985) "Lexicalization Patterns: Semantic Structure in Lexical Forms," *Language Typology and Syntactic Description, Vol. 3: Grammatical Categories*, ed. by Timothy Shopen, 57-149, Cambridge University Press, Cambridge.

Talmy, Leonard (1991) "Path to Realization," *BLS* 17, 480-519.

Talmy, Leonard (2000) *Toward a Cognitive Semantics*, MIT Press, Cambridge, MA.

Uehara, Satoshi (2006) "Toward a Typology of Linguistic Subjectivity: A Cognitive and Cross-linguistic Approach to Grammaticalized Deixis," *Subjectification: Various Path to Subjectivity*, ed. by Athanasiadou Angeliki, Costas Canakis and Bert Cornillie, 75-117, Mouton De Gruyter, Berlin/New York.

Wienold, Götz (1995) "Lexical and Conceptual Structures in Expressions for Movement and Space: With Reference to Japanese, Korean, Thai, and Indonesian as Compared to English and German," *Lexical Knowledge in the Organization of Language*, ed. by Urs Egli, Peter E. Pause, Christoph Schwarze, Armin von Stechow and Götz Wienold, 301-340, John Benjamins, Amsterdam.

Zubizarreta, Maria Luisa and Eunjeong Oh, eds. (2007) *On the Syntactic Composition of Manner and Motion*, MIT Press, Cambridge, MA.

第 16 章

# 「スロット」に基づく分析と日本語
## ―日本語研究の立場からみた古賀論文―

三宅知宏（大阪大学）

## 1. はじめに

　この小論は，古賀論文に対し，個別言語としての日本語の研究の立場から，いくつかの点を指摘し，今後の展開について可能性の示唆を行うことを目的とする．

## 2. 古賀論文の意義

　自律移動の表現について，個別言語の観察にとどまらない言語間の対照研究／類型論的研究の視座に基づく分析がなされている点において，さらに，ビデオクリップを使った実験的手法を用いている点において，古賀論文は，従来の研究にない画期的な論考であると言えよう．
　実際，古賀論文には，個別言語の観察だけでは気づかれないようなこと，また実験的手法に基づかなければ実証できないようなこと等が，数多く示されている．
　とりわけ興味深いのが，自律移動の表現に関する対照研究／類型論的研究のためのモデルを提示していることである．そのモデルを用いて，具体的な言語，特に日英語が分析されているのであるが，別の見方をすれば，古賀論文は，具体的な言語の分析を通して，このモデルの有効性を実証しようとしているとも言える．
　そしてそれは成功しているように思われる．
　一方で，このようなモデルに関しては，他の言語との対照を前提としない

個別言語の研究の立場からすると，気になる点がいくつか指摘できることも事実である．

複数の言語，しかも系統の異なった言語を対照するためのモデルは，どの言語にも適用できるような，ある種の「単純化」が求められることになる．もちろんこれは批判されるべきことではない．対照研究のためのモデルとしては必要なことだからである．

しかしながら，他の言語との対照を前提としない個別言語の研究の立場から見ると，この「単純化」が「物足りなさ」につながってしまう面があることも否めない．

そのような面について，日本語という個別言語の研究の立場から見た場合に指摘できる点を，次節において述べてみたい．

## 3.「スロット」に基づく分析

紙幅の関係上，古賀論文において，中心的な働きをしている「スロット」という概念を用いた分析に焦点をあてて，指摘することとしたい．

古賀論文では，移動事象における意味要素として，「様態」「経路」「直示」の3つが仮定されている．そして，それらが表現される統語的な「スロット」も仮定され，特定の意味要素に専用のスロットがあるかないか，換言すると，1つのスロットに複数の意味要素が「競合」するかしないか，という観点から分析がなされている．

例えば，次の (1a, b) のように，日本語は，様態，経路，直示をすべて表現したい場合には，「副動詞 (converb)」(テ形や連用形) を用いて，スロットを増やすことができるため，「スロット非競合型言語」であると見なされるが，英語は，様態と直示が動詞語幹をめぐって競合する「スロット競合型言語」であるとされる．結果として，英語では，(2a-c) のように，様態と直示のいずれかが省略されるか，直示を前置詞句に追いやることにより，競合の解決が図られることになる．

(1) a. 友人が休憩所の中に<u>走って入って来ました</u>．（様態／経路／直示）
  b. 友人は階段を<u>駆け上がって行った</u>．（様態／経路／直示）
(2) a. Maria came into a pavilion. （動詞語幹は直示，様態は省略）

b. The man skipped up the steps. （動詞語幹は様態，直示は省略）
   c. The guy walked up the stairs away from me.
   　　　　　　　　　　　　（動詞語幹は様態，直示は前置詞句）

　このようなスロットという概念を用いた分析は，おそらく個別の言語だけの観察からは生まれないものと思われ，大変，興味深い．
　しかしながら，日本語の言語データを詳細に見た場合，いくつか指摘したい点が浮かび上がる．以下に箇条的に3点ほど示す．

① 「様態」「経路」「直示」の区分
　前述したところがあるように，古賀論文において，「様態」「経路」「直示」という意味要素の3区分は非常に重要なものである．ただし，この区分に関しては，曖昧な部分が残されているように思われる．
　まず，「直示」については，これの下位分類として，"TOWARD THE SPEAKER（話者の方向へ）"，"AWAY FROM THE SPEAKER（話者から離れて）"，"NEUTRAL（話者とは中立の方向へ）"の3つがあげられているが，この内，"NEUTRAL（話者とは中立の方向へ）"が「直示」だと言われても，にわかには理解しにくい．古賀論文中でも，これが直示であることは，そのように捉えると述べられているだけで，具体的な根拠が示されているわけではない．実際，直示の例としてあげられている動詞"行く"はたしかに直示としての用法も持っているが，次のような例が，直示の表現であるとは考えにくい．

　　(3)　太郎が東京から大阪へ行った．

　古賀論文で，直示とされている動詞"行く"や"来る"等は，一般的には，「移動」そのものを表す動詞（「移動動詞」）とされているものであり，そしてそれは，"走る"や"歩く"等の「移動の様態」を表す動詞（「移動様態動詞」）とは異なるタイプとされるものである．なお，古賀論文で，経路とされている動詞"入る"や"上がる"も同じく「移動動詞」である．

　　(4)　「移動動詞」：行く，来る，入る，上がる，出る，帰る，着く，等．
　　(5)　「移動様態動詞」：走る，歩く，泳ぐ，這う，（スキーで）滑る，等．

この区別をすべき根拠の1つが，日英語の対照でよく知られている［着点］名詞句の生起可能性である．[1]

(6) a. 太郎が駅に行った．
    b. *太郎が駅に歩いた．
(7) a. John went to the station.
    b. John walked to the station.

上の (7) に見られるように，英語は，主動詞が「移動」でも「移動様態」でも，［着点］の生起が可能であるが，日本語では，(6) のように，「移動」は可能でも「移動様態」は不可能である．(6b) を文法的にするためには，主動詞をテ形にして，"いく"等の移動を表す補助動詞を後接させる必要がある．[2]

(8) 太郎が駅に歩いていった．

この場合の"歩いて"と"いく"の関係は，まさに「移動様態」と「移動」の関係であり，"徒歩で行った"と言い換えてもよいような関係となっている．[3] "歩く"が移動そのものではないことを示していると言える．

語順を入れ替えて，次例のようにした場合，2つの事態が継起するというような意味にしかならないことが示唆的である．移動そのものが移動様態を修飾することはできないからであろう．

(9) 太郎が駅に行って歩いた．

さて，"行く""来る"タイプの動詞を，直示と呼ぶだけだと，上で見てきたような事実をうまく説明に取り込むことが難しいと思われる．

また，移動の様態を表す動詞と対比される，移動そのものを表す動詞（移

---

[1] この現象の詳細は，三宅 (2015b) を参照されたい．
[2] 他にも，"〜に"を"〜まで"に変えても文法的になるが，"〜まで"にすると［着点］ではなくなるので，ここでの議論とは関係がない．詳細は，三宅 (2007) を参照．
[3] 前述の (1) のように，"入る"のような移動動詞に後接した場合の補助動詞は，たしかに「直示」として働いているように見える．すでに移動であることは表されているので，補助動詞は移動を表す必要はなく，結果として，直示性が前景化していると言えるかもしれない．「直示」をこのようなものに限定すれば，分かりやすくなるように思われる．

動動詞）が，このモデルにおいてどのように位置づけられるのかについての議論もほしいところである．

② 「テ形」

古賀論文で，「副動詞（converb）」と呼ばれるものは，日本語では「テ形」「連用形」とされている．この場合の「連用形」は，データを見る限り，いわゆる複合動詞の前項のことだと思われる．いわゆる複合動詞の前項と，「テ形」を同じレベルのものとして扱うことには，多少の抵抗を覚えるが，この点はここでは不問とする．

ここで注目したいのは，「テ形」として一括されているものの中に，統語的に異質のものが含まれていることである．前掲の（1a）を次に（10）として再掲する．

(10) 友人が休憩所の中に走って入って来ました．

この例における，2つのテ形は，質的に異なると言わざるを得ない．

最初の"走って"は，いわゆる副詞節としての「テ節」を形成するテ形である．テ節は，「付帯状況」「手段・方法」「原因・理由」等，様々な用法を持つとされるが，これはその中の「付帯状況」の用法であると考えられる．そのため，様態を指定しているかのように見えるが，しかしこれはあくまで独立した従属節と見るべきものであり，述語の一部を形成するものではない．

これに対し，2つ目の"入って"は，後接する補助動詞"くる"とともに，ある種のまとまりを持っていると言える．補助動詞に前接するテ形は，複合動詞の前項とは異なり，後接する補助動詞と完全に一語化しているわけではないが，独立した句であるとも言えない．この根拠をここで詳細に論じることは紙幅が許さないので，三宅（2015a）を参照されたい．要するに，この"入って"は"くる"とゆるい結びつきで1つの述語を形成しているとみなせるのである．

「副動詞を用いてスロットを増やす」というような，副動詞が同質であることを前提としているような記述が散見されるが，統語的なスロットとしての異質性に気を配ることがあってもよいように思われる．

テ形については，「独立したテ節」，「補助動詞に前接する要素」だけでな

く，次のようなものもまた異質なものとして指摘できる．

　英語には，"through""over""across""along"等の移動の「通過点[4]」を表す前置詞が豊富にあるが，日本語では，これを表す専門の後置詞（格助詞）が体系的に欠如している．従って，和訳する際には，"〜を通って""〜を越えて""〜を横切って""〜に沿って"等と，複雑形を用いなければならないが，その際，テ形が現れるのである．このようなテ形を含む複雑形は，一般に「複合格助詞」と呼ばれることもある．いわゆる「文法化」が起こっている例とみなすことができる（三宅（2005）を参照）．文法化（機能語化）が起こっているとしたら，先に述べたテ形とはやはり性質が大きく異なると言わざるを得ない．次の例のテ形は統語的にすべて異質ということである．

（11）　太郎は　手をあげて　道を横切って　歩いていった．

　このような異質性に着目した上で，スロットについて再検討してみる必要があるように思われる．

③　スロットと統語構造

　スロットという概念をさらに拡大する可能性を考えてみよう．スロット競合型言語か否かという，言語単位での絶対的な議論だけではなく，1つの言語内においても，スロットが競合する場合としない場合があるという，相対的な議論の可能性を探るということでもある．

　三宅（2011）で分析されている，移動の［起点］の格標示を取り上げる．

　日本語において，［起点］は，専門の後置詞である"から"だけでなく，いわゆる構造格／文法格である対格（"を"）によっても標示されることがあると言える．

（12）　太郎が　部屋（から／を）出た．

対格は意味的に［起点］と対応しているとは思えないので，上のような例において，対格で標示される場合は，［起点］の意味は動詞自体に取り込まれているとみなすことができる．それに対し，"から"の場合は，動詞ではな

---

[4] 本来なら，この意味で「経路」という用語を使いたいのだが，古賀論文では，この用語を別の意味で用いているので，誤解を避けるため，ここでは「通過点」を使うことにする．

く，後置詞で［起点］が標示されていることになる．言わば，対格の場合が「動詞枠付け」的，"から"の場合が「衛星枠付け」的とでも言いたくなる現象である．[5]

さて，対格による［起点］の格標示には，いくつかの制約があることが知られている．その1つが「意図性」による制約である．上の（12）と対比しつつ，次例を見られたい．

(13) 煙が 煙突（から／*を）出た．

非意図的な行為の場合は，対格による標示ができないのである．

意図性を，いわゆる「非対格性」の要因だとすると，同じ"出る"でも，(12)は「非能格動詞」，(13)は「非対格動詞」ということになる．いわゆる非対格性の仮説によると，非能格動詞と非対格動詞では，主格名詞句の統語的な生起位置が異なるとされ，前者は，他動詞の主格名詞句と同じ位置なのに対し，後者は，他動詞の対格名詞句の位置であるとされる．図示すると以下のようになる．

(14) a.　他動詞　　　：（［主格名詞句］　（［対格名詞句］　［動詞］））
　　 b.　非能格動詞：（［主格名詞句］　（　　　　　　　　　［動詞］））
　　 c.　非対格動詞：（　　　　　　　　　（［主格名詞句］　［動詞］））

非対格動詞の場合，本来，対格名詞句が生起する位置が，既に主格名詞句で埋まっているというところに特徴がある．[6]

上のような非対格性の仮説と，対格は構造的に認可される格であるという仮説に基づくと，次のような説明が可能になる．

非能格動詞の場合は，対格名詞句が生起できるスロットが空いているので，対格が可能であるが，非対格動詞の場合は，そのスロットが既に埋まってしまっているので，対格では不可能で，後置詞にたよらざるを得ない．

スロットの考え方をこのような現象に応用することも，今後の展開として考えられてよいのではないかと思われる．

---

[5]「動詞枠付け」「衛星枠付け」という分類も，言語単位の絶対的なものとしないほうがよいということを示唆している．

[6] 対格名詞句が生起する位置とは，いわゆる動詞の姉妹位置である．

## 4. おわりに

　古賀論文における「スロット」について，個別言語としての日本語の研究の立場から，いくつかの指摘をし，また今後の展開の可能性について考えた．

　このような小さな考察からも，対照研究／類型論的研究と，個別言語に特化した研究との対話，相互活性化が重要であることが確認された．

### 参考文献

三宅知宏（2005）「現代日本語の文法化——内容語と機能語の連続性をめぐって——」『日本語の研究』第1巻3号，61-76，日本語学会．

三宅知宏（2007）『日本語と他言語——ことばのしくみを探る——』神奈川新聞社，横浜．

三宅知宏（2011）『日本語研究のインターフェイス』くろしお出版，東京．

三宅知宏（2015a）「日本語の『補助動詞』について」『鶴見日本文学』19号，（左）1-20，鶴見大学大学院．

三宅知宏（2015b）「日本語の『補助動詞』と『文法化』・『構文』」秋元実治・前田満・青木博史（編）『日英語の文法化・構文化』237-270，ひつじ書房，東京．

第 17 章

## 間主観性状態表現
―認知意味論からの考察―

本多　啓（神戸市外国語大学）


## 1. はじめに

本章は次のような，間主観性に支えられて成立する状態表現（以下「間主観性状態表現」と呼ぶ）を取り上げる．（下線は本多による．以下同様．）

(1) a. 間主観的変化表現
    Pluto became a dwarf planet in 2006. (Web)[1]
  b. 間主観的コピュラ文
    'Planet' as we mean it is not as the astronomers mean it, child. For them, Pluto is not a planet, not any more, not according to their classification. But Kenadandra is and was and always will be a planet, for us. It is the same with the Moon, with Sulva. (Web)[2]
  c. 間主観的使役表現
    In the end they made Pluto a "dwarf planet," lumped in with the asteroids and other distant objects. (Web)[3]

これら[4]が間主観性に支えられているとはどういうことかについては次節

---

[1] http://www.imfee.com/when-did-pluto-become-a-dwarf-planet.html など．以下，Web サイト等の最終確認日はすべて 2015 年 8 月 5 日である．

[2] http://www.writing.com/main/view_item/item_id/1890248-Retrograde-Motion---Part-1

[3] http://geology.about.com/od/planets/a/planetnuts.htm

[4] 「間主観性状態表現」「間主観的変化表現」「間主観的コピュラ文」「間主観的使役表現」

以降の議論で明らかになる．

本章の目標は具体的には以下のとおりである．

(2) a. 現象の存在の指摘
    b. そのような奇妙な状態表現が可能になる仕組みの解明
    c. 日本語の例の提示

(2a) に関しては，まず間主観性に支えられた状態表現が存在するという事実を指摘することが，本章の目標の第一である．それが第2節の内容である．

(2b) に関しては，そのような状態表現が成立する動機づけを認知意味論の立場から考える．まず第3節で主体化（subjectification）(Langacker (1990, 1998b, 2008)) による説明の可能性を検討する．そのうえで，第4節で「概念世界の中での（当事者にとっての）変化」という本章の立場を提示する．

ここで目指すのはこの種の表現の成立の動機づけの解明・提案であって，この種の表現にかかる可能性のある制約を網羅することではない．したがって第4節で提示する議論は，その動機づけに当てはまる表現であれば必ず間主観性状態表現が成立するという予測をするものではない．[5]

(2c) に関しては，間主観性状態表現が日本語にも存在することを第5節で述べる．

第6節で本章のまとめを提示する．

## 2. 間主観性に支えられた状態表現

### 2.1. 間主観的変化表現

本章で言う「間主観的変化表現」とは次のようなものである．

---

はすべて本章における造語である．

[5] 本章では基本的な立場として，言語を多重制約充足的な性質をもつと考えている．すなわち，ある表現が成立する認知的な動機づけが充たされている場合であっても，それとは独立の様々な要因（使われる語の語彙的な特性から発話状況にいたる諸要因）に由来する制約によって，表現が不適格となる場合があることを認めている．

(3) a. Pluto became a dwarf planet in 2006.
　　b. Pluto lost its status as a planet in 2006. 　　　　(Web)[6]
　　c. And all this relates to a remarkable day in 2006 in which New Horizons set out on it [sic. — Honda] long journey of discovery which included taking the first pictures of our ninth planet. Along the way something amazing happened. <u>Pluto as a planet suddenly disappeared.</u> No it did not disappear from the solar system, it disappeared as a planet from the books of the IAU. That's because, at a 2006 meeting, a controversial set of new rules were adopted that made Pluto a "Dwarf Planet."
　　　　　　　　　　　　　　　　　　　　　　　　　　(Web)[7]

この種の例の性質は次の (4)(5) と比較することで明らかになる．

(4) a. The child will become an adult. 　　　　　　　(辞書)[8]
　　b. They became great friends. 　　　　　　　　　(辞書)[9]
　　c. After leaving school, he became a professional footballer.
　　　　　　　　　　　　　　　　　　　　　　　　　　(辞書)[10]
(5) a. Chekhov gets more comprehensible as you get older.
　　b. Shakespeare just gets better every time I read him.
　　　　　　　　　　　　　　　　　　　　　(Sweetser (1996: 76))

(4) は通常の状態変化表現である．これらの例においては主語に客観的な変化が生じている．一方 (5) は Sweetser (1996) が「主観的な変化」(subjective change) を表すとしているものである．これらの例においては主語に客観的な変化は生じていない．ここで想定している解釈は，チェーホフやシェイクスピアの作品のテクストに変更が加えられたというものではなく，

---

[6] http://www.bbc.com/news/science-environment-33494785 など．

[7] http://newandamazing.shadowsofadistantmoon.com/

[8] Oxford Dictionary of English on Line. s.v. become. http://www.oxforddictionaries.com/definition/english/become

[9] Cambridge Dictionaries Online. s.v. become. http://dictionary.cambridge.org/dictionary/english-japanese/become

[10] COBUILD. s.v. become. http://dictionary.reverso.net/english-cobuild/become

# 第 17 章　間主観性状態表現　　257

話者自身の精神的な変化に伴って作品に対する理解が深まってきた，というものである．

　(3) の表現は一見 (4) 同様の通常の状態変化表現に見えるかもしれない．しかしあらためて考えると，冥王星という星それ自体には客観的な変化は何も生じていない．宇宙戦艦ヤマトが冥王星に波動砲を撃ち込んだ結果，冥王星が破壊されて惑星にふさわしい大きさを失った，というようなことではない．科学者たちの協議によって「惑星」の定義が変更され（というよりは確定され），その結果それまで漠然と「惑星」にカテゴリー化されていた冥王星が「惑星」カテゴリーから除外されてあらためて「準惑星」としてカテゴリー化された，ということである．これは (4) のような，主語に客観的な変化が起こっている事例とは明らかに異なる．冥王星の例において変化しているのは，冥王星という星それ自体ではなく，私たちの知識体系である．

　(3) は主語に客観的な変化が生じているわけではなく，変化しているのが文中に現れていない人間の側であるという点で (5) と類似している．しかし重要な相違点もある．(5) において変化しているのは基本的には話者（の知識体系）であるが，(3) において変化しているのは特定の人物（の知識体系）ではなく，私たちの共有知識である．その意味で，(5) における変化が「主観的」と言えるのに対して，(3) における変化は「間主観的」と言うことができる．「間主観的変化表現」という命名の所以である．

　ここで言う「主観的」と「間主観的」の違いは知識の共有の度合いの違いであり，その意味でこの違いは量的な違いである．一方通常の状態変化表現と主観的・間主観的変化表現の違いは変化が客観的なものか（間）主観的なものかの違いであり，その意味でこれは質的な違いである．そのため (3) が一見 (4) と同様に見えるのは奇妙に思えるかもしれない．

　しかし知識構造における変化のうち知識の枠組みの共有の度合いが高いものについては，その枠組みを物事を見る際の枠組みとして自然に受け入れることが容易になる．そのため，共有度の高い知識構造における変化は当事者にとっては客観的な変化と感じられやすくなる．間主観的変化表現が通常の状態変化表現と区別されにくいのは，そのような理由によると思われる．

　なお，変化の相対性という観点からみると次の 2 つの文は区別することができる．

(6) a. So could Pluto become a planet again? (Web)[11]
    b. Pluto became a dwarf planet in 2006. (= (3a))

　(6a) は冥王星探査機 New Horizons から送られてくるデータによって冥王星についての私たちの知識が変化する可能性があり，それにともなって知識構造における冥王星の位置づけが変化する可能性がある，ということである．つまり惑星についての定義を含む冥王星関連の知識構造全体は必ずしも変化せず，その中における冥王星の位置づけが変化するということである．
　それに対して (6b) では，惑星の定義が変化している．すなわち冥王星関連の知識構造全体が変化している．この，惑星の定義をはじめとする冥王星関連の知識構造全体は，冥王星を概念化する際の枠組みとして機能するものである．そして事物を見る枠組みの変化は見る主体自身の変化であり，したがって認知文法 (Cognitive Grammar) の言葉でいう subjective construal を受けるものである．[12] すなわち事物を見る枠組みの変化は，見る当事者の観点からは，枠組みの中に位置づけられる事物の変化として経験されるものである．そのため (6b) においては (5) と同様，変化事象が惑星の定義の変化に集約される自分たちの知識の枠組みの変化としてではなく，冥王星の変化として捉えられることになるわけである．
　したがって話者自身の観点からは，(6) の例はどちらも（共有された知識構造における）事物の変化と捉えられることになる．

## 2.2. 主観的コピュラ文と間主観的コピュラ文

　（間）主観的変化表現との関連で，主観的コピュラ文と間主観的コピュラ文の存在に言及しておく．それぞれ (7) と (8) である．

(7) Pluto will always be a planet for me. （書籍）[13]
(8) 'Planet' as we mean it is not as the astronomers mean it, child. For them, Pluto is not a planet, not any more, not according to

---

[11] http://www.bbc.com/news/science-environment-33428497
[12] Subjective construal については Langacker (1990, 2008) および本多（近刊）を参照のこと．ちなみにこの概念は池上 (2006) などの「主観的把握」とは別の概念である．
[13] *A Universe from Nothing: Why There Is Something Rather than Nothing.* (Lawrence M. Krauss, ATRIA Paperback, 2013.) p. xv.

their classification. But Kenadandra is and was and always will be a planet, for us. It is the same with the Moon, with Sulva.

## 2.3. 間主観的使役表現

間主観性に支えられた状態表現（共有知識の体系の変化が事物の状態変化として捉えられて表現される表現）には，使役表現の例もある．

(9) a. Scientists might make Pluto a planet again. (Web)[14]
   b. Public fascination with the subject, judging by enthusiastic reactions to Tyson's book, has hardly diminished since the IAU made Pluto a dwarf planet. (Google Books)[15]

変化の相対性に対応して，使役にも2つの場合がある．(9a) は (6a) に対応するもので，惑星についての定義を含む冥王星関連の知識構造全体は必ずしも変化せず，その中における冥王星の位置づけが変化する例である．(9b) は (6b) に対応するもので，惑星の定義の変化，すなわち冥王星関連の知識構造全体が変化している例である．

それぞれについて，さらに例を見ていく．
(9a) の類には次のような例がある．

(10) a. Scientists might make Pluto a planet again.
   b. Can we make Pluto a planet again? (Web)[16]
(11) a. But if any of you out there are still holding out hope, I don't think it's going to find anything that will make Pluto a planet again. (it = New Horizons) (Web)[17]
   b. New Horizons probably won't make Pluto a planet again, but as it continues to travel through the outer reaches of our solar

---

[14] http://www.disclose.tv/news/scientists_might_make_pluto_a_planet_again/ 119801
http://qz.com/353413/scientists-might-make-pluto-a-planet-again-if-they- can-decide-what-a-planet-even-is/ など．

[15] *Pluto Confidential: An Insider Account of the Ongoing Battles over the Status of Pluto.* (Laurence A. Marschall and Stephen P. Maran, Benbella Books, 2009.) p. 184.

[16] http://dunersblog.blogspot.jp/2015/07/july-16-can-we-make-pluto-planet- again.html

[17] https://nerdfighteria.info/video/235/P5-hn1168jk

system and beyond, it will continue to show us what lies in the vastness of space.　　　（カナダの地方週刊新聞のコラム）[18]

(10a) は New Horizons から送信されるデータに基づき，科学者の協議によって冥王星がふたたび「惑星」カテゴリーに帰属させられる可能性があるということである．この例においては科学者による協議という行為があり，その行為を行う科学者集団が使役主として使役動詞 make の主語となっている．ただしこの行為は太陽系の果てに存在する星としての冥王星に物理的に及ぶものではない．また，冥王星が「惑星」カテゴリーに帰属されるのは，冥王星に何らかの客観的あるいは物理的な変化が生じたためではない．冥王星それ自体には何も変化はない．ただ，探査機から送信されてくる冥王星についてのデータを踏まえた協議により，冥王星に関連する私たちの共有知識に変更が加えられるということである．

(10b) の主語 we は冥王星に関わる協議に参加する科学者を含みうる．しかし話者自身は協議に参加する立場の人物である必要はない．

(10) では主語の行為が太陽系の果ての星としての冥王星に及ぶことはないものの，行為自体はある．しかし (11) の主語には行為性もない．make の主語は (11a) では探査機によって発見される事実であり，(11b) では探査機それ自体である．

(9b) の類には次のような例がある．

(12) a. In the end they made Pluto a "dwarf planet," lumped in with the asteroids and other distant objects.
　　 b. ... since the IAU made Pluto a dwarf planet.
　　 c. I was so mad when I figured out that someone made Pluto a dwarf planet.  I still do not know why they made Pluto a dwarf planet and I love astronomy!!　　　(Web)[19]

(13) a. Members of the 6th General Assembly of International Astro-

---

[18] *The Uxbridge Cosmos* vol.11 no.28, p. 3. The Nature Nut: column by Nancy Melcher "Pluto has phoned home" http://www.thecosmos.ca/Backissues/july2315/july2315.pdf

[19] http://comments.deviantart.com/1/434977363/3379922937

第 17 章　間主観性状態表現　　　　　　　　　　　　　　　261

　　　　nomic Union vote on a resolution for planet definition in
　　　　Prague. The new guidelines made Pluto a dwarf planet rather
　　　　than a "classical" planet.　　　　　　　　　　　(Web)[20]
　　b.　He (=Owen Gingerich) objected to the final form of the reso-
　　　　lution, which made Pluto a "dwarf planet."　　(Web)[21]
　　c.　In fact, the 2006 IAU vote that made Pluto a dwarf planet also
　　　　bumped Ceres up to that recognition status.　　(Web)[22]
　　d.　Despite a simple reclassification, there are masses of astrono-
　　　　mers and lay people who want Pluto back. They want a re-
　　　　versal of the IAU's vote that made Pluto a dwarf planet, ...
　　　　　　　　　　　　　　　　　　　　　　　　　　(Web)[23]
　　e.　The Resolution automatically made Pluto a dwarf planet.
　　　　　　　　　　　　　　　　　　　　　　　　　　(Web)[24]
　　f.　There had been a lot of debates and finally the definition of
　　　　planets was changed which made Pluto a dwarf planet.
　　　　　　　　　　　　　　　　　　　　　　　　　　(Web)[25]
　　g.　That's because, at a 2006 meeting, a controversial set of new
　　　　rules were adopted that made Pluto a "Dwarf Planet."
　　　　　　　　　　　　　　　　　　　　　　　　　　(cf. (3c))

以上2つの類型のどちらにも属さないと思われるものとして，次の例がある．

(14)　What makes a planet a planet?　　　　　　　　(Web)[26]

---

[20] http://www.washingtonpost.com/wp-dyn/content/article/2006/08/24/AR2006082400109.html
[21] http://tucson.com/news/science/nasa-flight-gives-pluto-its-close-up/article_91b16ca4-b2be-5b8a-bbcd-9f419633d54a.html
[22] http://www.popularmechanics.com/space/news/a16556/whats-the-deal-with- ceres/
[23] http://amyshirateitel.com/2011/11/04/pluto-its-still-out-there/
[24] http://theplanets.org/dwarf-planets/
[25] http://functionspace.com/topic/1175/Planet-vs-Dwarf-Planet
[26] http://www.bbc.com/news/science-environment-33505471

これはトートロジー研究との関連で検討されるべきものと思われる．本章では例の存在の指摘にとどめることとし，これ以上の検討は行わない．

## 3. 間主観性状態表現の動機づけの検討 (1)：主体化をめぐって

### 3.1. 間主観性状態表現は主体化の事例か？

本節では間主観性に支えられた状態表現が成立する認知的な基盤を検討する．

これまでの議論から浮かび上がってくるのは，話者を含めた人間集団の共有知識の重要性である．しかし，話者を含めた人間集団が決定的な形で関わっているにもかかわらず，話者集団を指す一人称代名詞は出現していない．このことから，間主観性状態表現に Langacker の認知文法 (Cognitive Grammar) でいう主体化 (subjectification) (Langacker (1990, 1998b, 2008)) が関わっている可能性が出てくる．[27] 本節ではその可能性について検討する．

Langacker の言う主体化は大きく 2 種類に分けられる．それを本章ではかりに「主体化 (I)」「主体化 (II)」と呼ぶ．また主体化 (I) は最初に提唱されて以来，2 度の大きな変容を遂げている．以下，順次紹介・検討する．

### 3.2. 主体化 (I)

主体化 (I) はもともと Langacker (1990) において，次のような移動表現との関連で導入された道具立てである．[28]

(15) a. The hiker {went/ran/climbed} up the hill.
    b. The new highway {goes/runs/climbs} from the valley floor to the senator's mountain lodge. (Langacker (1990: 19))

(15a) において go などの移動動詞が移動可能な主語 *the hiker* に適用されていることには問題はない．だが (15b) において移動不可能な *the new*

---

[27] 主体化について本章と同様の観点から解説した文献として本多（近刊）がある．
[28] 言うまでもなく主体化は多種多様な現象に適用されるものであるが，ここでは移動表現の例に関して解説する．

*highway* に移動動詞が適用されているのは一見不可解である．これについて Langacker (1990) は，(15b) のような例が可能になるのは概念化の主体（話者・聴者）の視線の移動があることによるとした．道路の経路を同定するためには道路をたどる視線の移動が必要になるわけである．一方，(15a) に存在する移動は概念化の対象であるハイキング客の移動のみであるとする．これをまとめると次のようになる．

(16)

| | (15a) | (15b) | |
|---|---|---|---|
| 概念化の対象の移動 | ○ | | |
| 概念化の主体の移動 | | ○ | (Langacker (1990)) |

つまり (15a) では概念化の対象で移動が起こっているのに対して (15b) では概念化の主体の移動が起こっていることになる．もともと概念化の対象 (object) で起こっていた移動が概念化の主体 (subject) で起こるようになるという認知過程が生じているわけで，この認知過程を Langacker (1990) は「主体化」(subjectification) と呼んだわけである．

しかしこの考えには問題がある．つまり概念化の主体による移動は (15b) だけでなく (15a) にもあるのではないかということである．(15a) のような場合にハイキング客を追視する視線の移動が無ければ，概念化の主体はすぐにハイキング客を見失ってしまい，「山を登る」という移動を認識することができなくなるはずではないか，ということである．

Verhagen (1995) と Harder (1996: 351-352) の見解[29]を受けて Langacker (1998b) は (15a) にも概念化の主体の移動が存在するとした．すなわち次のようにしたわけである．

(17)

| | (15a) | (15b) | |
|---|---|---|---|
| 概念化の対象の移動 | ○ | | |
| 概念化の主体の移動 | ○ | ○ | (Langacker (1998b)) |

この段階での主体化を筆者の言葉でまとめれば次のようになる．

---

[29] ただし Verhagen (1995), Harder (1996: 351-352) の議論の趣旨は本文で提示した筆者の見解とは異なる．

(18) もともとは概念化の対象と主体の両方に移動があったのが，概念化の対象の側の移動が弱化・消滅して，残された主体の側の移動が顕在化するようになる過程

これについて，本多 (2003: 118-119) は，指示対象が異なっていても，それに対する捉え方が同一であれば同一の言語表現を適用することが可能になり，それが多義の動機づけの1つであるという考えを提示し，主体化もその例であるという（おそらくは当時の Langacker 本人の意図を越えた）解説をしている．その解説を現在の筆者の観点から述べなおせば次のようになる．

(19) **異なる対象**に**同じ捉え方**を適用して捉えることが，異なる対象に**同じ言語表現**を適用することが可能になる仕組みの1つである．
(Cf. Honda (1994), 本多 (2003, 2013, 近刊))

さらに Langacker (2008) では主体化は次のように規定されている（訳および下線は引用者による）．

(20) a. 直接経験を越える手立ての最後の1つとして，<u>ある種の経験に必然的に内在する心的操作をもともとその操作が関わらない状況に適用する</u>ということがある．これを**主体化**と呼ぶ．これは，<u>ある状況を対象として概念化する際に生じてその認識過程の一部を構成している心的操作が，その状況から独立すること</u>を指すものである． (Langacker (2008: 528))
b. **主体化**（§14.2.1）：<u>ある種の経験に必然的に内在する心的操作を，その経験の内容を捨象して使用し，他の状況に適用すること</u>． (Langacker (2008: 537))
c. このプロトタイプとスキーマという関係は明らかに，主体化に他ならないものである．それはすなわち，<u>原型的な概念の構築に関わる概念作用に内在する心的操作を，その概念内容を捨象して使用し，他の状況に適用すること</u>である． (Langacker (2008: 539))

これを筆者の言葉でまとめると，次のようになる．

(21) ある事物を概念化するのに必要な認知過程を，それとは別の事物を概念化する際に適用すること

これは Langacker 自身の意図が実質的に (19) と同じになりつつあることの現れである．実際，Langacker は次のような趣旨のことを述べている．

(22) スキーマの抽出によるプロトタイプから周辺事例への文法カテゴリーの拡張は，プロトタイプを概念化するのに必要であった認知過程をそれとは性質を異にするものの概念化に適用することでなされる．その具体事例としては，所有表現の参照点表現への拡張，動作主─被動者からそれ以外への主語─目的語関係の拡張，同じく動作主─被動者からそれ以外への他動詞の適用対象の拡張，そして具体物からそれ以外への名詞の指示の拡張などがある．
(cf. Langacker (2008: 538-539))

これは実質的に (19) と同じであると言える．

### 3.3. 主体化 (II)

Langacker の主体化 (II) は次のような事例との関連で導入された道具立てである．

(23) a.　Vanessa is sitting across the table from me.
　　　b.　Vanessa is sitting across the table.　　(Langacker (1990: 20))

(23) の 2 つの文はいずれもヴァネッサと話者がテーブルをはさんで向かい合わせに座っているという同一の状況を指し示して用いることができる．しかしながら文のもつ表現性は両者で異なる．(23b) は話者が現場から伝えているという印象を与える．そこでたとえば「わーすごい！　ヴァネッサが真ん前に座ってる！」という気持ちを伝える場合には (23b) が (23a) より自然になる．それに対して (23a) は話者が現場から離れて状況を伝えているという印象を与える．したがってこれはたとえばふと我に返って冷静に状況を伝えるような場合，あるいは写真を見て説明している時のような場合などに用いられやすいことになる (Langacker (1985, 1990))．

これに関して Langacker は，一人称代名詞が生起している (23a) の場合

には話者は概念化の主体であると同時に自分自身を概念化の対象として扱っているとする．それに対して一人称代名詞が生起していない（23b）の場合には話者は自分自身を対象化せず，概念化の主体だけであり続けているとする．

（23a）と（23b）の関係は，概念化の対象（object）として扱われていた事物（話者）が，対象としての性質を失って純粋に概念化の主体（subject）だけになるという関係になっている．これが Langacker（1990）の言うもう 1 つのタイプの主体化であり，本章で「主体化（II）」と呼んでいる認知過程である．

Langacker がこのタイプの主体化を提唱することで捉えようとしたことを筆者の言葉で一般化して述べれば，次のようになる．

(24) **同じ対象に異なる捉え方**を適用して捉えることが，同じ対象に**異なる言語表現**を適用することが可能になる仕組みの 1 つである．

(Cf. 本多（2013, 近刊））

これはまた，認知文法における "construal" の概念と同じ趣旨のものでもある（Langacker (1998a: 4)）．

## 3.4. 検討

主体化についての以上の理解を踏まえたうえで，間主観性状態表現を主体化の例と見ることが妥当かどうかの検討に移る．間主観性状態表現のうち，例として間主観的変化表現を取り上げる．

まず主体化（I）が適用されている例であるかどうかを次の例に基づいて確認する．

（25a）は主語に客観的な状態変化が存在する通常の状態変化表現の例であり，（25b）は間主観的変化表現の例である．

(25) a.　The child will become an adult.　　　　　　　( = (4a))
　　　 b.　Pluto became a dwarf planet in 2006.　　　　( = (3a))

Langacker (1998b) の立場に基づいて，(17) にならって (25) を分析すると次のようになる．

## 第17章　間主観性状態表現

(26)　　　　　　　　　　　　　　　　　　　　(25a)　(25b)
　　概念化の対象としての状態変化　　　　　　　○
　　概念化の主体（の知識構造）における状態変化　　○　　○

　ここで問題になるのは「概念化の主体における状態変化」の実質である．これは(17)における移動とは著しく性質を異にする．

　(17)における移動は主体の行為である．この主体の行為は，事態を概念化するのに必要と考えられる，能動的な探索活動である．[30] (15a)の *The hiker {went/ran/climbed} up the hill* における主体の移動はハイキング客の移動を同定するのに必要と考えられる移動であった．主体による追視が無ければすぐにハイキング客を見失ってしまい，移動を *{go/run/climb} up the hill* であると同定することが不可能であると考えられるのであった．また(15b)の *The new highway {goes/runs/climbs} from the valley floor to the senator's mountain lodge* における主体の移動は道路の経路を同定するのに必要と考えられる移動であった．道路に沿って視線を移動させていくことがなければ経路を同定することは不可能と考えられるのであった．

　それに対して(25)(26)における状態変化は主体の行為ではない．この点においてこれは(17)における移動とは著しく性質を異にする．

　したがってこの限りにおいて，間主観性状態表現の動機づけを主体化 (I) に求めることは，少なくとも Langacker (1998b) の段階の主体化を念頭に置く限り，妥当ではないと言える．

　しかしすでに述べたように，Langacker (2008) の段階にいたって，主体化 (I) の概念はさらに変容を受けている ((21))．そしてその意味での主体化 (I) をより一般的に解釈しなおした次の見方は適用できる可能性が生じる．

(19)　**異なる対象**に同じ**捉え方**を適用して捉えることが，異なる対象に**同じ言語表現**を適用することが可能になる仕組みの1つである．

　本章ではこの立場から間主観性状態表現を検討することになる．ただその

---

[30] 環境の構造を理解する上での能動的な探索活動の重要性については結城 (1952), Gibson (1962), Held and Hein (1963) などを参照のこと．

前に,主体化 (II) が適用できるかどうかを簡単に確認しておく.

すでに述べたように主体化 (II) が捉えようとしていることは本章の理解では次のようなものである.

(24) **同じ対象**に異なる捉え方を適用して捉えることが,同じ対象に**異なる言語表現**を適用することが可能になる仕組みの1つである.

これは間主観性状態変化表現には適用できない.(25) から明らかなように,通常の状態変化表現と間主観的変化表現の関係は「同じ対象」ではなく「異なる対象」であり,また「異なる言語表現」ではなく「同じ言語表現」であるからである.したがって間主観性状態表現の成立の動機づけは主体化 (II) ではないことになる.

## 4. 間主観性状態表現の動機づけの検討 (2): 概念世界の中での (当事者にとっての) 変化

本節では (19) に基づく検討を試みる.

(19) **異なる対象**に同じ捉え方を適用して捉えることが,異なる対象に**同じ言語表現**を適用することが可能になる仕組みの1つである.

ここで注目するのは話者の概念世界の変化である.(25b) の場合,(27) のようになる.

(25b) Pluto became a dwarf planet in 2006.
(27) a. 客観的には冥王星には何の変化も生じない.
　　 b. 科学者集団の主導による,話者を含むコミュニティの成員の共有知識の変化により,話者の概念世界においては冥王星の位置づけが変化する.つまり話者自身の目には冥王星に変化が起こるというふうに見える.

一方,客観的な変化が存在する通常の状態変化表現においては,次のようになる.

(25a) The child will become an adult.

(28) a. 子どもが大人になるという客観的な変化が生じる．
b. 子どもに生じる客観的な変化により，話者の概念世界において子どもが大人へと変化する．つまり話者自身の目にはその子どもに変化が起こるというふうに見える．

(27) と (28) を比べると，「冥王星」の場合と「子ども」の場合とで，客観的に変化があるかどうかは異なる．しかし話者の概念世界においては，どちらの場合も変化が存在していると捉えられる．どちらの場合にも同じように変化表現が使用できるようになるのはこのためであると考えられる．
　以上が間主観的変化表現の成立の動機づけについての (19) に基づく説明である．
　(19) の背後には言語の意味についての認知意味論の立場に基づく次のような考え方がある．

(29) 認知意味論の立場：
言語表現の意味は，事物が客観的にどうであるかだけによって決まるのではなく，話者がその事物をどのように捉えているかが関わって決まるものである．

　以上，例として間主観的変化表現を取り上げてきたが，同じ議論が間主観的コピュラ文 ((8)) や間主観的使役表現 ((10a), (11))，さらには主観的コピュラ文 ((7)) にも成立する．
　なお，本章冒頭で述べたように本節の議論は間主観性状態表現の成立の動機づけを提示したものである．本章では基本的な立場として，言語を多重制約充足的な性質をもつと考えている．その見方では，言語表現の容認性はさまざまな制約に影響されることになるが，間主観性状態表現に対するそのような制約を網羅することを本章は意図していない．したがって本章の議論は，ここで提示した動機づけが充たされれば間主観性状態表現が必ず容認可能になるという予測をするものではない．

## 5. 日本語の例

　間主観性状態表現は日本語にも存在する．

(30) 間主観的変化表現
　　a. いつの日か再び冥王星が惑星になる日が来る … かもしれない．
　　　　　　　　　　　　　　　　　　　　　　　　　　　(Web)[31]
　　b. 冥王星が「準惑星」になったわけ
　　　　　　　　　　　　　　　（中学国語教科書の文章のタイトル）

　(30a, b) はそれぞれ（6a, b）に対応する．(30b) は三省堂発行の国語教科書『中学生の国語三年』に収録された文章のタイトルである．著者の渡部潤一氏は 2015 年現在国立天文台副台長であり，2006 年に冥王星を惑星から準惑星に降格することを決めた科学者会議の構成員であった人物である．
　佐藤（1998, 2005）の言う「計算的推論を表すナル」の例は本章で言う間主観的変化表現に該当する．
　まず，次の例は (30a) の類に該当する．

(31) a. 複数の目撃者の証言を総合すると，被害者の殺害された時間は午後 2 時から 3 時の間になる．
　　 b. 春男は太郎のいとこになります．
　　 c. （年収が一億円というから）彼は税務署の指定する高額所得者になる．
　　 d. 彼は 66 年の早生まれなので，私と同じ学年になる．
　　　　　　　　　　　　（佐藤 (1998: 14-16), 佐藤 (2005: 13-16)）

　このナルは，すでに確立した（共有）知識の体系の中に主語が位置づけられることを表している．
　次例は (30b) の類に該当する．

(32) a. だが，そんなものが"ドロップ・アウト"なら，中・高卒労働者の過半はドロップ・アウト人間になってしまう．
　　 b. その仕事で食っていけるかどうかがプロとアマの差だとするなら，アングラの俳優はほとんどがアマチュアということになってしまう．
　　　　　　　　　　　　　　（佐藤 (1998: 19), 佐藤 (2005: 21)）

---

[31] http://echatxfiles.blog45.fc2.com/blog-entry-175.html

下線部に示されているように，これらの例においては主語を位置づけるための（共有）知識の枠組みの選択が問題になっている．

日本語には次のような例もある．

(33) 冥王星が惑星に戻る／返り咲く／復帰する

(Web 上の実例からの抽出)

コピュラ文，使役文の例としては次のようなものがある．

(34) 主観的コピュラ文

わたしにとって冥王星は，今後とも永遠に惑星である． （書籍）[32]

(35) 間主観的コピュラ文

彼らにとってはもう冥王星は惑星ではない． （作例）

(36) 間主観的使役表現

a. でも，ケレスを惑星にするのだったら，EKBO 天体の「セドナ」だって惑星にしてくれたっていいんじゃない？ （Web）[33]

b. 先生「惑星の順番を言える？」

質問者の子ども「すいきんちかもくどってんかいめい」

先生「よく知ってるね，でも最後の冥王星は先生が惑星じゃなくしちゃったんだけどね（笑）」 （NHK ラジオ）[34]

(36b) は 2015 年 7 月 22 日放送の NHK ラジオ，夏休み子ども科学電話相談でのやりとりが記録されてインターネットに掲載されたものである．回答者の「先生」は (30b) の筆者でもある渡部潤一氏である．

## 6. まとめ

本章はまず，次の (1a) のような状態変化表現が主語の客観的な変化を伴わないこと，その代わり，私たちの共有知識の体系の変化による話者の概念

---

[32] 『宇宙が始まる前には何があったのか？』（ローレンスクラウス（著），青木薫（訳），2013，文藝春秋）

[33] http://blog.livedoor.jp/kaikatsu/archives/50471783.html

[34] 夏休み子ども科学電話相談，2015 年 7 月 22 日

世界の変化を伴うことを指摘した．そして話者の概念世界の変化は，主語に客観的な存在する（4a）においても存在することを主張した．2つの文で主語に客観的な変化があるかないかの違いがあるにもかかわらず同じように状態変化表現が用いられるのは，異なる事態に対して同じような捉え方がなされているためであると主張した．

(1a)　Pluto became a dwarf planet in 2006.　　　（間主観的変化表現）
(4a)　The child will become an adult.

また，間主観的変化表現と同様の性質は，次の（1b, c）にも見られることを指摘した．そしてこのような表現が成立する動機づけも，間主観的変化表現の場合と同じであることを主張した．

(1)　b.　... For them, Pluto is not a planet, not any more, not according to their classification. But Kenadandra is and was and always will be a planet, for us. ...　　　（間主観的コピュラ文）
　　　c.　In the end they made Pluto a "dwarf planet," lumped in with the asteroids and other distant objects.　　　（間主観的使役表現）

そしてこのような間主観性状態表現は日本語にも存在することを指摘した．

## 参考文献

Gibson, James J. (1962) "Observations on Active Touch," *Psychological Review* 69(6), 477–491.
Harder, Peter (1996) *Functional Semantics: A Theory of Meaning, Structure and Tense in English*, Mouton de Gruyter, Berlin and New York.
Held, Richard and Alan Hein (1963) "Movement-produced Stimulation in the Development of Visually Guided Behavior," *Journal of Comparative and Physiological Psychology* 56, 872–876.
Honda, Akira (1994) *Linguistic Manifestations of Spatial Perception,* Doctoral dissertation, Department of English Language and Literature, The University of Tokyo.
本多啓（2003）「認知言語学の基本的な考え方」辻幸夫（編）『認知言語学への招

待』63-125, 大修館書店, 東京.
本多啓（2013）『知覚と行為の認知言語学――「私」は自分の外にある』開拓社, 東京.
本多啓（近刊）「Subjectification を三項関係から見直す」中村芳久・上原聡（編）『ラネカーの（間）主観性とその展開』81-110, 開拓社, 東京.
池上嘉彦（2006）「〈主観的把握〉とは何か――日本語話者における〈好まれる言い回し〉」『言語』35(5), 20-27.
Langacker, Ronald W. (1985) "Observations and Speculations on Subjectivity," *Iconicity in Syntax*, ed. by John Haiman, 109-150, John Benjamins, Amsterdam.
Langacker, Ronald W. (1990) "Subjectification," *Cognitive Linguistics* 1(1), 5-38.
Langacker, Ronald W. (1998a) "Conceptualzation, Symbolization, and Grammar," *The New Psychology of Language: Cognitive and Functional Approaches to Language Structure*, ed. by Michael Tomasello, 1-39, Lawrence Erlbaum Associates, Mahwah, NJ and London.
Langacker, Ronald W. (1998b) "On Subjectification and Grammaticization," *Discourse and Cognition: Bridging the Gap*, ed. by Jean-Pierre Koenig, 71-89, CSLI Publications, Stanford.
Langacker, Ronald W. (2008) *Cognitive Grammar: A Basic Introduction*, Oxford University Press, Oxford.
佐藤琢三（1998）「自動詞ナルと計算的推論」『国語学』192, 118-107.
佐藤琢三（2005）『自動詞文と他動詞文の意味論』笠間書院, 東京.
Sweetser, Eve E. (1996) "Changes in Figures and Changes in Grounds: A Note on Change Predicates, Mental Spaces and Scalar Norms,"『認知科学』3(3), 75-86.
結城錦一（1952）「形と動き：伊東吉之助先生に捧ぐる小品」『北海道大学文学部紀要』1, 53-62.
Verhagen, Arie (1995) "Subjectification, Syntax and Communication," *Subjectivity and Subjectivisation*, ed. by Dieter Stein and Susan M. Wright, 103-128, Cambridge University Press, Cambridge.

第18章

# 非変化の「なる」の歴史
―本多論文への日本語史的アプローチ―

青木博史（九州大学）

## 1. はじめに

　本多論文では，通常とは異なる「奇妙な」状態表現があることが指摘されている．変化表現，コピュラ文，使役表現の3種である．まず，これらが，「間主観性」に支えられて成立することが指摘され，人間集団の共有知識の重要性が喚起される．そして，一見「奇妙」に見えるこれらの表現が成り立つ動機づけについて，「異なる対象に同じ捉え方を適用して捉えることが，異なる対象に同じ言語表現を適用することが可能になる仕組みの1つである」と明快に説明されている．

　同論文では，3種の表現の中でも，特に変化表現を中心に論が展開されている．「Pluto became a dwarf planet in 2006.」といった文が，通常の状態変化表現とどこがどう違うのか，といった点が丁寧に説明され，そこから「話者の概念世界の変化」という分析が導かれている．さらに，同種の表現は日本語にも存在するとして，「冥王星が「準惑星」になったわけ」のような文が示されている．

　「なる」を用いたこのような「奇妙な」表現の存在は，"日本語学"においてはすでに指摘されている．佐藤（2005）で示された「計算的推論を表すナル」である．「このあたりは葛飾区になる．」のようなもので，現実世界の動的プロセスではなく，客観的な推論のあり方を述べるものであるとされている．本多論文でも，「佐藤の言う「計算的推論を表すナル」の例は本章で言う間主観的変化表現に該当する」と述べられている．

　こうした記述・説明を目にすると，"日本語史"の立場からは次のような

疑問が生じてくる．歴史的観点から見ても，「通常」「奇妙」という捉え方は妥当なのだろうか，という疑問である．つまり，「現実世界での変化」を表す用法が元々あり，「概念世界の中での変化」を表す用法が後から生じたことが，歴史資料からも裏付けられるかどうかということである．というのも，英語・日本語双方にこのような「奇妙な」発想があり得るのだとしたら，現代語にかぎらず，古代語でもそうした表現が存在してもよいように思えるからである．本章ではこのような観点から，若干の考察を試みる．

## 2. 佐藤 (2005)

佐藤 (2005) では，上記のような疑問に対し，きわめて示唆的な説明が加えられている．すなわち，「現実世界における動きを叙述する「変化」のナルこそが基本的な用法で，認識世界を叙述する計算的推論のナルは基本的用法の拡張の結果であると考える (p. 24)」と述べられるのである．ただし，「ここでいう「基本」と「拡張」とは共時的観点からいうものであって通時的な意味ではない」と断られており，あくまでも「共時的観点から語の多義性の関係のあり方をどのようにとらえるか」という立場であることも明確に示されている．

しかしながら一方で，こうした用法は「比較的新しい」もので，「近年におけるわれわれの社会の高度な組織化という要因によって生じた機能的要請に応じる形で発達してきたとみるべき可能性が高い (p. 83)」という見通しも示されている．だとすればなおさら，通時的観点から，このような「なる」の用法について検証してみる余地があるように思う．

以下，本章では，本多論文で「主語の客観的な変化を伴わない」とされる「なる」を，ひとまず佐藤論文にしたがって「非変化の「なる」」と呼び，記述していくこととする．

## 3. 非変化の「なる」の歴史粗描[1]

本多論文では，非変化の「なる」の用法について，「変化の相対性」の観点

---

[1] 本章ではあらあらの見取り図を示すことを目的とするため，コーパスに基づいて用例

から以下の 2 つが区別されている．

(1) a. 複数の目撃者の証言を総合すると，被害者の殺害された時間は午後 2 時から 3 時の間に<u>なる</u>．
b. だが，そんなものが"ドロップ・アウト"なら，中・高卒労働者の過半はドロップ・アウト人間に<u>なってしま</u>う．

(用例は佐藤（2005）より)

(1a) は知識構造の中への主語の位置づけ，(1b) は主語を位置づけるための知識構造・枠組みの変化を表しているという．そして，この 2 種の区別は，英語でも同様に認められている．こうした観点によって日英両語の分析が可能であるならば，これが古代日本語の観察，さらには通時的観点からの記述にとって有効であるかどうかについても，試してみたいと思う．

まずは，中古語における非変化の「なる」を観察する．「なる」の用例の大部分が，「夜になる」「尼になる」「病になる」のような「現実世界の変化」を表すものであるが，以下に掲げるようなものは，非変化の「なる」に該当するのではないかと思う．

(2) a. 「……」となむよみたりける．いまはみな古歌に<u>なり</u>たることなり． (大和物語・143 段)
b. 山の井，などさしもあさきためしに<u>なり</u>はじめけん． (枕草子・168 段)
c. これは御子かは．翁の五郎に侍れば，何かは人のそしりに<u>なら</u>む． (落窪物語・巻 4)
d. 後にも聞きあはすることのはべらんに，違ふことまじらば，参りたらむ御使の罪に<u>なる</u>べし． (源氏物語・蜻蛉)

「古歌になる」「浅き例になる」「人の誹りになる」「罪になる」というわけであるが，いずれも主語に何らかの現実的な変化が生じているわけではな

---

調査を行った．国立国語研究所の「日本語歴史コーパス」「太陽コーパス」「現代書き言葉均衡コーパス」，国文学研究資料館の「大系本文（日本古典文学・噺本）データベース」，および『CD-ROM 版 新潮文庫 大正の文豪』である．検索にあたり，文型は「になる」の形に絞った．

## 第18章 非変化の「なる」の歴史

い．その位置づけ・認識の変化が，「なる」によって表されていると考えられる．

これらの例において注目されるのは，枠組みそのものがいずれも抽象的で曖昧な概念であるという点である．(2a) の「古典的な歌」というのは，どのような基準でそのように解釈されるかは決まっていないし，(2b) では，作者はなぜ「「浅い」という例」に該当するようになったのか疑問を呈している．(2c) の「他人の非難」も (2d) の「罪」も，絶対的な基準があるわけではなく，いずれも条件節で示された事態を前提とし，これこれの理由に基づくならそれらに当てはまる，といった文脈で用いられている．

したがって，これらの「なる」の用法を，先に述べたような「変化の相対性」の観点から区別するのは非常に難しい．「古歌」や「浅き例」の定義そのものを問題にしているとも，そうした枠組みの中への当該事態の位置づけを問題にしているともとれるからである．その点，「誹り」や「罪」は，ある程度その概念の外延は定まっているものであるから，(1a) のような「知識構造への位置づけ」タイプといってよさそうである．

しかし，いずれにしても，中古語の非変化の「なる」は，多分に主観的である．現代語においては，「主体の背景化」によって「客観性」や「論理性」といった表現効果がもたらされる点に，使用の重要な動機づけを見出すことができる．本多論文でも，「間主観的表現」であるとして，「Chekhov gets more comprehensible as you get older.」のような，特定の人物における認識の変化とは区別されている．もちろん，「浅き例」や「罪」と認められる事態は，共有知識を前提としたものではあるが，現代語で多用される用法と比べると，その枠組みの曖昧さゆえに，判断主体の基準に委ねられる部分が大きいといえるだろう．

さらに言えば，これらの「非変化」の用法は，通常の「変化」の用法ともきわめて近い．たとえば (1a) は，「古歌」を単に「古い歌」と解釈するなら，「子供が大人になった」と同様，「歌が古くなった」という「変化」の解釈も成り立ち得る．しかしここでは，「古歌」に「古典的な歌」という評価的な意味を見て取り，「非変化」と解釈したわけである．時間的経過に伴う事態の変化・生起，という意味が読み取れれば，それは直ちに変化の「なる」と結びつくことになる．ただいずれにしても，このような意味上の連続性があるからこそ，意味の拡張が起こり得るものと考えられる．

中古語のこのような特徴をふまえたうえで，中世語・近世語の例を見てみると，中古語と同じようなタイプの例しか見当たらないことが分かる．いくつか用例を掲げておく．

(3) a. 「忠信」と名乗り候はば，大衆は極めたる華飾の者にて候へば，大将軍もおはしまさざらん處にて，私軍益なしとて歸り候はん事こそ，末代まで恥辱になりぬべく候へ．　　　（義経記・巻5）
　　b. 今またわごりよをせいばいすれば助けたかいもなし，其上せいばい仕つたと申てから，それもいつわりになるが，なんとしてよからふぞ．　　　（虎明本狂言・武悪）
　　c. 源氏・伊勢物語は，心のいたづらになりぬべき物なり．
　　　　　　　　　　　　　　　　　　　　　　　　（日本永代蔵）

　「恥辱になる」「偽りになる」「心のいたづらになる」といった例であるが，やはり主語に客観的な変化は生じていない．ある事態について，そのような枠組みに「当てはまる」という意味を表しているといえる．(3a) は，「ここで帰ったら末代までの恥になる」という文脈であるので，時間的経過とともにそのような認識になる，という点を重視すれば「変化」の意味に近づくが，当該の事態の「位置づけ」を表していると見てよいだろう．
　このように，古代から中世，近世前期にかけての非変化の「なる」は，抽象的な概念への認識・位置づけを示すものばかりである．これは，「なる」の基本的意味をふまえると納得されるように思う．「なる」は，「夕暮になる」「大臣になる」のような現実世界の変化はもちろんであるが，「人の心，花になる（古今・仮名序）」のような概念世界の変化も表すことができる．表現主体にとって「変化」と認識されることが重要なのであって，「遠くなるままに，顔はいと小さくなる（大和・141段）」のように，現実世界における「顔」の大きさは変わっていなくても，判断主体の基準に基づいて事物の「変化」として表すことが可能である．結局のところ，「夕暮になった」にしても，何時を「夕暮」と認定するかはばらつきがあり，表現主体が「夕暮」という概念に「該当する」という判断を下すところに「夕暮れになった」という表現が成立するわけである．ここに，「なる」という形式に対し，〈枠組み・概念に「該当する」〉という認識のプロセスを示す意味が生じることになるものと考えられる．

## 第18章 非変化の「なる」の歴史

「現実世界」の意味だけでなく，「該当する」「当てはまる」といった「概念世界」の意味をも表し得た「なる」であったが，古くは曖昧な概念への位置づけに限定されていた．ここから，具体的な枠組みにおける位置づけを表す用法が見られるようになるのは，近世後期語の資料からである．

(4) a. ヤイ，けふまでハなにして居るぞ．是までの小者ハ中二日か三日てもどつたが，そのほうハ廿日ぶりになるといへば，

(噺本・軽口耳過宝)

b. 七だん目なれバ三十両になるやならずの家なれども，九段めだけに四十七両にかいましやう．　　　　　(噺本・詞葉の花)

c. 来年の草ざうしが今頃出るやうに成ちやあ，正月松過に雛さまをたてねへけりやあならねへ勘定になりやす．

(洒落本・花街鑑)

d. わたしらが中つせへのおみきが達者で居ると，てふどあの子と同年になりやす．　　　　　(滑稽本・酩酊気質)

「20日ぶりになる」「30両になる」「…という勘定になる」「ちょうど同年になる」といった例であり，数値を伴った形が見られる点が特徴的である．「計算すると，このような値に該当する」という意味を表しているから，まさに「計算的推論」の結果が「なる」によって示されたものといえる．(4d) の例は，佐藤論文に掲げられる「彼は66年の早生まれなので，私と同じ学年になる．」という文ときわめてよく似ている．これらは具体的な枠組み・知識構造への位置づけを表しているから，ここにおいて，「なる」は「間主観的」な表現を手に入れることになったものと考えられる．

ただし，これらの例に，「間主観性」や「主体の背景化」によってもたらされる「客観性」や「論理性」は認められない．そうした表現性を帯びた使用は，近代に入ってからのようである．出力部分は「客観的に」推論した結果「必然的に」得られるものである，というニュアンスを意識的に用い始めたものと考えられる．[2]

---

[2] 近代における「主体の背景化」による「客観性」という特徴からは，小説における三人称主語の獲得や，「非情の受身」の発達などが想起される．こうした表現との関連については別稿にて論じることとしたい．

(5) a. ドウいふ譯で面白いと思ふと云ふことは哲學上の問題になる．
　　　　　　（太陽 1901 年 4 号・正岡子規談「俳諧新旧派の異同」）
　　b. 騎砲兵各一標は三營，一營は騎兵に在つては四隊，砲兵に在ては三隊一隊砲六門と云ふことになる．
　　　　　　（太陽 1909 年 1 号・大原武慶談「清国の真相 清国の陸海軍」）
　　c. 以上を約言すれば，大體に於て寫生と理想と保守と知識とになります．これを一丸としたものが即ち文展です．
　　　　　　（太陽 1917 年 13 号・戸張孤雁「文展の彫刻」）

こうした使用例は，伝統的な文語文ではなく，言文一致の影響を感じさせる口語文（口語体書き言葉：田中（2013））において，多く見出される．このような新しい文体の中で発達し，次第に近代語・現代語の中に根付いていったものと考えられる．

(6) a. とにかく踏絵を踏まない者は処刑をうけるのが掟だ．なぜうけるかと云うと国法に背く切支丹，つまり国賊と云う事になるからだ．　　　　　　（長與善郎「青銅の基督」1923 年）
　　b. それから契約の解除等々に関する事項がこれに該当することになろうかと思います．　　（国会会議録・1976 年衆議院）
　　c. 同じ日に最高齢と最年少の記録がつくられたことになる．
　　　　　　（読売新聞・2003 年夕刊）

大正・昭和・平成のいくつかのコーパスを調査してみると，話しことば・書きことばの別なく用いられていることが分かる．「客観性」が要求される場面においてよく用いられており，本多論文の「間主観的変化表現」というネーミングは的を射たものといえるだろう．[3]

---

[3] 「主体の背景化」という動機は同じであると思われるが，佐藤（2005）で「対人的行為のナル」と呼ばれる，「こちらのお品は 1 万円になります．」のような用法がある．これについては，今回は考慮に入れていないが，歴史的発達という点においては，たとえば『問題な日本語』（大修館書店，2004 年）に取り上げられているように，ごく最近生まれた言い方であると見てよいように思う．

## 4. おわりに

　以上のように，本章では，本多論文で示された「間主観的変化表現」の「なる」について，通時的観点からアプローチを試みた．「異なる対象に同じ捉え方を適用して捉える」ことがこうした表現の成立を可能にしている，という本多論文における説明はもっともであると思うのだが，やや抽象的にすぎて，具体的な言語形式から離れてしまっているようにも感じられる．日本語史の立場からあらためて，「なる」という具体的な言語形式の歴史を描いてみたいと思ったゆえんである．

　しかしながら，今回の調査はコーパスを使っておよそのメドをつけたにすぎず，語史の記述としては甚だ不十分なものである．今後，文献学的考察も加えながら，記述の精度を上げていきたいと思う．冒頭で掲げた「通常」か「奇妙」かという問いに対しても明確に答えられてはいないが，数千例の「現実世界での変化」の例の中で，「認識世界での変化」の例は数十例にすぎないので，ひとまず前者の用法を「通常」と見てよいものと思う．また，「変化の相対性」についても課題を残したままである．「なる」が客観性を手に入れた後に，枠組みそのものを問題にする（1b）のようなタイプが成立したことが予測されるが，これについても今後さらに考察を深めていきたい．

　こうした様々な問題を考えてみようと思うきっかけになった，本論文集の編者の方々，そして興味深い分析を提示された本多氏に対し，心より感謝申し上げる．

### 参考文献

佐藤琢三（2005）『自動詞文と他動詞文の意味論』笠間書院，東京．
田中牧郎（2013）『近代書き言葉はこうしてできた』岩波書店，東京．
森岡健二（1991）『近代語の成立』明治書院，東京．

第 19 章

# 語彙，文法，好まれる言い回し
── 認知文法の視点 ──*

西村義樹（東京大学）
長谷川明香（成蹊大学）

## 1. はじめに

　本章の目的は，B. L. ウォーフ（Benjamin Lee Whorf）が提唱した「好まれる言い回し（fashions of speaking）」という概念の（潜在的な）有効性をR. W. ラネカー（Ronald W. Langacker）の認知文法（cognitive grammar）の観点から検討することである．

　第 2 節では，「好まれる言い回し」に相当する概念の重要性をラネカーが認識するにいたったことが認知文法の成立に深くかかわっていることを概観し，そのこととの関連でこの理論のいくつかの特徴を提示する．第 3 節では，「好まれる言い回し」に関する優れた先行研究の例として池上嘉彦氏の一連の著作を取り上げ，その主要な論点間の関連性を示唆した上で，未解決の問題を指摘する．第 4 節では，認知文法の観点からの英語と日本語の具体的な現象の分析を簡潔に提示することによって，そうした問題を克服する

---

\* 本章をまとめるにあたってとくにお世話になった以下の方々に感謝申し上げます．「好まれる言い回し」の研究を長年先導してこられた池上嘉彦先生には，貴重なコメントをいただきました．また，筆者に「認知言語学フォーラム 2015」（2015 年 7 月 4 日，於：北海道大学）において発表の機会を与えてくださった髙橋英光先生・野村益寛先生にもお礼申し上げます．その場でコメントをくださった本多啓先生・森雄一先生にも感謝いたします．大堀壽夫先生からも有益な資料のご提供を含めてご協力いただきました．最後に，論文執筆の機会をくださり，また，内容に関して有意義なコメントをしてくださった藤田耕司先生にもお礼申し上げます．

可能性を探る．

## 2. 認知文法と「好まれる言い回し」

　「好まれる言い回し」という概念は提唱者であるウォーフ自身によって厳密に定義されたものではないが，ウォーフがどういう現象を「好まれる言い回し」と考えていたかは以下の引用（およびその論文で取り上げられている具体例）からある程度想像することができる．

> … the ways of analyzing and reporting experience which have become fixed in the language as integrated "fashions of speaking" and which cut across the typical grammatical classifications, so that such a "fashion" may include lexical, morphological, syntactic, and otherwise systematically diverse means coordinated in a certain frame of consistency. 　　　　　(Whorf (1956 [1939]: 158))

すなわち，「好まれる言い回し」とは，それぞれの個別言語に固有の表現様式であり，伝統的な言語学の複数のカテゴリー（語彙，形態論，統語論など）に属する特徴が有機的に結びつくことによって成立し，ある種の経験に対する特定の分析の仕方（後に見る認知文法の「捉え方」に相当すると考えられる）を組み込んだものである．このように特徴づけられた「好まれる言い回し」がいわゆるサピア・ウォーフの仮説 (the Sapir-Whorf hypothesis) にとって重要な概念装置になる可能性があることは明らかであろう．[1]

　ところで，ラネカーは，生成文法家であった頃には，意味構造はすべての言語に共通であるという想定に立ち，サピア・ウォーフの仮説には冷淡といえるほど否定的な態度をとっていたのに対して，認知文法を創始してからは，意味構造は個別言語に固有であるという，意味に対する相対主義的な見方を一貫して提唱している．[2] そして，ウォーフが「好まれる言い回し」とよんだような現象が言語研究の対象として決定的に重要であるとラネカーが考

---

[1] 「好まれる言い回し」が斉木・鷲尾（2014: 第7章）で詳しく検討されているサピアの genius とどのように関係しているかは興味深い研究テーマである．

[2] 例えば Langacker (1987: 47) 参照．

えるにいたったことこそが，このような姿勢の変化をもたらしたばかりか，認知文法という理論そのものの構想を促した（少なくとも１つの）要因でもあったと思われるのである．

　認知文法を構想し始めたと言われる 1976 年にラネカーが言語相対論を正面から扱った論文を発表していること自体注目に値するが，意味構造が言語ごとに異なりうることを主張したこの論考でとくに重視されているのは，以下の引用に見られるように，伝統的な意味での語彙と（狭義の）文法のいずれに属するとも考えられていなかったがゆえに言語学者の注目の対象になっていなかった—ラネカーが慣習的な表現様式（conventional modes of expression）とよぶ—現象であった．

> No one disputes the claim, for example, that the semantic extensions of lexical items are properly the subject matter of linguistic analysis, or that idioms (often referred to as 'frozen metaphors') must be listed as part of the lexicon of a language; these are responsible for a large proportion of the images in question. **Conventional modes of expression beyond the lexical level are another major, albeit neglected aspect of languages**. It is a fact about English, for instance, that we say *I am cold* rather than *I have cold* or *It is cold to me*. It is a fact about English, not fully predictable from the meanings of the lexical items involved, that we can use the verbs *sit*, *stand*, *lie* or *rest* (or no posture verb at all) to talk about a clock being on a table; other languages will not allow these possibilities, or will require one to the exclusion of the others. **To master a language fully, one must do more than simply learn its grammar and lexical items. One must also learn its conventional modes of expression, learn how a fluent speaker would normally say things, and this amounts in large part to mastering the images that go into normal, 'idiomatic' speech.**
>
> 　　　　　　　　（Langacker (1976: 345-346), 太字は引用者による）

「慣習的な表現様式」の特徴として本章でとくに注目したいのは以下の３点である：

第19章　語彙，文法，好まれる言い回し　　285

 I. 伝統的な意味での語彙（的な知識）と狭義の文法（的な知識）のいずれか一方には収まらない（それゆえ従来言語学者によって顧みられることがなかった）こと
 II. 言語（使用を可能にする）知識の重要な領域を構成すること
 III. それぞれがある種の経験に対する特定の捉え方を表すこと

I と II については上の引用からも十分読み取れるが，同じ論文の少し前にある以下の段落を読めば，III の「捉え方」が上で重要性が強調されている images に相当することも容易に了解されるはずである．

> **Different images may be used to express even the most concrete situations, whether due to linguistic convention or speaker option.** Consider, for instance, *The clock is on the table*, *The clock is sitting on the table*, and *The clock is standing on the table*, all of which are reasonably neutral ways of describing the same situation. The speaker of English has a choice when he goes about expressing this situation, and while he may be only dimly aware of it, the three sentences construe the situation in terms of different images. … **The semantic representations of these sentences therefore cannot be fully identical, and the differences among them reflect different ways of construing the same situation for purposes of linguistic rendition. I will say simply that they use different images to express the situation**.
> 　　　　　　　　　　　　　　　(Langacker (1976: 344), 太字は引用者による)

I-III は，言うまでもなく，ウォーフが重視した「好まれる言い回し」の特徴でもあるから，ラネカーの「慣習的な表現様式」がウォーフの「好まれる言い回し」とほぼ同種の概念を指す用語であることは確実であると思われる．

さらに，「好まれる言い回し」または「慣習的な表現様式」への注目が認知文法そのものの構想と深く関わっていたことは，この理論による文法構造の把握の仕方の中核にあるとしてラネカーがあげた以下の3つの密接に関連する主張から容易に想像できる．

 1. **Semantic structure is not universal; it is language-specific to a**

considerable degree. Further, **semantic structure is based on conventional imagery** and is characterized relative to knowledge structures.
2. Grammar (or syntax) does not constitute an autonomous formal level of representation. Instead, **grammar is symbolic in nature, consisting in the conventional symbolization of semantic structure**.
3. **There is no meaningful distinction between grammar and lexicon**. Lexicon, morphology, and syntax form a continuum of symbolic structures, which differ along various parameters but can be divided into separate components only arbitrarily.

(Langacker (1987: 2-3), 太字は引用者による)

このうち，1と3の主張と「慣習的な表現様式」が個別言語の知識の重要な領域を構成するという認識の関係はほとんど自明であろう．先にも触れたように，「慣習的な表現様式」はそれぞれある種の事態に対する特定の捉え方を表す個別言語の知識の単位であるから，意味構造は（すべての言語に共通ではなく）それぞれの言語に固有である（→ 主張1）ことになる．また，「慣習的な表現様式」は，伝統的に（狭義の）文法と語彙のいずれの要素と考えられてきたものとも異なる，いわばその中間に位置する存在であるから，そのような存在が個別言語の知識の単位として重要であればあるほど，言語の知識が文法と語彙という相互に排他的な2つの領域に截然と分かれるという伝統的な見方は疑わしい（→ 主張3）ものとならざるをえない．さらに，認知文法のもっとも際立った特徴である2は，文法的な知識の単位が担う意味が個別言語に固有の慣習化された「捉え方」[3]を組み込んでいると考えて初めてなしうる主張である．したがって，ウォーフが「好まれる言い回し」と命名して注目したような現象の重要性をラネカーが認識するようになった

---

[3] 当初は image または imagery という用語が使われていたが，認知文法では意味をすべて視覚的なイメージである（表現の意味は絵で表すことができる）と考えていると誤解されることが多かったため，近年では construal を用いるのが普通である．ラネカーはもちろん，まともな認知言語学者が意味をそのようなものであると主張したことは一度もないことを強調しておきたい．

ことが認知文法成立の重要な契機であったと考えることには十分根拠があるように思われる．

　最後に，主張3が用法基盤モデル（usage-based model）という，認知文法（および認知言語学一般）に特徴的な考え方とも密接に関連していることに触れておきたい．言語知識の獲得に特化した生得的な機構として普遍文法（UG）を想定し，言語知識とその使用を峻別する，生成文法が提示する言語観に対して，現実の言語使用とそれにかかわる（言語使用という目的に特化されない）一般的な能力が言語知識を成立させるとするのが用法基盤モデルである．このモデルでは，言語知識の単位はすべて現実の言語使用から抽出されたものであるとされる．そうした単位が現出するに際しては，複数の経験から共通性を抽出するスキーマ化，カテゴリー化，複数の構造を統合して複合的な構造を組み立てる能力，連想能力などの一般的な能力が作用し，使用頻度が重要な役割を担う．言語知識はこうして成立した（一般性，複雑度，定着度などにおいてさまざまな）単位が互いにカテゴリー化やスキーマ化の関係を結ぶことによって構成される膨大なネットワークとして表象される．

　用法基盤モデルの際立った特徴の1つは，（生成文法における抽象的な原理や規則に対応する）適用範囲の広い一般的な単位（例えば主語一般のスキーマ）とその具体例（例えば特定構文の主語のスキーマ）がネットワークの節点として共存し，多くの場合，後者のほうが前者より（実際に言語表現を産出または理解する際にアクセスされやすいという意味で）重要とされることである．例えば *misgivings* のような複数形でよく用いられる名詞は，その複数形名詞自体が知識の単位となって可算名詞一般の複数形という抽象度の高いスキーマと（前者に後者が内在するという関係を結んで）共存し，現実の言語使用ではその複数形名詞がしばしば直接（可算名詞一般の複数形スキーマを介することなく）アクセスされると考えられる．

　用法基盤モデルによると，語彙的な知識と文法的な知識は，截然と区別されるのではなく，可視スペクトルにおける青と緑のように連続体を構成している．さらに，認知文法では，この連続体全体が形式と意味の組み合せを単位として成立しており，そうした単位の大多数が語彙と文法の両方に同時に属する（スペクトルの喩えを使うならば，青と緑の中間領域が言語知識の大部分を占める）と考えられている．ところで，「慣習化された表現様式」は特定の語彙項目（例えば使役動詞 *make*）と特定の文法的なパターン（例え

ば分析的使役構文）の両者を同時に具体化したものであるから，当然この中間領域に属する（特定の捉え方を担う）単位である．そのような「慣習化された表現様式」が特定言語の知識の単位として多数存在し，現実の言語使用において（特定の構文環境から切り離された）語彙項目単体および（特定の語彙項目を含まない）抽象的な構文スキーマよりもアクセスされやすい傾向があるという観察が，用法基盤モデルを採用する認知文法における語彙と文法の連続性という主張の根拠の1つになっていると考えてよいであろう．[4]

## 3. 先行研究の主張の整理

「好まれる言い回し」という観点からの英語と日本語の対照研究として，池上嘉彦氏の一連の著作（1980, 1981a-d, 1982, 1989, 1992 [1983], 2007 [2000], 2011 ほか）がある．3.1 から 3.4 の各セクションでその主要な論点を1つずつ扱い，3.5 でそれらをまとめる．必要に応じて，池上氏以外の論者の見解も取り上げる．[5]

表1. 日英語の好まれる言い回し（本章で扱う論点）

|  | 英語 | 日本語 |
|---|---|---|
| 3.1. | スル | ナル |
| 3.2. | モノ | コト |
| 3.3. | 結果志向 | 過程志向 |
| 3.4. | 客観的把握 | 主観的把握 |

### 3.1. スル 対 ナル

英語であれ日本語であれ，同じ事態に対して，例えば（1）（2）のように，複数の言語化の仕方が可能な場合がある．

---

[4] 用法基盤モデルの立場から言語知識の全体像を提示した Taylor (2012) は認知言語学が今後進むべき方向を示していると思われる．

[5] なお，認知言語学の視点から興味深い実例とともに好まれる言い回しを論じたほかの文献として，本多 (2005, 2013)，野村 (2014: 第14章) も参照されたい．また，Ohori (1992) は，その時点までの池上氏の研究を明快に紹介している．

(1) a. I opened the door.
    b. ドアを開けた．
(2) a. The door opened.
    b. ドアが開いた．

(1) のような文は，動作主による何らかの行為として捉えるスル的表現，(2) のような文は，何かに生じる変化として捉えるナル的表現という．英語はスル的，日本語はナル的表現を好むとされる．ある人物が大津の浦に移動してきたことを述べる際に，(3a) では「～になる」を用い (移動の主体にとっての) 情景の変化として，(3b) の英訳では，主語の指示対象がしたこととして，言語化している．

(3) a. 関山をも打ち越て，大津の浦になりにけり．[6]　　（平家物語）
    b. ... they passed on through Sekiyama and came to the Beach of Otsu. (A. L. Sadles 訳)　　（池上 (2008: 90-91)）

英語のスル的表現への好みは，対応する日本語表現が自然な場合 (4a) のみならず，同じ (使役) 動詞が「〈抽象〉体」(池上 (1981c: 625)，池上 (1981d: 206)) を主語にとった (5a) でさえもごく一般的な用法であることにも現れている．[7]

(4) a. Who made her do so?
    b. 誰が彼女をそうさせたか．　　　　　　（池上 (1981c: 625)）[8]
(5) a. What made her do so?

---

[6] 引用元では例文の日本語が漢字とカタカナ表記になっているものがあるが，本章では基本的に漢字とひらがな表記に統一した（「アジア」など除く）．また，文の場合には一律に句点を挿入した．

[7] (i) に対応する日本語表現は「花瓶が粉々になった」「井戸が枯れた」とナル的であるのに対して，英語では *go*, *run* という典型的には移動・運動を表現する動詞が使用されている．変化を表す際にも個体の動きという捉え方が適用されているという意味で，英語はスル的傾向が強固であると言っていいだろう．
(i) a. The vase went to pieces.
    b. The well ran dry.　　　　　　　　　　　　　（池上 (1981d: 250)）

[8] 池上 (1980, 1981a-c) からの引用は，第126巻の通しページ番号のほうを用いることにする．

  b. ?何が彼女をそうさせたか．
  c. どうして彼女はそうしたのか．
    ((a, b): 池上（1981c: 625），(a-c): 池上（1992 [1983]: 324））

　対する日本語はというと，(6) では主語の指示対象の意図的な行為というスル的に捉えられやすいはずの事態であるにもかかわらず，「〜になる」という形式が用いられている．これは日本語のナル的捉え方への志向性の強さを物語っている．

 (6) a. 天皇陛下におかせられましては，お召し上りになりました．
              （池上（1981d: 199））
  b. 私達，六月に結婚することになりました．（池上（1981d: 198））

## 3.2. モノ 対 コト[9]

　英語と日本語は，モノ（＝個体；人間を含む）への注目と，コト（＝全体的状況）への注目という点でも対立している（池上（1981d: 256ff.））．例えば，英語は *John* を *love* の直接の対象として選ぶのに対し，日本語は人物名だけより「〜のこと」にする方が自然である．

 (7) a. You love John, don't you?
  b. あなた 太郎さんのこと好きなのね．  （池上（1981d: 257））

　また *millions in Asia* という名詞句を知る対象として取り出している英語 (8a) と，知る対象を「何千万人という人たちが…苦しんでいること」と動詞（述語）を入れて節にして表現する日本語 (8c)（(8b) の英語の直訳調よりも (8c) のほうが自然である）との違いも，モノ対コトの対立の現れとして捉えられる．(9) の例も同様で，英語が *disdain, suspicion, and ridicule* と3つの名詞を用いて表現されていることを，日本語では「人から馬鹿にされたり，怪しまれたり，嘲笑されたり」と動詞に変えて表現するのが自然である（安西（2000 [1983]: 47-48））．

---

 [9] 池上（2007 [2000]）などでは，モノとコトとをつなぐ概念としてトコロがあげられているが，本章では紙幅の都合上割愛する．

(8) a. Do you know of the millions in Asia that are suffering from protein deficiency because they get nothing but vegetables to eat?
   b. 手に入いる食物と言えば野菜ばかりのため，蛋白質不足で苦しんでいるアジアの何千万人の人たちを知っていますか．
   c. アジアの何千万人という人たちが手に入いる食物と言えば野菜ばかりのため，蛋白質不足で苦しんでいることを知っていますか． (池上 (1981d: 258-259))

(9) a. The mere fact of looking so different causes disdain, suspicion, and ridicule.
   b. ただ外見が違っているというだけで，人から馬鹿にされたり，怪しまれたり，嘲笑されたりしてしまうのである． (安西 (2000 [1983]: 47-48))

　すなわち,「モノ 対 コト」という言葉で表現される対立は,「名詞 対 動詞」「個体 対 連続体」という対立とも相関している.「名詞 対 動詞」という対立は (8)(9) の例で見たが,「モノ」「名詞」ということから「個体」という特徴が見出されることは容易に想像できるであろう. 日本語の「連続体」という特徴については, 3.3, 3.4 で扱うほかの対立軸も見たうえで, 3.5 で検討することにする.

### 3.3. 結果志向　対　過程志向

　(10) (11) の日英語のペアに例示される差は, 先行節の中の他動詞が, 後続節が表す事態の内容をその意味に含んでいるかどうかである. 英語の場合, *I burned it* は *It burned* を含意するが, 対応する日本語では「燃やす」「沸かす」と言っても対象が「燃える」「沸く」ことを必ずしも含意しない. この意味で,「英語は結果志向的」「日本語は過程志向的」といえる.[10] 英語の場合, こうした動詞の他動性は強く, 使役動詞になっていると言っていいだろう.

---

[10] 「結果志向」と「目標（達成）志向」(池上 (1992 [1983]: 269)) は同趣旨の概念である．

(10) a. *I burned it, but it didn't burn.
　　 b. 　燃やしたけれど，燃えなかった．　　　　　（池上（1981d: 266））
(11) a. *I boiled it, but it didn't boil.
　　 b. 　沸かしたけれど，沸かなかった．　　　　　（池上（1981d: 266））

両言語で差がない例（e.g. (12)(13)）もある一方，burn「燃やす」，boil「沸かす」，help「手伝う」などでは違いが見られる．

(12) a. *I killed him, but he didn't die.
　　 b. *彼を殺したけれど，死ななかった．　　　　（池上（1981d: 266））
(13) a. 　I invited him, but he didn't come.
　　 b. 　彼を招いたけれど，来なかった．　　　　　（池上（1981d: 266））
(14) a. *I helped her to solve the problem, but she still couldn't solve it.
　　 b. 　彼女が問題を解くのを手伝ってやったけれども，それでも彼女は解けなかった．　　　　　　　　　　　（池上（1981a: 527））

この違いは常に一方向的で，対応する動詞を比べた場合，英語のほうが結果が含意され，日本語のほうが結果ではなく働きかけ（結果にいたる途中の部分＝過程）に意味の中心がある．

## 3.4. 客観的把握　対　主観的把握

3.1 ですでに見た（3）の例を再び取り上げる．主人公が大津の浦に到着したことをナル表現で表している日本語（15a）に対して，その英訳（15b）では移動動詞 come が用いられている．また，英語において三人称複数で明示されている移動主体は日本語では表示されていない．

(15) a. 　関山をも打ち越て，大津の浦になりにけり．　　　（＝(3)）
　　 b. 　… they passed on through Sekiyama and came to the Beach of Otsu.

池上は，客観的把握，主観的把握という観点からこの現象を分析している．

　〈主観的把握〉：　話者は問題の事態の中に自らの身を置き，その事態の

<u>当事者として体験的に事態把握をする</u>—実際には問題の事態の中に身を置いていない場合であっても，話者は自らがその事態に臨場する当事者であるかのように体験的に事態把握をする．

〈客観的把握〉：　話者は問題の<u>事態の外にあって，傍観者ないし観察者として客観的に事態把握をする</u>—実際には問題の事態の中に身を置いている場合であっても，話者は（自分の分身をその事態の中に残したまま）自らはその事態から抜け出し，事態の外から，傍観者ないし観察者として客観的に（自己の分身を含む）事態を把握する．

(池上 (2011: 52)，下線は引用者による)

日本語では話者は主人公と一体化して「事態の中に自らを置」いているからこそ，（自分の視界に自分が（あまり）入らないように）自分が表現されない．それに対して，英語では事態が「傍観者」である話者によって「外」から捉えられているために，（話者の視界に入る）主人公は観察対象として明示的に表現されるのである．

また，川端康成著の『雪国』の冒頭 (16a) およびその英訳 (16b) もこの対立の具体例である．(16a) では「誰・何が抜けるか」「何が雪国であるか」は明示されていない．列車に乗った主人公の視点をとり，「トンネルを出たところで雪景色が視界に広がった」というような事態を，その内側から体験的に語っている．対する英訳 (16b) では，移動するものとして「列車 (the train)」が明示されている．述語が *came* になっていることから明らかなように，観察者（語り手）は列車の外から，その移動を見て言語化しているのである．

(16)　a.　国境の長いトンネルを抜けると雪国であった．
　　　b.　The train came out of the long tunnel into the snow country.
　　　　　(E. Seidensticker 訳)　　　　　　　　　　(池上 (2011: 55))

(17)-(19) のペアも類例としてあげることができるだろう．

(17)　a.　外へ出ると，月が明るく輝いていた．
　　　b.　When I went out, I saw the moon shining.

(池上 (2006: 192-193))

(18)　a.　I wonder if I can manage it.

  b. うまくやれるかなあ．
(19) a. I hope she will come.
  b. 彼女が来ればいいなあ．

### 3.5. 論点間の関係

 3.1から3.4にあげた論点はそれぞれ密接に関連している．英語の特徴の1つとされるスル的な捉え方の場合には，出来事全体の中から，特定の〈個体〉（＝モノ；典型的には動作主として行動する人間）に着目をする．対して，日本語の特徴であるナル的捉え方は，出来事（コト）への注目であり，特定の個体は，その出来事の中に相対的に「融解」（池上（1981d: 273））する．ここに〈個体〉と〈連続体〉の対比が見てとれる．「〈個体〉（もの）を〈出来事全体〉（こと）の中に埋没させるということは，個体の輪郭を失わせ，連続体化させることであり，それにともなって出来事のほうも内部構造を失うことで均質化し，連続体化する」（野村（2007: 365-366））．

> 〈こと〉であることの本質は，〈もの〉的な要因をすべて全体の中に融解し去っているということである．それは，連続体の一部にすぎない．連続体的なイメジをその本質的な姿において帯びるものとして，〈こと〉は〈変化〉の様相において捉えられた場合には〈なる〉的な性格を示すはずである．  （池上（1981d: 260））

「内部構造を失い均質化する」ことでえられる出来事の〈無界性〉（unboundedness）（池上（2007 [2000]: 340））は，3.3で扱った日本語の他動性の低さにも現れている．人間の行為には時間的な段階性がある．最終段階の「結果の達成」を境界線と考えると，無界的であるということは，結果が達成されたか否かが固定されていないということを意味する（cf. 池上（1989: 48））．[11] さらに，以下の観察もこの説明の妥当性を示唆する．

(20) a. 沸かしたけど，沸かなかった．    （≒(11b)）
  b. ??水を沸かしたけど，沸かなかった．

---

[11] この無界性という特徴は，日本語の名詞に単複の区別がないことにも見られる（相同的に観察される）（池上（1989））．

c. *お湯を沸かしたけど，沸かなかった．

(池上 (1981c: 624-625))

(20b, c) のように目的語を明示すると――行為の結果生じるものを指示する目的語を伴う (20c) の場合はとくに――容認性が落ちる（池上 (1981c: 625)）．日本語は項を「省略」しやすい言語である．行為の主体（主語）も，行為の対象（目的語）も表示が義務的ではない．「その結果，残るのは動詞だけであり，動詞によって表示される行為そのものが，行為の主体も行為の対象も言わばその中に融解してしまったような形で提示されることになる」（池上 (1981d: 273)）．これが，ナル，コト，過程志向のつながりである．

加えて，日本語の場合は，行為動詞の主語があくまでも人間にとどまる傾向が英語と比べて強い．さらに英語は一種の他動詞の主語が「〈抽象〉体」にまで拡張し (e.g. *The experience taught us that money doesn't mean everything.* cf. (5))，この場合，結果は必ず含意される（すなわちその場合の他動詞は使役動詞であるといえる）．こうした特徴は，3.3 で見た結果志向と通じるものである．過程志向性の強い日本語は相対的に他動性，使役性が弱い．それを補完する形で，日本語はナル的表現が好まれると考えることができるだろう．

さらに，ここで見た無界性という概念と，主観的把握も大いに関連がある．話し手がある行為をしようとしている人に共感をもち（自己を動作主に投入し）体験的に語るという主観的把握をした場合，その人が行為を起こした瞬間には実際に意図された結果が実現するかどうかは定かではない（Ikegami (2005: 158)）．その点で，過程志向ともつながるのである．逆に，結果志向性にも見られる英語の有界性という特徴は，外から事態を眺めるという客観的把握と結びつく．事態の外に立って，モノ対モノの対立（すなわちあるモノがもう一方のモノにスルという形で働きかけるという構図）として事態を捉えるのである．池上 (2008: 92) では，スル，ナルの対立は，客観的把握，主観的把握の対立の一側面にほかならないという見解が示されている．[12]

---

[12] 主観的把握を好む日本語は，言語化する状況に自己がかかわっている場合でも，自己を言語化の対象から外し，眼前の光景がどうナッタかということに焦点を置く傾向がある (cf. (15))．この点でも，ナルと主観的把握の関連性が見てとれる．

## 3.6. 未解決の問題

　池上（1981d）では，(21)-(23) などの例をあげながら，以下のように論じている．(21) は許容的な使役，(22)(23) は受身で表現してもいいようなものである．(22)(23) のような例があることが日本語のスル的性格の弱さの現れであるとしている（池上（1981d: 187ff.））．

(21)　どうしても行きたいと言うから，行かせた．（池上（1981d: 191））
(22)　敵に（我が身を）射させたり．（池上（1981d: 192））
(23)　今度の戦争で二人の息子を死なせた母親（池上（1981d: 192））

> 日本語では，代表的な使役の表現（「セル」）が動作主的な使役（CAUSE）ばかりでなく，許容的な使役（LET）やさらに受身（GET）に相当する場合にまでを覆って広く用いられるということである．つまり，使役の代表的な表現としての日本語の「セル」は，どちらかと言うと〈使役〉の意味合いの強くない方向へ傾いているということである．　　　　　　　　　　　　　　　　（池上（1981d: 193））

　すなわち，「セル」という形式の使用が動作主的な使役に留まらず，許容的な使役や受身に相当する場合に広がっているという事実を，池上（1981d: 194）は，〈動作主〉（スル）の概念を強調することを抑える傾向として分析しているわけである．

　しかし，(24) のような例では逆方向とも考えられるような説明をしている．つまり，本来人間の行為を表す動詞の用法が行為とは言い難い場合にまで拡張しているから，英語はスル的傾向が強いと述べている（3.1 参照）．

(24)　What made her do so?　　　　　　　　　　　　　（= (5a)）

(21)-(23) の例の場合と同様に，「抽象体を主語にした (24) の場合，動作主の行為でないような事態を表すのに使われている（ある個体が別の個体に働きかけて変化を起こした事態を表しているとは言い難い）から，スル的意味合いが弱い」と言うこともできないわけではないだろう．

　ここまで見てくると，具体的な例をどういう論理でスル的，ナル的だと結論づけるべきかが，自明ではないように思われる．さらに，スル，ナルの程度性をどのようにはかるべきかという問題もある．例えば，受身は常に能動

態よりもナル的であると考えるべきだろうか．

池上（1981d: 213-237）は，英語の能動態と受動態（受身）の対立の本質はスル的な捉え方とナル的な捉え方の違いにあると結論づけている．能動態とは，出来事の中のある特定の個体（動作主）に着目し，その行為を（スル的観点から）語るものであり，受動態とは動作主への言及を避けて[13]起こった出来事をナル的観点から語るものなのである．よく知られているように，日本語の受身と英語の受動態にはその用法に違いがあるため，両者を単純に同一視してしまうのは危険であるが，日本語のスル形とサレル形の対立も，スル対ナルの軸で考えることができるだろう（cf. 池上（1981d: 220-221））．

ここまでの議論を踏まえて，以下の例を見てみよう．原文（25a）では受動態がとられているのに対し，安西（2000 [1983]）の提案する訳では「建てる」というスル形（英語の能動態に対応する形式）になっている．

(25) a. Lighthouses are often built on high rocks so that their lights can be seen by ships sailing far away from land.
   b. 灯台は，はるか沖合いを通る船からもよく見えるように，普通，高い岩の上に建てる．

（安西（2000 [1983]: 174），原文にある強調は省略）

これは一見すると，「英語はスル的で日本語はナル的である」という主張と矛盾するもののように思われる．しかし，(25b) は，「誰が」ということに言及しておらず，非人称構文[14]（e.g. 非人称の主語をとった *They have a lot of earthquakes in California*）の性格を帯びているといえる．実際，安西（2000 [1983]: 182）も，(25b) について，*They (We) build lighthouses on high rocks* という能動態の文の主語を隠して訳したのと結果的に同じことになっていると述べている．

「能動態」「非能格動詞（e.g. 走る）」がスルの側にあることに問題はなかろうが，「受動態（受身）」「非人称構文」「非対格動詞（e.g. 壊れる）」はど

---

[13] 池上（1981d: 222）は，英語の受動態において動作主を表す句が任意であり，明示しないほうがむしろ常態であるということを重視している．

[14] Givón（1995: 323, 2001 [1984]: 91ff.）では，非人称構文や受動態，左方転移などは，脱他動詞化させるという共通の機能を担っていると分析される．

ういう順番でナル的性格が強くなっていくと考えるべきなのか，あるいはまったく同じなのかについては疑問が残る．

## 4. 日英語の使役構文と受動構文

　日英語の「好まれる言い回し」の研究が前節で指摘したような未解決の問題を克服するにはどうすればよいのであろうか．この節では，池上 (1981d ほか) でも扱われている日英語の使役構文と受動 (受身) 構文に対して認知文法の立場からはどのようなアプローチが可能かを例示することによって，その可能性を探ってみたい．

### 4.1. 日英語に共通のプロトタイプ

　そもそも日本語と英語が共通して使役構文および受動構文をもつと考える根拠は何であろうか．本章では，この2つの構文が日本語においても英語においてもプロトタイプを中心とするカテゴリーを構成し，それぞれの構文のプロトタイプが両言語ではほぼ共通であることをその根拠であると考える．[15] (日本語の「赤」と英語の red が互いに対応する色彩名であると考えることの根拠を想起されたい．) 以下，本章がそれぞれの構文のプロトタイプと考えるものを簡略化して提示する．

　使役構文のプロトタイプは，主語の指示対象 X が目的語の指示対象 Y に特定の変化を生じさせることを意図して Y に働きかけ，その直接の結果として，Y が実際にそのように変化する，という捉え方を表し，その述語動詞は (主語の指示対象がそのように変化する，という捉え方を表す自動詞としばしば形態的に対応する) 単一の語彙項目である．したがって，本章では語彙的使役 (lexical causative) 構文のある種の用法を使役構文のプロトタイプと考えていることになる (cf. 西村 (1998))．使役構文のプロトタイプにおける述語動詞が単一の語彙項目であることは，X による Y への働きかけという原因事象 (causing event) と Y の変化という結果事象 (caused

---

[15] 使役構文をもたない言語は知られていないのに対して，受動構文は世界の言語の半数足らずにしか見られないとされている．このこととそれぞれの構文のプロトタイプが担う捉え方の無標性／有標性との間には明らかに関係があると思われる．

event) が分かち難いほど緊密に結びついている, という捉え方を反映していると考えられる.[16]

受動構文のプロトタイプは, 主語の指示対象 X が (明示されないか付加詞で表される) 他者 Y の (対応する能動構文と共通する動詞が表す) 働きかけの直接の対象になる (ことによって何らかの変化を被る),[17,18] という捉え方を表し, その形式は対応する能動構文に比べて有標である. 受動構文の形式面での有標性は, Y を主役にして捉えられ (Y と X をそれぞれ主語と目的語の指示対象とする, 真理条件的に等価な他動詞構文を用いて表現され) やすい事態を (Y を差し置いて) X を主役にして捉え直すという, 意味の有標性を反映していると考えられる (cf. 池上 (1981d: 213ff.), Shibatani (1985), Pinker (2013 [1989])).

---

[16] 語彙的使役構文 (e.g. *Mary killed John*) の表す因果関係 (の捉え方) が使役接辞サセや使役動詞 *cause, make, let* などを用いた分析的 (生産的, 迂言的) 使役構文 (e.g. *Mary caused John to die*) のそれとどのように異なるのかは 1970 年代以来さまざまに論じられてきた. Pinker (2013 [1989]: 101) 参照.

[17] 受動構文の成立要因を指して, 日本語を対象とした研究では「受影性」が, 英語を対象とした研究では affectedness が, それぞれよく用いられるが, この 2 つの用語は適用範囲が完全には重ならないことに注意が必要である. 受動構文の主語の指示対象が動詞の表す行為によって影響を受けることを指す点は両者に共通しているものの, affectedness が主語の指示対象が有生でなくても問題なく適用される (例えば *This bed has been slept in* の主語の指示対象はそこで行われた「寝る」という行為によって affect されたと言われる) のに対して,「受影性」は (影響を感じうる) 有生の存在 (とりわけ人間) に限定して用いられる傾向がある.「受影性」をこのように限定して用いる傾向と伝統的な国語学におけるいわゆる「非情の受身非固有説」とは密接に関係していると思われる. 紙幅の関係で立ち入ることはできないが,「非情の受身非固有説」は, 原田 (1974), 小杉 (1979), 奥津 (1983) などが示すように, 成立しえないと本章の著者は考えている.

[18]「X が他者 Y の働きかけの直接の対象になる」とは Pinker (2013 [1989]: 107) の提示する英語受動構文 (のプロトタイプ) の意味

**X is in the circumstance defined by Y's acting on it.**

と等価であり, これが Bolinger (1975) を端緒とする affectedness の本質であると思われる. なお, Bolinger (1975, 1977) と Pinker (2013 [1989]: 109) を精読すればわかるとおり, affectedness の適用範囲は物理的な変化に限定されない. *This bed has been slept in by George Washington* や *This bridge has been flown under* なども (臨時的な) 句動詞の表す行為によって主語の指示対象に変化が生じたことを表していると考えられる. これらを主語の指示対象の属性を叙述する (主語の指示対象を特徴づける) 機能をもつ, 別種の受動文とする分析もあるが, 本章の観点からは, その際の「属性」や「特徴」は他者の行為 (の対象となること) の結果として生じる (あるいは認識される) ものであることが重要である.

## 4.2. プロトタイプからの拡張と日英語の「好まれる言い回し」

日本語と英語で使役構文と受動構文を用いた「好まれる言い回し」が異なることは，認知文法の観点からは，この2つの構文のプロトタイプをどの方向にどこまで拡張することがどの程度慣習化しているかにおける違いとして捉えることができる．以下では，第3節で取り上げたものも含めて，代表的ないくつかの例の分析を試みる．

### 4.2.1. いわゆる無生物主語の使役構文

（抽象体を含む）無生物を指示する名詞句を主語とする使役構文は，ある種の条件が満たされれば，日本語の日常的な言葉遣いにも生じないわけではないが，このカテゴリーに属する以下のような（分析的使役構文を含む）英語の自然な日常表現は日本語らしい表現に直訳することがほとんど不可能である．[19]

(26) That explains it.
(27) Cancer kills thousands of people every year.
(28) This medicine will make you feel better.
(29) What makes you think so?

使役構文のプロトタイプでは，原因事象が主語の指示対象である人間の（結果事象の実現を目指した）意図的な行為であるのに対して，これらの例における主語の指示対象は，行為の意図をもちえない無生物や，（狭義の擬人化が関与しない限りは）そもそもいかなる意味での行為の主体にもなりえない抽象体である．使役構文のこの用法とプロトタイプに対する意味的なスキーマ——両者に共通する捉え方——は以下のようなものであると考えられる：

**主語の指示対象（の存在）が原因となって結果事象が生じる．**

すなわち，使役構文のプロトタイプと (26)-(29) のような無生物主語の使

---

[19] 池上 (1981d: 205-206) で指摘されているように，この事実とその意味合いについては早くも明治時代にチェンバレン (Basil Hall Chamberlain) が論じている．サピアの genius との関連でこのチェンバレンの議論をさらに詳しく検討した斉木・鷲尾 (2014: 7.7) も参照されたい．

役構文はいずれも，主語の指示対象が存在するからこそ結果事象が生じる，という捉え方を表すといえる．

　本章の立場からは，無生物主語の使役構文をめぐる日本語と英語の違いについて補足すべき点がいくつかある．第1に，使役動詞 make を用いた無生物主語の分析的使役構文の（結果事象を表す）補文の主要部には高い頻度で生じる動詞（e.g. *feel, look, think, want, wonder*）があり，[20] 英語の母語話者はこれらの動詞がこの構文の補文の主要部であるパターン自体を（当然その意味も含めて）アクセスしやすい単位として習得していると考えられる．このパターンは語彙と文法の領域に同時に属する知識の単位であり，英語における「好まれる言い回し」の1つであることは言うまでもない．

　第2に，そもそも「無生物主語の使役構文」という表現は英語の「好まれる言い回し」を指す用語として不正確あるいは不十分である．以下のような英語の使役構文を考えてみよう．

(30)　You make me want to be a better man.
(31)　You make Mother Teresa look like a hooker.

これらは英語としてはごく自然で日常的な表現であるが，(26)-(29)と同じく，直訳的に対応する日本語の使役表現はきわめて不自然である．(30)(31)は，主語の指示対象は明らかに人間であるから，厳密な意味での「無生物主語の使役構文」のカテゴリーには入らないが，これらと(26)-(29)には主語の指示対象に結果事象を生じさせる意図がない，使役動詞 make を述語とする，補文の主要部に *feel, look, think, want* などが生じやすいといった明らかな共通点がある．英語の make 使役構文に基づく「好まれる言い回し」には(30)(31)が例示するような非意図的な人間を主語の指示対象とするパターンも含まれるべきであると考えられる．以上のような限定と修正を加えた意味での（いわば広義の）無生物主語の使役構文に関しては，確かに英語は日本語に比べてスル的な傾向が強いと言ってよいであろう．

　第3に，(32)のような英語の無生物主語の使役構文を直訳した日本語表現が日常的な場面で用いられることはまずありえないが，

---

[20] Gilquin (2010)，とくにその7.3.3を参照．

(32) That movie really made me think.

それに対応する受動文 (33) ははるかに容認度が高い．

(33) あの映画には本当に考えさせられたよ．

英語では，逆に，(32) がごく自然な日常表現であるのに対して，対応する受動文の容認度はきわめて低い．これは使役構文（と受動構文）に属する日本語と英語の「好まれる言い回し」を認定する際に考慮されるべき事実であると思われる．[21]

### 4.2.2. 許容使役と受身

使役構文は，主語の指示対象 X の行為が原因事象 Y である―X がいるからこそ結果事象 Z が生じる―という捉え方のみならず，Z の生起（または継続）を十分阻止できる立場にある X がその力を行使しない―X がいるにもかかわらず Z が生起（または継続）する―という捉え方を表すのに用いられることもある．前者の真正使役 (true causative) に対して，後者は許容使役 (permissive causative) とよばれる．両者の共通点は X が Z の実現をコントロールする力を有することである．許容使役を表す文においては，X が Z の実現を阻止する力を行使しないことが Y を構成する行為として捉えられていると考えられる (cf. Comrie (1989 [1981]: 171))．

本章では，3.6 で見た (22)-(23)（(34)(35) として再掲）のような例は，許容使役を表す（4.1 で提示したプロトタイプを中心とする）使役構文のカテゴリーのメンバーであり，客観的には同じ事態を報告するのに用いることができる，対応する受身文 (34′)(35′)（4.1 で提示したプロトタイプを中心とする受動構文のメンバー）とは，事態に対する捉え方が異なる点で，意味的に対立すると考える．[22]

---

[21] 久野・高見 (2014: 第 3 章) も参照されたい．さらに，*That noise is driving me crazy* と「あの音には気が狂いそうだ」，*You make me sick* と「お前にはうんざりだ」などの対比はいわゆる無生物主語の使役構文への好悪と客観的把握／主観的把握 (3.4 参照) の対立が相関している可能性を示唆する．

[22] 軍記物語に特徴的であるとされる (34) のような表現に対する本章と同様の分析に小林 (1987) がある．

(34) 敵に（我が身を）射させたり． (＝(22))
(34′) 敵に（我が身を）射られたり．
(35) 今度の戦争で二人の息子を死なせた母親 (＝(23))
(35′) 今度の戦争で二人の息子に死なれた母親

以下の例で考えてみよう．

(36) 花子は息子を交通事故で死なせた．
(36′) 花子は息子に交通事故で死なれた．[23]

客観的には同じ事態を記述するのに用いることが可能な場合[24]であっても，この2つの文がその事態に対する異なる捉え方を表していることは，母親と息子の立場を逆転させた場合，受身文「太郎は母親に交通事故で死なれた」は問題なく用いることが可能であるのに対して，使役文「太郎は母親を交通事故で死なせた」を用いるのは不自然であると感じられることを考えただけでも明らかであろう．保護者と被保護者の関係にあるXとYの一方であるYが不慮の死を遂げた場合，「XがYに死なれる」が表す〈XがYの死により影響を受ける〉という捉え方はXとYのいずれが保護者であっても問題なく適用されうるのに対して，「XがYを死なせる」の意味に含まれる〈XがYの死を阻止できる立場にある〉という捉え方はXが保護者である場合にのみ自然に適用されうるのである．(36)は息子の死に対する花子の責任に焦点を合わせた表現であると考えられる．[25] (34)(35)や(36)は，それらの記述する事態を直訳的に対応する英語表現を用いて描写するのは不自然であるから，許容使役構文を用いた日本語の「好まれる言い回し」の例であると言ってよいであろう．

---

[23] 本章では，このような間接受動構文を受動構文のプロトタイプからの拡張の一種であると考える．前者が後者と異なる点はラレがつく動詞が通常は他者に影響を及ぼす行為を表さないことであり，両者に共通するのは

**XがYの行為によって影響を受ける**

という捉え方であると考えられる．すなわち，間接受動構文は典型的には自己完結的な行為が臨時的に他者に影響を及ぼすことを表す，有標の受動構文であるといえる．

[24] 具体的には，息子が巻き込まれた交通事故に花子が関与していない場合．

[25] Ikegami (1982) では，使役的な意味をもたないかに見える日本語の使役構文の成立要因として「責任 (responsibility)」という概念が注目されている．

英語にも分析的な許容使役構文に基づく（日本語には見られない）「好まれる言い回し」があると思われる．以下の各ペアの b はいずれも村上春樹『1Q84』の英訳に見られる let を用いた文の例である．[26] これらがいずれも許容使役構文の例であることは容易に理解できるが，原文（(37)-(40) の各ペアの a) を許容使役の意味を担う表現として解釈することは難しい．また，これらの英語表現に直訳的に対応する日本語の表現はきわめて不自然である．

(37) a. 見かけにだまされないように．
    b. Don't let appearances fool you.
(38) a. そこまで酔っぱらった私が悪いんだから．
    b. I should never have let myself get so drunk.
(39) a. しかしもうすでに起こってしまったことだ．気にしなくていい．
    b. But what's done is done．Don't let it bother you.
(40) a. じゃあ，なぜこんなあぶなっかしい計画にかかわるんでしょう？
    b. So why would he let himself get involved in such a risky plan?

## 5. おわりに

ウォーフの「好まれる言い回し」は，言うまでもなく，個別言語に固有の知識の単位であるが，認知文法の観点から捉え直された「好まれる言い回し」（あるいはラネカーの「慣習的な表現様式」）は複数の言語に共通する（場合によっては普遍的な）プロトタイプの慣習化された拡張の仕方に見られる，それぞれの言語の独自性の現れであると考えられる．この場合のプロトタイプはもちろん，プロトタイプからの拡張も，ヒトという種の成員に共通の一般的な認知能力（例えばスキーマの抽出）を基盤として成立している点が重

---

[26] Jay Rubin と Philip Gabriel の 2 人によるこの翻訳には日本語の使役構文に直訳することが難しい（直訳するときわめて不自然な表現になる）let を用いた使役構文が全編にわたって多数見られる．(37)-(40) のような let を用いた「好まれる言い回し」としての許容使役構文の成立条件を明らかにすることは今後の課題であるが，英語において無生物主語の使役構文やある種の再帰代名詞構文が好まれることとの関連は注目に値すると思われる．

要である．自然言語に見られる多様性と普遍性の関係をどう捉えるかは言語学にとっての永遠の課題であるが，本章がその課題への認知文法の取り組みの方向性を多少なりとも示唆できていれば幸いである．

## 参考文献

安西徹雄（2000 [1983]）『英語の発想』筑摩書房，東京．
Bolinger, Dwight（1975）"On the Passive in English," *The First LACUS Forum*, 57-80.
Bolinger, Dwight（1977）*Meaning and Form*, Longman Higher Education, New York.
Comrie, Bernard（1989 [1981]）*Language Universals and Linguistic Typology: Syntax and Linguistic Typology*, 2nd ed., University of Chicago Press, Chicago.
Gliquin, Gaëtanelle（2010）*Corpus, Cognition and Causative Constructions*, John Benjamins, Amsterdam/Philadelphia.
Givón, Talmy（1995）*Functionalism and Grammar*. John Benjamins Publishing Company, Amsterdam, Philadelphia.
Givón, Talmy（2001 [1984]）*Syntax: An Introduction*, vol. 2., Rev. ed., John Benjamins, Amsterdam, Philadelphia.
原田信一（1974）「中古語受身文についての一考察」『季刊　文学・語学』74, 44-52, 全国大学国語国文学会．
本多啓（2005）『アフォーダンスの認知意味論――生態心理学からみた文法現象――』東京大学出版会，東京．
本多啓（2013）『知覚と行為の認知言語学――「私」は自分の外にある――』開拓社，東京．
池上嘉彦（1980）「'Activity' ― 'Accomplishment' ― 'Achievement' ― 動詞意味構造の類型― (1)」『英語青年』126(9), 466-468, 470.
池上嘉彦（1981a）「'Activity' ― 'Accomplishment' ― 'Achievement' ― 動詞意味構造の類型― (2)」『英語青年』126(10), 526-528, 530.
池上嘉彦（1981b）「'Activity' ― 'Accomplishment' ― 'Achievement' ― 動詞意味構造の類型― (3)」『英語青年』126(11), 562-564.
池上嘉彦（1981c）「'Activity' ― 'Accomplishment' ― 'Achievement' ― 動詞意味構造の類型― (4)」『英語青年』126(12), 622-625.
池上嘉彦（1981d）『「する」と「なる」の言語学――言語と文化のタイポロジーへ

の試論——』大修館書店，東京．
Ikegami, Yoshihiko (1982) "'Indirect Causation' and 'De-Agentivizaion,'" *Proceedings of the Department of Foreign Languages, College of General Education, University of Tokyo* 29(3), 95-112.
池上嘉彦 (1989)「『名詞的』なものと『動詞的』なもの」『言語』18(9), 44-49.
池上嘉彦 (1992 [1983])『詩学と文化記号論』講談社，東京．
Ikegami, Yoshihiko (2005) "Indices of a 'Subjectivity-Prominent' Language: Between Cognitive Linguistics and Linguistic Typology," *Annual Review of Cognitive Linguistics* 3, 132-164.
池上嘉彦 (2006)『英語の感覚・日本語の感覚』NHK出版，東京．
池上嘉彦 (2007 [2000])『日本語と日本語論』筑摩書房，東京．
池上嘉彦 (2008)「『「する」と「なる」の言語学』を振り返って」『国文学 解釈と鑑賞』2008(1), 88-92, 至文堂，東京．
池上嘉彦 (2011)「日本語の主観性・主体性」澤田治美 (編)『ひつじ意味論講座5 主観性と主体性』49-67, ひつじ書房，東京．
小林賢次 (1987)「古文における使役・受身の助動詞」山口明穂 (編)『国文法講座第2巻 古典解釈と文法 活用語』354-378, 明治書院，東京．
小杉商一 (1979)「非情の受身について」『田邊博士古稀記念 国語助詞助動詞論叢』473-488, 桜楓社，東京．
久野暲・高見健一 (2014)『謎解きの英文法——使役——』くろしお出版，東京．
Langacker, Ronald. W. (1976) "Semantic Representations and the Linguistic Relativity Hypothesis," *Foundations of Language* 14, 307-357.
Langacker. Ronald. W. (1987) *Foundations of Cognitive Grammar*, vol. 1, *Theoretical Prerequisites*, Stanford University Press, Stanford.
西村義樹 (1998)「行為者と使役構文」中右実，西村義樹『構文と事象構造』107-203, 研究社出版，東京．
野村益寛 (2007)「解説」池上嘉彦『日本語と日本語論』362-375, 筑摩書房，東京．
野村益寛 (2014)『ファンダメンタル認知言語学』ひつじ書房，東京．
Ohori, Toshio (1992) "Poetics of Language and Culture: Yoshihiko Ikegami's Semiotic Investigations," *Scripta Semiotica* 1, 77-90.
奥津敬一郎 (1983)「何故受身か？——〈視点〉からのケース・スタディ——」『国語学』132, 65-80.
Pinker, Steven (2013 [1989]) *Learnability and Cognition: The Acquisition of Argument Structure*, MIT Press, Cambridge, MA.
斉木美知世・鷲尾龍一 (2014)『国語学史の近代と現代——研究史の空白を埋める

試み—』開拓社, 東京.

Shibatani, Masayoshi (1985) "Passives and Related Constructions: A Prototype Analysis," *Language* 61(4), 821-848.

Taylor, John R. (2012) *The Mental Corpus: How Language Is Represented in the Mind*, Oxford University Press, New York.

Whorf, Benjamin Lee (1956 [1939]) "The Relation of Habitual Thought and Behavior to Language," *Language, Thought and Reality: Selected Writings of Benjamin Lee Whorf*, ed. by John B. Carroll, 134-159, MIT Press, Cambridge, MA.

第 20 章

# 生成文法と認知文法のインターフェイス
―西村・長谷川論文が示唆するもの―*

藤田耕司（京都大学）

## 1. はじめに

　認知文法はその成立経緯からして，生成文法の主張にことごとく異を唱えざるを得ない立場にある．そのせいか，認知文法の世界では生成文法を誤解したまま的はずれな批判が繰り返されることが珍しくないが，これに対して生成文法側は静観の構えをとることが多い．これは生成文法研究者から見ると，認知文法の主張は生成文法を補完するものでこそあれ，全面的に対立するものではないことが明らかであるからだと思う．

　実際，時に認知文法の提案は生成文法と軌を一にすると感じられる場合がある．例えば Langacker の action chain モデルは，実質，生成文法の構造表記を別の書き方に改めただけである（ように私には見える）が，統語構造ではないと主張したいので，ボールの絵を描いてエネルギー伝播と言ったりする．しかし特定の文が特定の action chain と対応するとして，なぜそのような action chain を想起できるかといえば，それはその文の意味がわかるからであり，これを可能にする言語能力の存在を前提とした後付けの循環論に陥ってしまっていないだろうか．文の意味を絵で示しただけでなぜ説明したことになるのか，甚だ疑問である．[1] またはそうではなく，言語記号化

---

*  本章のドラフトに目を通していただいた西村義樹・長谷川明香の両氏にお礼申し上げる．

[1] 西村・長谷川論文の脚注 3 では意味を絵で表すことができると考える認知言語学者はいないと述べられている．したがって次に述べる問題が現実味を帯びてくるであろう．

される前の事態の認識様態を表しているとするなら，ではそれをどうやって特定の言語記号列（いうところの「慣習的な表現様式」）に変換しているのかの問題が残る．これを可能にするのが言語能力であるから，やはりその存在が別途，仮定されなければならない．被説明項であるべきものが説明の一部になっているのは致命的である．

　認知文法の思考法にこのような疑問点や問題点を多く指摘することはできるものの，認知文法にも生成文法にはない優れた面があり，両者をうまく組み合わせていくことが大事である．本書の狙いの1つもその可能性を模索することであるので，本章でも西村・長谷川論文の考察をこのような観点から見直したい．[2]

## 2. 形式主義と機能主義

　まず指摘しておきたいのは，Whorf の「好まれる言い回し」や Langacker の「慣習的な表現形式」という考え方は生成文法が主張する思考と表現の普遍性と何ら衝突しないという点である．各個別言語は，人間言語としてそもそも可能である表現のレパートリーの中から「好まれる慣習的表現」を取捨選択している．例えば池上の「日本語はナル型，英語はスル型」という切り分け方が多くの場合に当てはまることは間違いないが，これは相対的傾向であって絶対的区分ではない．日本語においてスル型が容認されないのではなく，「あまり好まれない言い方」というだけなのである．[3] つまり順序としては，まず英語でも日本語でも両方の表現が生成可能であることを説明し，その後になぜこのような選好があるのかを説明することが必要である．大雑把には前者が生成文法の領分，後者が認知文法の領分ということになるが，後者の大部分が生成文法が仮定するような生得的・生物学的言語能力ではなく，文化的・社会的要因（比喩的に文化進化）によって説明されるべきもの

---

[2] 以下，西村・長谷川論文にあがっている文献自体への再言及は避け，著者名だけを記す．参考文献表にもこれらは再録していない．
[3] 私は直接見聞きしていないが，電車の車掌のアナウンスは地域によっては「ドアが閉まります（からご注意下さい）」から「ドアを閉めます（からご注意下さい）」に変わったらしい．もちろん，もともと日本語で不可能であった表現が後に可能になったということではまったくない．

であることは確かである.

　この後者には，かつては生成文法がパラメータ値の差異として演繹的に説明しようとした現象の多くも含まれ，したがってパラメータは UG とは関係のないものとなるであろう点が重要である．そもそもパラメータ値が人間の遺伝情報となるには進化的時間が圧倒的に不足しており，原理・パラメータモデルは生物学的にも支持し難いものであった．実際，生物（言語）学への接近を急速に深めている近年のミニマリズムでは，すべてのパラメータを排除しなければ生物学にはなり得ないという認識がある（Boeckx（2015）ほか）．もちろん現状では，Chomsky（2015）ですら英語とイタリア語の相違を機能範疇 T の「豊かさ」の違いに帰結させるなど，相変わらずご都合主義的なパラメータへの依存が見られるのであるが，これが説明だというのではなく，説明に近づくための1つのステップとして理解すればよい．[4]

　ミニマリズムが示唆するように，言語は内在化に対してのみ最適に設計されており，すべての個別言語間の多様性は外在化の側面に集約されるのであれば，そして統語演算は feature-free かつ parameter-free であるなら，かつての生成文法が得意としていた比較統語論はそもそも統語論の問題ではなくなるという予測さえ立つ．これは，多様性を生み出す言語の文化進化が主にコミュニケーションに動機付けられたプロセスであることを勘案すれば，なおそうだと思える．

　より一般には，言語の形式（構造）と意味（機能）の関係の問題である．構造が機能を生み出し，逆ではないことは生物学の基本認識であるが，それは言語能力の生物学的側面についても成り立つ．例えば受動文という形式があるからその構造特性に応じた機能が生まれるのであり，その機能のために受動文が生まれたという目的論は科学では通用しない．しかし，個々の言語活動の現場においては，言語使用者が用いるべき形式をその目的に合わせて選択するという次の段階が存在する．つまり最初に構造が機能を生み，次に機能が構造を選ぶ．この第二のステップはもっぱら文化的・社会的なものであり，どの言語でどういった表現形式が「好まれる」かの問題もここに含まれる．生物言語学としての生成文法が文化進化の問題に立ち入れない以上，

---

[4] 慶應言語学コロキアム（2015年6月27日，於慶應義塾大学）での私の発言に対する北原久嗣氏のコメント．

認知文法や他の機能主義的アプローチは，生成文法の発展にとっても重要であり，形式主義と機能主義は相補的関係にあることがわかる．

## 3. 文法と語彙

　認知文法では用法基盤モデルの立場から文法（シンタクス）と語彙（レキシコン）の連続性が重視され，両者を独立したモジュールとして考えることをしない．理由はまったく異なるが，近年の生成文法でも文法と語彙を分けずに統合するアプローチが台頭してきている．古いモジュール文法観を引きずった「語彙主義」，つまり独立したモジュールであるレキシコンに記載された語彙情報がシンタクスを左右するという考え方に対し，この「反語彙主義」は語も文も同じ生成メカニズム（併合 Merge）がもたらす表出形であることを重視している．

　語彙主義は文を作るための情報が語彙項目の中に（なぜか都合よく）あらかじめ入っているとする「前成説」（ホムンクルス説）であって，そのような情報の由来を説明するものではない．Merge $\alpha$ が語彙情報に依存することなく適用し，生じた結果が語彙情報（と考えられていたもの）に該当すると考えれば，この循環論は回避できる．反語彙主義がレキシコンを破棄してシンタクスに統合するのは，ちょうど生成文法において「構文」なるものは存在しないとされたことと符合する．結果的に生じる個々の構文自体ではなく，それらに共通する生成メカニズムを重視したわけであるが，同様に，出力が語になるか文になるかに関係なく，常に併合が働いていることを反語彙主義は重視している．

　構文という概念の否定は，一見，Goldberg らの構文文法の主張と齟齬をきたすのであるが，これも表面的な対立に過ぎない．結果的に構文化して，独特の形式・意味の組み合わせを得ることになる表現が，最初どのようにして生じるのかを問うのが生成文法であり，万一，構文文法がこの問題を無視してあたかも最初に構文ありきのような主張をするのであれば，それは知的怠慢でしかないだろう．しかし，その表現のその後の構文化の文化進化的プロセスも同様に重要であり，このため生成文法の不備を構文文法が補うことが必要となってくる．

　語形成についても同様である．例えば名詞「机」がルート部と範疇決定詞

の併合によって生成されるとして，同じルートからは動詞「机」も同等に生成可能でなければならない．日本語に動詞「机」がないのは，これを日本語文法が生成できないからではなく，単にそれを語彙化して使う必要がないから文化的・社会的に容認されていないというに過ぎない．私は「語」はすでに「構文」であると考えるが，これはいずれもが併合の出力であること，またその定立には文化的・社会的要因が大きくかかわることの2点において妥当な見方だと思う．

## 4. （脱）モジュール化と進化可能性

反語彙主義の考え方は進化言語学的に見ても優れたものである．文法と語彙を独立したモジュールと考えるなら，その双方に別個の進化シナリオを想定しなければならないが，語彙主義の立場から人間のレキシコンがどのように進化し得たかという議論が出されたことはない．言語能力の進化可能性 (evolvability) の観点からも，語彙主義は支持し難い．しかし文法と語彙とを問わず，併合がこれらを可能にしているとするなら，その併合の起源・進化から言語能力の起源・進化に迫ることが可能になる（藤田 (2012)）．文法と語彙に異なる特性があるにせよ，それは共通のルーツからの「変化を伴う由来」の例であって，その起源からモジュール化されていたことにはならない．

一方，同じ進化可能性の検討により，シンタクスの自律性を否定する認知文法の考え方も怪しくなる．シンタクスの自律性は，この能力が概念・意味とは独立して進化したことの反映であり，実際，このようなモジュール性が生物システムの進化可能性の大きな条件となっている（モザイク進化）．認知文法が想定するような，統語と意味の不可分の結びつきは，現在のわれわれの正常な言語使用において観察される限られた状態であり，進化の最初の段階からそうであったわけではない．岡ノ谷 (2003) はトリのさえずり行動の進化研究に基づき，人間言語においても形式と意味は最初，独立して進化し，後に両者が結合することで言語になったという「独立進化仮説」を提案している．これは明らかに生成文法に接近した，そして認知文法とは大きく異なる考え方であるが，生物学の立場からシンタクスの自律性を進化的に裏付ける研究成果が出されたことの意義は大きい．

認知文法は，言語の特性をそれ自体で完結しているのではなく，認知心理学や神経科学等，多数の隣接分野の知見と整合し，そこから自然に帰結するようなものでなければならないと見ている．しかし，例えば現在の認知心理学の考え方が絶対に正しいという保証はないのだから，それに整合しているかどうかは認知文法の妥当性の強い証拠とはならないはずである．[5] また，多数の関連分野を視野に入れているはずの認知文法から「進化」という視点が欠落していることは大きな問題となるのではないか．現在どうあるかを皮相的に見るだけではなく，どのような経緯を経て現在に至っているかという深い洞察が必要である．

## 5. 使役動詞と心理動詞

西村・長谷川論文の4節では，日・英語の使役と受動が，それぞれ「好まれる表現」をどの程度まで拡張できるのかという観点から多様な例があげられており，日・英語法比較といった観点からも興味深い．とくに（語彙的）使役動詞については，これが統語的な埋め込み構造を内包しているという観察が反語彙主義の見方につながったということもあり，ここでも触れておきたい．西村・長谷川論文の指摘とは異なり，使役構文のプロトタイプは，原因事象と結果事象が「分かち難いほど緊密に結びついて」(p. 299) はいない点が重要である．[6] これは次の (1) が again の解釈について曖昧であることからもすぐに納得できることであるが，ここでの曖昧性は (2) と同じく，正に構造的なものでなければならない．

(1) John opened the door again.
(2) John said Mary opened the door again.
(3) [$_{vP}$ John $v$ [$_{VP}$ V the door]]

---

[5] 生成文法が進化生物学の伝統的パラダイム（ネオ・ダーウィニズム）に迎合するのではなく，言語進化を視野に入れることでそれに変革を迫っていることと対照的である．
[6] 西村・長谷川論文がこの表現で意図しているのは，その脚注15から明らかなように，語彙的使役が迂言的使役に比較して原因と結果の関係をより緊密に捉えるものであるという程度のことであって，これには異論の余地はない．しかしこれが「分かち難いほど」緊密だといえるのか，何をもってして「分かち難いほど」といえるのかが疑わしいのである．

他動詞 open は CAUSE-OPEN に相当する (3) のような分裂 VP 構造を含んでいるが，問題の曖昧性は again が上位の $v$P 層を修飾するのか下位の VP 層を修飾するのかの違いとして生じる．動詞の自他交替（他動性交替）は伝統的に (3) における $v$ の "flavor" の違いとして理解されてきたが，これでは自他の区別が語彙的に決まっているとするに等しいから説明にならない．外項を併合するか否かが結果的に自他の別を生み，この外項の併合も特定の $v$ の素性によって駆動されるのではなく，Merge $\alpha$ によってまったく自由に行われると考えるべきである．

　「語彙的」使役動詞がこのような統語構造を内包していることから，外項が意図的動作主であるか非意図的原因項であるかは，三層分裂 VP のどの層に外項が生じているのかの違いに還元できるとしたのが Fujita (1996) 等での私の提案であった．西村・長谷川論文でも指摘されるように，英語では非意図的原因項を外項とする形式も「好まれる言い回し」に含まれるのに対し，日本語ではこれが難しいことが多い．構造的にはどちらの言語でも常に外項の 2 つの解釈が可能であるはずが，実際にこのような差異が観察されるということは，やはり文化進化的要因によるところが大きいのであろう．[7]

　西村・長谷川論文は 3 節で池上の「モノ対コト」の対比，つまり英語は個体に注視するのに対し，日本語はそれを含む状況全体に注視するという違いに言及し，日本語では「太郎が好き」よりも「太郎のことが好き」のほうが自然であることをその例としてあげている．このような心理動詞も使役動詞の例であり，生成文法でもこれまで盛んに議論されてきているが，経験者目的語型心理動詞に関していえば，日本語でも原因項主語の許容範囲が広い（That explains it. は日本語にならないが That annoys her. は日本語でも可能）．

　興味深いことに，「モノ対コト」の対比はこの場合の主語についても見られ，例えば John worries Mary. は「ジョンが～」より「ジョンのことが～」のほうが自然である．この場合，「のこと」は動作主ではなく原因項であることを明示的に表す機能を持つ．西村・長谷川論文は，使役構文や無生物主語構文のプロトタイプは「主語の指示対象が存在するからこそ結果事象が生

---

[7] 英語が Voice と $v$ を Sub-Merge するタイプの言語であったとしても，[$v$-Voice] のラベル次第で両方の解釈が生じる．本書第 9 章・藤田論文を参照．

じる，という捉え方を表す」(p. 301) と述べているが，この点とのつながりも明らかである．さらに，Cheung and Larson (2015) は，英語や中国語の経験者主語型心理動詞が一種の補文構造を含んでおり，一見，目的語に見えるものはその補文内の項であるという分析を提案している．

(4) a. John fears dogs.
    b. John fears [... dogs ...]

これは，日本語と同じく英語や中国語でも隠れた「のこと」が存在しており，この例の場合，恐れの対象が dogs 自体ではなく dogs を参与者とする事象であることを意味している．「モノ対コト」の対比が統語構造や意味構造では存在せず，これらが（認知文法の主張とは異なって）普遍的なものであることを示しているようで興味深い．

## 6. ラベルとメトニミー

西村・長谷川論文の論点とは離れるが，生成文法と認知文法の協働の可能性を示す一例として，ラベル付け (Label) とメトニミーの関係について触れておきたい．現在，生成文法内部ではこのラベル付けを巡る議論が盛んに行われており，人間言語固有であるのは併合ではなくラベル付けではないかと考える立場もある．ラベルとは併合が形成した集合が全体として何であるのかを示す情報であって，これが適切に決定されないと解釈できずにインターフェイスで排除されると考えられている．例えば (5a) でできた集合 $\alpha$ が何であるかを，(5b) のように $\alpha$ のラベル（仮に the）によって示すことができる．

(5) a. Merge (the, book) = {the, book} = $\alpha$
    b. Label($\alpha$) = &lt;the&gt;

このラベル付けがどのようにして行われるかについては，これまでいくつかの異なる提案があるが，ここでは2つだけ取りあげる．[8]

---

[8] その詳細は本節の議論に関係しないので省略する．(6a, b) の各文献を参照のこと．

(6) ラベル付け
　a. ラベル付けは最小探索（minimal search）によって行われる．
　　　　　　　　　　　　　　　　　　　　　　(Chomsky (2013, 2015))
　b. ラベル付けは内的併合（＝移動）である．　　　(藤田 (2014))

　これらに共通するのは，ラベル付け自体を独立した統語演算として考える必要がないという点である．進化的には，ラベル付け独自の進化シナリオを必要としない点で，いずれも優れた仮説だといえる．
　このうち，Chomsky が提案する最小探索は，言語固有ではない「第三要因」の一例だと考えられ，ある集合内を探索し，最初に検出された情報をその集合のラベルとするというものである．この第三要因には自然法則や演算効率の他，一般的認知・学習能力も含まれると思われるが，ここで注目したいのは，最小探索によるラベル付けという考え方が，認知文法で扱われるメトニミーの作用と極めて類似しているという点である．
　例えば「チョムスキーが書いた本」というターゲットを指す場合，それに関連して最も際立った（most prominent）情報である「チョムスキー」という人名を参照点にして「昨日，チョムスキーを読んだ」などと言うことができる．ラベル付けにおける最小探索も，その集合内で「最も際立った」情報の検出であり，これによって集合を代表させることはメトニミーに他ならないと思える．ラベル付け自体は統語演算システムや言語機能に固有のものであっても，これを可能にしている一般的認知機能を考える上で，認知文法におけるメトニミー研究が有益になり得るということである．
　ラベル付けの背景に確かにこのようなメトニミー能力が働いていると仮定してみよう．メトニミー理解にかかわる神経基盤の研究もすでに行われているが（Rapp et al. (2011)），すると例えば，併合とメトニミーの神経基盤がそれぞれ解明され，両者が大きく異なるということがわかれば，(6a) と (6b) は両立せず，ラベル付けも併合であるという (6b) の仮説の反証につながることが期待できる．一方で脳科学，もう一方で理論言語学内の生成文法と認知文法という三者が協力し合うことで，新しい研究の可能性が見えるということの好例ではないだろうか．

## 7. まとめ

　言語はわれわれの生物学的形質であるのみならず，文化的・社会的に育まれた技能でもある．生成文法は前者に注目し，その普遍性を重視してきたが，それだけでは言語の完全な理解には不十分であり，後者の多様性に注目するアプローチも同様に重要である．両者をうまく架橋していくことが，これからの言語研究の喫緊の課題となる．西村・長谷川論文が取りあげた「好まれる慣習的表現」という問題は，生成文法と対立するというより，それを補完するものとして，生成文法研究者にも共有されるべきものであろう．

## 参考文献

Boeckx, Cedric (2015) *Elementary Syntactic Structures: Prospects of a Feature-free Syntax*, Cambridge University Press, Cambridge.

Cheung, Candice Chi-Hang and Richard K. Larson (2015) "Psych Verbs in English and Mandarin," *Natural Language & Linguistic Theory* 33, 127-189.

Chomsky, Noam (2013) "Problems of Projection," *Lingua* 130, 33-49.

Chomsky, Noam (2015) "Problems of Projection—Extensions," *Structures, Strategies and Beyond: Studies in Honour of Adriana Belletti*, ed. by Elisa Di Domenico, Cornelia Hamann and Simona Matteini, 3-16, John Benjamins, Amsterdam.

Fujita, Koji (1996) "Double Objects, Causatives, and Derivational Economy," *Linguistic Inquiry* 27, 146-173.

藤田耕司 (2012)「動詞統語論と生物言語学・進化言語学」畠山雄二(編)『日英語の構文研究から探る理論言語学の可能性』1-13, 開拓社, 東京.

藤田耕司 (2014)「投射の進化的問題」藤田耕司・福井直樹・遊佐典昭・池内正幸(編)『言語の設計・発達・進化——生物言語学探究』279-307, 開拓社, 東京.

岡ノ谷一夫 (2003)『小鳥の歌からヒトの言葉へ』岩波書店, 東京.

Rapp, Alexander M., Michael Erb, Wolfgang Grodd, Mathias Bartels and Katja Markert (2011) "Neural Correlates of Metonymy Resolution," *Brain & Language* 119, 196-205.

# 第Ⅲ部

# 日本語学編

# 第 21 章

# 逸脱的「それが」文の意味解釈*

天野みどり（大妻女子大学）

## 1. はじめに

　通常の言語使用においては，話しことばであれ書きことばであれ，規範的な文法規則から何らかの点で逸脱があるものや，言いさし，単なる言い損ないなど，不完全な言語形式と言えるものが流れの中に混じっているのが普通である．それでも，母語話者は意味を理解する．それは，母語話者なら不完全な言語形式も含めた言語表現の連鎖が全体としてどのような意味を表すのかを文脈や状況に応じて仮説的に推論し，不完全部分を全体の意味との整合性を得るようにして理解することが可能なためである．

　本章では，逸脱的な「それが」文を例に，その意味解釈がどのようになされるかを考えてみる．

　本章で取りあげる逸脱的な「それが」文とは以下のようなものである．

(1)　M023：　で，晩ご飯はどうしたんですか．
　　　F107：　晩ご飯は．
　　　F023：　だから晩ご飯がそれよ．ジャケット．
　　　M023：　あー，それで，ふだん，ふだん，ふだん，ふだん．

---

*　本研究の調査に際し梨花女子大学校・弘益大学校・申豊国際学院の協力を得，国立国語研究所現代日本語書き言葉均衡コーパス・名大会話コーパスを利用させていただきました．また，本研究は第 14 回対照言語行動学研究会（2015.7.18）・CAJLE 2015 年次大会（2015.8.21）の発表に基づいています．多くの貴重なご教示・ご協力に感謝致します．また，本研究は JSPS 科研費 25370527 の助成を受けたものです．

|F107　：|ふだんはそこら辺で食べたよ．
|F023　：|ねえ．
|M023　：|いいレストラン？
|F107　：|**それが**さあ，あのさあ，ウィンダミヤのさあ，レストランが最低だった．　　　　　　　　　　（「名大会話」）

(2) モガディシオではアイディード一派を中心に各氏族が入り乱れて抗争を繰り返していた．**それが**，暫定政権が発足してから一年のうちに，**アブドゥルカシム**は首都の半分を制圧するに至った．
　　　　　　　　　　　　　　　　　　　　　　　　　　　　（「アフリカ」）

(3) 「で，そのちさとって子はどこの学校に転校してきた子なの？」「**それが…**」ふぶきは，ちさとの学校も家の住所も電話番号も聞いていなかった．　　　　　　　　　　　　　　　　　　　　　　（「アーケード」）

　「それが」は指示詞「それ」と主格助詞「が」から成るものだが，(1)(2)では後続に第2のガ格が現れ，「それが」と直接結びつく述語句が無い．また，(3)は「それが」で終了している．こうした「それが」は文頭に用いられ先行文と当該文とを連結したり，後続の意味を暗示して先行文との関係をつけたりと，接続詞的機能を果たしているようにも見える．

　本章では，こうした逸脱的な「それが」文を例として，逸脱的な発話を意味理解する際にはどのような過程を経ているのか，その過程で言語的知識がどのような役割を果たすのかを考える．

　2節では逸脱的「それが」文の意味を述べる．3節ではその意味理解はどのようになされているのかを考え，4節では日本語母語話者と外国人日本語学習者の間で逸脱的「それが」文の意味理解に違いがあるか，あるとしたらなぜかを考える．

　その結果として，一連の言語形式とその形式全体に固定化した意味に関する知識，すなわち慣用的な「連鎖文類型」に関する知識が，逸脱的な発話の意味理解に一定の役割を果たすことを述べる．[1]

---

[1] 本章に対する竹沢氏のコメント論文では，「それ+が」の合成的説明の可能性が述べられている．本章は，合成的意味解釈を排除するものではなく，特に逸脱性を持つ文解釈には仮説的推論が必要であり，その推論には文脈的情報が欠かせないことを述べるものである．合成的・構文的解釈過程の双方が必要であることは天野 (2011: 13) でも述べていると

## 2. 逸脱的「それが」の意味

### 2.1.「それが」の特徴と意味に関する先行研究——浜田 (1993),庵 (1996, 2007)

逸脱的な「それが」はこれまで接続詞的用法（国立国語研究所 (1951)）・接続詞（市川 (1978)）などと呼ばれることもあり，その特徴的な用法が様々に考察されてきた．ここではその中から浜田 (1993) と庵 (1996, 2007) の指摘を取りあげておきたい．

浜田 (1993) は逸脱的「それが」を独話文脈・対話文脈に分けて整理し，それらの用法に見られる特徴を列挙した上で，根幹となる意味の記述をおこなっている．浜田 (1993) の列挙する逸脱的「それが」（[P. それが Q.] 形式）の諸特徴とは以下の通りである．

① P 部は，「それが」の発話者の既得情報でなければならない．
② Q 部は，話者関与性の弱い述語をとる．
③ 独話では継続的変化を描写する文脈に頻出する．
④ 物語性を持つ．
⑤ 他の逆接の接続詞にある，PQ を入れ替えても成り立つ「対称的な用法」が無い．
⑥ 逆接的でない，「情報の追加」の用法がある．

浜田 (1993) はこの諸特徴の①〜⑤[2]をふまえ，逸脱的「それが」は逆接的機能を持ち「直前の P 部の内容から予想される結果と Q 部に述べられている内容が異なっていることを，話し手の判断を交えず，物語を語るように，事柄の生起の順に提示する」（浜田 (1993: 63)）とする．後述するように浜田 (1993) のこの記述は他の逆接の接続詞「しかし・でも・だが・けれども」との差異を考える上でも重要なものである．

では，こうした諸特徴はどこから生じ，なぜ「それが」はそのような意味を表すのだろうか．庵 (1996, 2007) は浜田 (1993) をふまえて当該の「そ

---

おりである．
[2] 特徴⑥は逆接でない「それが」だが，浜田 (1993) はこの用法と逆接用法の共通点も記述している．本章においては逆接でない「それが」については扱わない．

れが」は「予測裏切り的関係」を表すとし，そのような意味を表すのは「「それ」の部分に先行文脈からのテキスト意味の付与がある」ためと述べている（庵（2007: 140））．

逸脱的「それが」全体の意味や諸特徴と，構成要素である「それ」の意味が関与しているという庵（1996, 2007）の指摘は重要である．しかし，その説明によってもなお浜田（1993）の挙げた①～⑤のような具体的で詳細な特徴の起因が明らかになったとは言えない．

## 2.2. 逸脱的「それが」の意味・特徴の由来

天野（2015）は浜田（1993）の挙げた逸脱的「それが」の諸特徴や意味は，当該文がある1つの構文類型，すなわちサマ主格変遷構文に属するために生じるものとした．サマ主格変遷構文とは以下のようなものである．

(4)　戦いの後の市中の混乱が，1年もすると嘘のように収まった．

(4) は主格句「混乱が」がある状態（サマ）を表し，述語句「収まった」がその状態の変化を表す自動詞から成っている．このように〈あるモノ・ヒトの一様態・一状況 X が，異なる様態・状況 Y に変化する〉意味を表す［X ガ＋状態変化自動詞述語句］文を，サマ主格変遷構文とする．さらに次の (5)(6) はこの主格名詞句が「の節」となったものである．

(5)　同社の内部資料によると，昨年十月は一日以上の延滞額が融資額全体の二二％だったのが，今年二月には二九％，三月には三一％，四月には三四％と急激に悪化している．
　　　　　　　　　　　　（レー・バン・クー（1988: 72）「朝日新聞」1984-6）
(6)　ジェラード・マンレー・ホプキンズは十九世紀のイギリスの詩人だが，ながいあいだ，マイナーの宗教詩人としか考えられていなかったのが近年，再評価の声が高い．　　　　　　（「トリエステ」）

(5)(6) のように主格句が「の節」になった場合も，その主格句は「～二二％だった」状態・「～考えられていなかった」状態を表しており，述語句は異なる状態へと変化したことを表していると解釈される．

ここで注意したいことは「のが」の後に (6) の述語句「再評価の声が高い」のように第2のガ格が出現する場合があるということである．このような

場合には，第2のガ格も含んだ「再評価の声が高い」という連鎖全体が，異なる状態への変化を表す意味に解釈される．実はこうした「のが」は逆接を表す「のに」と近似しており接続助詞的ともされるものであるが，天野（2014）では「の」の名詞性や文の許容度の観点などから，これも（4）と同様，サマ主格変遷構文を構成するものと位置づけている．

そして，天野（2015a）は，本章の考察対象である［P. それが Q.］という連鎖は，この（5）（6）のような「の節」を主格句とするサマ主格変遷構文を2文に分けて表したものと位置づける．「の」節が独立した1文 P，その後続が「それが」を冒頭に持つ2文め Q ということである．

したがって，「それ」は前文 P で表される（または前文 P から想定される）状態の意味を指示するものであり，[3] ［P. それが Q.］の連鎖は〈（P で表される）あるモノ・ヒトの一様態・一状況 X が（Q で表される）異なる様態・状況 Y に変化する〉意味を表すとする．そして，浜田（1993）の指摘した「それが」文の持つ諸特徴（①〜⑤）は，サマ主格変遷構文の諸特徴そのものであるとしたのである（天野（2015a: 112-113））．本章ではこの慣習化された意味を表す［P. それが Q.］の2文連鎖を《変遷連鎖文類型》と呼ぶことにする．

### 2.3. 「それが」文の意味再考——天野（2015a）

天野（2015a）は浜田（1993）にならい，当該の［P. それが Q.］の連鎖の意味を独話文脈と対話文脈に分け，〈変遷〉の観点から記述している．天野（2015a）を整理して以下に示す．

独話文脈
　① ある現実状態から異なる現実状態への変遷
　② ある言語化された認識状態から異なる現実状態への変遷
対話文脈
　① ある現実状態から異なる現実状態への変遷
　② ある言語化された認識状態から異なる現実状態への変遷

---

[3] 「それ」が変遷前の状態の意味を「指示する」という本章の考え方は，本章に対する竹沢氏のコメント論文の注1で述べられていることと軌を一にし，庵氏が指示性が無いということと大きく異なる．

③ 推論により想定される認識状態から現実状態への変遷
④ 推論により想定される認識状態から現実状態への変遷，後続の非言語化

まず，独話文脈の①ある現実状態から異なる現実状態への変遷とは，以下のようなものである．

(7) モガディシオではアイディード一派を中心に各氏族が入り乱れて抗争を繰り返していた．**それが，暫定政権が発足してから一年のうちに，アブドゥルカシムは首都の半分を制圧するに至った．**
（「アフリカ」）

(7) は「P [〈各氏族が入り乱れていた状態〉である]．それが Q [〈アブドゥルカシムが制圧する状態〉に変化する]．」という構成である．

②ある言語化された認識状態から異なる現実状態への変遷とは，(8) のようなものである．

(8) 「泳ぎ方だけでいったら，ジェームズはもう，五十メートルぐらい楽に泳げていい<u>はず</u>だわ．**それが泳げない**のは，水への恐怖心が足をひっぱってるからなのよ」（「CHERUB」）

(8) は現実界の状態が X から Y に変化したわけではないが，想定された「泳げていいはずだ」という認識状態 X が，現実には異なる状態 Y「泳げない」であると判明することを表している．これも，2つの X・Y の状態を1つの変遷として把握し言語化したものと考えられる．

次に，対話文脈の①ある現実状態から異なる現実状態への変遷の例は (9)，②ある言語化された認識状態から異なる現実状態への変遷の例は (10) である．

(9) 「お嬢さんは去年は振り袖姿できれいでしたね」「**それが今年は汚れたジーンズ姿です．**」
(10) 「会議の内容は委員全員に報告してある<u>はず</u>．」「**それが報告はなかったんです．**」

対話文脈の①②は独話文脈の①②と同じタイプである．他方，以下の③④

は対話文脈に特有のものである．③推論により想定される認識状態から現実状態への変遷の例は (11) (12)，④推論により想定される認識状態から現実状態への変遷の例で後続が非言語化の例は (13) である．

(11) 「では，ぜひとも鶴尾さんの居場所を突きとめて，その論文をお渡しになるんですね？」「**それが … 困ったことになりました**」
　　　　　　　　　　　　　　　　　　　　　　　　　　　　　　（「イエス」）

(12) 「手が放せないんだ．出かけてるとか何とか適当に言っといてくれ」「**それが，どうしても江間さんを出してくれって．なんか切羽詰まってるみたいで**」
　　　　　　　　　　　　　　　　　　　　　　　　　　　　　　（「ゲスト」）

(13) 「で，そのちさとって子はどこの学校に転校してきた子なの？」「**それが …**」ふぶきは，ちさとの学校も家の住所も電話番号も聞いていなかった．
　　　　　　　　　　　　　　　　　　　　　　　　　　　　　　（「アーケード」）

この③④は相手の質問文・命令文に対して，直接的な応答文を用いずに受け応える点で通常の発話連鎖パターンを逸脱しているものである．この場合の「それ」の指示対象を先行発話中に顕現する形式と考えることは不可能であろう．先行する確認文や質問文がその前提として想定していると推論される，「実現の期待される行動を受け手がする（(11) Y が論文を渡す）」だろうことや，「受け手が質問の答えを知っている (13)」だろうこと，また，命令文の前提として想定されている「受け手が命令通り行動する（(12) Y が適当に言う）」だろうことを指示し，その認識された状態が現実には実現できない状態であることを述部で叙述するものと考えられる．

## 2.4. 質問文・命令文の応答としての「それが」文

以上の「それが」文の意味③④をさらに考察したい．甲田 (2003) は「ところが」は同じ逆接の接続詞と言われる「しかし・けれども」等と異なり，純粋判断「だろう，まい」や命令形・意志形・依頼・禁止・勧誘など，発話時に限定される表現，「判断実践文」とは結びつかず，「知識表明文」と結びつくものであるとしている（甲田 (2003: 191-198)）．この「ところが」についての観察は，浜田 (1993) の挙げた特徴②にもあるように，「それが」についてもあてはまることである．

(14) あの人は，もう来ない．しかし，行ってみよう．

(甲田 (2003:(46)))

(15) あの人は，もう来ないかもしれない．??ところが，行ってみよう．

(同上 (47))

(16) あの人は，もう来ないかもしれない．??それが，行ってみよう．

逸脱的「それが」による［P. それが Q.］の連鎖は，P と Q を 2 つの状態の変遷という 1 つの事態として把握し叙述するものである．P と独立に Q だけで「判断実践文」となることができないという以上の現象も，この《変遷連鎖文類型》の表す意味から導き出されることだと考えられる．

では，なぜ質問文・命令文のように明確に独立した先行発話に対して，言い換えれば，明確に応答という「判断実践文」を要求する先行発話に対して，「それが」は用いられるのであろうか．

この場合の「それが」の使用は，応答を要求する先行発話の通常の流れを《変遷連鎖文類型》の流れに言わば差し替えたものなのである．このような「それが」は言いにくさを示す表現を伴うことが多く，直接的な否定的応答が言いにくい場面で，直接例えば「いいえ」で応える代わりに，前提とする想定状態の変化を叙述すること，すなわち，自分の意志とは関わりの無い状況の変化を叙述することにより，間接的に相手の期待に応えられないという意志を伝えるものなのである．このような間接性は，あくまでも「それが」文が PQ を 1 つの変遷事態として表すものだからこそ生じる効果である．

質問文・命令文と「それが」文との 2 文連鎖は〈質問・命令―応答〉という通常の流れとは異なるものの，〈質問・命令―間接的否定応答〉の流れとしてすでに十分に慣習化されていると考えられる．そのため，④のように後続を述べなくても「それが」だけで否定応答の意味が理解されるのである．この慣習化された〈質問文・命令文＋「それが」〉の意味に関する知識は，後述する一般的に逆接的意味を推論するのに役立つ言語的知識とは異なりながらも，意味理解に貢献する 1 つの知識となっていると考えられる．

## 3. 接続詞 but

以上のように，本研究では逸脱的な「それが」は接続詞としての意味を独

立に持つのではなく，変遷を表す［P．それがQ．］の連鎖の中でPの状態を主格として表すものとした．ここでは，英語のbutと対照し，その違いを明らかにしておこう．

　Sweetser (1990)（以下，引用・日本語訳は澤田治美訳 (2000) より）は，接続詞が「内容領域・認識領域・言語行為領域」の3領域で働くと解釈されることを示し，語用論的曖昧性を示すものとしている．例えば次のbecauseの例文 (17) は現実世界の因果関係を示し「内容領域」の例，(18) はジョンが帰ってきたと知ったことが前提となり結論が導き出されたことを示し「認識領域」の例，(19) は質問行為に対して，その正当性を示すもので「言語行為領域」の例であるとされている（Sweetser／澤田訳 (2000: 108)）．

(17)　John came back because he loved her.
　　　（ジョンは，彼女を愛していたので帰ってきた．）
(18)　John loved her, because he came back.
　　　（ジョンは彼女を愛していたのだ．というのは，彼は帰ってきたからだ．）
(19)　What are you doing tonight, because there's a good movie on.
　　　（今夜何か予定ある？というのは，いい映画をやっているから．）

　しかし，butは「認識領域」と「言語行為領域」のみで，「内容領域」の用法があるということを証明する明確な理由は無いとしている．次の (20) は「認識領域」の例，(21) は「言語行為領域」の例である（Sweetser／澤田訳 (2000: 142)）．

(20)　John keeps six boxes of pancake mix on hand, *but* he never eats pancakes.
　　　（ジョンは手元に6箱のパンケーキの素を置いている．彼は決してパンケーキを食べない<u>のに</u>．）
(21)　(Please) look up that phone number—*but* don't bother if it will take you more than a few minutes.
　　　（(どうか) 電話番号を調べてちょうだい．<u>でも</u>，数分でわからないようなら，いいよ．）

　そして，butが「内容領域」の用法を持たない説明として，衝突とか対立

といったものは話し手の心的概念を抜きにしては存在しないものであり,現実世界において2つの状態が共存している場合に話し手の判断が下されたものだからだとする (Sweetser／澤田訳 (2000: 147)).

では,本研究の考察対象である逸脱的「それが」はどうだろうか.

(22) 「お嬢さんは去年は振り袖姿できれいでしたね」「**それが今年は汚れたジーンズ姿です.**」

(23) 「会議の内容は委員全員に報告してあるはず.」「**それが報告はなかったんです.**」

(22)は逸脱的「それが」の意味の①, (23)は②の例である. (22)は〈～きれいだった〉とう状態が〈汚れたジーンズ姿だ〉という状態に変化した,現実世界の変遷が述べられており,「内容領域」の用法と言えるだろう. 他方, (23)は,発話者の〈報告してあるはずだ〉という信念が現実には〈報告は無かった〉という事実で否定されており,「認識領域」の用法と言えるだろう.

次の(24)(25)は対話文脈特有の用法であった.

(24) 「手が放せないんだ. 出かけてるとか何とか適当に言っといてくれ」「**それが,** どうしても江間さんを出してくれって. なんか切羽詰まってるみたいで」　　　　　　　　　　　　　　　　　　(「ゲスト」)

(25) 「で,そのちさとって子はどこの学校に転校してきた子なの?」「**それが…**」ふぶきは,ちさとの学校も家の住所も電話番号も聞いていなかった.　　　　　　　　　　　　　　　　　　　　　(「アーケード」)

(24)は逸脱的「それが」の③, (25)は④の例である. (24)は命令文, (25)は質問文に対するものであり,一見「言語行為領域」の例のように見える. しかし, (24)がつなげている前件と後件とは,命令文が前提としている〈適当に言ってもらえるだろうこと〉と,〈適当に言うことができない状態に変化したこと〉であり,発話内容から推論される想定と現実の状態変化である. また, (25)も,つなげているのは,質問文が前提としている〈答えがわかっていて教えてくれるだろうこと〉と,〈答えがわかっていない〉現実の事態であり,やはり,発話内容から推論される想定と現実の状態変化である. つまり,これらは,「認識領域」の例だと考えられるのである.

前掲の but の「言語行為領域」の例（21）の訳に見られる「でも」の他，日本語の逆接の接続詞「しかし，だけど，けれども，だが」は「言語行為領域」の例を持つ．

(26)　電話番号を調べてください．でも／しかし／だけど／けれども／だが／#それが，数分でわからないようなら，やめてください．

(26) の「それが」は「電話番号が」の意味で「なら節」述語の主格として働く場合なら許容されるが，命令と命令の対立をつなぐ意味としてなら，他の逆接の接続詞とは異なり使用できない．2.3 で述べたように「それが」にはムード制約があり，「判断実践文」とは結びつかないのである．

## 4. 逸脱的な「それが」文の意味理解

以上述べてきたように，逸脱的な「それが」は独立に逆接の意味を担う接続詞というよりも，[P. それが Q.] という連鎖で 2 つの事態の変遷を表す《変遷連鎖文類型》の構成要素であり，〈予測裏切り〉といった逆接的な意味も，この変遷の意味の延長上に得られるものと考える．

天野（2002, 2011, 2015b）では，ある 1 文が逸脱文である場合を考察対象とし，その意味理解には構文が鋳型の役割を果たすことを述べた．本章の考察対象は 2 文の連鎖であるが，2 文連鎖の場合にも，その形式と意味との対応が十分に慣習化された「連鎖文類型」が確立していれば，それは逸脱的な 2 文連鎖の意味理解のための鋳型としての役割を果たすものと考える．

(1)-(3) のように「それが」の後続に逸脱や省略がある場合，①逸脱的「それが」文の形式的特徴・意味的特徴に関する文脈情報が参照され，②その文脈情報から，[P. それが Q.] が《変遷連鎖文類型》に属するものと仮説的に推論される．そして，③《変遷連鎖文類型》をベースとしてその意味，〈P＝あるモノ・ヒトの一様態・一状況が X である．それが Q＝異なる様態・状況 Y に変化する〉が写像される．その結果，④顕現する述語句が「それが」と直接結びつく状態変化自動詞ではない場合や，欠落している場合も，《変遷連鎖文類型》をベースとする連鎖の意味③に整合するように解釈されるものと考えられる．

## 5. 日本語母語話者と日本語学習者に対する調査

### 5.1. 調査概要

　これまで述べてきたように，2文連鎖の意味解釈をおこなうに際し，慣習化された「連鎖文類型」についての言語的知識が貢献するとするなら，この知識を身につけた日本語母語話者と身につけていない外国人日本語学習者とでは「それが」文の意味解釈に違いが生じるはずである．本章の考察対象である「それが」の用法は，言わば「指示詞＋主格助詞」と「接続詞」の中間に位置しそれぞれの典型用法からは外れたものであり，初中級日本語学習者に規範として教示されるものではないだろう．《変遷連鎖文類型》としての［P．それが Q．］を知らない外国人学習者は，こうした例をどのように意味解釈するのだろうか．

　「連鎖文類型」の知識の有無による意味解釈の違いを明らかにするために，本研究では日本語母語話者と外国人日本語学習者に対し，同じ「P．それが，」を提示し，この後に続くと予測される日本語表現を記述する課題調査を行った．このような予測の調査としたのは，文脈や状況に応じてどのような言語表現が後に続くかを予測するという営みもまた，全体の意味の整合的理解を求めるという点では逸脱や欠落を含む言語表現の意味解釈と同じと考えたためである．[4]

　調査課題は以下の通りである．

表1【調査課題】

| | | |
|---|---|---|
| (I) | 私は，毎日，牛乳を飲みます．それが， | ． |
| (II) | 5年前は，この町の人は，とても親切でした．それが， | ． |
| (III) | 母「新しい先生はやさしいですか？」<br>娘「それが， | ． |

　課題文には，予測に貢献する言語的要素が P 文にある場合と無い場合を

---

[4] 日本語学・日本語教育学分野では，寺村（1987）の母語話者の予測研究，市川（1993）の母語話者と外国人学習者の比較など多くの研究の蓄積がある．近年では中山（2010）が文脈情報の予測への貢献を述べている．文章理解過程としての予測研究に石黒（2008）や，心理学・認知科学分野での研究を踏まえた甲田（2001, 2009）もある．

含めた．第1に，慣習化された「連鎖文類型」に関する知識が予測に貢献するかどうかを見るため，《変遷連鎖文類型》に関する言語的要素の有無を含めた．課題文（I）のP文には変遷事態の始発状態であることを伺わせるような言語的要素が無い．課題（II）のP文は，「5年前は」「〜た」という言語的要素があり，変遷前状態という解釈の誘因になり得るものである．[5]（III）は対話文脈であり，P文は質問文である．この（III）は，2.3で述べた対話文脈③④の《変遷連鎖文類型》の要素を持つものだが，この類型的知識の無い者にとっては，後続の予測が困難になるものと思われる．

　第2に，そうした固定的な「連鎖文類型」ではなく，もっと一般的でゆるやかな意味的方向性を予測するのに，言語的要素の有無が関与するかどうかも考察できるようにした．石黒（2008）は 自身の内省による後続予測調査とコーパス調査の両面から，より広い意味での「逆接の予測」[6]に貢献する可能性の高い形態的指標として以下のものを挙げている（石黒（2008: 300-301））．[7]

可能性「やや高」… 本来は・なら／<u>かつては</u>／当初／はずだった／はあるだろう／確かに（文頭）／確かに／〜かもしれない／一見

可能性「中」……… 通常／本来／かつて／わけではない／ないわけではない／かならずしも／はある／もある／だろう／さえ／さえ（述語直前）／確かに／ように見える／ば〜かもしれない

　これらは，[P．それが Q．]特有の「逆接」ではなく，広く「譲歩・対比・反対」という逆接の意味が続く場合の形態的指標である．これを一般の逆接予測に貢献する形態的指標と呼んでおく．課題文の（I）（III）にはこれらの要

---

[5] 天野（2014）は接続詞的「のが」文の文脈的特徴として以下の4点を挙げている．①主節述語が「なる」などの状態変化自動詞②変化後の状態を表す句が共起③「のが」節述語句に「〜た・ていた」形や「〜はずだ・つもりだ」形で，ある時に確定された様態や，確定された予定の様態が表される④推移を表す時間的要素が共起したり，推移する条件や契機を表す要素が共起する．このうち③④がP文に含ませることのできる特徴であり，「5年前は」が④，「〜た」が③に相当する．

[6] 石黒（1999）は「逆接」の基本的性格として「前提の存在」「反証性」「後件比重性」「理由要求性」の4つを挙げている．

[7] ここでは可能性「中」以上を挙げた．

素が無いが，(II) の「5 年前は」は，石黒 (2008) が「可能性『やや高』」とする「かつては」と同じ効果を持つものと考えられる要素である．

調査は，これらの課題について自然に続くと考えられる表現を記述することを求め，意味理解できない場合には×を記述するよう求めた．

調査協力者は以下の通りである．

表 2 【調査協力者】

| | | |
|---|---|---|
| A： | 日本語母語話者 … | 東京の大学生 (2015.4.15 調査) 計 65 人 |
| B： | 韓国語母語話者 … | 計 47 人 (①梨花女子大学校 (2015.3.9〜19 調査) 計 36 人／②弘益大学校 (2015.3.24 調査) 計 11 人) |
| C： | 中国語母語話者 … | 申豊国際学院日本語学校生 (2015.2.23,24 調査) 計 40 人 |

### 5.2. 調査結果①——述語の品詞

調査結果を見る前に，[P. それが Q.] の連鎖が《変遷連鎖文類型》以外にどのような用例を持つかを見ておく．「現代日本語書き言葉均衡コーパス」により，冒頭に「それが」を持つ文の文末品詞を調べた結果が以下の表 3 である．[8]

表 3 「それが」文末品詞調査結果

| 述語類 | 例数 | ％ | 例（作例） |
|---|---|---|---|
| a 名詞 | 212 | 42.4% | よく眠る．それが健康の秘訣だ． |
| b 自動詞 | 138 | 27.6% | 子どもの歓声がうるさかった．それが未明まで続いた． |
| **c 逸脱的** | **47** | **9.4%** | 報告書の原稿を提出した．それが報告書が配布されていない． |
| d 形容詞 | 31 | 6.2% | 先生が手紙を書いてくれた．それが嬉しかった． |
| e 他動詞 | 26 | 5.2% | 咄嗟に右に曲がった．それが事故を防いだ． |
| f 可能 | 21 | 4.2% | 自分の名前を台座に彫って完成となる．それがやっと彫れた． |

---

[8] 「現代日本語書き言葉均衡コーパス」(国立国語研究所) のジャンルを「書籍」，期間 2000 年代，として検索．3839 件中 500 例無作為サンプルの結果であるが，表の例は作例である．

| | | | |
|---|---|---|---|
| g 受身 | 17 | 3.4% | 賞を取った．それが新聞に掲載された． |
| h 使役 | 8 | 1.6% | 幼なじみが頑張っている．それが私を奮い立たせた． |
| 計 | 500 | 100% | |

　表中の c「逸脱的」が「それが」の後続に第 2 のガ格が出現するものであり，9.4% の出現率である．その他の用法の出現も概略がわかる．
　では，後続予測課題調査の結果はどうだろうか．調査の結果，文末述語に用いられる品詞という観点で整理した場合には，表 4～6 が示すように日本語母語話者・外国人学習者の間で大きな傾向の違いは見られなかった．課題文（I）では名詞述語，課題文（II）では自動詞述語，課題文（III）では形容詞述語が最も多く選ばれるという一致が見られたのである（表中グレー部）．[9]

表 4　文末述語品詞調査結果　(I) 私は，毎日，牛乳を飲みます．それが，_____．

| | 日本語母語話者 | | | 韓国語母語話者 | | | 中国語母語話者 | | |
|---|---|---|---|---|---|---|---|---|---|
| | 解答数 | % | ×以外 | 解答数 | % | ×以外 | 解答数 | % | ×以外 |
| 名詞 | 34 | 52.3% | | 19 | 40.4% | 42.2% | 17 | 42.5% | 50% |
| 自動詞 | 12 | 18.5% | | 3 | 6.4% | 6.7% | 0 | | |
| 逸脱的 | 7 | 10.8% | | 10 | 21.3% | 22.2% | 8 | 20% | 23.5% |
| 形容詞 | 7 | 10.8% | | 10 | 21.3% | 22.2% | 9 | 22.5% | 26.5% |
| 他動詞 | 5 | 7.7% | | 3 | 6.4% | 6.7% | 0 | | |
| 可能 | 0 | | | 0 | | | 0 | | |
| 受身 | 0 | | | 0 | | | 0 | | |
| 使役 | 0 | | | 0 | | | 0 | | |
| × | | | | 2 | 4.3% | | 6 | 15% | |
| 計 | 65 | | | 47 | | | 40 | | |

---

[9] 表 4～6 の「逸脱的」が示すようにこのタイプを記述した者が日本語母語話者だけでなく外国人学習者にもいることがわかるが，誤用の可能性を排除できないためこの結果によって外国人学習者が接続詞的用法の「それが」を習得しているとは見なさない．

第21章 逸脱的「それが」文の意味解釈

表5 文末述語品詞結果 （II）5年前は，この町の人は，とても親切でした．それが，＿＿＿．

|  | 日本語母語話者 | | | 韓国語母語話者 | | | 中国語母語話者 | | |
|---|---|---|---|---|---|---|---|---|---|
|  | 解答数 | % | ×以外 | 解答数 | % | ×以外 | 解答数 | % | ×以外 |
| 名詞 | 3 | 4.6% | 4.8% | 4 | 8.5% | 10.5% | 9 | 22.5% | 29% |
| 自動詞 | 31 | 47.7% | 49.2% | 20 | 42.6% | 52.6% | 10 | 25% | 32.3% |
| 逸脱的 | 19 | 29.2% | 30.2% | 11 | 23.4% | 28.9% | 10 | 25% | 32.3% |
| 形容詞 | 9 | 13.8% | 14.3% | 2 | 4.3% | 5.3% | 2 | 5% | 6.5% |
| 他動詞 | 0 |  |  | 0 |  |  | 0 |  |  |
| 可能 | 1 | 1.5% | 1.6% | 1 | 2.1% | 2.6% | 0 |  |  |
| 受身 | 0 |  |  | 0 |  |  | 0 |  |  |
| 使役 | 0 |  |  | 0 |  |  | 0 |  |  |
| × | 2※ | 3.1% |  | 9 | 19.1% |  | 9 | 22.5% |  |
| 計 | 65 |  |  | 47 |  |  | 40 |  |  |

※日本語母語話者の×2名は回答欄間違え

表6 文末述語品詞結果 （III）母「新しい先生はやさしいですか？」娘「それが，＿＿＿．」

|  | 日本語母語話者 | | | 韓国語母語話者 | | | 中国語母語話者 | | |
|---|---|---|---|---|---|---|---|---|---|
|  | 解答数 | % | ×以外 | 解答数 | % | ×以外 | 解答数 | % | ×以外 |
| 名詞 | 29 | 44.6% |  | 5 | 10.6% | 11.1% | 2 | 5% | 6.5% |
| 自動詞 | 0 |  |  | 3 | 6.4% | 6.7% | 1 | 2.5% | 3.2% |
| 逸脱的 | 2 | 3.1% |  | 12 | 25.5% | 26.7% | 11 | 27.5% | 35.5% |
| 形容詞 | 32 | 49.2% |  | 23 | 48.9% | 51.1% | 12 | 30% | 38.7% |
| 他動詞 | 0 |  |  | 0 |  |  | 0 |  |  |
| 可能 | 2 | 3.1% |  | 2 | 4.3% | 4.4% | 5 | 12.5% | 16.1% |
| 受身 | 0 |  |  | 0 |  |  | 0 |  |  |
| 使役 | 0 |  |  | 0 |  |  | 0 |  |  |
| × |  |  |  | 2 | 4.3% |  | 9 | 22.5% |  |
| 計 | 65 |  |  | 47 |  |  | 40 |  |  |

## 5.3. 調査結果②——先行文に対する後続の意味

次に，調査結果を述語の品詞にかかわらず後続文が先行文に対して逆展開的意味で連鎖するか（−）順展開的意味で連鎖するか（＋）によって整理してみると，日本語母語話者と外国人学習者での傾向の違いが明らかになった．

本研究で「逆展開」と呼ぶのは，先行文で表される事態・状況に対して，またその事態・状況から推論により想定される事態・状況に対して，明らかに反することや否定することを後続文で述べているような場合である．そして，そうでない場合をすべてここでは「順展開的」と呼ぶことにする．[10]

この観点から見た場合，表7～9が示すように，課題文（I）については3グループでの差があまりなく，課題文（II）（III）に関しては日本語母語話者の予測のみ，逆展開的意味が80％以上というように高い集中を示す結果となった．

表7 意味的展開方向結果 （I）私は,毎日,牛乳を飲みます．それが,_____．

|   | 日本語母語話者 | | | 韓国語母語話者 | | | 中国語母語話者 | | |
|---|---|---|---|---|---|---|---|---|---|
|   | 解答数 | ％ | ×以外 | 解答数 | ％ | ×以外 | 解答数 | ％ | ×以外 |
| − | 7 | 10.8% |  | 4 | 8.5% | 8.9% | 7 | 17.5% | 20.6% |
| ＋ | 58 | 89.2% |  | 41 | 87.2% | 91.1% | 27 | 67.5% | 79.4% |
| × | 0 |  |  | 2 | 4.3% |  | 6 | 15% |  |
| 計 | 65 |  |  | 47 |  |  | 40 |  |  |

表8 意味的展開方向結果 （II）5年前は，この町の人は,とても親切でした．それが,_____．

|   | 日本語母語話者 | | | 韓国語母語話者 | | | 中国語母語話者 | | |
|---|---|---|---|---|---|---|---|---|---|
|   | 解答数 | ％ | ×以外 | 解答数 | ％ | ×以外 | 解答数 | ％ | ×以外 |
| − | 54 | 83.1% | 85.7% | 29 | 61.7% | 76.3% | 14 | 35% | 45.1% |
| ＋ | 9 | 13.8% | 14.3% | 9 | 19.1% | 23.7% | 17 | 42.5% | 54.8% |
| × | 2 | 3.1% |  | 9 | 19.1% |  | 9 | 22.5% |  |
| 計 | 65 |  |  | 47 |  |  | 40 |  |  |

---

[10] このように「逆展開」「順展開」と呼び，「逆接」「順接」と呼ばないのは，「それが」の用法を主格としての意味を表すものから逆接の接続詞の意味を表すとみなせるものまで，広く考察するためである．

表9 意味的展開方向結果 (III) 母「新しい先生はやさしいですか？」娘「それが、_____.」

| | 日本語母語話者 | | | 韓国語母語話者 | | | 中国語母語話者 | | |
|---|---|---|---|---|---|---|---|---|---|
| | 解答数 | % | ×以外 | 解答数 | % | ×以外 | 解答数 | % | ×以外 |
| − | 53 | 81.5% | | 22 | 46.8% | 48.9% | 7 | 17.5% | 22.6% |
| + | 10 | 15.4% | | 17 | 36.2% | 37.8% | 14 | 35% | 45.2% |
| 拒[11] | 2 | 1.5% | | 6 | 12.8% | 13.3% | 10 | 25% | 32.3% |
| × | 0 | 3.1% | | 2 | 4.3% | | 9 | 22.5% | |
| 計 | 65 | | | 47 | | | 40 | | |

表7が示すように，課題文（I）の場合，日本語・韓国語・中国語母語話者で同じような予測の傾向を示す．（I）のP文には，《変遷連鎖文類型》の特徴的要素も石黒（2008）の示す一般的な逆接予測に貢献する形態的指標も無いのであった．このような場合，日本語母語話者もそうでない者も同じように逆接展開的意味の予測に集中することはない，ということだと思われる．それぞれの例文を一部挙げておく．

課題文（I）私は，毎日，牛乳を飲みます．それが，_____.結果例

順展開　日本語母語話者・私の習慣になっています／健康のもとです／健康な体をつくると思います
　　　　韓国語母語話者・健康を保つ秘訣／私が背をのばすことのできる最後の手段なのです
　　　　中国語母語話者・自分の習慣です／普通の生活です／パンとよくにあうからです

逆展開　日本語母語話者・お金がかかってこまっています／今日は牛乳を飲んでいないんです
　　　　韓国語母語話者・かなりお金かかるんですよ／今日の牛乳は賞味期限が過ぎていて飲むことができませんでした
　　　　中国語母語話者・家族全員が毎日飲むのでいつも牛乳を買ってくるのが重くて大変です／牛乳はおいしくない

---

[11] 表中の「拒」とは，「分からない」という応答により質問に対する内容的な応答を拒否した場合を示す．期待に応えないという点でこれを逆展開的意味に加えることも可能である．

課題文（II）は，表7が示すように，日本語母語話者の80%以上が逆展開的意味の予測に集中する結果となっている．また，韓国語母語話者も61.7%と比較的高い集中を見せ，中国語母語話者も僅差で2番目に高い型となっている．

この課題文（II）には，石黒（2008）の一般的逆接予測に貢献する形態的指標（「5年前は」）がある．対比主題を表す要素は逆接的意味理解に一般的に貢献し，それと対比的な「現在」の様子を表す文が続くとの予測が，外国人学習者にもなされたものと考えられる．

ただし，日本語母語話者のみ，外国人学習者とは異なり80%以上の高い集中を示したのは，一般的な「逆接」の意味理解に貢献する形態的指標だけではなく，さらに特定的な知識が作用したことを示すのではないだろうか．この場合，P文には，《変遷連鎖文類型》の特徴的要素「5年前は」「～た」が出現しているのであった．この文脈に応じて日本語母語話者は「それが」の後続を単なる逆接というよりも，Pとは異なる状態の叙述として意味理解した可能性がある．

課題文（II）の回答例を一部示すと以下のようになる．

| 課題文（II）5年前は，この町の人は，とても親切でした．それが，＿＿＿＿．結果例 |||
|---|---|---|
| 順展開 | 日本語母語話者 | ・今も変わらず親切なままです／とても嬉しかったです／この町の良い所のひとつだと思います |
| | 韓国語母語話者 | ・今にもずっとつづいています／私がここにひっこしたりゆうです |
| | 中国語母語話者 | ・私はここで住みたいと思います／みんないい人でしたから／夜もにぎやかです |
| 逆展開 | 日本語母語話者 | ・今となってはあまり親切ではなくなってしまいました／今はとてもいじわるです |
| | 韓国語母語話者 | ・今はあいさつもしない程度になってしまいました／今の人は親切じゃないです |
| | 中国語母語話者 | ・今は冷たくなってしまった／最近はクールな人がふえました |

最後に課題文（III）の結果を考察する．課題文（III）は石黒（2008）の一般的な逆接予測に貢献する形態的指標が無い．にもかかわらず，日本語母語話者の逆展開的意味の予測のみ，80%以上と極めて高い．この場合には，

石黒 (2008) が明らかにしたような一般的な逆接予測の形態的指標ではなく，〈質問文+「それが」文〉という特殊な文連鎖パターンが，予測の指標として貢献したということではないだろうか．

「それが」の意味は指示語「それ」+主格助詞「が」の合成として解釈できたとしても，〈質問文+「それが」文〉という形式全体に固着した「推論により想定される認識状態から現実状態への変遷」という慣習的意味や，その意味の叙述による間接的な否定的応答という慣習的意味を知らなければ，後続を逆展開的に予測することは困難であることを示していると思われる．

課題文 (III) の回答例を一部示すと以下のようになる．

| 課題文 (III) 母「新しい先生はやさしいですか？」娘「それが，＿＿＿．結果例 |
|---|
| 順展開　日本語母語話者・とても優しい先生なの／思っていた以上にやさしい先生でした |
| 　　　　韓国語母語話者・すてきなかたです／やさしいですね／いいひとじゃないかとおもいます |
| 　　　　中国語母語話者・やさしくて，ユーモアな人です／人によって違います／秘密です |
| 逆展開　日本語母語話者・全然優しくないんです／授業の時だけ怖いのです |
| 　　　　韓国語母語話者・しつこいんだよ／最悪だよ／ぜんぜんやさしくなかったよ |
| 　　　　中国語母語話者・きびしくて石頭なので大変ですよ／やさしそうですけど，案外やさしくない |
| 拒否　　日本語母語話者・先生は今日欠席だったのでわからないのです |
| 　　　　韓国語母語話者・まだあの先生のクラスを2回しかうけなかったのでよく知れません |
| 　　　　中国語母語話者・今日初めで会いましたから，今はやさしいかどうかを言えません |

天野 (2014, 2015b) など，これまでは文文法領域で構文的知識という特定の形式全体とそれに固着した特定の意味に関する知識が，文脈の中での1文の意味理解過程に重要な役割を果たすことを述べてきた．本研究は，文脈の中での1文にとどまらず，2文以上の連鎖の意味理解過程においても，構文的知識に匹敵する〈慣習的で要素の総和によっては全体の意味の得られな

い文連鎖パターンに関する知識〉,すなわち「連鎖文類型」が,重要な役割を果たすことを示唆する結果が得られたと考える.

## 6. おわりに

　文や連文の意味理解においては,それらを構成する個々の語に関する知識を足し合わせて全体の意味理解に至るだけではなく,「構文」や「連鎖文類型」という,1文や2文連鎖の固まりが持つ類型的意味を利用し,全体の意味を仮説的に理解していく過程もあると考えられる.

　本研究では「指示詞それ+格助詞が」から接続詞的「それが」へと用法が拡張していると見られる現象に関し,その意味を考察するとともに,慣習的な「連鎖文類型」に関する知識を持つ場合と持たない場合とでは文脈の中で後続を予測する結果が異なることを,日本語母語話者と外国人日本語学習者への予測記述課題調査により明らかにした.[12]

　ただし,外国人日本語学習者にとっては意味理解が困難だと予想される連鎖（II）（III）に関しても,日本語母語話者と類似した意味理解をする者が少なからずいたということも留意したいことである.先行文脈・状況の意味から「逆接的な展開」を予測していく思考については,言語的手がかりもそれ以外の手がかりも含め今後も心理学や人工知能研究など多方面から考察がなされることだろう.本章で述べた「連鎖文類型」に関する知識の役割は,日本語の文法と意味の研究の観点から行った考察に過ぎない.

### 参考文献

天野みどり（2002）『文の理解と意味の創造』笠間書院,東京.
天野みどり（2011）『日本語構文の意味と類推拡張』笠間書院,東京.
天野みどり（2014）「接続助詞的な「のが」の節の文」益岡隆志・大島資生・橋
　　本修・堀江薫・前田直子・丸山岳彦（編）『日本語複文構文の研究』25-54,

---

[12] 本章は接続詞的「それが」の意味解釈が,「指示詞それ+格助詞が」の意味と同じものとして解釈されることを述べており,格助詞「が」をその意味的淵源と考えている.本章に対する竹沢氏のコメント論文では,さらにその「原初的起因」として格助詞「が」の単一判断性という語彙特徴を考えるべきとしている.この指摘についての検討は今後行いたい.

ひつじ書房，東京．
天野みどり（2015a）「格助詞から接続詞への拡張について——「が」「のが」「それが」——」阿部二郎・佐藤琢三・庵功雄（編）『文章・談話研究と日本語教育の接点』99-118, くろしお出版，東京．
天野みどり（2015b）「逸脱文の意味と推論——逸脱的な「のが」文の実例考察——」加藤重広（編）『日本語語用論フォーラム』101-122, ひつじ書房，東京．
庵功雄（1996）「「それが」とテキストの構造：接続詞と指示詞の関係に関する一考察」『阪大日本語研究』8, 29-44, 大阪大学．
庵功雄（2007）『日本語におけるテキストの結束性の研究』くろしお出版，東京．
市川孝（1978）『国語教育のための文章論概説』教育出版，東京．
市川保子（1993）「外国人日本語学習者の予測能力と文法知識」『筑波大学留学生センター日本語教育論集』8, 1-18, 筑波大学留学生センター．
石黒圭（1999）「逆接の基本的性格と表現効果」『国語学』198, 129-114．
石黒圭（2008）『日本語の文章理解過程における予測の型と機能』ひつじ書房，東京．
甲田直美（2001）『談話テクストの展開のメカニズム——接続表現と談話標識の認知的考察——』風間書房，東京．
甲田直美（2009）『文章を理解するとは——認知の仕組みから読解教育への応用まで』スリーエーネットワーク，東京．
国立国語研究所（1951）『国立国語研究所報告3 現代語の助詞・助動詞——用法と実例——』秀英出版，東京．
寺村秀夫（1987）「聞き取りにおける予測能力と文法的知識」『日本語学』6(3), 56-68．
中山英治（2010）「タイ日本語学習者の予測能力と文脈情報——短作文調査結果の分析——」『早稲田日本語教育学』8, 1-8, 早稲田大学大学院日本語教育研究科．
浜田麻里（1993）「ソレガについて」『日本語国際センター紀要』3, 57-69, 国際交流基金日本語国際センター．
レー・バン・クー（1988）『「の」による文埋め込みの構造と表現の機能』くろしお出版，東京．
Sweetser, Eve E. 著・澤田治美（編）（2000）『認知意味論の展開——語源学から語用論まで』研究社，東京．(Sweetser, Eve E. (1990) *From Etymology to Pragmatics: Metaphrical and Cultural Aspects of Semantic Structure*, Cambridge University Press, Cambridge.)

**例文出典**

書記言語資料: トリエステ＝須賀敦子『トリエステの坂道』みすず書房 1995／CHERUB＝ロバート・マカモア著・大澤晶訳『英国情報局秘密組織 CHERUB（チェラブ）Mission 1 スカウト』ほるぷ出版 2008／*ゲスト＝保科昌彦『ゲスト』角川書店 2005／*イエス＝斎藤栄『イエス・キリストの謎』光文社 1995／*アーケード＝斎藤ゆうすけ『アーケードゲーマーふぶき 恋愛 stage』エンターブレイン 2002／アフリカ＝NHK「アフリカ」プロジェクト著『アフリカ 21 世紀』日本放送協会 2002／（*は国立国語研究所書き言葉均衡コーパス）

音声言語文字化資料: 名大会話＝名大会話コーパス@データ 1, 収集年月日: 2001.10.16

第 22 章

# 接続詞的「それが」の意味解釈は「それ＋が」から導出可能ではないのか？
―天野の「連鎖文類型」アプローチに対する批判的検討―

竹沢幸一（筑波大学）

## 1. はじめに

　天野論文では，形態的に代名詞「それ」と主格助詞「が」という要素から構成される「それが」という連鎖が接続詞的用法へと拡張している現象の観察から，文や連文の意味理解においては，それらを構成する個々の語彙情報を合成して全体の意味理解に至るだけではなく，「構文」や「連鎖文類型」という，1 文または 2 文連鎖の固まりが持つ類型的意味を利用して，全体の意味を解釈していく過程が必要であることが主張されている．小論では，天野が分析対象とする［P．それが Q．］という連鎖を持つ表現を再検討し，その意味解釈を考えるには，やはり個別の語彙要素が持つ情報に基づいて全体の意味解釈を合成的に分析する必要があることを，特に格助詞「が」の持つ意味的特徴に焦点をあてて論じてみたい．

　本章の構成は次の通りである．2 節では，天野論文の接続詞的「それが」の意味解釈に関する議論を概観する．3 節では，「それが」構文において主格助詞「が」がどのような働きをしているのかを庵（2007）の観察に基づいて考え，「それが」の意味的特徴が「それ」と「が」の持つ語彙的特徴の組み合わせに基づいて導出されるべきものであることを論ずる．4 節では，本章のまとめを行う．

## 2. 天野論文の概要

　まず，天野が考察対象としている接続詞的用法（天野は「逸脱的」用法と

呼ぶ)の「それが」の用例を天野 (2015) から引用する.

(1) 10年ほど前までのドイツは恵まれた体格を生かした"質実剛健"のサッカーが特徴だった．<u>それが</u>，ここ数年は技術のある選手が増えた．今大会は徹底してパスをつなぐ攻撃サッカーを貫いた．

(天野 (2015: 99))

(2) 「お民さんは内の旦那さんのお妾だ．おまえさんなどの知ったことじゃない」
「いえ，<u>それが</u>，どうにも気にかかってならねえことがごぜえます」

(同上)

(1), (2) で挙げたような「それが」が接続詞的な特徴を持つことはこれまで先行研究（浜田 (1993) 他）で指摘されてきた．天野はその特徴として次の2点を挙げている（天野 (2015: 104)）.

① 「それが」を主格として結びつく述語がない．
② 接続詞「けれど／だけど」とほぼ同じような意味を表すように見える．

①の特徴に関して見ておくと，たとえば (1) の場合，主動詞「増える」の主語は「技術のある選手が」という主格句であり，「それが」は「増える」とは直接的な叙述関係を結んでいない．(2) の場合でも，「それが」と「ごぜえます」の間には叙述関係は存在しない．また②については，(1)(2) 両文とも，「それが」を逆接的な意味を持つ「けれど／だけど」といった接続詞に置き換えても，ほぼ同義の表現として成立する．こうした特徴から，「それが」は1語としてまとまっており，先行文 P と後続文 Q を結びつける接続詞としての用法が存在するといった指摘がなされてきた．

さらに，天野はこの [P. それが Q.] という形式が，彼女が「サマ主格変遷構文」と呼ぶ (3)(4) のような単文と平行的な特徴を有することも指摘している．

(3) 戦いの後の市中の混乱が，1年もすると嘘のように収まった．

(天野：323)

(4) 同社の内部資料によると，昨年十月は一日以上の延滞額が二二％

だったのが，今年二月には二九％，三月には三一％，四月には三四％と急激に悪化している． (天野：323)

これらの文において，主格句（(3)では「戦いの後の市中の混乱が」，(4)では「昨年十月は一日以上の延滞額が二二％だったのが」）がある種の状態（サマ）を表し，述語がその状態が変化したことを表している．天野は，この状態の変化という意味的特徴が［P．それが Q．］という形式にも同様に見られることを指摘し，そこからそれらの平行性を捉えるために，［P．それが Q．］という形式はサマ主格変遷構文を 2 文に分けて表出したものであると考える．つまり，［P．それが Q．］という文連鎖は，先行文 P で表される状況が後続文 Q で示される異なる状況に変化することを表す形式（これを天野は「変遷連鎖文類型」と呼ぶ）であると分析する．

以上，接続詞的「それが」を含む［P．それが Q．］という 2 文連鎖形式には，状態（サマ）の変化という意味解釈がサマ主格変遷構文と同じように「構文的特性」（「連鎖文類型」の特性）として張り付いており，それに基づいて意味理解が行われるという天野の分析を概観した．次節では，本節で見た「それが」を含む連鎖文の意味特徴を構文的特徴として規定するのではなく，代名詞「それ」と主格助詞「が」の語彙的意味の合成によって説明する可能性を追求する．

## 3. 格助詞「が」の働き

天野は，接続詞的「それが」の意味的特徴を考えるにあたって，それを構成する語彙要素の個別的な働きを完全に否定しているわけではない．彼女は庵（1996, 2007）に言及しつつ，「それ」という語彙要素の持つ代名詞的特徴がその意味解釈（特に庵の言う「予測裏切り的関係」）に関与しているという指摘は重要であると認めている．ただし，そうした構成素の意味だけでは「それが」全体が持つ具体的な意味特徴（たとえば，継続的な状態（サマ）の変化といった特徴）の起因を明らかにすることはできないと指摘する．

しかし，庵の分析では確かに「それが」が示す状態の変化といった意味特徴について論じられてはいないが，逆接・対比という意味特徴については代名詞と助詞の組み合わせパターンに基づく合成的な説明が追求されており，

その考え方は接続詞的用法の「それが」と代名詞的用法の「それが」に共通した特徴の統一的な扱いにつながっている．ここでは，庵の指摘のうち，特に本章での議論に関わる点を概観し，「それ」および「が」の語彙特性から「それが」全体の持つ意味的特徴にどこまで迫ることができるのかを考えてみることにする．

庵は，「それが」が対応する述語を持たない接続詞的用法を，主語としての資格を持つ代名詞的用法と比較し，それらが「予想裏切り的」な意味に関して共通の特徴を示すことを指摘している．

(5) ブナは「森の母」であり，ブナの森は「命の森」である．命の森は1万年，いやそれ以上昔から私たちの祖先の木の文化をささえてきた．それがわずか数十年で急速に姿を消している．

(庵 (2007: 139))

(6) 太郎君の父長靖さんは16年前の冬，吹雪の尾瀬で凍死した．尾瀬自動車道の建設中止に力をそそいだ長靖さんは，小屋を継ぐことを嫌い，悩み続けたことがある．それがいつか，尾瀬に引きつけられていく．

(庵 (2007: 139))

(5)は「それ」が「ブナの森」を先行詞としてとる代名詞的用法，(6)がそうした先行詞が先行文に存在せず，述語とも意味関係を持たない接続詞的用法であるが，どちらも，逆接・対比的な意味を表す．また庵は「そのNP」に「が」が後接した場合でも，同様であることを指摘している．

(7) 健は病気知らずが自慢だった．その健が急病であっけなく逝ってしまった．

(庵 (2007: 124))

以上の事実は，逆接・対比といった意味特徴がソ系列代名詞と「が」という格助詞との組み合わせによって生じていること，そしてこの意味特徴が代名詞的「それが」だけでなく，接続詞的「それが」の場合にも当てはまることを示している．

この事実に対して庵自身はかなり構文論的なレベルで一般化を行っているが，その基本的な考え方を手短にまとめるなら，「それ」「その」といったソ系列指示詞の持つ，先行文脈から何らかの情報を受けるという代名詞性と，「が」の持つ新情報性（久野 (1973) など）との対立から生ずる構文環境の有

標性によって，逆接・対比という意味的特徴が生じると説明されている[1]．詳細は別にして，接続詞的「それが」の逆接・対比の意味特徴がもともと「それが」全体に張り付いているわけではなく，ソ系列代名詞と助詞「が」の相関によって二次的に派生されるという庵の提案は，それぞれの語彙の特性の相互関係に基づく合成的な説明であり，かなりの程度，納得のいくものであると考えられる．

では，天野が指摘するこの［P. それが Q.］連鎖文類型の基本的特徴としての状態（サマ）の変化という意味特徴は，同じように語彙特徴に還元して説明できるのであろうか？　この問題を考えるにあたってまず確認しておくべき点は，状態の変化という特性が，接続詞的「それが」のみならず，代名詞的「それが」にも見られるという事実である．上で見た庵の例文 (5) と (7) の代名詞的用法においても述語部分はそれぞれ「わずか数十年で急速に姿を消している」「あっけなく逝ってしまった」という変化を表す述語である．また，次の例が示すように，時間的変化を含意しない状態述語は基本的に不自然になる．

(8) a.　先月，その木の枝先に小さなつぼみができた．
　　　　#それが，鶯色をしていた．
　　　　cf. それが，1週間も経たないうちに黒くなって落ちてしまった．
　　b.　先週，ドアに右膝をぶつけて，あざができた．
　　　　#それが，とても大きかった．
　　　　cf. それが，知らないうちにすっかりなくなっていた．

これらの状態述語文で，「が」を「は」に置き換えれば自然な連鎖となる．[2] こ

---

[1] 庵の議論の焦点は指示詞「こ」「そ」と助詞「が」「は」の対応に置かれているが，ここでは指示詞間の違いには立ち入らない．また，彼は (5) (6) に挙げた代名詞的「それが」と接続詞的「それが」を指示性のあるなしの違いとして捉えようとしているが，指示性をもたないにもかかわらず先行文脈からのテキスト的意味の付与に関わるというのはかなり無理のある説明であろう．むしろ，代名詞的「それが」は先行文脈で提示された個体 (entity) を指示するのに対して，接続詞的「それが」は先行文脈の状況 (situation) あるいはイベント (event) を指示するとするほうが妥当であると思われる (cf. Davidson (1980))．「それ」と格助詞の組み合わせが接続詞化したと考えられる「それで」「それから」「それに」「それと」などにおいても「それ」は先行文脈の状況・イベントを指示していると考えられる．

[2] 「は」「が」の選択と述語の状態性の関係については，「個体レベル述語 (individual

れらの事実は，状態の変化という特徴もソ系列指示詞と「が」との組み合わせから生じていることを明確に示している．

では，状態の変化とソ系列指示詞および助詞「が」の間に見られる関係はどのように捉えられるのか？ この問題に対しては，Brentano や Marty の提唱する判断論に基づく Kuroda (1972, 1990, 1992) による「が」の特徴づけが有効であると考えられる．まず Kuroda の判断論に基づく「が」と「は」の区別について確認しておこう．Kuroda は「が」と「は」の対立に着目し，それは判断タイプの違いを形態的に反映したものであると主張する．

(9) a. ネコはあそこで眠っている．
　　b. ネコがあそこで眠っている．

助詞「は」を含む (9a) は，まずネコに注意を向け，その存在が認識された上で，そのネコについて叙述が行われている文であるのに対して，助詞「が」を含む (9b) は，ある場所での猫の睡眠という事態をひとまとめに把握し，その状況をまるごと記述し，報告している文と捉えられる．Kuroda は，前者が対象物の取り立てとそれに対する陳述という 2 段階のプロセスを含んでいる「二重判断 (categorical judgment)」の形式であるに対して，後者は単にある事物の存在や状況・事象の存在を把握する「単一判断 (thetic judgment)」の形式であると特徴づける．

この区分を確認した上で，「それが」の議論に戻ろう．たとえば，上の (8) の代名詞的用法においては，指示詞「それ」の使用によって主語の指示対象は定まっており，通常であれば，そうした場合は「は」を伴って「それ」について何かを語る二重判断形式が使われる．にもかかわらず，「それ」に「が」を付加して，単一判断形式で事態を表出しているのは，「それ」が先行詞と指示的にはつながっているものの，事態把握の中では先行詞とは異なったものとして認識されなければならないことを示している．つまり，一方では指示的なつながりを持ちながら，他方では異なった認識のされ方を求められているため，そこから述語に対する状態の変化という意味的特徴が生じる

---

level predicate)」「段階レベル述語 (stage level predicate)」といった区別も密接に関わってくるが，多くの研究がなされている話題でもあり，ここでは詳しい議論は行わない．久野 (1973)，Carlson (1977)，Ladusaw (1994) 他を参照．

と分析することができる．そうした変化が表されない（8）のような状態述語文では，「が」を用いた単一判断表現は不自然であり，二重判断を表す「は」を用いる必要が生じる．

　ここまでは代名詞的用法の場合について述べたが，接続詞的用法の場合でも，状況は基本的に同じであると考えられる．注 1 で触れたように，接続詞的用法の「それ」も先行文脈の状況あるいは出来事を指示するものであると考えれば，一方で「それ」の使用によって先行文の状況・出来事と指示的につながりながら，他方で単一判断の文形式をとることによって，状態の変化が求められる．実際，接続詞的「それが」が単一判断形式である興味深い証拠がある．Lambrecht (1994) は単一判断表現が現れる環境として，英語の "What's the matter?" や日本語の「どうしましたか？」に対する回答を挙げている．そして，(10) に示すように，この環境には接続詞的「それが」が現れることができる．

　(10)　「どうしましたか？」
　　　　「それが，(うちのネコがいなくなってしまって) ...」

この場合，「それが」だけで後続の部分が削除されても，会話として十分成立する．この事実は，接続詞的「それが」の単一判断性を明確に示す証拠となる．

　このように，代名詞的「それが」であれ，接続詞的「それが」であれ，ソ系列代名詞のもつ文脈指示性と格助詞「が」のもつ単一判断性という語彙特徴から合成的に状態の変化という意味特徴を導出することが可能である．

　ちなみに，逆接・対比という意味特徴について，上では庵の提案に従って，「が」の持つ「新情報性」という観点からの説明を行ったが，「が」の持つ単一判断の表出という特徴から導くことも可能であると思われる．ただ，情報構造と判断論の関係については異なった立場があるため，ここでは両者の間に一定の関連性があることだけを指摘するに留める．[3]

---

　[3] 例えば，Lambrecht は判断論と情報構造を結びつけようとするのに対して，Kuroda は判断の問題は情報構造とは切り離して考えるべきであると主張している．

## 4. まとめ

まとめると，天野が接続詞的「それが」を構文論的に捉え，状態の変化といった意味特徴は［P．それが Q.］という連鎖文類型が持つものであると主張するのに対して，本章では，天野の捉えようとした意味特徴をソ系列代名詞と「が」がそれぞれ別個に持つ語彙特徴から合成的に説明する可能性を追求してみた．

構文・連鎖文類型を基本単位とした天野の接続詞的用法の「それが」の意味に関する考察は記述的に興味深い一般化を捉えている．しかし，さらに一歩進んでそれがなぜそうなのかを原理的に探ろうとするとき，構文をさらに小さな基本単位，つまり語彙（形態素）の単位にまで分解し，その原初的起因を問うことが必要なのではないだろうか．

### 参考文献

天野みどり（2015）「格助詞から接続詞への拡張について──「が」「のが」「それが」──」阿部二郎・佐藤琢三・庵功雄(編)『文章・談話研究と日本語教育の接点』99-118，くろしお出版，東京．

Carlson, Gregory N. (1977) *Reference to Kinds in English*, Doctoral dissertation, University of Massachusetts, Amherst.

Davidson, Donald (1980) *Essays on Actions and Events*, Oxford University Press, Oxford.

浜田麻里（1993）「ソレガについて」『日本語国際センター紀要』3, 57-69，国際交流基金日本語国際センター．

庵功雄（1996）「「それが」とテキストの構造：接続詞と指示詞の関係に関する一考察」『阪大日本語研究』8, 29-44，大阪大学．

庵功雄（2007）『日本語におけるテキストの結束性の研究』くろしお出版，東京．

久野暲（1973）『日本文法研究』大修館書店，東京．

Kuroda, Shige-Yuki (1972) "The Categorical and the Thetic Judgment," *Foundations of Language* 9, 153-185.

Kuroda, Shige-Yuki (1990) "The Categorical and the Thetic Judgment Reconsidered," *Mind, Meaning and Metaphysics*, ed. by K. Mulligan, 77-88, Kluwer, Dordrecht.

Kuroda, Shige-Yuki (1992) "Judgment Forms and Sentence Forms," *Japanese*

*Syntax and Semantics*, ed. by Shige-Yuki Kuroda, 13-77, Kluwer, Dordrecht.

Ladusaw, William A. (1994) "Thetic and Categorical, Stage and Individual, Weak and Strong," *Proceedings of Semantics and Linguistic Theory IV*, ed. by M. Harvey and L. Santelmann, 220-229, Ithaca, NY.

Lambrecht, Knud (1994) *Information Structure and Sentence Form. Topic, Focus and the Mental Representations of Discourse Referents*, Cambridge University Press, Cambridge.

第 23 章

# 日本語の疑似条件文をめぐって*


三宅知宏（大阪大学）


## 1. はじめに

　本章は，日本語の疑似条件文をめぐって，共起する終助詞（とりわけ"よ"）の特性に注目し，英語と対照しつつ，考察することを目的とする．
　なお，「疑似条件文」についての詳細は後述するが，典型的には次のような例文で表されるものである．

　（1）　お腹が空いているなら，冷蔵庫にプリンがあるよ．

上のような例には，通常の条件文とは異なり，前件（条件節）と後件（主節）の間に直接的な因果関係が存在していない．このようなものを「疑似条件文」と呼ぶ．
　本章の論旨は，大きく次のような三点に集約される．
　第一に，「日本語の疑似条件文は，特定の終助詞と共起する必要がある」という，三宅（2010）で提示された言語事実に基づき，形態的有標性という観点から英語と対照する．
　第二に，「〈隠れた理由節〉分析」「〈遂行節〉分析」と称する，疑似条件文の分析に関する2つの仮説それぞれと，共起する特定の終助詞の1つであ

---

　* 本章は，日本語文法学会第 11 回大会（2010 年 11 月 7 日 就実大学）における「日本語の疑似条件文と終助詞」と題する研究発表に基づいている．本章をまとめるにあたって，有田節子，井上優，白川博之，野田春美，前田直子の各氏より有益な御教示を頂戴した．記してお礼申し上げる．ただし，言うまでもなく，本章における不備，誤りは全て筆者の責に帰するものである．

る"よ"の特性が調和することを示す．結果として，英語では「構文」によって表される意味が，日本語では形態的な要素に換言できる可能性を述べる．

第三に，上の第二の論旨の発展として，終助詞"よ"が直接，他の要素と関係を結ぶ，疑似条件文以外の例があることを示し，終助詞"よ"といわゆる「遂行分析」の関連について言及する．

本章は，上のような論旨に従って，次のような構成をとる．

まず2．で，第一の論旨のうち，言語事実の記述を行い，3．で，日英語の対照を行う．さらに4．で，第二の論旨について，5．で，第三の論旨についてそれぞれ論じ，最後に6．で，まとめを行う．

## 2. 疑似条件文

### 2.1. 一般的特徴

坂原（1985），山﨑（1990）に基づき，英語で「疑似条件文」とされているものの特徴をみておこう．次の（2）のような例が，典型的な「疑似条件文」である．

(2) If you are hungry, there is a flan in the fridge.

このような文は，通常の条件文と異なり，「前件と後件の間に直接的因果関係がない」という特徴がある．結果として，次の（3）のように，疑似条件文は，前件と後件の前に"then"を挿入することができず，また（4）のように，いわゆる「誘導推論」を喚起しない．

(3) If you are hungry, (*then) there is a flan in the fridge.
(4) *If you are not hungry, there is not a flan in the fridge.

そして，「後件のみが真である」ということも重要である．例えば，上の（2）の後件"there is a flan in the fridge"は，発話時において事実であることが含意される．

外形的には，通常の条件文のようであっても，上のような通常の条件文とは異なる特徴を持っているところが，「疑似」を冠しているゆえんというこ

とになる．[1]

## 2.2. 日本語の疑似条件文

次に，日本語における「疑似条件文」を見てみよう．
前述の坂原 (1985)，山﨑 (1990) では，次のような例があげられている．

(5) もしお望みでしたら，食器棚の上にビスケットがありますよ

(坂原 (1985))

(6) お腹が痛いならあの娘が薬を持っているはずだよ　（山﨑 (1990))

たしかにこれらは，先に見た英語の疑似条件文と同様の特徴を持っていると考えられる．

ただし，重要なこととして，日本語の疑似条件文は，英語と比べて生産性が高くはない，言い換えると，極めて周辺的な存在でしかない，ということがある．そのためか，日本語の条件文の研究において，大きくは扱われてはいない．[2]

例えば，疑似条件文は，前田 (2009) の網羅的な条件文の分類 (15 種) のいずれにも適切に位置づけられない．前述のような「後件のみが真」という特異性がうまく捉えられないためである．

英語に比べて生産性が高くないということは，英語の疑似条件文を，日本語では疑似条件文では表現できないことが多いということである．次のような対比を見られたい．

(7) If you want to know, ten isn't a prime number.
(8) a. *お知りになりたいのなら，10 は素数ではありません．
　　b. 　お知りになりたいのなら，お教えしますが，10 は素数ではありません．

---

[1] 山﨑 (1990) では，他にも，「対偶が不可である」，「推移性がない」ということもあげられている．例えば，(2) の「対偶」である "*If there is not a flan in fridge, you are not hungry." は成り立たないし，(2) に推移性を持たせた次例も不自然である．"*If you work out, you are hungry. If you are hungry, there is a flan in the fridge. Therefore, if you work out, there is a flan in the fridge."

[2] この点に関しては，日本語の条件文の研究史について詳細な有田 (1993) を参照されたい．

上の (7) は，英語において疑似条件文とみなしてよいものであるが，これを，条件文の形を維持して直訳すると，(8a) のように，日本語では非文法的になってしまう．(8b) のようにすれば，日本語として自然であるが，これはもはや「疑似条件文」ではない．

それでは，どのような場合に，日本語においても「疑似条件文」としての解釈が可能であろうか．

日本語で安定的な解釈が得られるのは，「条件節形式が"〜なら"（変種を含む）で，かつ主節述語が広義の存在表現の場合」と思われる．通常の条件文である以上に，このような外形的な特性を備えていなければならないことが，疑似条件文が日本語において，英語よりも生産性が低いということの理由であろう．

前掲の (1) や次の (9) は，まさにこの特性を持っており，そして疑似条件文としての解釈が可能である．

(9) ガソリンが切れそうなら，この先にスタンドがあるよ

前掲の (5) の条件節形式は，"〜なら"ではないが，"〜だったら／でしたら"は"〜なら"と同義の変種と考えてよいので，やはりこの特性を有していると言え，また，前掲の (6) の主節は直接的な存在表現ではないが，広義なら存在表現とみなせるため，同じくこの特性を持っていると言える．[3]

問題になるのは，次のような例をどのように扱うかということである．

(10) 引き出しを開けたら，計算機があるよ

条件節形式は"〜なら"ではなく，"〜たら"であるが，一見，疑似条件文として解釈可能のように思われる．しかしながら，このような例は，主節述語の時制を過去にした場合，次例のように，いわゆる「『発見』用法」（前田(2009)）になることに注目したい．

(11) 引き出しを開けたら，計算機があった．

---

[3] 日本語において，「所有」と「存在」は，同じ"ある"という述語で表現できることから，同種のものとみてよい．また，「所有」を表す場合の"持っている"は，格の交替をともなって，"ある"と置き換えることができる．
　太郎がお金を持っている≒太郎にお金がある

この「『発見』用法」は，「前件で示される行為をした結果，後件で示される事態を発見する」というような構文的意味を持つものであり，また，「『継起』用法」，「『きっかけ』用法」等とともに，条件文全体が「事実」を表す，「事実的用法」の中の一つとみなされるものである（前田（2009））．[4]

本章では，(10) のような例は，「『発見』用法」の未来時制バージョンとみなし，疑似条件文からは外すこととする．結果として，前述の「疑似条件文の条件節形式は基本的に"〜なら"」という特性は維持されることになる．

さらに，なぜ"〜なら"なのかということについても，簡単にふれておく．

有田（2007）は，条件節命題が「＋既定」（真偽が決定できること）で，かつ「無知」（話し手が真偽を知らないこと）の場合，条件節形式は基本的に"〜なら"になることを指摘している．この有田（2007）の仮説に従うと，疑似条件文の条件節命題はまさに「＋既定」かつ「無知」であると言えるため，"〜なら"が自然なのだということが導きだされる．

さて，日本語の疑似条件文には，さらに重要な特性があり，そしてそれが本章において，中心的な議論の対象になるものであるが，その点に関しては，次節で述べる．

### 2.3. 終助詞との共起

日本語の疑似条件文には，英語には見られない特性として，「日本語の疑似条件文は，主節末に特定の終助詞が生起しなければならない．」ということがある（三宅（2010））．[5] 次例を見られたい．

(12) お腹が空いているなら，冷蔵庫にプリンがある（よ／*φ）

この例は，典型的な疑似条件文であるが，実は主文末の終助詞"よ"を削除すると，極めて不自然な文になってしまうことが分かる．

その場合の「特定の終助詞」とは，典型的には"よ"であり，位相的な制約があるが，"ぜ""ぞ"も可能と言える．逆に，"ね""わ""よね"では不

---

[4] よく知られていることだが，「事実的用法」の場合の条件節形式は，基本的に"〜たら"か"〜と"である（前田（2009））．

[5] 英語には，日本語の「終助詞」にあたる語群が存在しないのであるから，「英語には見られない」ということは言わば当然である．

可能である.⁶ 次例を参照されたい.

(13) a. お腹が空いているなら，冷蔵庫にプリンがある（ぜ／ぞ）.
　　 b. お腹が空いているなら，冷蔵庫にプリンがある（*ね／*わ／*よね）.

なお，次例のような，主文末に"から""ので"を伴う場合は，語用論的推論による主節の存在が明示されるので，疑似条件文とはみなさない.⁷

(14) お腹が空いているなら，冷蔵庫にプリンがあるから（ね）
(15) のどがお渇きでいらっしゃるようでしたら，冷蔵庫にビールがございますので.

このような"から"を，白川（2009）は，「理由を表さない『から』」と呼び，①主節には必ず命令など，聞き手に何らかの行為をするよう働きかける表現が来る，②カラ節には聞き手に実行させることを，可能にする情報，もしくは促進する情報が来る，としている．したがって，(14)は本来あるべき主節が省略されたものとみなされる.

(16) お腹が空いているなら，冷蔵庫にプリンがあるから，［食べなさい／食べてください／食べましょう／…］

白川（2009）の例をあげておく.

(17) 火曜日に返すから，ハンバーガーを買うお金，貸してくれよ.
(18) すまないけど，書斎の机の上に辞書があるから，取ってきてくれ.

さらに白川（2009）は，ケド節も「聞き手が何かをするために参考になる情報として提示している」という点で，カラ節と共通しているとする．この点をふまえると，"けど"でも可能であることが予測されるが，次例のよう

---

⁶ この点から考えると，"よね"の"よ"は本来の意味機能を喪失している可能性がある．換言すると，"よね"は"よ"と"ね"から構成的に意味が形成されると考えなくてもよいということを示唆している．"よね"は，要素の意味に還元できない，それ自体の意味を持つということである．

⁷ このような表現があることは，後述の「〈隠れた理由節〉分析」の根拠の１つとなっている．

に，それは正しい．

(19) a. お腹が空いているなら，冷蔵庫にプリンがあるけど．
b. お腹が空いているなら，冷蔵庫にプリンがあるけど，[いかが？／どう？／食べる？／…]

いずれにしても，"から"や"けど"が付加された文は，本来あるべき主節が省略されているだけであるので，疑似条件文とはみなされない．

まとめると，次のようになる．

(20) 日本語の疑似条件文は，主節末に特定の終助詞が生起しなければならない．特定の終助詞とは典型的には"よ"である．[8]

## 3. 形態的有標性に関する日英語対照

前節で述べたことを，日英語対照のより広い一般化の中でとらえてみよう．

英語には，特定の文型と直接，対応する意味（文型内の要素の意味に還元できない意味）を持つ「構文」が数多くあることが指摘されている．そのような「構文」としての意味を「構文的意味」と呼ぶことにすると，日本語では，英語における「構文的意味」に相当するものを文型だけで表すことは非常に困難で，専用の形態を用意し，その形態に担わせることが多いと言える．

三宅（2005, 2011, 2015b）は，それを「形態的有標性の仮説」と称して次の (21) のように述べている．[9]

(21) 構文的な意味を表示するために，日本語は形態的に有標であるこ

---

[8] 野田春美氏より，「主節末に何らかの特別な音調が加われば，終助詞は不要になることがあるのではないか」という旨のコメントをいただいた．これは「何らかの特別な音調」とその場の文脈情報の相互作用により，終助詞"よ"に相当する意味機能が補えた場合に可能になる現象であると思われる．いずれにしても，無標では極めて不自然であり，主文末が「ゼロ」でよいということにはならない．

[9] 単に，傾向を一般化しただけのものであるので，「仮説」という名称はそぐわない面もある．なお，詳細は，三宅（2005, 2011, 2015b）を参照されたい．

第23章　日本語の疑似条件文をめぐって　　　359

とを強く志向する傾向があるが，英語は形態的に無標であってもかまわない傾向が強い．[10]

具体的な構文で，検証しておこう．
まず，日本語において構文的な意味を表示する形態（英語ではゼロ）が，「動詞の形態素」レベルの場合である．

(22) a.　This car sells well.
　　 b.　この車はよく *売る（<sup>OK</sup> 売れる）
(23) a.　The general marched the soldiers into the tents.
　　 b.　将軍は兵士達をテントまで *行進した（<sup>OK</sup> 行進させた）

上の (22) は一般に「中間構文」とされるもので，(23) は「移動使役構文」とでも呼ぶべきものであるが，いずれも，英語では「構文的意味」は文型によってのみ表され，要素の意味に還元することはできない．述語動詞"sell" "march"に特別な形態の付加はなく，形態的には無標である．それに対し，対応する日本語を見ると，文型だけで表現することはできず（"売る" "行進する"のままでは不可），述語動詞に特定の形態を付加する必要があることが分かる．

次に，いわゆる「補助動詞」レベルの場合である．[11] この「補助動詞」が，日本語において，「構文的意味」を担う形態として最も生産的と言える．
以下，(24) が「移動様態構文」，(25) が「受益構文」，(26) が「位置格倒置構文」，(27) が「結果構文」の例である．なお，便宜的にこれらの構文名（英語に基づくもの）を用いたが，例えば「位置格倒置」のように，明らかに日本語においては不適切なものもある．

(24) a.　He walked to the station.
　　 b.　彼は駅に *歩いた（<sup>OK</sup> 歩いていった）
(25) a.　John baked Mary a cake.
　　 b.　太郎は花子にケーキを *焼いた（<sup>OK</sup> 焼いてやった）

---

[10] 日本語においては，特定の形態に意味を担わせている点で，もはや「構文的意味」とは言えないのであるが，英語との対照のため，便宜的にこの用語を使うことにする．

[11] 「補助動詞」についての詳細は，三宅 (2015a, b) を参照されたい．

(26) a. On the third floor worked two young women.
　　 b. 三階には二人の若い女性が *働いた（<sup>OK</sup> 働い<u>ていた</u>）
(27) a. John pounded the metal flat.
　　 b. 太郎はその金属を平らに *叩いた（*叩いてした）

　いずれも，英語では文型によって表されている「構文的意味」が，日本語では「補助動詞」という形態に担わされていることが分かる．(27) の「結果構文」は，適当な補助動詞（"てする"）が存在しないため，日本語では構文自体が不可能になっている．[12]
　そして，最後に，「終助詞」レベルの場合である．
　神尾（1990）の「情報のなわ張り理論」で議論された，終助詞 "ね" に関するデータを見てみよう．

(28) a. Your home is very close to the campus.
　　 b. 君の家は大学にずいぶん近い<u>ね</u>
(29) a. You seem to have forgotten that.
　　 b. あなた，あのこと忘れてるみたい<u>ね</u>

　上のような例において，英語は無標であるが，日本語は "ね" が必須である．神尾（1990）は，この現象に対して，「聞き手の『なわ張り』内の情報に言及する際，英語は無標でよいが，日本語では終助詞の "ね" を付加することが必要である」という記述を行っている．「なわ張り理論」は語用論的条件を整理したものであって，それだけでは「（構文的）意味」の表示ということにはならない．しかしながら，三宅（2011）で論じられているように，このような "ね" の生起した文は，「同意要求」と呼ばれるタイプの意味を表すものであり，そうであれば，日本語ではそのような意味を "ね" という形態に担わせていると言える．[13] 一方，英語では特定の形態の付与は不要である．
　このように，「終助詞レベル」においても，日英語に「形態的有標性の仮説」に関する対照が見られると言える．
　そうすると，本章における「疑似条件文」に関する記述，すなわち，英語

---

　[12] 詳細は，三宅（2011, 2015b）を参照されたい．そこでは，なぜ "てする"（補助動詞としての "する"）が不可能なのかに関する理由も述べられている．
　[13] 「同意要求」に関する詳細は，三宅（2011）を参照されたい．

では形態的に無標でよいが，日本語では特定の終助詞が必要ということも，この「形態的有標性の仮説」に従っているとみなせる．

「疑似条件文」としての「構文的意味」を表示するために，英語は無標でかまわないが，日本語は，その「構文的意味」を担う形態が必要ということは，「形態的有標性の仮説」に照らせば，当然ということになる．

それでは実際に，英語における「疑似条件文」の分析が，日本語では特定の終助詞（典型的には"よ"）の意味機能によって説明できるかについては，次節で検討する．

## 4. 疑似条件文の分析と終助詞"よ"

### 4.1. 疑似条件文の分析，2種

既存の疑似条件文の分析として，大きく2つがあげられる．便宜的にそれらを「〈隠れた理由節〉分析」，「〈遂行節〉分析」と呼び分けることにする．まず，「〈隠れた理由節〉分析」とは，坂原 (1985) でなされているものであり，簡潔に述べると次のようなものである．

(30) 疑似条件文における後件は，前件によって導き出される結論ではなく，「明示されない結論を探し出すための指令」，別の言い方では「ある結論を指し示す理由節」である．

この分析における，疑似条件文の論理構造は次のように示される．

(31) if p, because q, r（r は if p, q が指示する結論）

「疑似条件文」"p ならば q" の解釈は，"p ならば，q であるから，r" ということになる．

なお，前述の (14) のようなタイプの表現があることが，この分析の根拠の1つとなっている．再掲しておく．

(14) お腹が空いているなら，冷蔵庫にプリンがある<u>から</u>（ね）

ただし，白川 (2009) では，このタイプの"から"は，"どうして"の応答とならないということから，「理由を表さない『から』」として「理由文」を形成するとは見ていない．また，前田 (2009) では，このタイプを「原因・理

由文」の一種であるとはしているものの，普通のタイプとは異なる，特殊な「『可能条件提示』の原因・理由文」としている．したがって，この場合の"から"を厳密な意味での「理由」と呼んでよいかどうかについては，さらに検討の余地があるものの，ここでは「理由」を，"から"によって表される意味を象徴的に表したものと考えることにする．

さて，この分析によれば，前述の (16) はまさに (1) の解釈ということになる．それぞれ再掲しておく．

(1) お腹が空いているなら，冷蔵庫にプリンがあるよ．
(16) お腹が空いているなら，冷蔵庫にプリンがあるから，[食べなさい／食べてください／食べましょう／…]

次に，「〈遂行節〉分析」とは，山﨑 (1990, 1993) でなされているものであり，簡潔に述べると，次のようになる．

(32) 語用論的推論により，後件に "the speaker has said that ～" のような「遂行節」を付与し，前件はこの後件の遂行節と因果関係を結ぶと考える．

この山﨑 (1990, 1993) の分析は，「関連性理論」によって保証された語用論的推論に基づく点で，坂原 (1985) が批判する毛利 (1980) のような単純な「遂行節付与分析」とは異なる．

(33) If P, Q. ⇒ If P, the speaker has said that Q.
(34) If the hearer is hungry, the speaker has said that there is a flan in the frige.

上の (33) のように図式化される遂行節の付与で，(34) が形成され，この段階で，前件と後件は通常の条件文と同じ因果関係を結んでいることになる．日本語で表現すると次のようになる．

(35) お腹が空いているなら，（私はあなたに）冷蔵庫にプリンがあると言う／伝える／教える／….

この分析の根拠として，従属節が明示されない遂行節と関係を結んでいると考えられる例は，この構文以外にも多様にあるということがあげられる．

例えば，次例は，従属節である理由節は，「質問」という発話行為と関係を結んでいると考えられる．

(36) Why is Sam leaving, since you know him so much?
(37) [I ASK YOU [why Sam is leaving]], since you know him so much.

((36)(37) ともに，山梨 (1983))

### 4.2. 「〈隠れた理由節〉分析」と終助詞 "よ"

ここでは，前節で紹介した2つの分析のうち，「〈隠れた理由節〉分析」が終助詞 "よ" の意味によって説明できるかを検討する．

まず，先行研究における，終助詞 "よ" の意味分析に関して，田窪・金水 (1996) と井上 (1997) を紹介する．

(38) "よ" は，話し手が当該の命題を間接経験領域に明示的に記載する旨の標識
間接経験領域は推論のための領域であるから，そこに明示的に記載するということは，「当該の命題を関与的な知識状態に付け加えた後，適当な推論を行え」という指示を含むことになる．

(田窪・金水 (1996))

(39) 「こういう境遇にあるということを考慮に入れた上で，どうするかを問題にせよ」という働きかけをおこなう[14]　　(井上 (1997))

上の (38)(39) の「　」の部分と，「〈隠れた理由節〉分析」における後件の役割「明示されない結論を探し出すための指令」が調和することは明らかであると思われる．

なお，山﨑 (1990, 1993) の「〈隠れた理由節〉分析」への批判の1つに，「結論部 (r) の同定機構が不明」という点があるが，日本語においては "よ" によって明示的に保証されるとすれば，この批判は回避できることになる．

また，中﨑 (2005) は，"よ" の1つの機能として「当該の発話が字義通

---

[14] 井上 (1997) は，イントネーションの違いにより "よ↑" と "よ↓" を区別しているが，ここでは "よ↑" の記述を代表させた．

りの意味とは異なる内容（言外の意味）を有していることを述べる」ということをあげ，その場合の「言外の意味」は推論に基づく，とする．次例の2つめの文を参照されたい．

(40) 「市長選に立候補するよ．」「やめてください．あなたは大学の先生ですよ．」

興味深いことに，このタイプの"よ"も，疑似条件文の場合と同じく，必須であり，省略することができない．

「明示されない結論を導く」ということを「推論」と呼ぶならば，"よ"の意味機能として，「推論を促す」ということを認める可能性は十分にある．

以上をまとめると，「〈隠れた理由節〉分析」と終助詞"よ"は調和すると言える．日本語では，「疑似条件文」の構文的意味を，形態の意味に還元できるということである．

### 4.3. 「〈遂行節〉分析」と終助詞"よ"

次に，「〈遂行節〉分析」が終助詞"よ"の意味によって説明できるかを検討する．

これは要するに，日本語においては，終助詞"よ"が一種の「遂行節」として機能していると仮定できるかどうかを検討する，ということである．この仮定は成り立つであろうか．

まず，田窪（1992）は，「"よ"は，それがつく言語行為を変える．」という旨の指摘をしている．次例を見られたい．

(41) 「早く行け」と命令された／*「早く行けよ」と命令された
(42) これしてください［依頼］／これしてくださいよ［指示・懇願］

田窪（1992）の判断だが，(41)のように，"よ"が付加された場合，命令形であっても，"命令する"のような遂行節と共起することは不可能になり，(42)のように，"よ"が付加された場合，単純な「依頼」ではなくなる．

"よ"自体に一種の遂行節としての機能があれば，「発話行為」の変更が生じることは自然に説明できることになる（田窪（1992）では「言語行為」だが，より一般的な「発話行為」を用いる．以下同じ．）．

この点に関連して，井上（1993）の「『話し手の意向に合致した状況が結

局実現されなかった』ということに対する異議申し立てとして発せられる命令文」も見てみよう．

(43) （締切日の翌日にレポートを提出しに来た学生に）
　　 困りますねえ．ちゃんと昨日のうちにレポートを出してください<u>よ</u>
(44) （大学を4年で卒業できなかった息子に）
　　 うちはお金がないんだから，ちゃんと4年で卒業しろ<u>よ</u>

このタイプの命令文は，"よ"が必須であると思われる．[15] 語用論的に，明らかに「命令」が不適切な文脈なので，これらの発話行為は「命令」であるとは言えない．したがって"よ"によって発話行為が変えられている．

繰り返すが，"よ"が一種の「遂行節」であれば，発話行為の変更が生じることは自然である．「行け！」は命令文だが，「行け<u>と命令する</u>」は平叙文だからである．

また，比較的よく知られている"よ"の分析として，白川（1992）があげられるが，そこでは，通常の平叙文に付加される"よ"に関して，「"よ"は，それが付加された文の発話が聞き手に向けられていることを，ことさらに表明する．」という記述が与えられている．これは，"よ"が一種の「遂行節」であれば，当該の文の発話行為を表す遂行節をわざわざ付加することになるので，「ことさらに」という部分と合致することになる．英語で言えば，普通の平叙文に"I tell you that ～"を付加しているようなものだからである．

以上のようなデータに基づき，終助詞の"よ"は一種の「遂行節」としての機能を持つと仮定する．

そうすると，「〈遂行節〉分析」と終助詞"よ"は調和すると言える．

英語では語用論的推論により付加された「遂行節」が日本語では終助詞"よ"により，形態的に明示されるということになる．すなわち，日本語では，「疑似条件文」の構文的意味を，形態の意味に還元できるということである．

---

[15] 井上（1993）は"よ"はあった方が自然だが，特定のイントネーションがあれば，必須とまでは言えないとしている．

## 5. 発展——「〈遂行節〉分析」に基づいて——

### 5.1. 副詞 "どうせ" と終助詞 "よ"

前節の「〈遂行節〉分析」が正しいとすると，疑似条件文の前件は，終助詞 "よ" と直接，関係を結ぶということになる．

その傍証として，文中の要素が，終助詞だけと直接に関係を結ぶということの類例を示しておく．副詞 "どうせ" の意味分析に基づく議論である．

渡辺 (2001) は，副詞 "どうせ" の意味分析として，次のような記述を行っている．

(45) 「どうせPだ」…Pに立つ事柄に関して，仮に非Pを頭に思い描いたうえで，さらにそれを否定することで，Pをもはや動かし難い確実な事柄だと評価する

この帰結として，次例のような単純な過去表現と "どうせ" はなじまないということを指摘している．

(46) *どうせ断られました．

これは，「すでに実現したと自分で認めることに関して，『非Pの可能性はもうない』などと，わざわざ言うのはナンセンスだから」である．

また，有田 (2006) における，副詞 "どうせ" の意味分析も見ておこう．次の (47) のような概念規定をした上で，(48) のような記述をしている．

(47) 「既定」： 真偽が発話時において決定している
「客観的に既定」： 誰にとっても真偽が定まっている
「主観的に既定」： 話し手にとってその真偽が定まっている
(48) "どうせ" の基本的な意味：「主観的既定性」

このような記述により，認識面での不確かさの面と，事態の実現が定まっていて動かし難いことを明示する面という，一見相反する性質が共存している，"どうせ" の特徴を説明しようとしているのである．このような説明に従うと，"どうせ" は，過去の事実を叙述する文には現れないことを予測する．「客観的」だからである．実際，有田 (2006) は，次のような例をあげて，そのことを指摘している．

(49) ＊どうせボルトンが勝った／＊どうせブラジルと同組に決まった

以上のように，渡辺（2001），有田（2006）のいずれも，"どうせ"は単純な過去の事実の表現には生起できないことを予測する．

しかしながら，この予測に対して，一見，反例となる例が存在する．次のような例である．

(50)　どうせオレは合格できなかったよ／どうせ私はビリでしたよ
(51)　どうせオレは合格できなかった（よ／＊φ）

上例のように，"よ"が付加されれば，過去の事実の表現であっても，"どうせ"が生起できる場合があると言える．

この点に関連して，井上（1997）の"よ"に関する記述を見てみよう．

(52)　行きますよ↓．行けばいいんでしょう．[16]
(53)　あの人，まだあんなこと言ってるよ↓．困ったもんだ

井上（1997）は，上の (52) について，「『私が行く』という境遇を引き受けることを自分自身に言い聞かせると同時に，聞き手にもその線でこの場の状況をとらえなおすよう指示する」という記述を与え，(53) について，「話し手は『自分が身をおいているこの世界は，P ということが真になる，そういう世界なのだ』ということを自分自身に言い聞かせている（P は"よ"の前接部分）．」という記述を与えている．

仮に，"よ"に，このような「自分自身に言い聞かせる」という機能があるとしたら，そして，"どうせ"が"よ"と直接，関係を結んでいると仮定するならば，渡辺（2001），有田（2006）のいずれとも反例とはならず，自然な説明が可能になる．

「自分自身に言い聞かせる」状態は，まさに動かし難いが受け入れ難いという二面性を持つ状態であり，これは"どうせ"と調和すると言える．「非 P の可能性を否定する作業を改めて行うことにより，『自分自身に言い聞かせる』」ということは十分に成り立つからである．

以上に基づくと，副詞"どうせ"が，終助詞"よ"と直接，関係を結ぶ場

---

[16] この場合の"↓"は非上昇のイントネーションを表す．以下，同じ．

合があるということは，不自然な仮定ではないと思われる．

## 5.2. 終助詞"よ"と「遂行分析」

「〈遂行節〉分析」に関して，ただちに想起されるのは，いわゆる「生成意味論」における「遂行分析」(Ross (1970))である．これは概略，次のようなものである．

(54) 深層構造において，すべての文の主節に遂行節を仮定する．その遂行節は，主語が1人称，間接目的語が2人称，その文の発話行為に適合する遂行動詞からなる．いわゆる「遂行文」でない限り，「遂行節」は表層構造に至るまでに削除される必要がある．

この分析に従えば，次の(55)は，(56)から「変形」によって作られることになる．

(55) Prices slumped.
(56) [I V YOU [prices slumped]]
("V"は {+V, +performative, +communication, +linguistic, +declarative})

学史的には，このような「変形」はあまりに強力すぎることから，「遂行分析」は，一度は理論の表舞台から消えた．

しかしながら，近年になって，Rizzi (1997)に代表されるような，「ミニマリスト・プログラム」におけるCPシステムの精緻化が進んだ結果，「遂行分析」は統語的な分析として再解釈できる可能性が生まれている．換言すると，目に見えない「遂行節」も統語構造上に位置づけられる可能性が出てきたということである．

長谷川(2007)によると，精緻化されたCPシステムにおいて，主文のCPは補文のCPとは異なった構造としてとらえられ，「命題」を示すIPと談話構造とをつなぐインターフェイスとして位置づけられている．そこでは，従来のCPは解体され，複数の機能範疇により階層的に再構成することが試みられている．[17]

---

[17] このような分析には，当然，批判もある．本章も全面的にこのような分析を支持する

紙幅の制限もあるので，本章に関連する点だけを紹介すると，階層化された複数の機能範疇の内，最上位に"Force"（それにより派生される構造は"ForceP"）が仮定されている．この"Force"は，「断定」「疑問」「感嘆」等，文のタイプを指定するものとされている．これはまさに，「遂行分析」のミニマリスト・プログラムにおける再解釈と言ってもよい．

本章の分析が示唆するのは，日本語の"Force"の位置には，形態を伴った要素が生起する場合があり，それが終助詞"よ"だということである．むろん，これは現時点では単なる示唆にとどまるものであり，論証のためには，さらなる考察が必要であることは言うまでもない．

このような分析（CPシステムの精緻化）の成否の判断は保留しておくが，日本語の終助詞の統語構造上の位置付けを考える上では，従来にない視点が与えられると思われる．逆に言えば，終助詞という形態が存在する，日本語のような言語は，このような分析を試みやすいとも言える．

## 6. おわりに

本章において述べられたことをまとめて，箇条的に示すと，以下の通りである．

「日本語の疑似条件文は，特定の終助詞と共起する必要がある」という言語事実は，日英語の対照的視点に立つと，「形態的有標性の仮説」の現れの1つとみてよい．

「〈隠れた理由節〉分析」「〈遂行節〉分析」と称する，疑似条件文の分析に関する二つの仮説それぞれと，終助詞"よ"の意味機能は調和する．疑似条件文としての構文的意味の一部を，日本語では"よ"に還元できるということである．

本章における，疑似条件文の分析，および他のいくつかの言語事実に基づくと，終助詞"よ"は「遂行節」としての機能を持つ可能性があり，その結果，いわゆる「遂行分析」の再解釈を促すことにつながる．

残されている問題として，結局のところ，"よ"の本質とは何かということがある．「推論を促す」「発話行為を変える」等の，本章において前提とし

---

ものではない．

た"よ"の諸特性をささえる本質とは，どのようなものかということの解明がまだなされていない．今後の大きな課題としたい．

ただし，"よ"が必須の構文を複数，指摘する等，本章における考察は，"よ"の解明に向けても，副次的に貢献するところがあったと思われる．

## 参考文献

有田節子（1993）「日本語条件文研究の変遷」益岡隆志（編）『日本語の条件表現』225-278，くろしお出版，東京．

有田節子（2006）「『どうせ』の意味と既定性」上田功・野田尚史（編）『言外と言内の交流分野』35-45，大学書林，東京．

有田節子（2007）『日本語条件文と時制節性』くろしお出版，東京．

井上優（1993）「発話における『タイミング考慮』と『矛盾考慮』──命令文・依頼文を例に──」『国立国語研究所報告105 研究報告集14』333-360，国立国語研究所，東京．

井上優（1997）「『もしもし，切符を落とされましたよ』──終助詞『よ』を使うことの意味」『月刊 言語』26巻2号，62-67．

神尾昭雄（1990）『情報のなわ張り理論　言語の機能的分析』大修館書店，東京．

坂原 茂（1985）『日常言語の推論』東京大学出版会，東京．

白川博之（1992）「終助詞『よ』の機能」『日本語教育』77号，36-48．

白川博之（1993）「『働きかけ』『問いかけ』の文と終助詞『よ』」『広島大学日本語教育学科紀要』第3号，7-14，広島大学教育学部日本語教育学科．

白川博之（2009）『「言いさし文」の研究』くろしお出版，東京．

田窪行則（1992）「談話管理の標識について」『文化言語学──その提言と建設──』1110-1097（左），三省堂，東京．

田窪行則・金水敏（1996）「複数の心的領域による談話管理」『認知科学』3巻3号，59-74．

中﨑崇（2005）「終助詞『ヨ』の機能に関する一考察」『語用論研究』第7号，75-92．

長谷川信子（2007）「日本語の主文現象から見た統語論──文の語用機能との接点を探る」長谷川信子（編）『日本語の主文現象』1-21，ひつじ書房，東京．

前田直子（2009）『日本語の複文 条件文と原因・理由文の記述的研究』くろしお出版，東京．

三宅知宏（2005）「『有形』か『無形』か──日英語対照研究の一視点II」『比較文化研究』第7号，15-29，鶴見大学比較文化研究所．

三宅知宏（2010）「日本語の疑似条件文と終助詞」『第11回日本語文法学会大会予稿集』156-163．
三宅知宏（2011）『日本語研究のインターフェイス』くろしお出版，東京．
三宅知宏（2015a）「日本語の『補助動詞』について」『鶴見日本文学』19号，(左) 1-20，鶴見大学大学院．
三宅知宏（2015b）「日本語の『補助動詞』と『文法化』・『構文』」秋元実治・前田満・青木博史(編)『日英語の文法化・構文化』237-270，ひつじ書房，東京．
毛利可信（1980）『英語の語用論』大修館書店，東京．
山﨑英一（1990）「関連性理論における疑似条件文」『Osaka Literary Review』29号，89-102，大阪大学文学部英文学談話会．
山﨑英一（1993）「理論からみた条件文の下位タイプ」『四天王寺国際仏教大学短期大学部紀要』第33号，43-63，四天王寺国際仏教大学．
山梨正明（1983）「生成意味論」『英語学大系5 意味論』337-466，大修館書店，東京．
渡辺実（2001）『さすが！日本語』筑摩書房，東京．
Rizzi, Luigi (1997) "The Fine Structure of the Left Periphery," *Elements of Grammar: Handbook of Generative Syntax*, ed. by Liliane Haegeman, 281-337, Kluwer, Dordrecht.
Ross, John Robert (1970) "On Declarative Sentences," *Readings in English Transformational Grammar*, ed. by Roderick Jacobs and Peter Rosenbaum, 223-277, Ginn and Company, Waltham, MA.

第 24 章

# 「疑似条件文」の統語構造
―三宅論文の「係り結び」的一般化の統語的考察―

長谷川信子（神田外語大学）

## 1. はじめに

　三宅論文では，(1) のような「疑似条件文」を考察し，その特徴として「前件（条件節）」と「後件（主節）」に「呼応」関係があるとの一般化 (2) を提示し，さらに，「疑似条件文」という文のタイプは，日本語では，形態的に明示される点が，英語のような言語とは異なると指摘している．

(1) 　お腹がすいているなら，冷蔵庫にプリンがあるよ．
(2) a. 　条件節（前件）は「なら」（もしくは，その変種）
　　 b. 　主節述語は「ある」などの存在表現
　　 c. 　終助詞の「よ」（もしくは，その変種）が必要

こうした指摘は，文中の要素の関係を構造の観点から把握・説明することを研究課題とする統語理論には，まさに，「説明すべき現象」であり，非常に興味深い．以下では，三宅の指摘した 2 つの一般化――(A) 条件節と主節の述語と文末要素の呼応関係，(B) 文タイプの形態的な明示の有無に関わる日本語と英語の違い――について，統語論の観点から考えてみたい．(A) については，三宅もその可能性を言及しているが，また，筆者も長谷川 (2012) で「と」条件節に観察される (2) と似たような「呼応関係」を指摘したが，文の階層構造と操作から予測・説明できる現象であることを示す．(B) については，憶測程度に留まるが，日本語と英語の主要部の位置の違いがもたらす類型的な違いの例として捉えられる可能性を指摘する．三宅の指摘は，日本語の現象からの一般化が，いかに言語一般につながる統語的法則と関

わって提示できるかを示す好例である．

## 2. 文の階層性と統語構築

　統語研究で最も興味深いのは，明確な意味的必然性・関連性が見られないにもかかわらず，要素間に規則的な関係性があり，それが文構造と関わるという一般化が得られた時である．三宅の (2) の指摘から得られる (A) の一般化「特定の条件節が，それを受ける主文の文末の述語のタイプと要素（終助詞）に呼応する」は，まさにそのような現象である．

　その具体的な考察に入る前に，文が持つ情報と構造，統語操作について確認しておきたい．文には，出来事の意味に関わる述語とその項からなる動詞句 (VP)，出来事の時間的関係性を示す時制辞句 (TP)，そして，文 (VP-TP) がより上位構造（従属節なら主文，主節なら情報・談話構造）への繋がりを示す CP が，(3) のような階層性を持って構造化されていると想定されている．[1]

(3)　CP　　発話行為的意味
　　　　　　（発話の文タイプ，主／従属節の違い）
　　　TP　　文の命題的意味
　　　　　　（時制やアスペクトを含む事態的意味）
　　　VP　　述語の基本的意味
　　　　　　（項構造と意味役割の構造的表出）

---

[1] (3) の構造は，統語論では，英語などの言語の考察と文の論理的意味の構造化から広く想定されているものだが，ほぼ同様の階層構造は日本語学でも南 (1974) の 4 分類など，よく知られている（田窪 (1987)，仁田 (1991, 2002)，野田 (1995, 2013)，益岡 (2007) など）．以下には田窪の記述を示しておくが，A 類は VP，B 類は TP，D 類が CP にほぼ対応する．C 類については，更なる考察が必要かと思われるが（井上 (2007)，上田 (2007) 参照），(3) と (i) の類似性は，日本語の記述的研究と統語理論研究の知見が相互に有用であることの証左であろう．

(i)　A 類：（様態・頻度の副詞）＋補語＋述語[語幹・ボイス]
　　 B 類：（制限的修飾句）＋主格＋A 類＋（否定）＋時制
　　 C 類：（非制限的修飾句）＋主題＋B 類＋モーダル[事態のムード]
　　 D 類：（呼掛け）＋C 類＋終助詞[聞き手に対するムード]

（田窪 (1987)）

こうした構造は，ヒトが言語で表す情報の構造であるから，言語一般に共通の構造である．そして，言語間の違いが出るのは，句（XP）の中心要素（主要部 X）の位置である．述語が文末に来る日本語のような OV 言語では主要部は句の最後に，英語のような VO 言語では，補部の前（しかし，主語の生起する指定部の後）に生起する．

(4) a. 主要部後置（OV）言語b. 主要部前置（OV）言語

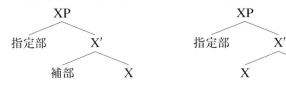

ここまでは，記述的な研究からも統語理論研究からも似たような構造に至ることができる．統語論では，さらに，構造内の要素間の関係に見られる規則性を，主要部と補部，主要部と指定部の構造的関係性から捉える．主要部と補部の関係は，VP 内の動詞とその目的語がその典型で，主要部にとっての必須要素の指定・選択である．機能範疇 TP，CP については，(3) で見るように，TP 内の主要部 T と VP，CP の C と TP がそれにあたる．

そして，統語操作上，最も興味深いのは，主要部と指定部の関係である．特に，TP と CP の指定部については，文中の事態的意味と関わる要素は VP 内に表出するわけであるから，それ以外で文中に表出する要素（例えば，副詞）を，その主要部 T や C が認可する形で使用していると考えられる．日本語についても，野田（1995, 2013），益岡（2007），仁田（2002）などでも扱われているが，特定の副詞的要素は文の異なる階層で認可される．例えば，(5) の例を見てみよう．

(5) a. どうか　早く　来てください．
　　b.?*早く　どうか　来てください．

ここには 2 つの副詞「どうか」と「早く」が表れているが，その順番には制限がある．「どうか」は「依頼」発話行為に対応する「下さい」と連動しており，「早く」は出来事の様態を示すのである．このことは，(3) の構造の観点では，「どうか」は CP で明示される文タイプと関わる特徴（依頼）により認可され，「早く」は VP 内で認可される「構造的な生起条件」があるとす

れば，分析できる．[2]

## 3. 疑似条件節の認可

さて，三宅の（A）の一般化「疑似条件文の前件は，それを受ける主文の文末の述語のタイプと要素（終助詞）に呼応する」だが，これを，(3) の構造に言及して，次の4点から考察してみよう．

(6) (i) 疑似条件文の構造はどうなっているか．
    (ii) 前件（条件節）が生起する「文頭」部分は，(i) の構造ではどういう位置を占めるか．
    (iii) 文末が文全体でどのような機能を持っているか．
    (iv) なぜ文頭（条件節）と文末（述語のタイプと終助詞）が呼応するのか．

まず，(i) だが，三宅が指摘しているように，「疑似条件文」は通常の断定文や条件文と異なり，前件で話し手の注意を喚起し，主文（後件）は事実を提示し，それにより，話し手の行動を促すという発話機能を持った文である．このことは (5a) の依頼文と同様に，(3) の構造に照らせば CP 領域（南の文の階層性なら D 類，脚注1参照）にそれと関わる指定がなされており，それは OV タイプの日本語では文末で表示される．つまり，(iii) の事実である．そして，(ii) だが，条件節（前件）部分は，(5a) の依頼文の「どうか」に似て，「疑似条件節」を指定する「文末」に認可され，CP の指定部に生起する．それが，(iv) の事実（「指定部」と「主要部」の連動）として現れるのである．

実は，筆者は長谷川 (2012) で，三宅の「疑似条件節」を基盤にした (A)

---

[2] TP や CP に具体的にどのような情報がどう構造化されているかについては，現在活発な論議がなされている．TP には，時制の他に状態性などと関わる「相，Aspect」が，CP には，文の発話機能や主節と従属節の別などを指定する Force（発話力），主題を明示する Topic，焦点要素を認可する Focus，出来事の定性と関わる Finite などが「下位主要部」として想定されている．条件節や依頼文，疑問文，断定文の別については，CP 内の Force が司る指定と考えられるが，本章では，それを含め大枠で CP での指定としておく．詳しくは，Rizzi (1997)，長谷川 (2007, 2012, 2016) などを参照されたい．

の一般化とほぼ同様の一般化を，(7) のような「と」条件節と主節の関係から提示し，それを CP 領域での「指定部」と「主要部」の連動（一致）現象として分析した．

(7) a. ［ドアを開けると］花子が立っていた．
 b. ［窓を開けると］雪が降っていた．

詳しくは長谷川 (2012) を参照されたいが，そこでは久野 (1973) の一般化に言及し，「と」節が，他の「時」を示す副詞節と異なり，主節の文タイプ「現象提示文」と連動すること，「と」節内の TP は出来事の時制に関係なく常に未完了の「る形」であることなどを指摘した．そして，その事実は，「現象提示」という主節 CP（その主要部の C）の特徴が，その指定部に，それと整合する「と」節を認可すると仮定することにより分析できると論じた．[3]

「と」節条件文は，「疑似条件文」とは，CP の機能が異なるわけであるから，各々の条件節・主節の呼応に関わる特徴は当然異なる．どういう特性がどう異なるのか，どんな特徴が意味解釈上指定されなくてはならないか，といった詳細は，もちろん，考察されなくてはならない．しかし，統語分析の観点では，両方の条件文ともに，CP 領域にそうした「文の機能」が指定され，その指定部には，それと連動する要素（ここでは条件節）が生起すると分析でき，それが (3) と (4) に示した統語構造により文中要素間の構造的関係性として捉えられることが重要なのである．

さらに，構造的な関係性と意味的関係性を分けて考えることで，(8) のような「疑似条件節」と似た (8) の現象も，同様の統語現象として考察が可能となる．

(8) a. 新聞を読みたい人は，ここにあります．
 b. 田中さん {なら／は}，ここにいます．

これらの「前件」は，「節」ではなく「句」であるが，「疑似条件節」と同等の

---

[3] 久野 (1973) は，「$S_1$ ト $S_2$」構文が過去の特定の出来事を表す場合には，(a) $S_1$ と $S_2$ の表す出来事は，同じ観察者（話し手 $S_1$ の主語）が同じ場所で観察されるものでなければならず，(b) 主文の $S_2$ は，観察者が客観的に観察し，報告し得る出来事（現象記述の断定文）でなくてはならないことを指摘している．この一般化は，物語文では，適用されない．詳しくは，久野 (1973)，長谷川 (2012) を参照されたい．

機能を持つと思われる．CP の機能の観点からは，発話機能としての「疑似条件文」という C の特徴が，その指定部に，(1) のように「ナラの条件文」を取るか，(8) のように「名詞＋{ハ／ナラ}」を取るかの違いはあるが，主節の C とその指定部との呼応，という統語的な関係性の観点からは，同様の現象ということになる．意味面での関係性でも，同様に考えることが適当か否かは，さらなる考察が必要であるが，それは語用論・意味論との協働により深められるであろう．

## 4. 日英語の違い：主要部の位置と機能

最後に，三宅の指摘した (B) の一般化「文のタイプは日本語では文末で明示されるが，英語ではそうした表示はみられない」という点を統語構造の日英語の違いの観点から考えてみよう．上述したように，文の構造 (3) は言語共通だとしても，日本語と英語は，(4) で見たように主要部の位置で違いがある．主要部が句の性質を決めることから，主要部後置 (OV) 言語の日本語では，文構造 (3) で見るなら，各階層（VP-TP-CP）の主要部 V-T-C は，「食べ-た-か」（動詞-過去（完了）-疑問）「食べ-る-な」（動詞-未完了-禁止命令）のように，句末（文末）に連続して表れる．日本語が「膠着的言語」である所以である．それに対し，英語のような VO 言語では，主要部は，補部（目的語）の前に表れるが，指定部に後続し，各句の中央に位置することとなる．

こうした主要部の違いが，(9) で観察されるように，文タイプ (CP) を明示する位置の違いとして表れる．

(9) a. 疑問文
　　　（日本語）　太郎は何を買いました**か**.
　　　（英語）　　**What did** Taro buy?
　　b. 命令文
　　　（日本語）　静かにし**なさい**.
　　　（英語）　　**Be** quiet!

（疑問詞）疑問文でも命令文でも，日本語は CP 主要部の位置である文末で明示されるのが最も「無標」な選択である．それに対し英語では，疑問詞疑

問文では，文頭（CP の指定部）が，命令形では，動詞の原形（C もしくは T の主要部）で文タイプ（発話力）を示すが，文末は主要部でも指定部でもなく，そこで文のタイプが明示されることはない．この違いが，「疑似条件文」が，日本語では主文 CP の主要部（文末）で明示されるが，英語では明示されない理由であろう．条件節（前件）は，両言語とも指定部を使っているが，日本語は常に主要部が句の周縁部（文末）にあり，そこで「先ず」発話機能が明示されるのである．

このように，CP 領域での「特定の文のタイプ」（その明示としての文末）と文頭の「指定部」の連動が，統語的には特殊なことでなく，統語操作上「よく起こると想定される」現象なのである．そう考えるなら，日本語の古文の「係り結び」現象も，「主要部（T，C）」と「指定部（係助詞要素）」の連動（一致）と分析できるし，三宅の「疑似条件文」も，(5) の「どうぞ」と「依頼文」，(7) の「と」節条件文，係助詞「こそ」と「（話者の判断の）モダリティ」（「花子こそ {ぶべきだ／呼びなさい／*呼んだ／*呼ぶ／*呼ぶの？}」）なども，現代版「係り結び」的現象として，同様の統語メカニズムで分析が可能である．

統語構造と操作の観点では，三宅の指摘した文頭（文中）の要素と文末が呼応関係を示すという現象は，句の主要部と指定部が，その周縁部の左右に表れる日本語では予測されるものである．古文の「係り結び」も含め，日本語には三宅の指摘したような現象が多数観察される．日本語の統語現象には，記述研究と統語理論研究が，真に協同して相互の研究を発展させる大きな可能性があるのである．[4]

## 参考文献

長谷川信子 (2007)「日本語の主文現象から見た統語論：文の語用機能との接点を探る」長谷川信子（編）『日本語の主文現象：統語構造とモダリティ』1-21，ひつじ書房，東京．

長谷川信子 (2012)「現代版「係り結び」としてのト条件節構文——CP 構造にお

---

[4] 長谷川 (2016) では，日本語の CP 領域，TP 領域での主要部と指定部の他の呼応現象（「しか〜ない」，「も」の生起，短縮疑問文，条件節の作用域，など）も扱い，日本語の現象の考察と統語論の相互発展の可能性を指摘した．

ける従属節と主節の呼応――」『日本語文法』12(2), 24-42.

長谷川信子（2016）「文の階層性と文中要素の解釈――日本語文法研究と生成統語論の実りある協同に向けて――」庵功雄・佐藤琢三・中俣尚己(編)『日本語文法研究のフロンティア』83-106, くろしお出版, 東京.

井上和子（2007）「日本語のモーダルの特徴再考」長谷川信子(編)『日本語の主文現象：統語構造とモダリティ』227-260, ひつじ書房, 東京.

久野暲（1973）『日本文法研究』大修館書店, 東京.

益岡隆志（2007）『日本語モダリティ研究』くろしお出版, 東京.

南不二男（1974）『現代日本語の構造』大修館書店, 東京.

仁田義雄（1991）『日本語のモダリティと人称』ひつじ書房, 東京.

仁田義雄（2002）『副詞的表現の諸相』くろしお出版, 東京.

野田尚史（1995）「文の階層構造からみた主題ととりたて」益岡隆史・野田尚史・沼田善子(編)『日本語の主題と取り立て』1-35, くろしお出版, 東京.

野田尚史（2013）「日本語の副詞・副詞節の階層構造と語順」遠藤喜雄(編)『世界に向けた日本語研究』69-103, 開拓社, 東京.

Rizzi, Luigi (1997) "The Fine Structure of the Left Periphery," *Elements of Grammar: Handbook of Generative Syntax*, ed. by Liliane Haegeman, 281-331, Kluwer, Dordrecht.［日本語訳は, Rizzi, Luigi（2010）「節のLeft Periphery（左端部）構造の精緻化に向けて」長谷川信子(編)『統語論の新展開と日本語研究：命題を超えて』333-369, 開拓社, 東京］

田窪行則（1987）「統語構造と文脈情報」『日本語学』6, 37-48.

上田由紀子（2007）「日本語のモダリティの統語構造と人称制限」長谷川信子（編)『日本語の主文現象：統語構造とモダリティ』261-294, ひつじ書房, 東京.

第 25 章

# 語彙−文法変化
## ——内容語生産と機能語生産——*

小柳智一（聖心女子大学）

## 1. はじめに

　いわゆる「文法化（grammaticalization）」研究では，自立的な内容語が付属的な機能語になる変化の一方向性を重要視する．その一方で，これに逆行する現象として「脱文法化（degrammaticalization）」も指摘されている．さらに関連するものとして「語彙化（lexicalization）」があるが，これらの相互関係は十分に明らかにされていない．本章はこれらの用語および概念を参考にしつつ，やや異なる視点から，日本語史を対象として，語彙と文法に渉る言語変化の見取図を描くことを目的とする．
　まず，第 2 節で「語彙化」という用語について検討し，わかりやすい用語に言い換える．次に，第 3 節でその内実を明らかにし，それを踏まえて，第 4 節で「文法化」（これも後で適切な用語に言い換える）を含む文法変化との関係を考え，変化の類型を網羅的に示す．最後に，第 5 節で「脱文法化」を参照しながら，変化全体の見取図を描きたいと思う．

## 2. 「語彙化」という用語

　「語彙化」という用語はさまざまに用いられている（Brinton and Traugott (2005: 18-21，邦訳 22-26))．議論がいたずらに錯綜することを避けるため

---

　* 本章は，平成 27 年度科学研究費補助金（基盤研究（C），課題番号 24520508）による研究成果の一部である．

に, 最初にこの用語の使い方を整理しておきたい.「語彙化」は「語彙」を広義に使うか狭義に使うかによって, 大きく2つに分かれる.

1つは「語彙」を広義に使い, 記憶するべき項目を指す場合である（影山 (1993: 8)）. この場合の「語彙化」は, ある言語形式が固定的な語として記憶するべき項目になることを言い, いろいろな場合がある. 例えば,「ひぐらし（蜩）」は語源の「日」と「暮らし」からその意味が予測できないので, 蝉の名として「ひぐらし」を記憶しなければならず,「語彙化」している.「に違いない」からできた「にちがいない」もこの形で固定し, 事態の推定を意味する形式として「語彙化」している. また, 日本語の「ゆ（湯）」は熱い水という複雑な内容を1語で表すものとして「語彙化」されているが, 英語では hot water のように統語的に結ばれた2語で言い,「語彙化」されていない. 現代語の「た」は過去を表す形式として「語彙化」されている. いわゆる文法的語彙である. このように, 広義の「語彙化」はあらゆる語について, その語がそれとして定着することを指す用語法である.

もう1つは「語彙」を狭義に使って, 文法と対立させる場合で, 具体的には, 文の内容的・素材的な意味を表す名詞・動詞などの内容語 (content item, content word) を指す場合である. これと対立するのは, 機能的・関係的な意味を表す助詞・助動詞などの機能語 (function word, grammatical word) で, この場合の「語彙化」は主として機能語が内容語になる変化を指す.

2つの「語彙化」の相違を, 内容語と機能語に焦点を当てて整理すると, (1) のようになる. 広義の「語彙化」には機能語が含まれるが, 狭義の「語彙化」には含まれない (Lehmann (2002: 13)).

(1) a. 広義の「語彙化」: 記憶するべき項目として内容語・機能語が定着する変化
　　b. 狭義の「語彙化」: 主として機能語が内容語になる変化

いわゆる「文法化」とされているのは, 内容語, あるいは内容語を含む構成体 (construction)[1] が機能語になる変化だが, そうすると, 広義の「語彙

---

[1] construction は複数の語の一定の組み合わせや配列が特定の意味と結びついたものを指すが, この用語の指す範囲もさまざまである (Taylor (1988: 177-179, 邦訳 257-259), 秋

化」の事例とした前掲の「にちがいない」は,「に違いない」からの「文法化」といえ,「語彙化」かつ「文法化」の事例ということになる．これは誤りではないが，わかりにくい．これに対して，狭義の「語彙化」は「文法化」の逆を指し，この用語法を採れば「にちがいない」は「文法化」の事例だが「語彙化」の事例ではない．文法変化との関係を視野に入れれば，後者の用語法のほうがわかりやすいだろう．[2] Brinton and Traugott (2005) は，この点を考慮しながら，「語彙化」を次のように定義している．

 (2) 語彙化とは，発話者が文脈の中で，統語的な構成体や，語形成体を新たな内容的形式として用いるようになる変化である．その内容的形式は，構成体の構成素や語形成のパターンから完全には派生も予測もできない形式的・意味的な特徴を有し，時間とともに，内部の構成要素はさらに失われ，より語彙的になる．
      〈Brinton and Traugott (2005: 96, 邦訳 120-121)，私訳〉

Brinton and Traugott はこれが広義の「語彙化」の定義と一致すると言うが,「内容的形式」とあり，また，次にあげる特徴から見ても，狭義の「語彙化」に寄った定義である．「語彙化」の特徴としてあげられている9項目 (96-97, 邦訳 121-122) を，私に再整理して掲げる．[3]

 (3) a. 新しい内容的形式を生み出す歴史的変化である．
    b. 合成語などの語形成体 (word formations) からの変化 e.g. furh (畦溝) + lang (長い) > furlong (長さの単位)，統語的な構成

---

本・前田 (2013: 4-16)).　普通は「構文」と訳され，その中には二重目的語構文や結果構文などの抽象的な文型が含まれる．しかし，本章が扱う，内容語や機能語の生産に関わるのは，具体的な複数の形式からなるひとまとりの連続体なので「構成体」という用語を使う．

[2] 英語の in case of, on top of などの複合前置詞（群前置詞）を「文法化」の事例と見るか「語彙化」の事例と見るかという議論 (Brinton and Traugott (2005: 64-65, 邦訳 81-82)) も，用語法の齟齬によるところが大きいと思う．狭義の「語彙化」の用語法によれば，これらは「語彙化」ではなく「文法化」の事例である．なお，Brinton and Traugott (2005: 90, 邦訳 114) は広義の「語彙」をよぶのに「語彙項目 (lexicon)」ではなく「語彙目録 (inventory)」を使い，混乱を避けることを提案している．

[3] Brinton and Traugott (2005) の (1)-(9) との対応は次のとおり．(3a): (1), (3b): (2), (3c): (4) (8), (3d): (5) (7), (3e): (9), (3f): (3) (6)．なお，本章の (3) と (4) は，小柳 (2013a) の「文法化」「機能語生産」の整理 (2) と (10) に対応する．

第 25 章　語彙-文法変化　　　　　　　　　　　　　383

体 (syntactic constructions) からの変化 e.g. run-of-the-mill（凡庸な），文法項目 (grammatical items) からの変化 e.g. tutoyer（親しげに話しかける．フランス語の二人称代名詞 tu, toi から），などがある．
- c. 文法項目が変化したものは意味が内容的になる．語形成体・構成体が変化したものは内部要素の意味的な構造を喪失し，抽象的・特殊（ただし内容的）な意味をもつことがある．e.g. up + -er > upper（靴の甲革部分），blackmarket（闇市場．黒くも市場でもない）
- d. 語彙化した形式は内部要素の融合度に差があり，低いほうから高いほうへ，固定的・慣用的な句 (fixed or ideomatic phrases) ＞合成語 (compounds)・派生形式 (derived forms) ＞語彙的な単一語 (lexical simplexes)・特異で化石化した形式 (idiosyncratic, fossilized forms)，と進む．内部要素の境界は融合するのが普通である．
- e. 共起する範囲が狭まり，使用頻度も下がる．
- f. 語彙化した項目はさらに語彙的になることがある（例えば，形態的融合が進む）．進行は漸次的である．

これらは (3a) が狭義の「語彙化」の定義，(3b-f) が種々の面から見た「語彙化」の特徴という関係にある．まず (3b) は，内容語を生産するための資材として，語形成のための形態素（語基や接辞）や，構成体をなす内容語や機能語（文法項目）があることを指摘している．次の (3c) は意味変化の特徴を言い，核となるのは「語彙化」した形式が内容的な意味を表すことである．語形成の結果できた内容語や，構成体からできた内容語がもとの要素の意味的な構造を失うのは，新たな内容語をつくりだすのに，もとの構造を保持していては意味がないからである．また，新たな内容語をつくりだす動機の１つに，既存の語では示しきれない特殊な内容を示すことが考えられるが，これは逆からいえば，一般性の高い語は新たにつくりだすまでもなく，すでに存在することが多いということである．そのため，「語彙化」した語は特殊な意味を表す傾向にある．(3c) はこのように解釈できる．そうであれば，特殊な意味を表す内容語が使用される範囲と機会は，(3e) にあ

るように，もとになった要素の使用範囲と機会に比べて減少するのが当然である．

（3d）は形態変化の特徴を言う．意味が変化した場合，内部要素の構造が透明なままだと，もとの意味を喚起するので，新しい意味を表すのにかえって障害になり，可能なら形態を変形したほうが便利である．その際，融合や縮小は起こりやすいが，他の要素をもってきて拡大するのは難しい——加えても全体の意味に影響しない要素を，どこからもってくればよいだろうか？——．この融合・縮小の方向への形態変化が漸次的に進むことを言うのが（3f）である．しかし，形態の融合・縮小が進んでも，より内容的な意味になるとは限らない．例えば，蝙蝠の古称は「かはほり」（「かは（皮）＋はり（張）」の転かと言われる）だが，「カワボリ→カワモリ→カウモリ」を経て「コーモリ」になった（前田（1985: 第二部 II 第四章））．「コーモリ」は「カハ-ホリ」の形態を保持せず，内部構造が不透明になっているが，変わらず蝙蝠を指し，より内容的な意味になってはいない．（3f）で「さらに語彙的になる」というのは，意味ではなく，形態の話と考えるべきである．

以上のことを踏まえると，（3）は（4）のように整理し直される．

(4) a. 本質・定義： 新しい内容語を生産する歴史的語彙変化
    b. 資材の特徴： 形態素，内容語，機能語が資材となる
    c. 意味変化の特徴： 非内容的な意味が内容的になる
    d. 形態変化の特徴： 可能であれば形態が縮小する
    e. 使用範囲の特徴： 共起する語の範囲が狭まる
    f. 進行過程の特徴： 形態が縮小する方向へ漸次的に進む

ところで，このうちの（4d, f）は狭義の「語彙化」に限らず，「文法化」にも当てはまる（小柳（2013a: 67））．例えば，場所格の「で」は，その前身の「にて」の形態が縮小してできたものだが，縮小前の「にて」よりも縮小後の「で」の方が，より機能的な意味を表すわけではない．そもそも，ある形式が内容的か機能的かというのは，その形式の形態ではなく，その形式の表す意味によって決まる．縮小はあくまでも形態の問題であって，その度合は意味の強化の度合を保証しない．ただし，形態の縮小は内部構造を不透明にするから，一語としての収束性が強化することを示すと考えられる．「カハ-ホリ」と「コーモリ」，「ニ-テ」と「デ」では後者のほうが一語としての収束性

が強い．しかし，これはある形式が形態変化を経てどのように定着するかという問題だから，狭義の「語彙化」や「文法化」ではなく，広義の「語彙化」で扱われるべき事柄である．このように見ると，(3) および (4) は狭義の「語彙化」の特徴の中に，広義の「語彙化」の特徴が混在しており，この2つは厳密に区別した方がよい．

　本章では狭義の「語彙化」を指すのに，誤解の生じる可能性を排して，「語彙化」とは言わず，端的に「内容語化」と言うことにする．「語彙化」という用語を使う際には，広義か狭義かの区別を示しながら用いる．また，いわゆる「文法化」も，やはり端的に「機能語化」とよぶことにする（小柳 (2013a: 62))．さらに，機能語を生産することを「機能語生産」（小柳 (2013a: 65))，内容語を生産することを「内容語生産」とよべば，内容語化と機能語化はそれぞれ内容語生産と機能語生産の一種ということになる．真に考えなければならないのは，これまで先行研究で議論されてきた狭義の「語彙化（内容語化)」と「文法化（機能語化)」の関係ではなく，この内容語生産と機能語生産の関係全体である．

## 3. 多内容化と内容語化

　従来は，内容語に関する変化は語彙研究で，機能語に関する変化は文法研究で扱うのが一般的だった．しかし，機能語化や内容語化のように，内容語と機能語の両方に渉る変化を通時的な視点で見ようとすれば，2つを1つの領域の中で扱うのが自然な態度である．本章は，内容語と機能語に渉る変化を「語彙-文法変化」とよび，1つの連続的な領域を設定して，その中でどのようなことが起こるかを捉えようと思う．

　語彙-文法変化は，内容語と機能語に関して，どちらを資材としてどちらを生産するかによって，類型が設けられる（小柳 (2015a: 326))．内容語は名詞・動詞・形容詞のように自立的なものしかないが，機能語は助詞・助動詞という付属的なものの他に，接続詞・感動詞・副詞などの自立的なものもあり，これらを組み合わせると表1に示す9種類になる．事例がないに等しい劣勢な類型に（　）を付す（以下の表も同じ)．

表 1 語彙-文法変化の種類

|  |  | 生産される新語 | | |
| --- | --- | --- | --- | --- |
|  |  | 内容語 | 付属的機能語 | 自立的機能語 |
| 資材 | 内容語 | 多内容化 | 機能語化 A | 機能語化 B |
|  | 付属的機能語 | (内容語化 1) | 多機能化 1A | (多機能化 1B) |
|  | 自立的機能語 | (内容語化 2) | (多機能化 2A) | 多機能化 2B |

　機能語生産の機能語化と多機能化については，小柳（2015a, 近刊）で詳細に述べたので，(5)-(8) に事例をあげるにとどめる（具体例は小柳（2015a: 326-327）を参照）．多機能化 1B と多機能化 2A は省く．[4]

(5) a. 機能語化 A： 内容語→付属的機能語
　　b. はべり： 丁寧の存在動詞（「あります」の意）→丁寧の補助動詞（「～ます」の意）

(6) a. 機能語化 B： 内容語→自立的機能語
　　b. つゆ： 名詞（「露」の意）→程度副詞（「少しも」の意）

(7) a. 多機能化 1A： 付属的機能語→付属的機能語
　　b. た： 助動詞（結果継続のアスペクト）→助動詞（過去のテンス）

(8) a. 多機能化 2B： 自立的機能語→自立的機能語
　　b. まこと： 副詞（「本当に」の意）→感動詞（「そうそう（そういえば）」の意）

　内容語生産について見よう．内容語生産には多内容化と内容語化がある．まず，多内容化は，ある内容語がそれまでと異なる内容的な意味を新たに表すようになる変化で，ようするに，内容語の多義化，内容的意味の派生である．これはごく普通の現象で，これまでも語彙研究の分野で取り上げられてきた．例示するまでもないと思うが，例えば，動詞「はたらく」が「ばたばた動く→仕事をする」と変化したり（前田（1983）），形容詞「やさし」が「気恥ずかしい→優美だ→思いやりがある」と変化したり（原田（1962: 107-

---

[4] 多機能化 1B の事例は，接続助詞が接続詞になる一群（e.g.「が」「ところで」など）にほぼ限られる．多機能化 2A は確例が見当たらない．これらの類型に事例がなく，劣勢であるのには理由がある（小柳（近刊））．

129))するような事例がこれに当たる．

　次に，内容語化[5]は，付属的機能語が内容語になる内容語化1と，自立的機能語が内容語になる内容語化2があるが，どちらも劣勢である（小柳（2015a: 328-329，近刊））．内容語化2から見ると，用例は乏しいものの，通説によれば「あはれ」は該当例と認められる．

　(9)　a.　あはれ：感動詞（「ああ」の意）→名詞（「情趣」の意）
　　　b.　黒葛さは巻き　さ身無しにあはれ〔阿波礼〕
　　　　　（《あの大刀は》蔓を鞘に何重にも巻き立派だが，刀身がなくて，ああ）　　　　　〈古事記歌謡・23：712成，感動詞〉
　　　c.　おのづから，山里のあはれを見せたり．
　　　　　（自然と，山里の情趣を見せている）
　　　　　　　　　　　〈源氏物語・松風，2-401：1001-1014頃成，名詞〉

　他に特殊な場合だが，自立的機能語が，その語を発する遊戯の名称になった例がある．疑問副詞「なぞ」は，「なぞなぞ」と発して行う謎かけの遊戯があり（(10b)），その遊戯名になった（(10c)）．後に一般化して，不可解なことを指す名詞「謎」にもなる．[6]

　(10)　a.　なぞ：　疑問副詞（対象・理由の不定の意）→名詞（「なぞなぞ」

---

[5] 本章が「内容語化」とするのは，資材の形態を変えずに品詞（範疇）が変わる「転換(conversion)」に限る．広義，狭義にかかわらず「語彙化」研究では，語形成との関係が問題にされ（Brinton and Traugott (2005: Chap. 2.1)），次節でも触れるように，語形成は確かに内容語生産（機能語生産にも）と関わるのだが，「派生（derivation）」などの語形成と「内容語化」は次元が異なり，別に扱うべきだと考える．内容語化を転換に限ると，日本語では内容語化1は稀で，機能語から形容詞・動詞を生産する例は確認できないが，英語では副詞が動詞や形容詞になる例がある．例えば，upは動詞 (e.g. He upped his stick.) にも，形容詞 (e.g. the up train) にもなる．類例にdown, offなど．ただし，これらは前置詞からの転換である可能性もある．いずれにせよ，日本語にこのような例がなく，英語にあるのは，日本語では動詞や形容詞が特定の形態を有するが（動詞は基本形がウ段音，形容詞は古代語では「し」，現代語では「い」で終わる），英語では必ずしもそうではないからだろう．日本語で範疇を変更して形容詞・動詞をつくる場合は，接尾辞を付ける派生によらなければならず，語形成の次元の問題となる．e.g. いざなふ（←感動詞「いざ」），ことさらめく（←副詞「殊更」），いまだし（←「副詞「未だ」），おとなし（←名詞「大人」），など．

[6] 英語の俗語で本格ミステリを言う名詞whoduitはWho done it? から来ており，発せられる語句（文）が名称になる点で似る（Brinton and Traugott (2005: 74, 邦訳94)）．

「謎」の意)
　b. なぞなぞ，うつくしかりしもの，また寝所の暑さ．
　　（何だ何だ，かわいらしかったものは，また寝床の暑さは[7]）
　　　　　　〈天元四年四月二十六日故右衛門督斉敏君謎合・3：981〉
　c. 近習の人ども，なぞなぞを作りて解かれけるところへ，
　　（側近く仕える従者たちが，なぞなぞをつくって解いておられるところに）　　〈徒然草・第103段，160：1331頃成〉

また，これも特殊な場合だが，仮定の陳述副詞「もし」が，「歴史にもしはない」のように「仮定・仮想」の意の名詞になる例がある．これは，副詞の表す機能的な意味（つまり「仮定・仮想」）自体を指すのにその副詞（「もし」）を使っており，メタ言語的な使用だといえる．[8] いずれにせよ，特殊な場合と見なされる．

もう一つの内容語化1は，助詞・助動詞の類が内容語になる変化だが，これはさらに確例が指摘できない．ただし，興味深い事例として，助詞「こそ」が形態を「くそ」と変えながら，二人称代名詞になった例がある．人称代名詞は指示性や対人性という機能的な面が卓越しているので，純粋に内容語とは言いにくいが，名詞的な側面もあるので，取り上げてみたい．

(11)　a. こそ（助詞）→くそ（二人称代名詞）
　b. 右近の君こそ，まづ物見給へ．中将殿こそこれより渡り給ひぬれ．
　　（右近の君さん，早くご覧なさい．中将殿がここをお通りになったわ）　　〈源氏物語・夕顔，1-150：1001-1014頃成〉
　c. いとをかしげなるを生みたまへり．名をば忠こそといふ．
　　（とてもかわいらしげな男児をお産みになった．その子の名は「忠こそ」という）　〈宇津保物語・忠こそ，1-209：10C後期成〉
　d. いで，主殿のくそ，あづま取りて．

---

[7] ちなみに答えは植物の「なでしこ」．「撫でし子（かつて撫でた子）」の意で，かわいらしかったと解き，別名の「とこなつ（常夏）」から，寝床（ねどこ）が暑いと解く．

[8] 英語でも if が名詞になり（e.g. There are too many ifs in what you say.），日本語の名詞「もし」はこれの翻訳語かもしれない．類例に buts（「異議」の意）や ands（「付け足し」の意）のように接続詞が名詞化した例がある．

(さあ，主殿さん，大和琴を取って)
〈源氏物語・手習，6-320：1001-1014頃成〉
e. いづら，くそたち，琴とりてまゐれ．
(どうしたの，あなたたち，琴を取ってきなさい)
〈源氏物語・手習，6-319：1001-1014頃成〉

　助詞「こそ」は，多くは (11b) の破線部のように文中要素（「中将殿」）の特立に使われるが，実線部のように呼掛にも使われる．それが「人名＋こそ」で1語の名詞相当になったのが (11c) で，「忠こそ」は固有名詞である．こうなると，「こそ」はもはや助詞ではなく，待遇的な意味を表す接尾辞に変化していると判断される．同資料には同一人物を「忠君」(同上，1-222) と言った例があり，傍証になる．そして，この「こそ」が形態を「くそ」に変えて形式名詞的になったのが (11d)，さらに二人称代名詞に発達したのが (11e) だと考えられる．この事例は一見すると，助詞が名詞化したように見えるが，直接ではなく，接尾辞を経過したと考えられるので，内容語化1の真正の例ではない（次節の「昇格内容語化」を参照）．
　また，助動詞「けり」が名詞になったように見える例がある．(12b) のように「けりがつく」「けりをつける」という慣用句で使われはじめ，現代でもそれが普通である．

(12) a. けり： 助動詞→名詞（「決着・結末・終了」の意）
　　 b. ぢやそれで愈々けりがついたと云ふ訳だね．
〈芥川龍之介「運」，2-64：1917，傍点は原文のまま〉

　和歌・俳諧の句末に「けり」が来て終わることが多いので，「けりがつく」「けりをつける」が，物事が終わる，物事を終えることを言う慣用句になった．「決着」の意の名詞は，この慣用句から析出されたもので，助動詞が直接に名詞化したのではない．この「けり」は「けり」という語自体を指すメタ言語的な使用であり，このような使用は臨時的であったり使用状況に偏りがあったりして，やはり一般的とは言いがたい．[9]

---

[9] 本章で取り上げたメタ言語的な使用は，再帰的な名指しであり，(i)「もし」のようにその語の機能を名指す場合と，(ii)「けり」のようにその語自体を名指す場合がある．e.g. (i) 君はいやばかりだな（「不同意」の意），(ii) えっは感動詞だ，など．また，「ですます

以上のように，起源まで遡れば付属的機能語であっても，それが直接に内容語化した確例は見出しがたい．結局，内容語化1および2はきわめて劣勢な類型で，内容語生産で優勢なのは多内容化だけである．

## 4. 内容語生産と機能語生産の全体像

内容語生産と機能語生産の中心は，表1の各種の語彙－文法変化だが，実はそれ以外にもある．それらは語彙-文法変化の範囲外だが，内容語生産・機能語生産の全体像を見るためには，網羅する必要があり，以下，何を資材とするかに着目しながら，上述の種類も含めて全体を提示する．

機能語生産から見ると，まず，内容語を資材とするのは，前節で見た機能語化AおよびBがそうである．1語の内容語を資材とする機能語化も多いが，それと並んで，内容語を含む複数の語からなる構成体を資材とする機能語化も多い．例えば，機能語化Aには前掲の「に助詞＋違い名詞＋ない形容詞→にちがいない（推定）」があったが，(13) もその例である．機能語化Bについては (14) に例示する．

(13) a. に助詞＋置き動詞＋て助詞→において（場所格の格助詞）
　　　b. て助詞＋有り動詞→たり（結果継続の助動詞）
(14) a. 有る動詞＋い助詞＋は助詞→あるいは（並列の接続詞）
　　　b. あな感動詞＋かしこ形容詞語幹→あなかしこ（禁止の陳述副詞）

次に，機能語を資材とするのは，前節で見た多機能化1Aおよび2Bだが，他にも機能語同士が複合して1語の機能語になる場合がある．小柳 (2013a: 69) では「複合機能語化」とよんだが，これには，付属的機能語を生産するA ((15)) と，自立的機能語を生産するB ((16)) の2種類がある．

(15) a. も（助詞合説・並列）＋こそ（助詞卓立）→もこそ（助詞危惧）
　　　b. 色には出でじ　人もこそ知れ
　　　　（《心が移ろったことを》顔色には出すまい．人に知られるとい

---

体」は「丁寧」の意を表す (i) とも，「です」「ます」という語を表す (ii) とも解せる．助詞を指す伝統的な用語の「てにをは」は助詞「て」「に」「を」「は」を並べたもので（小柳 (2013b: 2-4)），メタ言語的な使用が名称になる例は古くからある．

けない）　　　　　　　〈古今和歌集・巻2・104：905-914成〉
(16) a.　あは（感動詞_感嘆_）＋や（助詞_感嘆_）→あはや（感動詞_感嘆_）
　　 b.　<u>あはや</u>，法皇の流されさせましますぞや．
　　　　（ああ，法皇様が流罪に処せられなさるぞ）
　　　　〈覚一本平家物語・巻第3・法皇被流，上-190：13C前期成〉

　複合機能語化の過程は，語基や接辞といった形態素が合成する語形成の過程とは異なり，機能語と機能語が文中で連接し，それがその形で固定して1語の機能語になるというものである．言い換えれば，複合機能語化は，機能語同士の構成体から起こるということである．[10]

　さらに，語彙 - 文法変化の範囲外だが，接辞を資材とする場合がある．接辞から機能語に昇格するので，小柳（2013a: 68-69）では「昇格機能語化」とよんで，内容語が機能語化する場合と区別した．これにも付属的機能語を生産するAと，自立的機能語を生産するBの2種類があり，昇格機能語化Aは，接尾辞が機能的な固有の意味を表す文法形式として一般性を有するようになる変化である．古代語の付属的機能語は（17）のように，起源に接尾辞を想定できる場合が多い（小柳（2014: 61））．

(17) a.　む：　変化動詞構成の接尾辞（痛<u>む</u>）→未実現性のムード（咲か<u>む</u>）
　　 b.　る：　自動詞構成の接尾辞（増さ<u>る</u>）→自動性・受動性のヴォイス（欺か<u>る</u>）

　昇格機能語化Aは，時代が下るとほとんど見出せなくなるが，三宅知宏（2005: 72）は現代語の「らしい」「っぽい」「くさい」が接尾辞（「男<u>らしい</u>」）から助動詞（「忘れた<u>らしい</u>」）になった例をあげている．[11]

---

[10] 複合機能語化には，(i)「もこそ」のように個々の機能語の総和から測れない意味を表す場合と，(ii)「あはや」のように機能語の加算によって意味を強化する場合があり，(i)にはAが多く，(ii)にはBが多いように思われる．e.g. (i) て（助詞_接続_）＋し（助詞_卓立_）＋か（助詞_疑問_）→てしか（助詞_願望_），(ii) だが（接続詞_逆接_）＋しかし（同）→だがしかし（同），など．

[11] 三宅（2005: 72）は，これらを「文法化」とよぶべきかどうかと問うている．この問いに，「文法化」の定義を再検討するのではなく，内容語の機能語化（いわゆる「文法化」）とは別種の機能語化，すなわち昇格機能語化を認め，それを機能語生産全体の中に位置づけ

昇格機能語化 B は，接頭辞が資材になると考えられる．事例は稀で，適例が見出しにくいが，次の「しゃ」は該当する事例であろう．

(18) a.　しゃ：侮蔑の接頭辞→卑罵の感動詞
　　　b.　シヤ頸切テ犬ニ飼テム．
　　　　　（きさまの首を切って犬に食わせてしまおう）
　　　　　　　　〈今昔物語集・巻 26・7, 4-429：1120 頃成，接頭辞〉
　　　c.　シャ大胆な。義仲といふ主有る女にだき付てヲヲこそば。
　　　　　（なんと大胆な。義仲という主人のある女に抱きついて。おおくすぐったい）
　　　　　　　　〈ひらかな盛衰記・初段, 115：1739 初演，感動詞〉

ほかに，18 世紀以降に現れる程度副詞の「ごく」（「ごく心やすし」）は漢語接頭辞（「極寒」）からできたとされ，現代の俗語的な表現だが，「超」の変化（「超大型」→「超忙しい」）も類例と考えられる．

このように，機能語生産の種類は，何を資材とするか——内容語か，内容語を含む構成体か，機能語か，機能語同士の構成体か，あるいは接辞か——によって，分けることができる．

続いて，内容語生産について見よう．まず，内容語を資材とするものに多内容化があり，機能語を資材とするものに内容語化 1 および 2 がある．これらは前節で詳述したとおりだが，これらとは別種の内容語化が指摘できる．2 種類あり，1 つは，内容語を含む構成体が資材となる場合である．これを，機能語を資材とする 2 種類の内容語化と区別して「内容語化 3」とよぶことにする．内容語化 3 の事例は 1・2 よりも容易に見出され，とくに名詞句の構成体が 1 語の名詞になる事例は非常に多い．

(19) a.　木_{名詞}＋の_{助詞}＋子_{名詞}→きのこ（菌・茸）_{名詞}
　　　b.　験_{名詞}＋の_{助詞}＋証拠_{名詞}→げんのしょうこ（薬草名）_{名詞}

構成体が複数の内容語同士からなる場合もある．これは語基同士が語形成の次元で結合する複合語とちがい，文中で連接した複数の内容語が 1 語に固定化する変化である．先述の「複合機能語化」と平行的だが，とくに一類

---

ることで，私は答えたいと思う．

として立てるには及ばないので，内容語化3に含める．複合動詞の形成がその例で，(20) は名詞と動詞からなる構成体が1語化した例，(21) は2語の動詞からなる構成体が1語化した例である．[12]

(20) a. 眠(い)_名詞 ＋ 寝(ぬ)_動詞 → いぬ（寝）_複合動詞
　　 b. 音(ね)_名詞 ＋ 泣く_動詞 → ねなく（哭）_複合動詞
(21) a. 行き_動詞 ＋ 隠る_動詞 → ゆきかくる（行隠）_複合動詞
　　 b. 追ひ_動詞 ＋ 払ふ_動詞 → おひはらふ（追払）_複合動詞

もう1つは，これも語彙-文法変化から外れるが，接辞を資材とする場合である．先述の「昇格機能語化」と対応的に「昇格内容語化」とよぶことにする．(22) の「めかす」は接尾辞が内容語化した例（村山 (2014)），(23) の「御」は接頭辞が内容語化した例である．先掲 (11) の「こそ（→くそ）」の人称代名詞化も，直接には接尾辞から変化したと考えられたので，これに該当する．ただし，この類型の事例は多くない．

(22) a. めかす： 接尾辞（ほのめかす）→動詞（「身なりを飾る」の意）
　　 b. すこしめかして，色の方を身にしみやうと思つて．
　　　　（少し身なりを飾って，色事に専念しようと思って）
　　　　　　　　　　　　　　　　　〈春色辰巳園・3編巻9, 377：1833-35 刊〉
(23) a. 御： 敬称の接頭辞→名詞（「侍女」の意，「御たち」で使用）
　　 b. ここには，民部卿の殿の北の方，御たち騒ぐ．
　　　　（この場面では，民部卿の奥方や，侍女たちが大騒ぎしている）
　　　　　　　　　　　　　　　　　〈宇津保物語・嵯峨の院, 1-348：10C 後期成〉

現代語のやや俗語的な表現だが，接尾辞「らしい」が形容詞（「らしくない

---

[12] (20) の類の複合動詞は，語形成の次元の複合と区別がつきにくいが，「眠も寝ずに〔五十母不宿二〕」（万葉集・巻9・1787），「音のみしぞ泣く〔哭耳之曽泣〕」（同・巻4・515）のように助詞の介在した例も見え，助詞の介在しない「眠，寝」「音，泣く」という連接が1語に固定したと考えられる．(21) の類の複合動詞について，青木 (2013: 236) は，$_{vp}[_{vp}[項＋V1][V2]]$ という構造が $_{vp}[項＋[V1\ V2]]$ という構造に変化する形成過程を想定する．卓見だと思う．本章では，この過程における個々の動詞の連接（例えば「行き，隠る」）を構成体と捉え，それが1語化したと考えて内容語化3の事例とする．なお，(19) は名詞化，(20) (21) は動詞化なので，まったくの異種に見えるかもしれないが，本章の見方では同じ内容語化3の下位類に位置づけられる．

ね」)になるのは類例である.英語でも,ade(果汁飲料 ← lemonade, orangeade)や ism(主義・理論 ← facism, socialism, communism),ex(前夫・先妻 ← ex-husband, ex-wife)などが指摘されている(Brinton and Traugott (2005: 60, 邦訳 76-77)).

　以上の類型を一覧表にまとめたのが表 2 で,これが内容語生産と機能語生産の種類を尽くした全体像である.[13] 表中の太枠内が語彙‐文法変化で,全体の中心を占めている.

表 2　内容語生産と機能語生産の種類

| | | 内容語生産の種類 | 機能語生産の種類 |
|---|---|---|---|
| 資材 | 機能語同士の構成体 | ——— | 複合機能語化 A・B |
| | 内容語を含む構成体 | 内容語化 3 | 機能語化 A・B |
| | 内容語 | 多内容化 | |
| | 付属的機能語 | (内容語化 1) | 多機能化 1A(・1B) |
| | 自立的機能語 | (内容語化 2) | 多機能化(2A・)2B |
| | 接辞 | (昇格内容語化) | (昇格機能語化 A・B) |

## 5. 機能語生産と内容語生産の見取図

　上の全体像を踏まえて,最後に変化の見取図を作成する.その際,重要になるのが変化の方向で,「脱文法化」もこれに関わる.ただし,「脱文法化」にも統一的な見解がなく(Brinton and Traugott (2005: Chap. 3.3), Norde (2009: Chap. 3.3)),狭義の「語彙化」と「脱文法化」を同一視し,「文法化」と「脱語彙化(delexicalization)」を同一視する説(van der Auwere (2002: 21) に紹介)や,狭義の「語彙化」と「脱文法化」は部分的に重なるとする説(van der Auwere (2002: 22))がある一方で,2 つを別物とする説(Lehmann (2002: 14-15), Norde (2009: 114))もある.前者では狭義の「語彙化」と「文法化」は反転関係になるが,後者はそうではなく,説が対立している.

　「脱文法化」を念頭に置きながら,変化の見取図を描くにあたり,まず,

---

[13] 表 2 の機能語生産の部分は,小柳(2013a: 69)で示した表を拡張したものである.

## 第 25 章 語彙-文法変化

Brinton and Traugott (2005) を見たい．Brinton and Traugott は，狭義の「語彙化」と「文法化」について，それぞれ形態の融合・縮小の度合を 3 段階に分け，(24) のように設定した (93-94, 邦訳 117-118)．[14]

(24)　L1 = 内容語を含む構成体　e.g. lose sight of, agree with
　　　L2 = 構成要素の構造が透明な語　e.g. unhappy, desktop
　　　L3 = 構成要素の構造が不透明な語　e.g. desk, over-the-hill
　　　G1 = 内容語を含む構成体　e.g. be going to, as far as, in fact
　　　G2 = 機能語　e.g. must, of, 'll, -s (genitive)
　　　G3 = 接辞　e.g. -wise (advebial), $\phi$ (zero inflection)

そして，これらを図 1 のように配置した（同書の Table 4.3 と Figure 4.1 をもとに私に作成 (102, 104, 邦訳 128, 131)）．

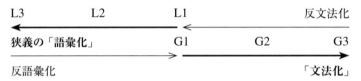

図 1　Brinton and Traugott (2005) に基づく図式

L1 → L3 が狭義の「語彙化」，G1 → G3 が「文法化」の方向である．この図中に「脱文法化」（という用語の指しそうな方向）を位置づければ，L1/G1 → L3（狭義の「語彙化」の方向）か，G3 → G1/L1（反文法化の方向）になると思うが，この 2 つは別の変化である．同様に，「脱語彙化」（という用語の指しそうな方向）を位置づけると，G1/L1 → G3（「文法化」の方向）か，L3 → L1/G1（反語彙化の方向）になるだろうが，これも相当に異なる 2 つである．このように「脱文法化」「脱語彙化」の位置づけは曖昧である．Brinton and Traugott が「脱文法化」「脱語彙化」を使わず，L3 → L1 を「反語彙化 (antilexicalization)」，G3 → G1 を「反文法化 (antigrammaticalization)」とよんで 2 つの方向を明確に区別したのは (104, 邦訳 131)，良策である．

---

[14] (24) は論旨の都合上，Brinton and Traugott (2005) の説明を本章の用語に換えて整理したものである．L1-L3 は表現は異なるが，前掲 (3d) の 3 段階と同内容である．

図1では，狭義の「語彙化」と反語彙化，「文法化」と反文法化が反転関係になり，狭義の「語彙化」と「文法化」は反転関係にない．これは Lehmann (2002: 14-15) の見方に通じ，Lehmann はここで言う反語彙化を，ある語の内部構成を推定的に解釈・復元する民間語源説（folk etymology）の過程と考えている．例えば，「ねこ（猫）」を「寝＋子」とする異分析や，「さんざくゎ（山茶花）」を「さざ（細小）＋α」と再解釈して「さ̇ざんくゎ」を造る語形成（山口（2011: 220））などが，これに当たる．しかし，これは語形成の次元の問題で，狭義の「語彙化」や「文法化」と同列には扱えない．[15] 反語彙化を狭義の「語彙化」の反転とするのは次元の混同と言わざるをえない．
　一方，反文法化について，Brinton and Traugott は確例が少ないとしながら，英語の属格接辞 -s が群属格接語になる例（後掲）や，日本語の接続助詞「が」が接続詞になる例[16]などをあげている．これらは G3 と G2 の間，あるいは G2 内で，ある文法形式が自立性を増す事例である（59, 104, 邦訳75, 131）．ただし，自立性が増しても G1 にいたる事例はないので，図1の描写に反して，反文法化と「文法化」は完全な反転関係にない．
　また，実際の事例にはこの図に位置づけられないものがある．例えば，前掲 (9) の感動詞「あはれ」が名詞になる例（内容語化2）は，G2 から L3 への変化だが，途中の G1/L1, L2 を経過していない．前掲 (23) の接頭辞「御」が名詞になる例（昇格内容語化）は，G3 から L3 への変化となるだろうが，間の G2 から L2 までを経ていない．Brinton and Traugott は G3 から G1 へ漸次的に推移することを反文法化の条件とするので（103-104, 邦訳131），おそらくこれらを反文法化の事例とは見なさないと思うが，しかしそうなると，これらはもて余す事例になってしまう．
　そもそも，ある形式が L1 から L2 を経̇て̇ L3 へ，あるいは G1 から G2 を経̇て̇ G3 へ推移するというのは，標準的な過程といえるのだろうか．さらに，ある形式が G1 から G2 を経て G3 へ進行し，それが今度は G2 を経て G1 へ逆行するということがあるだろうか．そのような形での完全な反転関係は望めないと思う．図1は均整がとれて美しいが，実際を写しきれておらず，このように直線的に捉えるのは適当でないと思われる．

---

[15] 注5を参照．
[16] 注4を参照．

次に，Norde (2009) の「脱文法化」を参照すると，Norde は「脱文法化」を文法的な要素が自律性または実質を有するようになる変化と定義し (120)，「脱文法素化 (degrammation)」「脱屈折辞化 (deinflectionalization)」「脱拘束化 (debonding)」の 3 種類を指摘する (3-5)．このうち，脱文法素化は本章の内容語化 1 に，脱拘束化は多機能化 1B に相当するが，脱屈折辞化は複雑で，性質の異なる事例が混在している．1 つは，英語およびスウェーデン語の属格接辞 -s が群属格接語になる例 (e.g. Fred's taste in wallpaper → [The qeen of England]'s reign) で，これは上述の Brinton and Traugott の反文法化に当たる．もう 1 つは，スウェーデン語の名詞・形容詞の主格接辞 -er が形容詞を名詞化する派生接辞になる例 (e.g. en slaver (だらしないやつ)) や，スウェーデン語の名詞の複数接辞 -on が果実名を形成する派生接辞になる例 (e.g. plommon (セイヨウスモモ))，また，クワサ語 (Kwaza：ブラジルロンドニア州南部の言語) の叙法の屈折形態素 -ni が使役の派生形態素 -nĩ になる例で，これらは機能的な接辞が名詞などを形成する語形成的な接辞に変化する場合である．前述の昇格内容語化・昇格機能語化の逆として「接辞化」とよぶことができるが，もはや語形成の次元に問題が移っている．

　Norde の考察はこのような実例を拾い上げている点で実際的だが，3 種が「脱文法化」としてどのようにまとまり，狭義の「語彙化」や「文法化」とどのように関係するのか，全体像がわからない．実際を網羅しつつ，変化の全体像を把握した見取り図が求められる．そこで，本章は独自の見取図を提出しようと思う．

　一般に，X から Y への変化は，X でなくなったから Y になったのではなく，Y になったから X でなくなったのである．2 つは表裏するが，本質は Y になることで，X でなくなることはそれに付随する二義的なことである (小柳 (2013d: 50-51) を参照)．「脱文法化」や「脱範疇化 (decategorialization)」などの「脱—」という発想は，二義的なほうに焦点を当てるもので，変化を捉える上で十全とはいえない．「脱文法化」について，本節冒頭に述べた対立が生じる理由も，この用語が「文法」から脱することを言うだけで，何に脱していくかを示さないからだと思われる．これに対して，前掲表 2 に網羅した内容語生産・機能語生産の類型は，何を資材として何を生産するかに着目した分類であった．これは「脱」ということでいえば，何か

ら脱するかとともに，何に脱するかに着目しており，そこに見える方向性を整理すると，次の図のようになる．中段の矢印の外側にはさらに変化した内容語，機能語があるものとする．

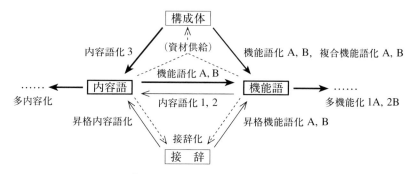

図2　内容語生産と機能語生産の見取図

　内容語生産・機能語生産において，主な資材となるのは（すなわち，何から脱するかと言うと）内容語と機能語，それに構成体だったが，接辞の場合もあった．生産されるのは（すなわち，何に脱するかと言うと）内容語または機能語である．実線は内容語生産・機能語生産の種類で，太線が優勢なもの，細線が劣勢なものを示す．資材となる構成体と接辞は，それ自体は内容語生産・機能語生産の範囲外だが，構成体はすでに見たとおり，内容語や機能語から資材を供給されてできたものである．接辞は詳細を割愛するが，例えば，動詞の接頭辞化（うち靡く）や，助詞の接尾辞化（忠こそ（前掲(11c)）など，内容語や機能語から変化したものがある．破線はそのことを示している．図2はこのような相互関係を示すものである．[17]

　なお，内容語生産・機能語生産の中心は語彙-文法変化だったが（前掲表2を参照），それは図2の上段と中段の範囲であり，接辞を扱う下段は語形成の次元に及んでいる．語彙-文法変化と語形成は次元を異にしながらも，このように中段と下段の範囲で接触している．

---

[17] 図1の変化の方向は図2の中に位置づけられる．L1 → L2 または G1 → G2 は上段→中段，L2 → L3 と G2 → G3，L3 → L2 と G3 → G2 はすべて中段（ただし，広義の「語彙化」で扱うべきものも含む），L2 → L1 または G2 → G1 は中段→上段．同様に Norde の「脱文法化」も位置づけられ，脱文法素化は中段の右→左，脱拘束化は中段のより右→右，脱屈折辞化の多くは中段の右→下段．

## 6. おわりに

　本章は，語彙と文法に渉る言語変化の見取図を求め，それを図2のように描いた．これは日本語史を対象としたものだが，通言語的にも有効な部分があるのではないかと思われる．

　文法変化についていえば，表2や図2に示したように，現実にはさまざまな種類がある．一方向性仮説のように単純な図式化を急ぐのではなく（小柳（2015a, 近刊）を参照），さまざまにありうる変化の類型全体の中で，どの類型が優勢でどの類型が劣勢か，その差は何に起因するのか，こうしたことを探究するのが重要な課題だと思う．文法変化，ひいては言語変化は，言語の使用の仕方の歴史であり，また，言語使用に対する我々の意識の歴史である．言語変化の複雑さを理解することは，我々自身の営みを深く理解することにつながる．

## 資　料

古事記，万葉集，宇津保物語，紫式部日記，源氏物語，徒然草（新編日本古典文学全集：小学館），天元四年四月二十六日故右衛門督斉敏君謎合，今昔物語集，ひらかな盛衰記，春色辰巳園（日本古典文学大系：岩波書店），古今和歌集，覚一本平家物語（新日本古典文学大系：岩波書店），運（『芥川龍之介全集』1995年版，岩波書店）

## 参考文献

青木博史 (2013)「複合動詞の歴史的変化」影山太郎(編)『複合動詞研究の最先端　謎の解明に向けて』215-241，ひつじ書房，東京.
秋本実治・前田満 (2013)「文法化と構文化」秋本実治(編)『文法化と構文化』3-40，ひつじ書房，東京.
影山太郎 (1993)『文法と語形成』ひつじ書房，東京.
小柳智一 (2013a)「機能語生産——文法変化の種類 I——」『国語研究』76, 60-72, 国学院大学国語研究会.
小柳智一 (2013b)「たましゐをいれべきてには——副助詞論の系譜——」『日本語の研究』9(2), 1-15, 日本語学会.

小柳智一（2013c）「文法制度化──文法変化の種類 II──」『聖心女子大学論叢』211, 57-76.
小柳智一（2013d）「文法的意味の源泉と変化」『日本語学』32(12), 44-54.
小柳智一（2014）「古代日本語研究と通言語的研究との対話」定延利之（編）『日本語学と通言語的研究の対話──テンス・アスペクト・ムード研究を通して──』55-82, くろしお出版, 東京.
小柳智一（2015a）「文法変化の方向」『KLS』35, 323-334.
小柳智一（近刊）「文法変化の方向と統語的条件」大木一夫・多門靖容（編）『日本語史叙述の方法』ひつじ書房, 東京.
原田芳起（1962）『平安時代文学語彙の研究』風間書房, 東京.
前田富祺（1983）「はたらく（働く）」佐藤喜代治（編）『講座日本語の語彙 11　語誌 III』148-151, 明治書院, 東京.
前田富祺（1985）『国語語彙史研究』明治書院, 東京.
三宅知宏（2005）「現代日本語における文法化──内容語と機能語の連続性をめぐって──」『日本語の研究』1(3), 61-75.
村山実和子（2014）「動詞「めかす」の成立」『国語語彙史研究』33, 129-145.
山口佳紀（2011）『古代日本語史論究』風間書房, 東京.
Brinton, Laurel J. and Elizabeth Closs Traugott (2005) *Lexicalization and Language Change*, Cambridge University Press, Cambridge.［日野資成（訳）（2009）『語彙化と言語変化』九州大学出版会, 東京.］
Lehmann, Christian (2002) "New Reflections on Grammaticalization and Lexicalization," *New Reflections on Grammaticalization*, ed. by Ilse Wischer and Gabriele Diewald, 1-18, John Benjamins, Amsterdam/Philadelphia.
Norde, Muriel (2009) *Degrammaticalization,* Oxford University Press, Oxford.
Taylor, John R. (1988) "Syntactic Constructions as Prototype Categories," *The New Psychology of Language: Cognitive and Functional Approaches to Language Structure*, ed. by Michael Tomasello, 177-202, Lawrence Erlbaum Associates, Mahwah, NJ.［大堀壽夫他（訳）（2011）『認知・機能言語学　言語構造への 10 のアプローチ』研究社, 東京.］
van der Auwera, Johan (2002) "More Thoughts on Degrammaticalization," *New Reflections on Grammaticalization*, ed. by Ilse Wischer and Gabriele Diewald, 19-29, John Benjamins, Amsterdam/Philadelphia.

第 26 章

# 語彙化・文法化・語形成
## ─小柳論文の「内容語生産と機能語生産の見取図」をめぐって─

野村益寛(北海道大学)

## 1. はじめに

　欧米を中心に近年盛んな文法化研究において,日本語を題材としたものの多くは,海外の日本語学研究者ないし日本の英語学出身の研究者によるものであるように思われる.しかし,「文法化」という名称こそ外来のものだが,その考え方自体は国語学の伝統の中にもみられるものである.小柳論文はそうした国語学の立場から,日本語の古典語からの多くの興味深い事例を基に,欧米で提唱された文法化および語彙化の枠組みを検証したものとして高く評価される.とりわけ,語彙-文法変化の起点(=小柳論文の「資材」)と着点の可能な組み合わせを調べ上げた表2「内容語生産と機能語生産の種類」は,今後の日本語を題材とした文法化研究にとって1つのテンプレートとなるだろう.

　もとより評者は小柳論文で挙げられている古典語のデータの解釈・妥当性について検討する知識も能力も持ち合わせないので,本章では,図2で示された「内容語生産と機能語生産の見取図」を検討することで,責めを塞ぎたいと思う.

## 2. 図1の検討

　小柳論文では,著者独自の見取図である図2を示す前に,Brinton and Traugott (2005) (以下,B&T と略記) に基づく図1が批判的に検討され,それに代るべきものとして図2が提示されている.そこで,まず図1につ

いて検討していくことにする．

　図1は，但し書きにある通り，B&Tの表4.3と図4.1の2つを組合せて新たに作成されたものである．元となった2つの図表は以下の通りである．

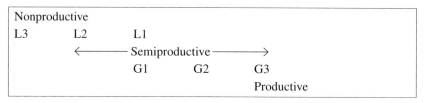

表4.3　(Brinton and Traugott (2005: 102))

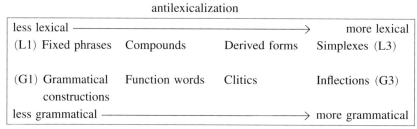

図4.1　(Brinton and Traugott (2005: 104))

　表4.3は，小柳論文（24）にある「語彙らしさ」(lexicality) と「文法らしさ」(grammaticality) の尺度を生産性（＝他と組み合わさって，新たな表現を作る能力）を軸に配置したものである．語彙と文法を比べると，一般に語彙の方が非生産的，文法の方が生産的と言えるが，語彙の中，文法の中でもそれぞれ生産性の度合いに違いがあることをこの表は示そうとしている．すなわち，文法の中では，屈折接辞のようなG3が生産的であるのに対して，G2とG1は半生産的であり，語彙の中ではL3とL2が非生産的であるのに対して，L1が半生産的であるというわけである．

　他方，図4.1は，（従来の「脱文法化」に代る）「反文法化」および「反語彙化」とは何かを示したもので，前者をG3＞G2＞G1の方向，後者をL3＞L2＞L1の方向へ進む変化と定義している．

第 26 章　語彙化・文法化・語形成　　403

　ここで注意したいのは，これら 2 つの図表における外枠は，B&T の言うところの「ストック」(inventory)，すなわち「長期記憶に蓄えられたもの」(B&T, p. 91) を示しているという点である．B&T は，語彙化も文法化も新たな形式が「ストックに蓄えられる」(adoption into the inventory) という点では共通しており，両者の違いは蓄えられた項目の機能（内容的か，文法的か）にあるとする (p. 90)．すなわち，これら 2 つの図表は，語彙化・文法化がひとたびなされた後のプロセス (B&T, p. 96 がいう modifications within the inventory) を表しているわけである．

　以上をもとに，小柳論文の図 1 を検討してみよう．図 1 は次の点において B&T の意図を正確には反映していないと思われる．第 1 は，図 1 において L1 と G1 が重ね合わされている点である．これは B&T の表 4.3 の表示を引き継いだものだが，B&T の意図としては半生産的という点で L1 = G1/G2 なのだが，図で表わす上で L1 と G1 が重なった位置に置かれたに過ぎない．小柳論文では，この L1 と G1 を重ねた結果，G3 から L3 まで，L3 から G3 までが一直線の変化であるかのようになっている．「あはれ」と「御」の変化がこの直線上の点をすべて経ていないことから，これらの例が図 1 にとって「もて余す事例になってしまう」としているが，これは小柳論文の図 1 の作成の経緯から生じた疑似問題に過ぎない．

　第 2 は，図 1 において G1 > G2 > G3 を「文法化」，L1 > L2 > L3 を「狭義の語彙化」の方向としている点である．B&T が図 4.1 において右向きの矢印で示しているのは，ひとたび文法化ないし語彙化がなされた項目がしばしば経る，さらなる語彙化・文法化を表しているのであり (B&T, p. 96 の (3)，p. 99 の (3) を参照)，この矢印自体が文法化や語彙化を示しているのではない．さらに言えば，L1 > L2 > L3 は，小柳論文 (1b) の意味での「狭義の語彙化」ではあり得ない．B&T 自身も「広義の語彙化」，「狭義の語彙化」という言い方をしている箇所がある (B&T, p. 89, p. 90, p. 96) が，B&T の「広義の語彙化」は，「ストックに蓄えられること」であり，この定義だと語彙化を文法化と区別できないので，ストックに蓄えられた項目の機能を「内容的」と限定し，語形成によって扱われる転換，省略などを除いたのが「狭義の語彙化」(B&T の p. 96 の定義 = 小柳論文 (2) がそれにあたる) だからである．また，文法化・語彙化の着点の複雑度はさまざまであり (B&T, p. 97(5), p. 100(5))，常に構成体 (G1, L1) としてストックに

蓄えられ，そこから語や接辞まで変化するというわけではなく（B&T, p. 101），語や接辞として導入される場合もあり得る．(小柳論文（3d）の「…へ進む」は，B&T, p. 97(5) の "range from … to …" を訳したものだと思われるが，原著のこの箇所は「語彙らしさ」の形式面での幅を示したものであって，変化の方向を述べているわけではない．)

以上のように，図1はそもそも B&T の考えを正確に反映したものではないため，この図を基にした批判は B&T の語彙化・文法化についての考えの欠陥を示すものとは言えないことになる．

## 3. 図2の検討

次に，図1の代案として提示された図2について検討してみよう．図2は，中段に語を置き，上段に語より大きな単位である構成体を，下段に語より小さな単位である接辞を配し，それぞれの間での変化が優勢か劣勢かを示した対称的なきれいな図になっている．しかし，この図においては，語彙化・文法化の全貌を捉えきれていないように思われる．これは，小柳論文において，「語彙化」を「内容語化」，「文法化」を「機能語化」と呼び変え，それぞれ「内容語生産」，「機能語生産」の一種ととらえることで，語彙化・文法化の着点を「語」に限定し，その結果として着点が構成体，接辞であるような変化が行き場を失ったことに起因する．このことについてもう少し詳しくみてみよう．

語彙化＝内容語化，文法化＝機能語化という言い換えの下では，図2において，内容語を着点とする3本の矢印が語彙化，機能語を着点とする3本の矢印が文法化を表すことになる．しかし，2節で触れたように，着点が構成体や接辞となる語彙化，文法化もある（B&T, p. 97(5), p. 100(5)）．まず，着点が構成体の場合について考えてみよう．例えば，more or less は語彙化，be going to は文法化の事例であるが，これらは通常の意味では語とは言えないので，図2の内容語，機能語のところに含めるわけにはいかず，語彙化，文法化の事例として位置づけられなくなる．

それでは，上段の構成体から中段の内容語，機能語に伸びる2本の矢印は何を表しているのだろうか？ 脚注17では，L1 > L2, G1 > G2 が図2の上段から中段の変化として捉えられると述べられている．B&T の

L1 ＞ L2，G1 ＞ G2 は，ひとたび語彙化・文法化された後のさらなる語彙化・文法化を表しているので，上段から中段への矢印は，語彙化・文法化の矢印ではなく，ひとたび語彙化，文法化された後のさらなる語彙化・文法化を表すことになる．そうだとすると，語彙化・文法化自体は，上段の構成体の段階で既になされていたことになる．もし仮に，上段から中段に伸びる2本の矢印が，内容語化＝語彙化，機能語化＝文法化という等式に従って，語彙化，文法化を表しているのなら，上段から中段への矢印が，「語彙化」と「さらなる語彙化」，「文法化」と「さらなる文法化」という段階の違う変化を同じ矢印で表すことになってしまう．

こうした事態は，中段を「語」に限定してしまい，構成体が構成体のまま語彙化・文法化する場合が取り込めなくなってしまったためだと思われる．もし，中段を「語」に限定していなければ，中段から左右に外側へ水平に伸びる2本の矢印で，「さらなる語彙化」，「さらなる文法化」を示すことができたはずである（小柳論文ではこの2本の矢印は，形態の変化ではなく，意味の多義化である「多内容化」と「多機能化」を表すのに用いられている）．

同様に，下段と中段の間の変化についても，語彙化，文法化の着点としての接辞を認めないため，先行研究において語彙化とされている接辞化 (-hood ＜ OE had 'rank')，文法化とされている接辞化 (-ly ＜ OE lice 'body, likeness') の事例を捉えられなくなっている．

このように，中段を語に限定したため，構成体，接辞を着点とする語彙化・文法化をうまく表示できず，語彙化・文法化の全体像が図2では統一的に描ききれていないように思われる．これは，小柳論文において，語彙化・文法化の起点については表2に見られるように細かく分類しているのに対して，着点について語レベルしか認めていないことに起因する．[1]

---

[1] 小柳 (2013a) において「内容語または接辞が機能語化する場合は，資材の数が違っても別種とするには及ばない．（中略）今後，必要が生じたら，それに応じて下位分類を行えばよい．」(pp. 69–70) と述べられているが，今回の小柳論文においてもこうした立場が踏襲されているものと思われる．構成体を機能語化の着点とする可能性については，小柳 (2013c: 72) でも言及されているが，却下されている．

## 4. まとめ

　最後に，小柳論文だけでなく，B&T にも共通する問題を認知文法の立場から指摘して本章のまとめとしたい．

　第 1 が，語彙化と語形成との関係である．小柳論文では，語形成は語彙-文法変化とは「次元」が違うとし，図 2 において前者が下段，後者が上段-中段に関わるとすることで次元の違いを視覚的に表現している．B&T でも，語形成と語彙化は別物であると明言されている（p. 98）．B&T の語彙化の定義は，小柳論文の (2) として訳出されているが，語彙化の着点には「構成体の構成素や語形成のパターンから完全には派生も予測もできない形式的・意味的な特徴を有（する）」という条件が課されている．[2] このため，生産的な語形成は語彙化に先立っておこなわれ，語彙化とは独立したものであるとされる（p. 91）．B&T は，転換（小柳論文では内容語化＝語彙化とされている）と省略を挙げ，これらは語彙化ではなく，語形成に属するとしている（p. 98）．さらに，語彙化と語形成は，前者が漸進的なのに対して，後者は即時的で意図的であるという点でも違うとされる（pp. 97-98）．しかし，生産的／非生産的，予測可能／予測不可能，即時的／漸進的という区別が二項対立的なものなのかどうかは疑問の余地があるし，さらに規則によって生産できるからといってリストに載せないというのは，Langacker (1987: 42) がいう「規則とリストの誤謬」を犯すことにもなる．

　第 2 に，語彙化と文法化は，着点が「内容的」か「文法的」かという基準で区別されるが，この区別も二項対立的かどうか認知文法の立場からは疑問の余地がある．認知文法では，語彙的意味と文法的意味は，意味の抽象度（スキーマ性）の度合いにおいて連続的であると考えるからである（Langacker (2008: 22)）．

　以上，語彙-文法変化の見取図を描く上では，3 節で指摘した問題に加えて，認知文法の立場からは，上でみた語彙化と語形成，語彙化と文法化の連続性をも考慮に入れる必要があるということになる．

---

[2] 部分から全体が予測可能かどうかというこの条件は，Goldberg (1995: 4) における構文の定義を思い起こさせる．この条件は，Goldberg (2006: 5) では緩められることになる．

## 参考文献

(小柳論文に掲載されているものは省略)

Goldberg, Adele (1995) *Constructions: A Construction Grammar Approach to Argument Structure*, University of Chicago Press, Chicago.

Goldberg, Adele (2006) *Constructions at Work: The Nature of Generalization in Language*, Oxford University Press, Oxford.

Langacker, Ronald W. (1987) *Foundations of Cognitive Grammar*, Vol. 1, Stanford University Press, Stanford.

Langacker, Ronald W. (2008) *Cognitive Grammar: A Basic Introduction*, Oxford University Press, Oxford.

# 第 27 章

# 語から句への拡張と収縮

青木博史(九州大学)

## 1. はじめに

　現代日本語における「展」「風」「的」は，元来，形態素ないし語を対象とする語彙的な接辞要素であり，「個展」「洋風」「神秘的」のように用いられるのが通常である．しかしこれらは，以下に示すように，合成語の前部分が句に拡張した形でも用いられる．

(1) a. ［世界のあじさい］展，［暮らしを彩る器］展
　　b. ［西洋の中世時代］風，［「新宿系」でブレイクした某アーティスト］風
　　c. ［関連サイトへの入り口］的サイト，［ジャパニーズ・ハードロックの先駆け］的なバンド

　例えば「展」は，「個展」の「個」のような形態素や，「写真展」の「写真」のような語に付くのが基本であるところが，その前部分が句の単位にまで拡大して，「世界のあじさい展」といった形になっている．このように，語の内部に句が包み込まれる現象を，「句の包摂」と呼んでおく（影山（1993: 322-377），青木（2010a: 205-221））．

　このような「句の包摂」現象は，古代日本語においても見られる．小田(2015a: 20-21)には，以下のような例が挙げられている．

(2) a. よろづのこと，昔には劣りざまに浅くなりゆく世の末なれど，
　　　　　　　　　　　　　　　　　　　　　　　（源氏物語・梅枝）

b.　雨そそきも，なほ秋の時雨めきてうちそそけば，
　　　　　　　　　　　　　　　　　　　　　　　　（源氏物語・蓬生）
　　　c.　雨風につけても，悔しきことがちなる眺めには，　（狭衣物語）

　それでは，こうした文法現象は，現代語と古典語では，どこが同じでどこが違うのだろうか．また，そうした観察から，日本語のどのような文法的性格が見えてくるだろうか．本章では，通時的な観点から，「句の包摂」現象について俯瞰する．

## 2.　「句の包摂」の 2 種

　前節で挙げた (1)(2) のような例は，できあがった合成語の語構成から見れば，語が句を「包摂」している．しかしこれを，語形成という動的な観点から見れば，接尾辞に前接する要素が語から句へと「拡張」していると捉えられることになる．古典語における「めく」「だつ」の例を挙げておく（関 (1993: 205-248)，南 (2002: 117-140) など参照）．

　　(3)　a.　今めく，［あやしの山賤］めく，［遠き別れ］めく
　　　　b.　気色だつ，［かの大弐の甥］だつ，［うるはしき法服］だつ
　　　　　　　　　　　　　　　　　　　　　（用例はいずれも源氏物語より）

接尾辞「めく」「だつ」の前部要素が，「今」「気色」のような名詞から，「あやしの山賤」「かの大弐の甥」のような名詞句へと拡張していることが見てとれる．

　ただしこのとき，(1) および (3) の例において，合成語全体の文法的性格は変わっていない．「〜展」は名詞であるし，「〜めく」は動詞である．前部要素の「拡張」も，いずれも名詞から名詞句への拡張であって，「名詞」という性格自体は変わっていない．

　これに対し，以下のような「拡張」は，文法的性格の変更を伴う「拡張」であるといえる．

　　(4)　a.　庭の草，［氷にゆるされ］がほなり．　　　（蜻蛉日記・下）
　　　　b.　［身ヲ正直ニモチタ］サニ此カサヲキルゾ．
　　　　　　　　　　　　　　　　　　　　　　　（蒙求抄・巻 5・21 ウ）

「〜がほ（顔）」は，「したり顔」「知らず顔」，「〜さ」は「長さ」「面白さ」のように，動詞連用形や形容詞語幹に付接して複合名詞や派生名詞を作るのが基本である．ところが（4）に示したように，「氷に許され顔」「身を正直に持ちたさ」のように，格助詞を含んだ述語句へと拡張している．

また同時に，（4a）は「〜がほなり」という形で形容動詞のように，（4b）は「〜さに」という形で接続助詞のように用いられている．合成語全体の性格が，名詞であったものから「述語句」「接続句」へと変化しているのである．このように，述語成分を含む形で「拡張」を起こす場合は，文法範疇の転換を伴っており，きわめて興味深い．以下では，こうしたタイプの「句の包摂」＝「句への拡張」現象について，詳しく観察していくこととする．

## 3. 接頭辞の場合

合成語が述語成分を含む形で「拡張」する現象について，これまでの研究では，その前部要素ばかりが注目されてきたが，ここではまず，後部要素が拡張する場合について見てみたいと思う．

まずは，以下の例を参照されたい．

(5) a. こいずみ，こいも，こうた，こごえ，こざかな，こがら
    b. こすさまじい，こさむい，こたのしい，こざっぱり
    c. こさしいづ，こなまる，こうなづく，こづく
    d. こうそを吹く，こ才が利く，こ耳にはさむ，こ首をかたむける

これらは，いわゆる接頭辞「こ（小）」の例である．古代語では，（5a）のような名詞と結びつく場合がほとんどであり，形容詞の例は宇津保物語に「こくろ（黒）し」が見られる程度で，きわめて限定的である．これが，中世後期の抄物資料に至ると，（5b）として挙げたような，様々な形容詞と結びついた例が見られるようになる（寿岳（1954））．

そしてさらに，（5c）のような動詞，（5d）のような動詞句へも拡張する．（5d）は，寿岳論文でも述べられるように，「こうそ」「こみみ」といった「こ＋名詞」と「吹く」「はさむ」という動詞の組み合わせではなく，「うそを吹く」「耳にはさむ」といった動詞句に「こ」が付接した，「句の包摂」構造と見たほうがよいであろう．

第 27 章　語から句への拡張と収縮　　　　　　　　　　　　　411

　このように見てくることによって，こうした接頭辞も「句への拡張」を示す現象として位置づけることが可能になる．接頭辞に関して，後接する要素が句に拡張するタイプと拡張しないタイプに分けられるわけである．中世後期語における「ま」「うそ」の例を挙げておこう．

(6)　a.　語諸――マツ秦繆公ガ如ナゾ．

　　　　　　　　　　　　　　　　　　　　（史記抄・巻 13・5 オ：柳田（1977））

　　　b.　カマイテウソ腹立テ，ノマズシテイルナト云ゾ．

　　　　　　　　　　　　　　　　　　　　　（四河入海・巻 11 ノ 1・27 オ）

　「ま（真）」は「まがお（顔）」「まったいら（平）」「まっくろい（黒）」のように，名詞・形容詞に付くのが主な用法であるが，中世後期語では「まっかう（斯）」「まっさう」のような指示副詞にも付いている．[1] ここからさらに (6a) のように後部要素が拡張し，「秦繆公が如くな」といった述語句を包摂した例が見られるようになる．[2]

　「うそ」は「うす（薄）」の音転化によって生じたものであるが，「うそかすみ（霞）」「うそくらい（暗）」「うそえむ（笑）」のように，やはり名詞・形容詞・動詞に付くのが通常である．これが (6b) では，「腹が立つ」という動詞句に付接している．もっとも，「うそ腹」という合成語と「立つ」が結びついたとも考えられるが，現代語の「うす気味が悪い」が，「うす気味」が「悪い」ではなく，「なんとなく」「気味が悪い」であることをふまえると，やはり「うそ」が述語句を包摂しているものと見たほうがよいだろう．

　「こ」は「ちょっと」，「ま」は「まさに」，「うそ」は「なんとなく」といった意味を表し，述語成分と結びついている．そのような状態であることを副詞的に修飾するところから，次第に独立性を高める形で"句"を後部要素に

――――――――――

[1]　・Massŏ．マッサゥ（まつさう）副詞．そのとおり，あなたの考えどおりである．

　　　　　　　　　　　　　　　　　　　　　　　（邦訳日葡辞書・p. 387）

　　・Massoconi（まっそこに）．Massono tocoroni（まっその処に）．丁度其処に．

　　　　　　　　　　　　　　　　　　（土井訳ロドリゲス日本大文典・p. 409）

[2]　惠村（未公刊）では，現代語には見られない「まっさう」「まっそのように」といった指示副詞と結びついた例に注目し，指示詞が事態的意味を含むことから，「ま……様な／如くな」といった形での拡張を許容したのではないかと推測している．

　　・福禄ハマツ先祖ノ如クナゾ．（毛詩抄・巻 14・11 オ）

とるようになったのであろう．

　そのような意味では，現代語の「ちょう（超）」も同じような「拡張」を起こしているといえる．

　(7) a.　超感覚，超人，超能力，超現実主義
　　　b.　チョー気持ちいい，チョーうける，チョーお嬢さま生活

「超」は本来，(7a) のように，何らかの超越した概念を表し，漢語に付くものであった．これが (7b) のように，和語の動詞・形容詞にも付くようになり，完全に副詞として独立することになった（このときは「チョー」とカタカナ書きすべきものであろう）．接辞にとどまった「こ」「ま」などよりも，一歩先へ進んだ変化であるといえる．[3]

　このように，語構成要素であった接辞（接頭辞）が自立語（副詞）になったものとしては，古典語においては，以下の「ただ」を挙げることができるだろう．

　(8) a.　立て篭めたるところの戸，すなはち，たゞ開きに開きぬ．
　　　　　　　　　　　　　　　　　　　　　　　（竹取物語・かぐや姫の昇天）
　　　b.　堪ふべくもあらぬわざにもよく堪へしのぶは，ただ色を思ふがゆゑなり．　　　　　　　　　　　　　　　（徒然草・9段）

(8a) は，関谷 (1971) でも述べられるように，「ただ開き」という合成語がまず形成されたうえで，「ただ開きに開く」という重複構文が形成されている．すなわち，この段階での「ただ」は接頭辞であったが，後の時代になると副詞として自立語専用形式となる（= (8b)）．[4]

---

　[3]　ただし，「チョベリバ」に代表されるように，「チョー」ではなく「チョ」であり，「チョー安い」よりも「チョ安」のような，語構成要素としての使い方のほうがなじみ度が高い話者がいるという報告もある（『現代用語の基礎知識』など）．

　[4]　これに対し，「いや」はそれ単独では自立語化しなかった．
　・我が君に戯奴は恋ふらし賜りたる茅花を食めどいや痩せに痩す〔弥痩尓夜須〕
　　　　　　　　　　　　　　　　　　　　　　　　　　　　（万葉集・巻 8・1462）
時代が下って副詞化する際には，「いよいよ」という重複形である．
　なお，「飲みに飲む」のような重複形について，影山 (1993: 89-92) では，「*飲みにサエ飲む」のような副助詞の介入ができないことなどを根拠に「語」と見て，「ひら謝りに謝る」「大もめにもめる」などは，重複部分に「ひら」「大」といった接頭辞が付接したものと見て

以上のように見てくると，接頭辞が付接する後部要素が，語から句へと拡張する現象は，通時的に普遍的に観察されることがわかる．さらに，接頭辞が独立して副詞となる現象も，古典語・現代語ともに共通して見られた．[5] ただし，接頭辞の種類や数は，相対的に古代語のほうが多いように思う．例えば複合動詞において，後部要素が文法語化すること（「食べまくる」の「まくる」など）は現代語でも多く見られるが，前部要素の文法語化，すなわち接頭辞化は見られない．これに対し，古代語では「おし―」「かき―」「さし―」「とり―」「ひき―」など，多くのものが見られる．近代語以降に見られるようになった接頭辞は，日本語の外から輸入された，漢語（「反」「超」など）や外来語（「アンチ」「スーパー」など）にほぼ限られるだろう．

## 4. 接尾辞の場合

次に，前部要素が拡張する場合，すなわち接尾辞の場合について見ていきたいと思う．2節で見たように，これには合成語全体が述語句になる場合と，接続句になる場合の2種がある．これらを分けて，順に観察していくこととする．

### 4.1. 述語句への拡張

句を包摂した合成語全体が述語句になるというのは，名詞が述語成分として用いられることであり，いわゆる形容動詞になるということである．(4a)には「～がほ（顔）」の例を挙げたが，ここでは「～やう（様）」「～げ（気）」

---

いる．しかし，古典語では「泣きにのみ泣きて（今昔・30-2）」のように副助詞が入ることなどから，重複部分は明らかに「句」であり，「ひら謝り」「大もめ」という合成語と「謝る」「もめる」という述語が結合したものと見たほうがよい．このように見ることによって，「男泣きに泣く」「韋駄天走りに走る」などの形式との整合性も保たれる．

[5]「なま」という形式は，古典語において，語構成要素としての接頭辞の用法と，独立した副詞の用法とを持っている．
・なま女，なま癒え，なま心ぐるし，なまあくがる，
・候ふ人も，うちうちには，なまいかにぞや思たりしかど（狭衣物語）

名詞としての用法（「魚を生で食べる」）は近代語以降の発生のようであり，古代語では「なまめく」「なましい」などの語構成要素としての用法が多く用いられていたことをふまえると，これも接辞から自立語へ変化したものと見てよいように思う．

の例を挙げておこう．

(9) a. ［この御参りをさまたげ］様に思ふらんはしも，めざましきこと．
　　　　　　　　　　　　　　　　　　　　　　　　　　（源氏物語・竹河）
　　b. 御前いとあまた，ことごとしうもてないて渡い給さま，いみじう［心に入り］げなり．　　　　　　　　　　　（浜松中納言物語・巻3）

「こだまやう」「作りやう」，「童げ」「ありげ」のように用いられる「〜やう（様）」「〜げ（気）」という語が，それぞれ「この御参りを妨げ様」「心に入りげ」のように用言句を含む形へと拡張している．そしてこれらは，いずれも「なり」を伴って述部において用いられていることがわかる．

さらに興味深いことに，「述語連用形＋げ＋なり」という構造は，「述語連体形＋げ＋なり」という形を生み出し，述語連体形に「外接」する助動詞「げな」を生み出した．「げな」の歴史変化について，具体例を挙げつつ概観しておこう（青木 (2007)）．

(10) a. 此女，時々は見かへりなどすれども，わがともに蛇のあるとも知らぬげなり．　　　　　　　　　　　　　　（宇治拾遺物語・巻4-5）
　　 b. 槐色ハ井ノソバニハ槐樹ヲモウユルゲナゾ．
　　　　　　　　　　　　　　　　　　　　　　　　　（詩学大成抄・巻3・77ウ）

(10a) は，「げ（気）」が形式名詞のように解釈され，述語連体形によって修飾された例である．「連体形＋げ」という名詞句は，コピュラを伴って「〜げで」「〜げに」「〜げなり」のように活用する．ここから次第に，「〜様子だ」という意味が「げな」という形態に焼き付けられ，不変化助動詞としてのモダリティ形式として成立する（＝(10b)）．「げな」はさらに，「様態」から「伝聞」の意味へとシフトする（湯沢 (1936)）．この形式は現代共通語には残っていないが，西日本方言には残存している（「彼は知らんげな（山口県）」）．

このように，接尾辞として語構成に与る形式であったものが，再分析 (re-analysis) によって助動詞へと変化することは，他にも多くの形式において見られる．例えば「そうだ」は，中世後期までは「乞食さうな」「良さうな」「転びさうな」のように，名詞・形容詞語幹・動詞連用形に付接する語構成

要素であった（＝(11a)）．これが「句の包摂」構造を経て，[6]「連体形＋さう＋なり」を生み出し（＝(11b)），さらに使用が文末に偏って「判断」的意味がクローズアップされ，モダリティ形式としての「さうな（そうだ）」が成立することになる（＝(11c)）．[7]

(11) a. 酔テコロビサウナ體ゾ． （蒙求抄・巻2・5オ：湯沢 (1929)）
　　 b. あの人とわいと訳ある様に見さんしたそうなれ共，みぢんもそんな事ではない． （心中二枚絵草子・16：湯沢 (1936)）
　　 c. ヲヤばからしひ．今のさはぎで，ゆびの輪をおとしたそふだ.
　　 　　　　　　　　　　　　　　　　　　　　　　　　（傾城買四十八手）

「げな」「さうな（そうだ）」，さらには「やうだ（ようだ）」「だろう」「みたいだ」「はずだ」「わけだ」など，文相当句に「外接」するモダリティ形式は，中世以降のいわゆる近代語において成立している．これは，終止形と連体形の合流によって，連体形が文中だけでなく文末でも用いられる形式となったため，その再分析による構造変化を可能にしたものと考えられる．このような終止形・連体形合流以降，という限定つきではあるが，接辞（接尾辞）から語（助動詞）へ，という変化は，時代を通じてかなり普遍的に見られるといえる．「らしい」の例を挙げておこう．

(12) a. 男らしい，まことらしい，げにもらしい
　　 b. 何でもあの内儀さんは，おぬしに余程気があるらしいぜ.
　　 　　　　　　　　　　　　　　　　　　　（いろは文庫・70回：湯沢 (1957)）

「らしい」の歴史変化については山本（2012）に詳しいが，前接する要素が名詞から名詞節へと拡張し，名詞節を構成する連体形述語（＝準体句）が主節述語に再分析されることによってモダリティ形式が生み出された，というプロセスが示されている．「にてあり＋む」というコピュラを含む形式を出自とする「だろう」が，前接する名詞節としての連体形（＝準体句）が主

---

[6] 連用形に接続する「様態」の「そうだ」は，いわばこのような「拡張」による「句の包摂」構造を保ったものということになる．関 (1977: 287-310) も参照．
[7] 「げな」同様，「さうな（そうだ）」も，「様態（推定）」から「伝聞」へと意味をシフトさせる（湯沢 (1957) など参照）．

節述語に再分析されて生じたことと，並行的に捉えられるわけである．

(13) a. [_{準体句}[　連体形]ラシイ].　→[_{述語句}[　連体形]ラシイ].
　　 b. [[_{準体句}[　連体形]ニテアラ]ム].　→[_{述語句}[　連体形]デアラウ].

　助動詞「らしい」の成立は明治期半ばであるが，現代語でもこうした変化は起こっている．「ぽい」が，「男っぽい」（接辞）から「先生が来たっぽい」（助動詞）へと変化したことは取り上げられることも多いが，ここでは「感」の例を見ておこう．

(14) a.　満足感，手作り感，ふんわり感，金利天井感
　　 b.　アイスのコーンポタージュ味というのは，やっちゃった感がある．

　中平（2012）によると，「存在感」「満足感」のように漢語のみに付接していたものが，和語・外来語・混種語にも付接するようになり，「感」が「〜という感じ」を表す形式名詞のように解釈されるようになった．これに伴って述語句を受ける用法が成立し，さらには（14b）のような述語用法，すなわちモダリティ形式相当の働きをする用法が生み出されたという．[8]

　このように，接尾辞に前接する要素が語から句へ拡張することは，歴史を通じてしばしば観察されることであるといえる．さらに近代語以降においては，接辞要素が語（助動詞）へと変化する事例も，様々に見られることがわかった．[9]

---

[8]「やっちゃった感がある．」「筋肉ついた感．」のような場合は，「存在感」「ふんわり感」のような場合と同じ，複合語アクセントで発音される．「句」を受けると言いながらも，「語」としてのまとまりを示すような意識があるものと思われる．
　これに対し，比較的堅い文において，「自民党は腰砕けになった感があるが」「いかにも売れ残りという感は否めない」のように用いられる用法もある．中平（2012）では，アクセントも通常の句アクセントであり，「感がある／する／否めない」が組立モダリティ形式として機能しているという分析が示されている．

[9] 接辞（接尾辞）から語（助動詞）へという変化は，文法単位のうえでは大きな変化であるが，文法語という枠内には収まっている．ここからさらに，動詞や名詞のような自立的な語彙項目への変化は想定しにくいが，例外的なものとして「めかす」がある（阪倉（1966: 137））．動詞「めかす」の成立の過程は村山（2014）に詳しいが，いかにも動詞らしい「-asu」という形態が，「それらしく見せる，装う」という意味と合わさって，動詞として独立することを可能にしたと述べられている．

## 4.2. 接続句への拡張

　次に，句を包摂した合成語が接続句となる場合について見てみよう．古典語において，「拡張」といえるのは，次の「〜さまに」「〜さに」くらいしか見当たらないように思う．

(15) a.　サテ［此ノサシ図ヲ<u>ミセ</u>］サマニコロサウトシタゾ．
　　　　　　　　　　　　　　　　　　（叡山本玉塵抄・巻13・33オ）
　　b.　［アマリ御酒ガ<u>コワ</u>］サニイトマゴイヲモマウサイデカヘラレテサウト云ゾ．　　　　　　　　　　　（漢書列伝景徐抄・22ウ）

「動詞連用形＋さま」「形容詞語幹＋さ」という形で複合名詞・派生名詞を形成していたものが，助詞「に」を伴って接続関係を表すものとなっている．同時に，前部要素は述語性を発揮しており，格助詞などの連用成分を伴った述語句を包摂する形になっている．(15a) は「この地図を見せると同時に」，(15b) は「あまりに御酒が強いので」といった意味を表している．

　「〜さに」形式の拡張のプロセスについては青木 (2010a: 223-240) で述べたが，準体句で対象語を示す「準体句＋が＋〜さに」という形（「［離れたる人をば入れ交ぜんが<u>憎さ</u>］に（宇津保）」）が契機になったのではないかと考えられる．中世において，「準体句＋が」という形から主格助詞「が」は発達しており，この発達とともに，「［準体句が…さ］に」（名詞句＋ニ）という構造が，「［準体句が…］さに」（述語句＋サニ）という構造へ再解釈されたと見るわけである．

　さて，このように，「述語句の包摂」が見られる形式を，接続句と形容動詞句に分けるという見方は，現代語を観察した影山 (1993: 329-330) にすでに見られる．そこで示された例を，いくつか挙げておこう．

(16) a.　［真実を<u>知り</u>］ながら　　b.　［いまにも雨が<u>降り</u>］そう（だ）
　　　　［そう<u>思い</u>］つつ　　　　　　［なにか<u>言いた</u>］げ（だ）
　　　　［友人を<u>訪ね</u>］がてら　　　　　［授業を<u>休み</u>］がち
　　　　［学校から<u>帰り</u>］しなに　　　　［燗を<u>し</u>］たての酒
　　　　［後ろを<u>振り向き</u>］ざまに　　［お金を<u>借り</u>］っぱなし
　　　　［仕事が<u>片付き</u>］次第　　　　　［仕事に<u>かかり</u>］っきり

　　　　［羽田を離陸］後　　　　　　　［ビールを飲み］放題

　影山（1993）では，これらは「もともと句ないし節を対象とする句接辞（phrasal affix）」であるとされるが，(16b) のようなものの多くが「拡張」によって句を包摂するようになった過程は，すでに示したとおりである．
　一方，(16a) の接続句の場合は，確かに「て」「つつ」「ながら」のようなものまでここに入れると，「もともと節を対象とする」ということになろう．しかし，「ざまに」は，「さまに」「さに」などと同様，「連用形＋ざま」という複合名詞と助詞「に」の組み合わせから拡張したと見られる．また，「次第」「後」などは，自立語としての用法も持っているため，「連体形＋次第／後」で名詞句を作る用法もあった．こうした形式との交渉も視野に入れる必要があり，「日本語としてなんら不自然さは呈さない」ことをもって「もともと統語的な句接辞」と述べられるのはいささか早計であろう．現代語も歴史的所産によるものであり，また歴史変化の最中にあるものであるから，歴史的観点からの分析をふまえる必要があろうと思う．
　それでも，このような述語句への拡張が，接続部と文末述部において見られるという点は，きわめて重要である．こうした文法変化が，時代を通じて同じ環境において起こっているわけである．また，接続部と述部は，青木（2010b）でも述べたように，名詞句を形成する連体形述語が脱範疇化（de-categorization）を起こす環境でもある（「ところ＋で」は接続助詞「ところで」になり，「ところ＋だ」は助動詞「ところだ」になる）．文法変化を引き起こす環境として，今後も注目していくべきであろう．

## 5. 拡張と収縮

　さて，これまで合成語が句を含む形へと拡張する様相について様々に観察してきたが，実は，これまでに示した多くの形式は，一旦拡張するものの時代が下ると収縮する様相を見せる．まずは，3節で見た接頭辞「こ」「ま」「うそ」である．中世後期においては，「こ」「うそ」は拡張した述語句を包摂した例が様々に見られたが，現代語では「小耳にはさむ」「うす気味が悪い」のようなイディオムに限定されている．「ま」は句を包摂することはなく，いずれもその機能は収縮している．

次は，接続形式としての「さに」である．現代語でも「あまりの暑さに我慢できない」のような使い方はあるが，中世後期において普通に用いられた「あまりに暑さに」の形は用いられない．「暑さ」は，通常の名詞へと機能が収縮しているわけである．ただし，「遊ぶ金欲しさに強盗をはたらいた」「UFO見たさに北海道まで行った」のように，"句"を包摂しているかのように見える例はいくらか存在する．しかしこの場合も，①「さに」がとる述語は「ほしい」「～たい」にほぼ限られる，②「遊ぶ金がほしさに」のように格助詞を伴った形よりも「遊ぶ金ほしさに」のほうが自然である，③書きことば的な文体に限られる，といった数種の制限が見られる．近世期までは，様々な文体の資料において，あらゆる形容詞と結びつくことができたが，現代では完全に収縮しているといえる．

「さまに」も同様である．中世後期語の様相が記された『ロドリゲス日本大文典』(1604-08)にこの形式の記述があることから，[10] その当時ある程度広く一般的に用いられていたものと考えられる．しかし，現代共通語にはこうした言い方はなく，鹿児島方言など一部の方言に姿をとどめるのみとなっている．[11]「ちょうど～しながら」「～するやいなや」といった「さまに」の用法から考えて，「ざまに」はその後裔であると考えられるが，これにしても「すれ違いざまに」「振り向きざまに」などの語しか見当たらない．[12] 様々な方面において収縮が起こっているといえる．

一方，形容動詞として句を包摂するタイプであるが，「～がほ(顔)」「～やう(様)」は消滅している．「～様子だ」という判断を表す際には，「ようだ」が助動詞として独立し，「文相当句＋ようだ」という形式が確立したことがひとつの大きな要因であろう．おもしろいのは，「～さう(相)」「～げ(気)」の消長である．すでに見たように，動詞連用形による「句の包摂」の

---

[10] 語根が名詞 samani（様に）に接したものはその前に属格をとらないで，往々動詞の格をとる．例へば，Funeyori agarisamani.（舟より上り様に．）Saqueuo nomisamani.（酒を飲みさまに．）Yadoye cayerisamani.（宿へ帰りさまに．）

（土井訳ロドリゲス日本大文典・p. 392）

[11] 久保薗 (2011) によると，「雨が降っせー，洗濯物が濡れた」のように，「雨が降って洗濯物が濡れた」といった，継起的な意味を表すこともできるという．鹿児島方言において独自の展開を見せているということになる．

[12] この他「振り返りざまに」「追い越し／抜きざまに」などの例が web 検索によって得られた．いずれも動作を表す複合動詞に限られるようである．

段階を経て,「文相当句＋げな／さうな（そうだ）」の構造を生み出したものの,「連用形＋そう／げ」の形式もいまだにその命脈を保っている．連用形に付く「そうだ」は,「様態」を表すものとして"助動詞"の資格が与えられているが,「げ」のほうも,「そうだ」の"交替形"のようなポジションで息を吹き返しているように見える．

(17) a.　国連改革ってアナンの辞任のことでもなさげ
　　　b.　「なんで急に連絡とれんくする!?」と，かなり怒りげ．

（用例はいずれもヤフーブログより）

「さびしげ」「意味ありげ」のような"語"レベルに収縮したものの,現代口語では,「そうだ」の言い換えのような意識の下,(17) のような用法がよく用いられている．

　これは,出自も意味もよく似た,「らしい」と「ぽい」の関係とよく似ている．「ケータイ忘れたっぽい」のような言い方は,従来であれば「忘れたらしい」を用いていたところに,新しく入り込んできた用法であるように思う．文末に付加することで断定的に述べることを避けるこれらの形式は,互いに影響し合いながら推移しているものと考えられる．

　拡張と収縮という観点において注目されるものとして,最後に「〜くさい」を挙げておこう．古代から現代までの歴史的展開については池上 (2013) に詳しいが,語構成要素としての接辞の段階（＝(18a)）から,句を承ける助動詞の段階（＝(18b)）まで,丁寧に記述されている．

(18) a.　かびくさし,焦げくさし,男くさし,古くさし
　　　b.　「どうやら妾もお相伴になつたくさいのよ」と云つてゐた．

（長与善郎「竹沢先生と云ふ人」1924）

ただし,岩崎 (2014) でも述べられるように,助動詞の例は,大正期から昭和前期にかけて数例が拾えるのみで,現代語には見られないようである．すなわち,「〜くさい」は一旦"語"にまで拡張したものの,再び接辞へと収縮したものと捉えられるだろう．

## 6. おわりに

　歴史的観点に立てば，語彙的要素が文法的要素へ，あるいはまたその逆へという変化がしばしば起こりうるわけであるから，両者が連続的であるというのは，ある意味自明のことといえる．歴史的研究の現在は，こうした文法変化に対して，どこまで一般的な説明が与えられ，どこからは個別的な説明を与えるべきか，といったところにあるように思う．

　小田（2015b）では，以下のような例が挙げられ，「古代語の「語」は，現代語よりも語内の形態素の結合がゆるやかである」と述べられている．

(19) a.　住みなれし 人影 もせぬわが宿に　　　　　（和泉式部集）
　　 b.　式部卿と聞こゆるいみじう 古人(ふるひと) は　　　　（在明の別）

確かに，「もよほし顔」の敬語形として「もよほし聞こえ顔」があったり，「かたはらいたし」に助詞が挿入されて「かたはらぞいたく」になったりすることも考慮に入れると，「古代語の複合語の結合度の緩さ」を指摘したくなるところである．

　しかし，語の一部分を外部から修飾した (19) のような例は，それほど頻繁に見られるものではない．線状的に展開される書きことば世界の中で例外的に作り出された形式であって，助詞の挿入などの現象とは区別すべきではないかと思う．[13] 確かに，現代語の形態的緊密性に照らし合わせると，両者ともに"語"の定義に違反するものである．しかし例えば，古代語の複合動詞において，やはり「見なす」が「ご覧じなす」，「射殺す」が「射も殺す」となることはよく知られている．現代語の文法的性格を測る基準は，そのままの形では古代語には適応できないのであるから，史的研究においては，一般性と個別性を見極めることが重要であると思う．

　本章では，結果的に，「句の包摂」現象については，通時的な普遍性のほうを主張することとなった．これは，複合名詞と派生名詞の文法的性格と，「右側主要部の原則」が通時的に変化していないことを前提としている．今後も，こうした「拡張」や「収縮」は，繰り返し行われていくものと思われる．

---

[13] (19a) は和歌の例であることも考慮に入れる必要があろう．

## 参考文献

青木博史（2007）「近代語における述部の構造変化と文法化」青木博史（編）『日本語の構造変化と文法化』205-219，ひつじ書房，東京．

青木博史（2010a）『語形成から見た日本語文法史』ひつじ書房，東京．

青木博史（2010b）「名詞の機能語化」『日本語学』29(11), 40-47.

池上尚（2013）「接尾辞-クサシ再考――古代・近代の使用状況から――」『早稲田大学大学院教育学研究科紀要 別冊』21, 25-38.

岩崎真梨子（2014）「「―くさい」の史的変遷――近現代を中心に――」第317回近代語研究会発表資料．

惠村奈都美（未公刊）『接頭辞の歴史的研究』2013年度九州大学大学院人文科学府修士論文．

小田勝（2015a）『実例詳解 古典文法総覧』和泉書院，大阪．

小田勝（2015b）「古代語の品詞はどう捉えられるか」『日本語文法』15(2), 3-16.

影山太郎（1993）『文法と語形成』ひつじ書房，東京．

久保薗愛（2011）「中央語と鹿児島方言における「動詞連用形＋サマニ」の史的展開」『語文研究』112, 61-77.

阪倉篤義（1966）『語構成の研究』角川書店，東京．

寿岳章子（1954）「接頭辞「こ」のもつ問題」『人文（西京大学学術報告）』4, 133-143.

関一雄（1977）『国語複合動詞の研究』笠間書院，東京．

関一雄（1993）『平安時代和文語の研究』笠間書院，東京．

関谷浩（1971）「「ただあきに」の構成について――「ただ」は，はたして副詞か――」『国語研究』31, 25-33.

中平詩織（2012）「「感」の文法的性格」『日本語文法学会第13回大会発表予稿集』83-90.

南芳公（2002）『中古接尾語論考』おうふう，東京．

村山実和子（2014）「動詞「めかす」の成立」国語語彙史研究会（編）『国語語彙史の研究33』129-145，和泉書院，大阪．

柳田征司（1977）「原因・理由を表わす「〜サニ」の成立と衰退――「史記抄」を資料として――」近代語学会（編）『近代語研究5』103-127，武蔵野書院，東京．

山本佐和子（2012）「モダリティ形式「ラシイ」の成立」高山善行・青木博史・福田嘉一郎（編）『日本語文法史研究1』165-188，ひつじ書房，東京．

湯沢幸吉郎（1929）『室町時代言語の研究』大岡山書店，東京．

湯沢幸吉郎（1936）『徳川時代言語の研究』刀江書院，東京．

湯沢幸吉郎（1957）『増訂 江戸言葉の研究』明治書院，東京．

第 28 章

# 句の包摂現象と文法化
―青木論文が文法化に示唆するもの―

古賀裕章（慶應義塾大学）

## 1. はじめに：句の包摂現象

　句の包摂とは，(1) のような「元来は形態素ないし語を対象とする語彙的な接辞要素が，統語的な句にまで拡張する」現象を指す（影山 (1993: 326)）．

　(1) a.　敵視，特別視，世界の黒沢も［過去の人］視

　　　　　　　　　　　　　　　　　　　　　　(Martin (1975: 979))
　　　b.　超人，超現実主義，チョー気持ちがいい　　　　(p. 412)

(1a) のように前部要素が拡張する事例と (1b) のように後部要素が拡張する事例の両方が現代日本語に存在する．青木論文は，(1) のような句の包摂現象が古典日本語にも数多く存在する事実を指摘して，この現象が日本語において通時的に遍在する現象であることを示し，通時的な観点からこの現象を考察する．

　本章では，青木論文で取り上げられている句の包摂と類似する現象として，英語の派生接辞 -ish の通時的変化を紹介し，これらの現象を認知言語学と関連の深い文法化の観点から考察する．

## 2. 文法化

　まずは，文法化とは何かを確認しよう．
　文法化 (grammaticalization) とは，より具体的で豊富な意味内容を持っ

た動詞や名詞といった開いたクラスに属する語彙的な要素が，より抽象的な意味を持った助動詞や助詞といった閉じたクラスに属する文法的な要素に変化する，もしくはすでに文法的な機能を担う要素が，より文法的性質の強い機能を獲得する通時的なプロセスを指す（Traugott and Heine (1991), Hopper and Taugott (2003), Lehmann (1995)）．前者の例としては，物理的移動を表す「しまう」という動詞から，完了（「宿題をやってしまった」）や話者の命題に対する主観的な態度（「こんなところにいちゃっていいの？」）を表す補助動詞「てしまう／ちゃう」への変化が挙げられる．後者の例としては，完了の助動詞であった「た」の，過去を表す時制標識への変化などがある．

　語彙的な要素が時間を経て段階的に文法的な要素に変化するという文法化現象は，①語彙と文法がそれぞれモジュールを成すのではなく連続体を成すという見方を支持する点，②この変化の過程にメタファーやメトニミー，推論といった人間の能動的な認知方略が重要な役割を果たし，それが変化に一定の普遍的な傾向を生み出す原動力になっているという点，③特定の談話において当該要素が帯びる語用論的意味が，漸次的にその要素のコード化された（文脈に依存しない）意味に変化することが文法化の過程で広く観察されるため，意味論と語用論の境界が不明瞭であることを支持する点などから，認知言語学やより広く機能主義言語学においてとりわけ重要な現象とみなされている．

　文法化に見られる制約として，変化の方向が非可逆的であるとする一方向性の仮説（unidirectionality hypothesis）が提案されている．つまり，より文法的な要素からより語彙的な要素への変化は基本的に存在しないという仮説であり，様々な言語における歴史的変化に対する一般化に基づいている．例えば，日本語の助動詞「た」がたどった完了（相）から過去（時制）への変化は言語横断的に観察されるが，その逆の変化は知る限り例を見ない．

　しかし，この仮説の妥当性は，文法化の研究が盛んになった1980年，90年代から論争の的になっており，散在的ではあるものの反例，つまり脱文法化（degrammaticalization）の例が報告されている（Campbell (ed.) (2001), Matsumoto (1988), Norde (2010)）．

　次節では，日本語の句の包摂現象と類似する英語の現象を紹介する．

## 3. 英語の派生接辞 *-ish* の変化と句の包摂現象

英語の派生接辞 *-ish* は，元来 (2) のように名詞に付いて形容詞を派生する接尾辞であり，その意味は「ある対象が語幹名詞の指すタイプの持つ性質，特徴を共有する」という程度の意味であった．

(2) childish, foolish, feverish, boyish, girlish, sheepish

Willis（近刊）によれば，すべての性質，特徴が共有されるわけではないという含意から，元来の意味が中英語において "somewhat"「いくぶん，やや，ちょっと」という近似（approximation）の意味に拡張し，これを契機として (3) のような色を表す形容詞，(4) のような時間を表す数詞，さらには (5) や (6) のような句に後続するようになったという（例文 (4), (5) は Willis (to appear: 17) より）．

(3) bluish, yellowish, greenish, blackish, reddish (14 世紀)
(4) 'What time shall I come?' 'Elevenish,' Sam replied.
　　　　　　　　　　　　　　　　('Peter', *Trench yarns* ix.110, 1916)
(5) She said "three o'clockish," and it's three now.
　　　　　　　　　　　　　　　　(Elsie Oxenham, *The new Abbey girls*, 1923)
(6) This book took months to read. It's very long and generally not very 'can't put it down'-ish.　　　　(Norde (2010: 224))

さらに 1980 年，90 年代から，*-ish* は「kind of/sort of」とほぼ同義の副詞的な機能を担うようになり，(7) のように自立語へと変化する．

(7) a. Is every one excited? I am ish.　　　(Norde (2010: 225))
　　b. I liked the movie ish.　　(Bocknak and Csipak (2014: 435))
　　c. 'Trust Davie Morrow.' 'You know him?' 'Ish. He's a regular across the road.'
　　　　(Colin Bateman, *Cycle of violence* vi.94, 1995) (Willis（近刊：18))
　　d. If I accept the premises (and from a maths point of view I sort of can -ish)　　　　(Norde (2010: 225))

以上の変化をまとめると，-ish に先行する要素は (8) のように拡張し，-ish 自体の機能，形式は (9) のように変化している．

(8)　名詞 ＞ 形容詞 ＞ 数詞 ＞ 句 ＞ 節（命題）
(9)　派生接辞 ＞ 句接辞 ＞（自立）語

-ish が付接する要素が，限定された種類の品詞からより広範の品詞に属する単語に拡張し，ついには句や節といったより大きな単位にまで広がる (8) のような変化は，例えば，接頭辞「こ（小）」(p. 410 の例 (5)）などの青木論文が議論する節の包摂現象と酷似している．

接辞のような文法要素が付接する成分が，語から句，さらには節にまで拡張する変化は，-ish について Norde (2010) が指摘するとおり，Lehmann (1995) が文法化の度合いを測るパラメーターとして提示する構造的作用域（structural scope）の減少に逆行する変化といえる．接辞の作用域は通常それが付接する語であるとされ，句を作用域とするのは，例えば "the king of France's daughter" に見られる「's」のような接語（clitic）の特徴である．つまり，句の包摂現象において，問題の接辞はその作用域を単語から句，節へと拡張させていることになり，この変化は文法化（例えば接語から接辞への変化）が進むにつれて構造的作用域が減少するという，Lehmann が一方向的だと主張する変化に反することになる．[1,2]

さらに，(9) に見られる -ish の接辞から自立語への変化は，明らかに一方向性の仮説に対する反例となる．文法化が進むにつれて，問題の要素はそれが連辞的関係（syntagmatic relation）を結ぶ要素とより結束性を強める方向に変化するはずであるが，(9) では逆に結束性を失い副詞的な要素である語として自立している．この現象は剥離（debonding）と呼ばれている（Norde (2010)）．青木論文で取り上げられている，「超」の接頭辞から副詞への変化や，「らしい」，「ぽい」といった接尾辞から証拠性を表す助動詞へ

---

[1] Lehmann (1995) がパラメーターとして挙げる構造的作用域の減少については，多くの反例が挙げられており（特に，Tabor and Traugott (1998) を参照），問題が多い．

[2] しかし，Norde (2010) は派生接辞が句全体に作用域を持つのはそれほど稀ではないとし，英語の -ish とほぼ意味的に対応するオランダ語の -achtig 'like' をその例に挙げる．ただし，屈折接辞は句全体に作用域を持つことはなく，その点で派生接辞よりも文法化の度合いが高いと言える．

の変化もこれに相当すると考えられる．

　最後に，英語の -ish とそれと似た変化を遂げている現代日本語の「超」，さらにこの「超」と類似する意味を持ち変化の初期段階にあると見られる「激」について検討したい．

　まず，「激」は「激突」，「激減」，「激化」といった漢語に付くものの他に，「激太り」，「激やせ」，「激安」，「激辛」，「激うま」のように名詞化された和語の動詞や形容詞の語幹に付くものがある．「超」ほど一般的ではないものの，ここ最近になって「激」が時制を伴った形容詞や動詞と共起する（10）のような例が散見される．

(10) a. 先日買ったパン，昨日食べたけど，激うまかった！[3]
　　 b. 海外ミステリー1位の名作はやっぱり激面白かった！[4]
　　 c. 本気で激走ったツール・ド・北海道！今年は美瑛を走り倒した！[5]
　　 d. ラストで影山がちゃっかり地獄兄弟衣装に着替えてて激笑った．[6]
　　 e. この作者が連載途中で急死しちゃったときも激泣いた．[7]

句や節を作用域に取る例は未だ見当たらないが，「激」も「超」と同じく句の包摂への道を歩んでいるように見える．

　一方，「超」の拡張はさらに進み，「すごく／すごい」などと同様，(11)のようにそれが修飾する要素（形容詞）から離れて文頭に出現することが可能になる程に統語的な自由度を獲得している．

(11) a. 超，昨日見た映画面白かった．
　　 b. 超写真を撮るのが難しいアロワナの食事の場面を綺麗に写真撮ってるし[8]

---

[3] photozou.jp/photo/show/995583/58367079
[4] http://keikanri.com/archives/13557
[5] https://www.facebook.com/allsports.jp/posts/540655189285153
[6] d.hatena.ne.jp/st401/20061210
[7] comic6.2ch.net/test/read.cgi/csaloon/1110118125/l50
[8] izakayamutyakana.amamin.jp/d2011-04.html

英語の -ish は，通常の副詞とは異なり（12a）のように文頭に置くことはできないが，統語的柔軟性を獲得している例として Norde（2010: 225）に（12b, c）のような例が挙げられている．-ish は（12c）のように独立した形式として文末に現れることも，（12b）のように接辞として名詞を修飾する形容詞に不接して現れることもあるが，意味的には両者の間に違いはない．

(12) a. *Ish I liked the movie. (cf. (7b))
　　 b. I have work but it should be an easyish day.
　　 c. Tomorrow's an easy day (ish) — graduation audit, voice lesson, CS lab …

このように，「超」と -ish は節の包摂現象を通して，自立語としての地位を確立しつつある．

## 4. 結論：日本語学の知見を活かして

　文法化の研究において，一方向性の仮説の反例は散発的に報告されることはあっても，統計的に有意ではないとしてあまり注目されることがなかったように思う（Heine et. al. (1991), cf. Campbell (ed.) (2001))．しかし，文法化の研究が盛んになり始めた1980年代からすでに30年余りが過ぎ，様々な言語からの多様なデータが蓄積されたはずである．一方向性の仮説を前提とする理論としての文法化も，蓄積されたデータに照らして再検証される時期に来ているかもしれない．ここにおいて，日本語学の知見は大いに貢献しうる．

　様々な言語に見られる変化は，確かに一方向性の仮説に合致した，語彙的な要素から文法的な要素へ，文法的な要素からさらに文法的な要素へと向かうことが圧倒的に多い．しかし，青木論文が指摘するとおり，少なくとも日本語において逆の変化も少なからず起こっているのは事実である．

　ここで重要なのは，これらの反例に対して，青木論文が指摘するとおり「どこまで一般的な説明が与えられ，どこからは個別的な説明を与えるべきか」を考察することにあるのではないだろうか．第一に，文法化の反例をある程度体系的に生み出す構文があれば，それがどのような構文なのかを特定する必要がある．例えば，［名詞-コピュラ-接続助詞］という従属節の構造

から剥離を経て「だから」,「だったら」,「だけど」,「なのに」といった様々な自立的な接続詞が生まれている (Matsumoto (1988)). 青木論文のテーマである句の包摂が見られる構文も，接辞から様々な副詞や助動詞を生み出す言語環境と言え，とりわけ注目に値する.

次に，反例を生み出す構文を特定したならば，その構文においてどのようなメカニズムで変化が生じるのかを考察することが重要だろう．例えば，「げな」,「さうな (そうだ)」,「らしい」といったモダリティ形式の誕生には，「終止形と連体形の合流」による構造の再分析が重要な役割を果たしている (p. 415).

最後に，特定の構文で体系的に出現する反例に，一定の意味的な共通性を見いだせるかどうかを検討することには意味があるだろう．節の包摂現象に参加する接辞を見ると，「こ（小）」,「ま（真）」,「うす（薄）」,「超」,「らしい」,「ぽい」などは，すべて何らかの意味で「程度，度合い」と関連するように思われる．また，前節で見た英語の -ish もやはり程度や度合いを表す．この観察が正しいとして，この一致が単なる偶然なのか，それとも偶然ではないのか（例えば，ある基準に照らしてそれを上回るのか，下回るのかといった「程度，度合い」の概念は名詞，形容詞，動詞のそれぞれの意味に対して関連のある概念といえるかもしれない）は，検討に値するだろう．

このように，文法化の反例となりうる現象に対する一般化を行うことは，文法化及び言語変化一般の研究の更なる発展に間違いなく寄与する．ここにおいて，蓄積された日本語のデータと日本語学の知見は貴重であり，そこから認知言語学が学びうることは多いに違いない．

## 参考文献

Bochnak, M. Ryan and Eva Csipak (2014) "A New Metalinguistic Degree Morpheme," *Proceedings of SALT* 24, 432–452.

Campbell, Lyle, ed. (2001) "Grammaticalization: A Critical Assessment," Special issue of *Language Sciences* 23.

Heine, Bernd, Ulrike Claudi and Friederike Hunnemeyer (1991) *Grammaticalization: A Conceptual Framework*, University of Chicago Press, Chicago.

Hopper, Paul J. and Elizabeth Closs Traugott (1993) *Grammaticalization*,

Cambridge University Press, Cambridge.
影山太郎（1993）『文法と語形成』ひつじ書房，東京．
Lehmann, Christian (1995) *Thoughts on Grammaticalization*, Lincom Europa, München/Newcastle.
Martin, Samuel (1975) *A Reference Grammar of Japanese*, Yale University Press, New Haven.
Matsumoto, Yo (1988) "From Bound Grammatical Markers to Free Discourse Markers: History of Some Japanese Connectives," *BLS* 14, 340-351.
Norde, Muriel (2010) *Degrammaticalization*, Oxford University Press, Oxford.
Tabor, Whitney and Elizabeth Closs Traugott (1998) "Structural Scope Expansion and Grammaticalization," *The Limits of Grammaticalization*, ed. by Anna Giacalone Ramat and Paul J. Hopper, 229-272, John Benjamins, Amsterdam/Philadelphia.
Traugott, Elizabeth Closs and Bernd Heine, eds. (1991) *Approaches to Grammaticalization*, John Benjamins, Amsterdam/Philadelphia.
Willis, David (to appear) "Exaptation and Degrammaticalization within an Acquisition-based Model of Abductive Reanalysis," *Exaptation in Language Change*, ed. by Muriel Norde and Freek Van de Velde, John Benjamins, Amsterdam/Philadelphia.

第 29 章

# 助動詞選択とは何か
―日本語学史の視点から―

斉木美知世（神奈川大学ほか）
鷲尾龍一（学習院大学）

## 1. はじめに：研究史という視点

　筆者らは国語学史と言語学史を融合する視点から，日本における言語研究の近現代史を再構成してきている．類似の論評が繰り返される傾向にある研究史の分野においても，証拠に基づく新たな解釈や問題提起は常に可能であり，従来の研究史が見落としてきた学史上の「空白」を埋めることさえ可能であることを，『日本文法の系譜学』（斉木・鷲尾（2012a））や『国語学史の近代と現代』（同（2014））において具体的に論じてきた．
　言語研究の現代史において，生成文法と認知言語学が特別な位置を占めているのは言うまでもないが，これら現代の「二大潮流」（本書はしがき）が，意識して交流を促さざるをえない関係にあるとすれば，何が原因でそうなってしまったのかという疑問が生じる．この疑問に答えるのは本章の目的ではないが，研究史に携わってきた経験を踏まえて言えば，期待される学術交流が停滞する（あるいは成立しない）という事態は，近代以降の国語学史や言語学史にもしばしば見られるところであり，そこには現在でも学ぶべき教訓があるように思う．[1]

---

[1] 学術交流が停滞する理由には，純粋にアカデミックとは言い難い事情も含まれる．鷲尾（2015a, b）は日本と韓国の国語学史を比較する文脈において，韓国の国語学史に見られるある種の「累積効果」（斉木・鷲尾（2014: 第 1 章））を指摘した上で，その背後には，学史的再構成を一定の方向に向かわせる，かなり強力な著述者の「理想像」のようなものが存在する可能性について論じている．

研究史の視点はまた，理論の盛衰や潮流にはさほど左右されない，言語研究の「底流」に目を向ける視点でもある．筆者らがイメージする言語研究の底流とは，日本文法で言えば Hoffmann, Chamberlain, 大槻文彦，山田孝雄，松下大三郎などに見られる洞察の系譜であり，三上章などを経て現代へと続く，現象を切り分け高次の一般化を導き出す独創の系譜である．[2]

こうした系譜に連なる研究は，精密な言語記述もさることながら，記述にともなう優れた分析や重要な一般化の提示にこそ，その真の価値を見出すことができるのであるが，彼らの洞察は，実は外国語との対比において日本語を捉える「対照的視点」(Contrastive Perspective) に支えられていた．[3] Hoffmann や Chamberlain は言うまでもなく，洋学の素養——とりわけ英学の専門知識——を駆使した大槻文彦の日本文法もそうであり，基本的に個別言語主義であった山田孝雄でさえ，「凡（およ）言語の學自國語のみにて之に比較すべき外國語なきときは起らざるなり」(山田 (1908: 6)) との立場であった．「一般理論文法学」という普遍文法の枠組みを想定していた松下大三郎の文法論には，当然ながら対照的視点による考察が随所に見られ，例えば「ハ」と「ガ」の違いについては，「西洋論理学」に目を奪われて日本語の本質を見誤ってはならないと述べ，後に S.-Y. Kuroda (1972) が Categorical Judgment/Thetic Judgment とよぶ判断の区別を，すでに明確な形で提案していた (斉木・鷲尾 (2012a: 64–66))．

松下文法は当時の学界からは基本的に無視され，場合によっては暗に批判されてもいたのであるが，その理由については，これまで「理論の特異さ」(阪倉 (1955: 885)) や「術語の難解さ」(金田一 (1955: 778)) があげられていた．これに対して筆者らは，近代日本に存在した「反普遍文法」の流れを指摘し，これを松下批判の背景とする新たな学史的解釈を提示した．この解釈を支持する証拠としては，例えば八杉貞利の次のような発言をあげることができる (八杉 (1901: 79))．

---

[2] 文献の詳細については斉木・鷲尾 (2012a) を参照．

[3] そしてこの視点から，日本語という言語の重要な性質が記述されているのであるが，彼らの洞察が見過ごされたまま現在にいたっていることもある．Washio (2014) は日本語のヴォイス体系を多言語比較の文脈で概観しつつ，大槻文彦，Chamberlain, 山田孝雄などの研究に新たな現代的意義を見出している．斉木 (2007, 2008) は類似の観点から松下文法における被動表現の分類を取り上げ，その後の分類との関係を論じている．

近來我國でも，ある學者によつて，かやうな主義の文典が著はされつゝあるやうですが，私共の主義では賛成致しませぬ．

八杉の言う「かやうな主義」とは，18世紀の普遍文法主義（いわゆる grammaire générale）を念頭に置いたものである．そしてこのような主義の文典を書きつつある学者が日本にもいるとして批判しているのであるが，当時の学問的状況を踏まえて読めば，この「ある學者」が松下大三郎を指すのは明らかである．『日本文法の系譜学』でも指摘したように，一般文法に対する否定的見解は，八杉と同時代の新村出，亀田次郎，安藤正次などの著作にも見られる．彼らはいずれも帝国大学で上田萬年の教えを受けた人たちであるから，上田門下を中心に形成されていた当時の主流派には，根強い「反普遍文法観」があったものと考えられる．上に引用した八杉の一節からは，松下大三郎の日本文法が，その普遍文法観もろとも一蹴されていた様子が窺えるのである．[4]

松下文法は，現在では最も評価の高い日本文法の1つとなっているが，松下の文法記述を積極的に評価したことで有名なのは，心理学者の佐久間鼎や，その佐久間に師事した三上章などであった．佐久間も三上も，いわば学界の外から日本語研究を見ていた人たちであるが，松下文法を評価したのがほかならぬ彼らであったというのは，おそらく偶然ではない．

一方で，この時代の言語学界には小林英夫がいた．『言語学原論』以後の小林は，Hjelmslev の *Principes de grammaire générale* などを日本に紹介し，自らも「一般文法」の可能性について論考を発表していた．国語学あるいは国語学界についても発言していた小林であるから，[5]「一般文法」と親和性のある松下文法を積極的に取り上げても不思議ではなかったのであるが，その小林もまた，松下の「一般理論文法学」は基本的に無視していた（斉木・鷲尾 (2012a: 61)）．

---

[4] こうした筆者らの解釈については，すでにいくつかの肯定的あるいは否定的な論評が出されており，研究史分野にも活性化が見えはじめている．福井 (2013)，ナロック (2013) などを参照．

[5] 小林英夫と当時の国語学界との関係は，従来の国語学史ではあまり考察されていないが，学史的に意味のある興味深いテーマであると筆者らは考えている．小林と時枝誠記の接点 (Washio (2006a, b)) などについても，さらに考察を深める余地がある．

現代の言語研究について，本書の編者は「異なるアプローチ間の交流がほとんど行われていない」との認識を示すと同時に，他方ではまた，「理論研究」と「記述研究」の間にも，互いの研究成果を利用しきれていない面があると述べている（本書はしがき）．こうした「分野間」の風通しの悪さを改善しようという試みには，充分な意味があると筆者らも思う．しかし，互いの研究成果を利用しきれないという事態は「分野内」でも生じる．その深刻度，影響の大小はさまざまであるが，特定の言語現象について，複数の矛盾する記述や一般化が存在するにも拘わらず，互いへの言及が一切ないまま，相容れない記述的系譜が形成され，それが長きにわたって継続する，という事態さえ指摘することができる．[6] こうした事態が分野や学派を跨いで生じているのなら，いっそ理解も対処もしやすいのであるが，それが同じ分野の内部で——あるいは同じような研究に取り組む学者の間で——生じている場合には，重要な事実観察が分野内で共有されず，したがって考えるべき問題の存在自体が認識されないなど，分野にとっての実質的な弊害も生じうる．同様の事態が現在進行中であり，未だ萌芽段階にある場合，それはさらに見えにくく，容易に見過ごされてしまう．本章では，そのような事態にいたる可能性がある1つの事例を取り上げるが，これは筆者らが近代国語学の研究史から得た教訓が，現代の日本語研究とも無関係ではないと考えるためである．

## 2.　上代日本語と助動詞選択

　2010年に出版されたBjarke Frellesvig教授の *A History of the Japanese Language* は，日本語史の総合的な記述を試みた力作である．上代から現代にいたる通時的変化を俯瞰する著者の力量もさることながら，英語で書かれた類書がほとんどないという事情もあり，諸外国におけるこの分野の研究は，同書から多大な影響を受けるものと思われる．Unger (2011: 914) も述べているように，同書が次世代の「標準的な教科書」になる可能性も高い．それだけに，同書が提示する言語事実や理論的解釈，あるいは学史的記述に疑問の余地がある場合，それらを明確に述べ，少なくとも代案が存在するという事実を明らかにしておくことが，分野の健全な発展に繋がるのではない

---

[6] これについては本章の第5節で一例をあげる．

かと思う．Unger (2011) やナロック (2012) などの書評にも，すでにいくつかの指摘が見られるが，本章で筆者らが取り上げるのは，いわゆる完了の助動詞「ツ」と「ヌ」の分布に関する次の (1) および (2) のような記述である (Frellesvig (2010: 67)).[7]

(1) ... the precise details of the differences in use between -(i)te- and -(i)n- remain unclear. There are clearly discernible, strong tendencies in their distribution in terms of semantico-syntactic properties of the host verb, particularly when refining this in terms of *split intransitivity*:

(2) | Transitives | Intransitives | |
|---|---|---|
| | unergatives | unaccusatives |
| -(i)te- | -(i)te- | -(i)n- |

すなわち，上代語の「ツ」("-(i)te-") は**他動詞**および**非能格動詞**と共起し，「ヌ」("-(i)n-") は**非対格動詞**と共起する，という記述である．

自動詞類が非能格と非対格に分割され，非能格動詞が他動詞と同じようにふるまうという現象は，Perlmutter (1978) の「非対格仮説」以来，生成文法的な研究では一般に "Unaccusativity" とよばれている．一方，格表示のパターンなどに関して自動詞類が二分割されるという現象は，世界の諸言語について古くから指摘されており，とくに類型論的な研究では "Split Intransitivity" とよばれている．この用語の初出は必ずしも明らかではないが，実質的には Merlan (1985) あたりに遡る比較的新しい用語であると思われる．その後，van Valin (1990) などの影響もあり，非対格仮説にかかわる現象を Split Intransitivity として論じる研究も多くなっている．

非対格仮説をめぐる問題の 1 つに，同じ動詞が非対格的にも非能格的に

---

[7] (1) に引用したのは Frellesvig (2010: 67) の本文，(2) はその直後に掲げられた表（原文の "(23)"）であり，これらは一続きの記述になっている．ここでは便宜上，本文と表それぞれに番号をつけて引用した．原文で (1) の最後に附されている注は省略したが，そこには (2) の一般化を最初に指摘した文献として Frellesvig (2001) があげられており，それが John Whitman 教授の指摘によるものであった旨が記されている．本章の注 16 も参照．

もふるまう，いわゆる "variable behavior verbs"[8] の存在があり，これは(2) のような記述を仮定する場合にも，やはり潜在的な問題となる．ある種の動詞が「ツ・ヌ」いずれとも共起しうることは江戸時代から知られているからであるが，例えば Washio (2004: 201, 217) は宣長『玉あられ』の記述を紹介した上で，「鴬鳴きぬ」[M948]，「鴬鳴きつ」[M1443] のような最小対を含むいくつかの事例をあげている．[9] こうした可変性動詞については，Frellesvig (2010: 68) も次のように述べている．[10]

> (3) ... as pointed out by Sorace (2000), **auxiliary selection** based on **split intransitivity** is not exclusively a matter of invariable lexical properties of host verbs, but proceeds along a hierarchical scale and includes semantic properties deriving from the clauses/predications in which the perfective occurs. It is **single argument (intransitive) verbs** which have no or a low specification of telicity, affectedness, agentivity, and volitionality which exhibit variation in the choice of perfective auxiliary. In particular, agentivity and volitionality seem to be relevant for OJ.

次節以降で指摘するように，この一節を含む同書§3.1.4.6 は，実は決定的に重要な言語事実および論点の存在に，敢えて触れずに書かれている．そのため，(2) の一般化が内包する経験的な問題，そしてそれから派生する重要な理論的問題を，Frellesvig (2010) の論述から読み取るのは不可能に近い．さらに，こうした問題の本質を理解するには，(3) の冒頭にある "auxiliary selection" とは何かを理解しておかなければならないのであるが，Frellesvig (2010) にはこの用語についての説明も例示もないので，(2) や (3) が抱える諸問題はさらに見えにくくなっている．そこでまず，(2) や (3) の

---

[8] Levin and Rappaport Hovav (1995, 2005) などを参照．以下，"variable behavior" を仮に「可変性」と訳す．

[9] 以下，Washio (2004) がローマ字表記であげている古典日本語の用例はすべて日本語表記で引用する．用例に附されたグロスや英訳は省略するが，角括弧で示した情報は原文のままである（"M" は『萬葉集』の略号，数字は国歌大観番号）．

[10] 強調は引用者による．この一節に附された注は省略したが，その内容は以下で引用する．

ような記述の背景をここでごく簡単に解説し，次節以降の具体的な議論に繋げることにする．

　Auxiliary selection（「助動詞選択」）とは，英語の完了構文（have＋過去分詞）に相当するドイツ語，イタリア語，フランス語などの形式において，完了の助動詞として"HAVE"（*haben/avere/avoir*）だけでなく"BE"（*sein/essere/être*）も用いられるという現象を指す．単純化して言えば，これらの言語で BE を選択するのは非対格系の自動詞であり，非能格系の自動詞とすべての他動詞が HAVE を選択する（Burzio (1986)，Perlmutter (1983) などを参照）．したがって，この「助動詞選択」は自動詞類を非対格と非能格に分割することになるが，同じ動詞を用いた自動詞節において HAVE と BE がいずれも可能である「可変性」も観察されることから，そうした事例も含め，西洋諸語における助動詞選択と上で見た日本語の「ツ・ヌ選択」は，類似の現象を構成しているように見えるわけである．すでに引用した Washio (2004) が詳細に論じている点であり，やや異なる観点から鷲尾 (2002a) も論じた点であるが，Frellesvig (2010: 68) は後者に言及して，"Washio (2002) is the first to point out explicitly that selection of perfect auxiliaries in Germanic and Romance **involves similar issues** to the selection of perfect auxiliaries in OJ." と述べている．[11] つまり Frellesvig (2010) は，上代日本語の「ツ・ヌ選択」と西洋諸語の"HAVE/BE 選択"が「類似の問題を含む」との指摘を踏まえ，[A] これらは (2) のように一般化することができ，[B] "HAVE/BE 選択"において可変性が生じるのは，"telicity, affectedness, agentivity, volitionality" といった意味的特性を欠く（あるいはその程度が低い）自動詞の領域に限られる，[C]「ツ・ヌ選択」における可変性についても同じことがいえるが，日本語の場合，"agentivity" と "volitionality" が決定要因であるように思われる，と述べていることになる．

　このように整理してみると，Frellesvig (2010) の論述は穏当かつ妥当であるように見えるが，西洋の助動詞選択と上代日本語の助動詞選択が「類似の問題を含む」("involves similar issues") と指摘した文献として鷲尾 (2002a) をあげる場合，少なくともどのような問題が提起されているのかに触れる必要がある．なぜなら同論文は，Frellesvig (2010) があげる (2)

---

[11] 強調は引用者による．上の注 10 で言及したのはこの一節である．

や (3) のような一般化が単純にすぎる——端的に言えば事実に反する——と主張した論文なのであり，そこで明らかにされた事実に触れることなく (2) や (3) のみを提示してしまうと，現象の本質を考え直す絶好の機会を失いかねないからである．

## 3. 日欧語における助動詞選択とオランダ語の重要性

　英語の完了構文に対応する形式は，フランス語文法などでは「複合時制」とよばれるが，例えば次の (4) を見ると，(a) 他動詞 *tirer* 'shoot' と (b) 非能格動詞 *jouer* 'play' が助動詞 *avoir* 'have' と共起しているのに対して，(c) 非対格動詞 *arriver* 'arrive' は助動詞 *être* 'be' と共起していることがわかる．[12] ドイツ語やオランダ語でも同じパターンが観察される．[13]

(4) a. Il *a* tiré une flèche.　　　［彼は矢を射た］ (*avoir* = HAVE)
　　b. Nous *avons* joué dehors.　［我々は外で遊んだ］ (*avoir* = HAVE)
　　c. Le printemps *est* arrivé.　［春が来た］ (*être* = BE)
(5) a. Er *hat* einen Pfeil abgeschossen.　［= (4a)］ (*haben* = HAVE)
　　b. Wir *haben* draußen gespielt.　　　［= (4b)］ (*haben* = HAVE)
　　c. Der Frühling *ist* gekommen.　　　［= (4c)］ (*sein* = BE)
(6) a. Hij *heeft* een pijl afgeschoten.　［= (4a)］ (*hebben* = HAVE)
　　b. Wij *hebben* buiten gespeeld.　　［= (4b)］ (*hebben* = HAVE)
　　c. Het voorjaar *is* gekomen.　　　［= (4c)］ (*zijn* = BE)

英語も古くはこのタイプの言語であったが，通時的変化の中で完了の助動詞は *have* に収斂した（英語については第 4 節で触れる）．
　以上を踏まえて次の (7) を見れば，これが (4)-(6) と似たパターンを示しているのは明らかである．

---

[12] 以下，(4)-(6) の用例は Washio (2004: 198, 219-220) によるが，グロスは省略してある．類似の用例は Washio (2001)，鷲尾 (2002a, b) などでもグロスをつけて提示している．
[13] (6c) の例は "het voorjaar" を "de lente" にしても構わない（いずれも《春》を意味する）．

第 29 章 助動詞選択とは何か 439

(7) a. … 射つる矢を …　　[M364]
　　b. … 瀧に遊びつる　　　[M1104]
　　c. … 春さりぬれば …　 [M475]

しかし，「ツ・ヌ」の分布が西欧諸語の助動詞選択と同じ現象であると主張するには，少数の用例から受ける印象に基づいて，ただ「似ている」と述べるだけでは意味がない．最低限必要なのは，現象全体の組織的な比較に基づく類似性の確立である．Frellesvig (2010) が言及している鷲尾 (2002a) は，そのような比較作業を経た上で書かれているが，関連する言語事実を最も包括的に論じているのは Washio (2004) である．そこには，上代日本語において完了形の用法が確認されているすべての動詞と，それらと比較しうる現代オランダ語の用例を可能な限り対比させた調査が報告されている．その一部を簡単にまとめたのが次の表である（国歌大観番号はすべて『萬葉集』）．

| ツ動詞 | HEBBEN 動詞 | ヌ動詞 | ZIJN 動詞 |
| --- | --- | --- | --- |
| 射 [364] | schieten | 落ち [2356] | zakken |
| 植ゑ [411] | (aan)planten | 衰へ [2952] | verzwakken/verdorren |
| 刈り [121] | maaien | 生ひ [181] | groeien |
| 着せ [3625] | (aan)kleden | 皺み [1740] | rimpelen |
| 据ゑ [3927] | leggen | 来り [2036] | arriveren |
| 慰め [3135] | troosten | 裂け [2878] | scheuren |
| 願ひ [4470] | wensen | 去り [475] | komen |
| 飲み [1142] | drinken | なぎ [2579] | bedaren |
| 遣り [2799] | sturen | なり [29] | worden |
| 結ひ [3948] | binden | なれ [1787] | wennen/verslijten |
| 遊び [1104] | spelen | 干 [271] | drogen |
| うけひ [2433] | bidden | 罷り [973] | gaan |
| 嘆き [2893] | zuchten/(wee)klagen | 都び [312] | urbanisieren |
| 哭泣き [1809] | huilen, wenen, snikken | 萌え [1848] | botten |
| 笑み [4137] | (glim)lachen | 止み [1757] | luwen |

【表 1】

上代日本語と現代オランダ語の動詞を意味的に対応させたリストを作成すると，【表 1】のように「ツ・ヌ」の分布と *hebben/zijn* の分布には組織的な対応が見られ，しかもその分布は「非対格性」に基づく一般化に収まるように

見える．上代語で「ツ」と共起している動詞（「ツ動詞」）は他動詞と非能格動詞であり，「ヌ動詞」はすべて非対格動詞と見るのが自然である．オランダ語を含む西洋諸語の HAVE/BE 選択については，「他動詞と非能格動詞は HAVE を選択し，非対格動詞は BE を選択する」という記述的一般化が仮定されてきたが，この一般化における HAVE と BE をそれぞれ「ツ」と「ヌ」で置き換えれば，日本語についての記述としても通用するほどに，2 つの現象は類似している．そこで，HAVE と「ツ」をまとめて "H" と表記し，BE と「ヌ」をまとめて "B" と表記することにすると，西洋諸語と上代日本語における完了の助動詞の分布は，次のような一般化として捉えられるように見える．

(8) a.　他動詞は H を選択する．
　　b.　非能格動詞は H を選択する．
　　c.　非対格動詞は B を選択する．

前節で紹介した Frellesvig (2010) は，ようするに (8) のような一般化を前提として，自動詞の領域においては，同じ動詞が H 選択と B 選択の間で揺れる可変性が生じうる，と述べているのであるが，この論述からは，Washio (2004) が指摘する次の事実が完全に欠落している．すなわち，西洋の助動詞選択を扱った多くの研究において，(8a) には例外が存在しないと言われてきたのに対し，上代日本語には (9) のような実例が存在するという事実，そしてこれが日本語に限られた現象ではないという事実である．

(9)　秋山をゆめ人かくな**忘れ**にしその黄葉の思ほゆらくに [M2184]

(9) で太字にした箇所は，他動詞「忘る」（下二段）が「ヌ」と共起した例である．上代には「忘る」が「ツ」と共起した例は見られず，中古以降においても，「忘る」は圧倒的に「ヌ」との相性がよい．『伊勢物語』ほかいくつかのテキストを調べてみても「忘れ＋ツ」は見られなかった．[14]『源氏物語』も

---

[14] 例えば次のような用例が見られる（鷲尾 (2003b), ハンドアウト, p. 21）．
　　(i)　忘れにけり，忘れぬべき［伊勢物語］；忘れにけるかな，忘れぬめり，忘れ給ひにける［和泉式部日記］；忘れぬる，忘れにたる［浜松中納言物語］；忘れぬ［更級日記］，など．
以下の (10), (11) も同じハンドアウトの同じページから引用した．

同様であるが，中古では「忘る」と「ツ」の組み合わせも不可能ではなかったらしい．次の (10) は，『枕草子』に出てくる「忘れ＋ツ」の例である．

(10) などかく忘れつるならむ［殿などのおはしまさで後］

しかし，これがごく例外的な事例であることは，『枕草子』でも (10) 以外の例はすべて「忘れ＋ヌ」であることから明らかである．

(11) もどかしさも忘れぬべし［菩提といふ寺に］；この事も忘れぬ［五月の御精進のほど］；憂き事もみな忘れぬべし［成信の中将は］；おほく聞きしかど忘れにけり［無名といふ琵琶の御琴を］；忘れにし人の車の…［いみじうしたてて婿とりたるに］

上の (10) で「ツ」が使われている理由については，これが《思い出そうとしても思い出せなかった》という文脈の用例であることと関係があるかも知れないが，いずれにしても，上代・中古を通じて「忘る」が B（＝「ヌ」）を選択する他動詞であったことは否定しようがない．[15] 以下でも触れるように，B を選択する他動詞は「忘る」以外にもいくつか確認されている．

このように見てくると，上で引用した (2) の一般化が，いかに事実と整合していないかがわかる．Frellesvig (2010: 67) は (2) を "strong tendencies" として提示しているが，「傾向」であれ何であれ，(2) のような記述は「ヌ」と共起する他動詞の存在を無視することによってのみ成り立つものであるから，[16] 大雑把にせよ事実を伝えるには，(2) は少なくとも次のように

---

中古日本語を対象にした研究は相当数にのぼるが，比較的最近の文献に井島 (2011) があり，先行研究も詳しくまとめられている．多くの研究で中心的な資料として用いられる『源氏物語』については，伊藤 (1978) や鈴木 (1992) などに詳細な調査・分析がある．

[15] (10) や (11) からは，中古では「忘る」が可変性を備えていたこともわかる．この事実は (3) に引用した Frellesvig (2010) の記述（"It is single argument (intransitive) verbs … which exhibit variation in the choice of perfective auxiliary."）と矛盾するが，(3) は「上代語」の文脈で提示された一般化であるから，必ずしも中古語の事実によって否定されるわけではない．しかし，上代語では本当に自動詞だけが可変性を示していたのか，あるいは中古語のように他動詞の領域でも同じ現象が生じえたのか——ここには考えるべき重要な問題があり，その考察は今後の研究が進むべき方向に影響を与える．研究の方向を決めかねない事実認定や一般化には，当然ながら多角的な検証が求められる．関連する問題については Washio (2004: 240-242) に議論がある．本章の注 31 も参照．

[16] 「ヌ」をとる他動詞の存在を知らずに (2) のような一般化を想定した場合には，もちろ

修正されなければならない．

(12)　　　　　Transitives　　　　　　　Intransitives
　　　　　class 1　　class 2　　unergatives　　unaccusatives
　　　　　-(i)te-　　-(i)n-　　　-(i)te-　　　　-(i)n-
　　　　　射る　　　忘る　　　　遊ぶ　　　　　さる
　　　　　　⋮　　　　⋮　　　　　⋮　　　　　　⋮

（class 2 の欄は枠で囲まれている）

「ツ」と「ヌ」の分布を「自動詞分割」("Split Intransitivity") として捉えるのが Frellesvig (2010) の立場であったが，現象を (12) のように整理してみると，日本語では，いわば「他動詞分割」("Split Transitivity") も生じていることがわかる．これはイタリア語，ドイツ語，フランス語などの助動詞選択には見られない現象であるから，これらの言語と日本語を比べている限り，日本語の特殊性だけが際立つことになる．(12) で "class 2" とよんだ例外的他動詞がイタリア語などには存在しないことを考えれば，そもそも「ツ・ヌ選択」を西洋諸語の助動詞選択と同列に扱えるのか，という疑問さえ生じてくる．

ところが，同じ西洋語でもオランダ語に着目すると，事情は一変する．日本語と同様に，オランダ語にも例外的に B (*zijn*) を選択する他動詞が存在するからである．しかも驚くべきことに，オランダ語でも《忘れる》という意味の動詞は，やはり例外的に B を選択するのである．例えば「本の名前を忘れた」を完了構文で表現する場合，オランダ語では次のように助動詞 BE を用いる (Washio (2004: 220))．[17]

---

ん「事実を無視した」という表現は当たらないが，Frellesvig (2010) は当然ながら例外的他動詞の存在を知った上で書かれている．ちなみに，(2) に類する一般化を最初に提案した研究として，Frellesvig (2010) は Frellesvig (2001) をあげているが，実際には竹沢 (1991) に，より早い言及がある (Washio (2004: 250))．

　例外的他動詞の存在は，伝統的な国語学では昔から指摘されていた．上代語を対象にした先行研究については，Washio (2004) に主要な文献のリストが載っているが，それらは「非対格仮説」(Perlmutter (1978)) 以前に書かれたか，以後であっても非対格仮説を踏まえずに書かれているので，「ヌ」をとる他動詞の存在が言語学における重要な理論的争点にかかわるという認識はなかった．

[17] 類例は信頼できる辞書や文法書にも専門的な文献にも載っている．Geerts and Heestermans (1995), Donaldson (1997), Ackema (1999) などを参照．以下（注 31）でも触

(13)　Ik *ben* de naam van het boek vergeten.　(*ben* = BE)
　　　'I *am* [have] forgotten the name of the book.'

このような場合，イタリア語やドイツ語では，次のフランス語と同様にHAVE の使用が義務的となる．

(14)　a.　J'*ai* oublié le titre de ce livre.　　(*avoir* = HAVE)
　　　b.　*Je *suis* oublié le titre de ce livre.　(*être* = BE)
　　　　　'I {have/*am} forgotten the title of the book.'

したがって，これらの言語における B 選択は自動詞の領域に留まる現象であり，他動詞が B を選択する可能性は一律に排除されているといえるのであるが，オランダ語と日本語は，B 選択を他動詞の領域に拡張した言語であると考えられる．ただしこれらの言語においても，B を選択する他動詞は少数に限られている．オランダ語の場合，*vergeten* 'FORGET' のほかに *passeren* 'PASS'，*naderen* 'APPROACH'，*volgen* 'FOLLOW' などが例外的他動詞に含まれるが，興味深いことに，意味的にこれらと比較しうる動詞は，日本語でも B を選択していたという事実がある．

　オランダ語の *passeren* は，ほぼ英語の *pass* に対応する動詞であり，自動詞としても他動詞としても用いられる．《（場所を）通過する》という意味で用いられた *passeren* は他動詞であるが，複合時制では次のように B を選択する．[18]

(15)　Hij *is* op zijn reis Amsterdam gepasseerd.　(*is* = BE)
　　　'He *is* [has] passed Amsterdam on his journey.'

---

れるが，Lieber and Baayen (1997) はオランダ語における例外的他動詞を正面から取り上げた重要な研究である．

[18] 手元にある蘭仏辞典（Bogaards et al. (1993)）の用例．ちなみに，この用例に対しては次のようなフランス語訳があげられている．
　　(i)　Au cours de son voyage, il est passé par Amsterdam.
これも《彼は旅行中にアムステルダムを通った》と訳しうる例文であるが，*passer* を自動詞として用いた例であるため，複合時制の助動詞は BE(*est*) になっている．他動詞としての *passer* は，*Il a passé la frontière.* "He *has* passed the frontier." のように HAVE(*a*) を選択する．英語の *pass* については鷲尾 (2014) に議論がある．

上代日本語で *passeren* に最も近い意味を表すのは「過ぐ」であると思われる．一般に自動詞と分類されるが，「新治筑波を過ぎて」（『古事記』倭建命）に見られるように，場所句を対格で表示する点では *passeren* と同様である．そしてこの「過ぐ」もまた，上代日本語ではB（＝「ヌ」）を選択する動詞であった（Washio (2004: 222)）．

(16) … この松原を今日か過ぎなむ ［M1674］

同様に，*naderen* 'approach' もオランダ語ではBを選択する他動詞である．日本語の「近づく」は与格支配であるが，「野島が崎に船近づきぬ」［M250］のような例から，これもBを選択していたことがわかる (ibid.)．

一方で，上代語資料には「知る」が「ヌ」と共起した例が見られる（「…人知りにける…」［M3016］）．オランダ語では，《知る》という意味の一般的な語彙は *kennen* か *weten* であるが，これらはいずれもH (*hebben*) をとる．したがって，日本語では FORGET と KNOW がいずれもB動詞であるのに対し，オランダ語では FORGET のみがB動詞であり，KNOW はH動詞の範疇に属していることになる．

日本語の場合，「忘る」と「知る」には明らかな共通性がある．いずれも意図性を欠く他動詞であり，主語の（心理的・認知的）**状態変化**を記述する．これはオランダ語の *vergeten* 'FORGET' にも共通する性質であり，実は非対格自動詞を特徴づける性質（**状態変化・場所変化**）でもあるから，「忘る」「知る」および *vergeten* に見られるB選択は，意味的な観点からすれば決して不自然な事態ではない．説明を要するのは，むしろオランダ語の *kennen/weten* 'KNOW' であるが，状態変化を表す日本語の「知る」とは異なり，オランダ語の *kennen/weten* 'KNOW' は**状態動詞**であると考える根拠がある (Washio (2004: 245–246))．そしてオランダ語では，状態動詞は一般にHを選択するので，[19] 結局，上で見たような助動詞選択のパターンは，主語の

---

[19] 状態動詞の典型とも言える *zijn* 'BE' 自体は，この一般化に対する例外となるが，助動詞選択において言語間・方言間の差異が最も激しいのは「状態動詞」のクラスであるから，この例外は驚くにはあたらない．古典日本語の「あり」も可変性動詞であり，英語の *be* に相当する存在動詞は，イタリア語ではBを選択するがフランス語ではHを選択する．日本語の「いる・ある」に対応することの多いドイツ語の *liegen* という動詞は，通常H (*haben*) をとるとされるが，文法書や辞書には必ず「ドイツ南部・オーストリア・スイスでは

状態変化・場所変化を表す動詞は，他動詞であっても B を選択しうる，という一般化として捉えることができる．

## 4. 領域拡張の問題

前節のような観察から，元来は非対格系の自動詞——伝統文法で言う「変異動詞」(mutative verbs)——の領域に限定されていた BE 選択の原理が，言語によっては他動詞の領域にまで拡張されうると考えるのは自然である．この「領域拡張」の仮説を簡単に述べたのが次の (17) である．

(17) a. 一定の性質 $\beta$ を備えた自動詞のみが B を選択する．
　　 b. B 選択を他動詞の領域に拡張する言語も存在する．

すでに触れたように，イタリア語，ドイツ語，フランス語などの言語は基本的に領域拡張を許さない．一方，オランダ語と上代日本語は拡張を許すが，これらの言語においても，拡張の対象となる他動詞は比較的少数に限られ，それらには意味的な類似性が見られる．つまり，領域拡張を許す言語においても，一定の条件を満たす他動詞のみが B 選択を引き起こすと考えられるのであるが，この制限に関する具体的な仮説が次の (18) である．

(18) 領域拡張を許す言語において B を選択する他動詞は，B を選択する自動詞が共有する性質 $\beta$ を備えていなければならない．

$\beta$ の具体的内容について，Washio (2004) では伝統文法や Kaufmann (1995)，Wunderlich (1997)，Lieber and Baayen (1997) などの系譜に属する意味論的アプローチを採用し，"CHANGE OF STATE/ LOCATION" という意味特性を $\beta$ の中心に据える立場を採っている．[20] これによれば，主語として実現される項が《場所変化》あるいは《状態変化》の対象であるような動

---

*sein* をとる」との但し書きが付いている．

[20] $\beta$ の具体的な中身についてはさまざまな可能性を検討しなければならないが，これは本章の射程を遥かに超える．Sorace (2000) の "Auxiliary Selection Hierarchy" を他動詞の領域に拡大する可能性も考えられるが，そのためには Sorace (2000) の記述的・理論的主張をかなり見直さなければならない．Lieber and Baayen (1997) の "IEPS" という特性を取り込む可能性なども検討に値する．

詞に対してのみ，領域拡張が適用されることになる．したがって，仮に B 選択が他動詞の領域に拡張されるとしても，主語の意味役割が《意図的動作主》であるような他動詞に対して一次的な拡張が行われることはない．[21] この意味的条件を満たすのは，オランダ語では *vergeten* 'FORGET' や *volgen* 'FOLLOW' であり，上代日本語では「忘る」や「知る」である（Washio (2004: 234–246)）．

すでに述べたように，(18) に示した「B 選択の拡張に対する条件」は，そもそも他動詞への拡張がありうるという (17b) の仮説を前提としている．しかし，こうした可能性を認めない専門家は少なくない．(18) は，Washio (2004: 233) の "(94)" を日本語で述べ直したものであるが，これは *Journal of East Asian Linguistics* のレフリーの一人が最後まで認めなかったものである．他動詞による B 選択を認めない専門家の見解として参考になるので，このレフリーの具体的なコメントを次に引用する（引用にある "(94)" は本章の (18) に相当する）．

(19)　The principle stated in [(94)] makes sense only if it is understood to mean that some verbs may project either as transitives or an unaccusative; it cannot mean that some transitive verbs, by virtue of their semantics, select *be*.
　　　　　　(Comments from a *JEAL* referee cited in Washio (2004: 234))

つまり，本章の (18) は，他動詞としても非対格動詞としても投射される動詞が存在する，という主張と理解してはじめて意味をなすものであり，他動詞が，その意味特性によって直接 BE を選択する，という意味ではありえないとの主張である．

レフリーの言う「他動詞としても非対格動詞としても投射される動詞が存在する」という考え方は，非対格仮説をめぐる研究には以前からあり，とく

---

[21] 助動詞が適用領域を広げる初期の段階を《一次的拡張》とよぶ（鷲尾 (2006)）．助動詞選択という現象を失った英語のような言語では，助動詞 *have* が他動詞の領域から非能格自動詞の領域に拡張し（一次的拡張），それがさらに非対格自動詞の領域に拡張した（二次的拡張）．以下でも述べるように，助動詞 *be* が二次的拡張を起こしたと見られる事例も存在するので，その前段階に一次的拡張が生じていたとすれば，その場合の拡張は，(18) が定義するような狭い範囲に限定されていた可能性がある．

に助動詞選択との関連では Hoekstra (1999) や Ackema (1999) が提案している．彼らの分析をインフォーマルに述べるなら，まず，動詞分類としては項構造の特性に基づく (20) を仮定する．

(20) a. Transitives: $(x\ (y))$
 b. Unergatives: $(x\ (\ ))$
 c. Unaccusatives: $(\ (y))$

他動詞と非能格動詞には外項 ($x$) が主語として投射されるという共通点があり，非対格動詞の唯一項は，他動詞の目的語と同じ内項 ($y$) と分析される．これらの動詞類の中では，非対格動詞のみが外項を欠くため，外項 $x$ の存在に依存する文法操作は，他動詞と非能格動詞のみに適用され，非対格動詞には適用されないという予測になる．よく知られているように，受動化の適用可能性は基本的にこの予測と合致するものであり，他動詞と非能格動詞が受動化を許すのに対し ((21), (22a))，非対格動詞に基づく受動文は一般に不適格となる ((22b))．[22]

(21) Der Student wurde vom Mädchen geküsst.
  the student became by the girl kissed
(22) a. Es wird hier (von den Kindern) oft getanzt.
    it becomes here (by the children) often danced
 b. *Es wird (von den Kindern) schnell gewachsen.
    it becomes (by the children) quickly grown

これは非対格仮説に基づく古典的な議論 (Perlmutter (1978)) であるが，(20) の動詞分類からは，内項 $y$ の存在に依存する文法操作は他動詞と非対格動詞にのみ適用され，非能格動詞には適用されないという予測も出てくる．ドイツ語やオランダ語の場合，いわゆる過去分詞の形容詞的用法が，基本的にはこの予測を裏づける現象と見なされてきた．例えば "the kissed

---

[22] 以下の (21)-(26) に見られるパターンはドイツ語とオランダ語に共通する．ここではドイツ語の例をあげる．もちろんドイツ語とオランダ語にもさまざまな違いがあり，対照言語学の興味深いテーマとなるが，本章と関わる現象のいくつかについては，鷲尾 (2003a) およびそこで引用されている文献を参照．

student" に相当する (23) は，英語と同様に "student = $y$" と解釈されなければならず，"STUDENT = $x$" の解釈は成り立たない (Grewendorf (1989: 15)).

(23)　der geküsste Student
　　　a.　'the student who somebody kissed'　(student = $y$)
　　　b.　*'the student who kissed somebody'　(student = $x$)

自動詞の場合，次の (24) に見られるような対立が生じるが，これは唯一項が $y$ であるか $x$ であるかの反映として，上の (22a) vs. (22b) や (23a) vs. (23b) に平行する現象として捉えられる.

(24)　a.　die angekommenen Gäste　　'the *arrived* guests ($y$)'
　　　b.　*die gearbeiteten Gäste　　'the *worked* guests ($x$)'

このように，ドイツ語やオランダ語の自動詞は，(i) 受動化，(ii) 過去分詞の形容詞的用法，という二つの現象において二分割され，「唯一項が $y$ であり，したがって外項 $x$ を欠く自動詞」(すなわち「非対格動詞」) は，(i) を許容せず (ii) を許容する，というパターンを示す．そしてこのパターンを示す動詞類は，完了の助動詞 BE を選択する動詞類と基本的に重なるため，(iii) 複合時制における BE 選択，という現象もまた，「唯一項が $y$ であり，したがって外項 $x$ を欠く」という自動詞の性質と結びつけて考えられてきた.

(25)　a.　Die Gäste *sind* angekommen.　　'the guests *are* arrived'
　　　b.　Die Gäste *haben* gearbeitet.　　'the guests *have* worked'

このような観点からすれば，外項 $x$ と内項 $y$ を備えた他動詞が BE を選択するという事態はありえないことになり，(25) に見られる (a) と (b) の対立は，他動詞に見られる次のような対立と同列に扱われる．

(26)　a.　*Das Mädchen *ist* den Studenten.
　　　b.　Das Mädchen *hat* den Studenten geküsst.
　　　　　the girl {*\*is*/*has*} the student kissed

さて，本章で問題にしてきたのは，日本語とオランダ語には B を選択す

る他動詞が存在し，しかもそれらには意味的な共通点がある，という事実であった (cf. (9) 「忘れ＋ヌ」, (13) "BE＋vergeten").

他動詞による B 選択の可能性を認めず，なおかつ (9) や (13) における B 選択を説明しようとするなら，「忘る」や vergeten は非対格動詞でもありうる (cf. (19)) と考えなければならない．日本語の例外的他動詞がこの観点から分析されたことはないが，上でも触れたように，オランダ語については Hoekstra (1999) や Ackema (1999) がそのような分析を提案している．それによれば，"Class 2" の動詞類は $x$ と $y$ がいずれも内項である次のような意味構造をもつとされる．

(27)　Class 2 "transitives":　(　($x$　$y$))

これが正しければ，オランダ語の vergeten 'FORGET', passeren 'PASS', naderen 'APPROACH' あるいは volgen 'FOLLOW' などは，$x$ と $y$ を要求する二項動詞ではあっても，「外項を欠く」という点では非対格動詞の変種であるから，複合時制において B を選択しても不思議ではないことになる．

上に引用した JEAL のレフリーは，ようするに (27) のような分析を想定しているわけであるが，単純に記述レベルで考えても，(27) に類する分析を仮定するのは極めて困難である．例えば (27) は，"Class 2" の動詞類は受動化を許さないと予測する．しかし，この予測が事実に反していることは，次のような受動文がまったく自然であることからも明らかである．[23]

---

[23] Washio (2004: 241). vergeten 'FORGET' の場合，(28) のような受動文が通常の「人称受動」であることを疑う者はいないと思われるが，volgen 'FOLLOW' などの例外的他動詞については，ドイツ語 folgen との比較からこれを与格支配の自動詞と考え，次のような受動文を「非人称受動」と見なしたくなるかも知れない．

(i)　De inbreker werd (door de politieagenten) gevolgd.
　　'The burglar was followed (by the policemen).'

しかし，(i) の主語を一人称代名詞で置き換えてみると，主格の Ik "I" のみが許され，与格の Mij "me" は不可能と判断される (Washio (2004: 239))．したがって，この volgen 'FOLLOW' なども含め，"Class 2" の動詞に基づく受動文は「人称受動」なのであり，そもそもの能動文は，人称受動を許容する通常の他動詞文でなければならない．そしてこの他動詞文を複合時制にしてみると，助動詞として B が選択される，ということである．次のように volgen 'FOLLOW' も例外ではない (Washio (2004: 223))．

(ii)　De politieagenten zijn de inbreker gevolgd.
　　'The policemen are [have] followed the burglar.'

(28) Zijn naam werd (door het publiek) gauw vergeten.
'His name was quickly forgotten (by the public).'

したがって，オランダ語内部の問題としても，B 選択は他動詞の領域にも拡張されると考えなければならないのであるが，オランダ語と日本語に見られる類似性は，上の (17) や (18) に示したような考え方が，決して「ありえない」ものではないことを示している．この結論はさらに，英語諸方言の記述からも支持される可能性が高い．

　本章ではこれまで英語のデータを取り上げてこなかった．現代の標準的な英語では完了の助動詞として have のみが用いられるので，日本語における「ツ・ヌ」の分布を対照言語学的に考察する際には，現代英語の完了構文は直接的な比較対象にはなりにくい，というのがおもな理由である．しかし，これは「英語」という言語が本章の論述と無関係であることを意味するものではない．いくつかの理由でそういえるのであるが，歴史的に見れば，英語もかつては have と be を使い分けていたという周知の事実がある．[24] 伝統的に「変異動詞」とよばれる，非対格系の自動詞とともに be を用いる語法は，初期近代英語の段階では依然として "common enough"[25] であったといえるが，後期近代英語の時代に have の使用が拡大し，結局は have が be を凌駕して現代の標準英語のような姿になった．つまり元来は他動詞とのみ共起していた have が非能格動詞とも構文をなすようになり，それがさらに非対格動詞の領域に拡張した，という変化を遂げたのが，一般に知られる英語の完了構文である．このように，競合する助動詞の一方（HAVE）が他方（BE）の領域に拡張したという事実は誰もが認めるところであり，類似の拡張は諸言語（諸方言）でも広く観察されている．[26] 例えば，ドイツ語における標準的な助動詞選択はすでに述べたようなパターンを示すが，いわゆる Pennsylvania German では，英語の影響で HAVE の使用範囲が著しく拡張している．[27] これは HAVE の使用が非対格自動詞の領域にまで及んだ事例で

---

[24] 英語史を扱った文献には必ず記述がある．Jespersen (1909-1949)，Visser (1963-1973) などを参照．

[25] Poutsma (1914-1929), Vol. 5, p. 216.

[26] 以下，本節で述べる内容については，鷲尾 (2014) にさらに詳しい議論がある．

[27] Heine and Kuteva (2005)．フランス語の方言については Sankoff and Thibault (1977)

あり，この事実認定に異を唱える者はいないと思われるが，上でも述べたように，元来 HAVE の守備範囲であった他動詞の領域に BE が拡張した，という分析を提案すると，これを決して認めない専門家が現れる．本章で紹介したように，オランダ語や古典日本語の事実を見れば，*vergeten* 'FORGET'/「忘る」などの他動詞が BE を選択するという可能性は真剣に検討せざるをえないと思われるが，実は古英語から続くさまざまな通時的展開の中には，BE が他動詞の領域に拡張したことを示す明らかな事例が見られる．例えば Wright (1905: 298) はシェトランド方言について，"*be* is used for *have*, as *ye're burnt the broth*" と述べている．他動詞が BE と共起した例であるが，これは個別の事例ではなく，シェトランドでは BE が完了の助動詞として一般化したのである．[28] 文献からいくつかの用例をあげるなら，"I'm heard it" (Merchers (2004: 39))，"He was seen him,""I'm done it,""He was ta'en it" (Palvenko (1997: 89)，citing Jakobsen (1985: xliii)，"I'm written" ((Merchers (1987: 57)，citing Graham (1984: xxi)) のようである．類似の拡張はシェトランドと関係の深いオークニーにも見られるが (Merchers (2004))，実はアメリカ大陸にも BE が他動詞の領域に拡張した事例がある．例えば North Carolina の Robeson County に居住するアメリカ・インディアンの英語（一般に "Lumbee English" として知られる）では，"I'm got a wonderful family,""You look more like an Indian than anyone I'm seen yet" (Dannenberg (2002: 37))，"… a question you're asked me …" (ibid.: 40)，"I'm always wanted to see arts…" (ibid.: 45) のような BE の用法が普通であり，Wolfram (1996: 11) は，*forget* に基づく次のような例もあげている．[29]

---

などを参照．

[28] これについては鷲尾 (2006) に言及がある．上に引用した Wright (1905) の用例については，*ye* という形がシェトランド的ではないとの指摘もあるが，*be* が他動詞とともに用いられるという論点には影響を与えない．

[29] この例には *yesterday* が生じているため，標準英語における現在完了構文とは異なり，いわゆる "Present Perfect Puzzle" (Giorgi and Pianesi (1997)) の現象が見られない．しかし，これは助動詞として BE が用いられているという事実とは無関係である．"Present Perfect Puzzle" が見られないのはオランダ語，ドイツ語，フランス語，さらには上代日本語も同様である (Washio (2004: 252, Note 20)) などを参照）．

(29)　I'm forgot to do it yesterday.

　Dannenberg (2002: 42) にも "I'm forgot which now" という例が見られる．
　以上のような言語が，なぜ BE の使用域を組織的に拡張したのか，その原因については今後さらなる研究が必要であるが，拡張が生じたという事実を否定することはできない．日本語の「忘れ＋ヌ」とオランダ語の "BE＋vergeten" などとの類似性に基づいて提案された (17c) は，BE の使用域が組織的に拡張する際の初期段階を捉えている可能性もある．[30] こうした観点からの調査は未だなされていないのが現状であるが，これは言語の普遍性と個別性が交叉するきわめて興味深い研究領域であると思う．

## 5. おわりに

　「ツ」と「ヌ」の分布をめぐる Frellesvig (2010) の論述は，助動詞選択にかかわる重要な観察を捨象しているため，上代日本語とオランダ語の比較から提起された新たな問題が，読者には知らされない結果となっている．これによって先延ばしにされるのは，日欧語の類似と相違に関する重要な事実の伝達だけではなく，そのような事実に基づく問題提起を知った読者が，あるいはその問題に取り組むかも知れない可能性である．研究分野の活性化という本書の趣旨に照らして言えば，これは期待される活性化が停滞する要因が，学派間の対立や理論研究と記述研究の交流不足だけにあるのではないことを示す事例となっている．[31]

---

[30] 上の注 21 を参照．デンマーク語における複合時制の破格的用法（鷲尾 (2006)）は，この種の拡張が萌芽的に生じたと思われる事例である．過去の英語に見られるいくつかの事例も，この観点から見直してみる価値がある（鷲尾 (2014)）．

[31] 類似の事例は，(8a) の一般化（「他動詞は HAVE を選択する」）をめぐる西洋語研究にも見られる．(8a) に対する真の例外が存在しないイタリア語やドイツ語とは異なり，オランダ語には BE と共起する他動詞が存在するという事実は，オランダ語の辞書や文法書では昔から記述されていたが，例外となる動詞が少ないためか，助動詞選択の研究では長らく無視されていた．Lieber and Baayen (1997) は，オランダ語に見られるこの特異な現象を取り上げた重要な研究であるが，彼らの論点もまた，その後の研究では積極的に考察されず，その重要性が広く認識されるにはいたらなかった．助動詞選択研究に多大な影響を与えた Sorace (2000) は，Lieber and Baayen (1997) を参考文献にあげ，本文や注で紹介もしているのであるが，それにも拘わらず，BE を選択する他動詞の存在には触れていない．

筆者らが敢えて Frellesvig（2010）を取り上げたのは，同書が優れた日本語史であり，次世代に多大な影響を与えるに違いないと思うからであるが，学史研究に取り組む中で，筆者らが類似の事例にしばしば遭遇してきたという事情もある．一例をあげるなら，筆者らは日本語における「使役受動」（～サセ＋ラレル）と「受動使役」（～ラレ＋サセル）の研究史を調査したことがある．前者が自由に許されるのに対し，後者は一般に不自然であるが，「息子を滝に打たれさせる」のように許容しうる例も存在するため，この種の事実が従来どのように記述されてきたのかに関心を抱いたのである．実際に調査してみると，明治時代から現代にいたるまで，受動使役を可とする立場と不可とする立場が並存し続けていることが明らかとなった．不可とする立場は，B. H. Chamberlain, Maurice Courant などから Bernard Bloch, Samuel Martin などにいたる，かなり強力な記述の系譜を構成しているため，こうした欧文の文献が世界の日本語研究に与えた影響は容易に想像できる．しかし，Chamberlain と同時代の大槻文彦は，実は受動使役を可としており，山田孝雄，三矢重松，松下大三郎なども同様の記述を残している（「娘を世間の波に揉まれさせる」など）．

世界の諸言語における受動文の使役化については，「多くの言語で制限されている」（Dowty（1979: 293）），「おそらくすべての言語で不可能である」（Vitale（1981: 172））などの記述も見られるが，こうした否定的一般化は，相当数の言語を調査した上でなければ提示できないのが普通であるから，文法記述が最も充実した言語の1つである日本語についても，一応の文献調査などは行われたであろう．その際，Bloch（1946）や Martin（1975）が参照されたとすれば，大槻の系譜で指摘された興味深い観察が知られないまま，日本語が上のような否定的一般化を補強する材料になった可能性もある．[32]

Frellesvig（2010）は今後の日本語史分野において，Martin（1975）に匹敵する影響力をもつ可能性があるので，そこでなされた日本語に関する記述

---

このようにして Sorace（2000）は，助動詞選択が提起する諸問題が自動詞の領域で完結するという印象を強く残す結果となったのであるが，その Sorace（2000）に依拠した Frellesvig（2010）の記述も同様の印象を残している．

[32] 以上，斉木・鷲尾（2012b）の記述を要約して紹介した．

は，とりわけ諸外国では疑問の余地なく受け入れられる可能性がある．助動詞「ツ・ヌ」については，実は Martin (1975: 574) も次のように述べ，

> There was a tendency to use the auxiliary -tú(ru) for voluntary and/or abrupt events, the auxiliary -nú(ru) for events that were involuntary, spontaneous, and/or slow-moving.

さらに続けて "-nú is more common with intransitives and passives, -tú with transitives and causatives."という先行研究の記述も紹介している．[33] 日本語を調べる際の代表的な reference grammar として，Martin (1975) と Frellesvig (2010) が併読されることもありうるが，その場合にも読者は，「ヌ」をとる他動詞の存在には思いいたらない可能性が高いのである．

## 参考文献

Ackema, Peter (1999) *Issues in Morphosyntax*, John Benjamins, Amsterdam.

Bloch, Bernard (1946) "Studies in Colloquial Japanese III: Derivation of Inflected Words," *Journal of the American Oriental Society* 66, 304–315. [Reprinted in *Bernard Bloch on Japanese*, ed. by Roy Andrew Miller, 1970, Yale University Press, New Haven.]

Bogaards, Paul et al. (1993) *Le Robert & Van Dale dictionnaire français-néerlandais/néerlandais-français*, deuxième edition, Dictionnaires Le Robert, Paris/Van Dale Lexicografie, Utrecht.

Burzio, Luigi (1986) *Italian Syntax: A Government-Binding Approach*, Reidel, Dordrecht.

Courant, Maurice (1899) *Grammaire de la langue japonaise parlée*, Leroux, Paris.

Dannenberg, Clare J. (2002) *Sociolinguistic Constructs of Ethnic Identity: The Syntactic Delineation of an American Indian English*, Publication of the American Dialect Society, No. 87, Duke University Press, Durham.

Donaldson, Bruce (1997) *Dutch: A Comprehensive Grammar*, Routledge, London.

---

[33] 「ツ・ヌ」の分布に関する Martin (1975) の記述は Washio (2004: 202) が引用している．同じ個所には，Martin が参照した先行研究の情報も明記してある．

Dowty, David (1979) *Word Meaning and Montague Grammar*, D. Reidel, Dordrecht.
Frellesvig, Bjarke (2001) "A Common Korean and Japanese Copula," *Journal of East Asian Linguistics* 10, 1-35.
Frellesvig, Bjarke (2010) *A History of the Japanese Language*, Cambridge University Press, Cambridge.
福井直樹 (2013)「生成文法と人間言語の『多様性』」『日本エドワード・サピア協会研究年報』27, 1-23.
Geerts, Guido and Hans Heestermans, eds. (1995) *Van Dale Groot woordenboek der Nederlandse taal*, 3 vols, Van Dale Lexicografie, Utrecht.
Giorgi, Alessandra and Fabio Pianesi (1997) *Tense and Aspect: From Semantics to Morphosyntax*, Oxford University Press, Oxford.
Graham, John J. (1984) *The Shetland Dictionary*, The Shetland Times Ltd., Lerwick.
Grewendorf, Günther (1989) *Ergativity in German*, Foris, Dordrecht.
Heine, Bernd and Tania Kuteva (2005) *Language Contact and Grammatical Change*, Cambridge University Press, Cambridge.
Hoekstra, Teun (1999) "Auxiliary Selection in Dutch," *Natural Language and Linguistic Theory* 17, 67-84.
井島正博 (2011)『中古語過去・完了表現の研究』ひつじ書房, 東京.
伊藤慎吾 (1978)『源氏物語の助動詞完了態用例の新研究 上』風間書房, 東京.
Jakobsen, Jakob (1985) *An Etymological Dictionary of the Norn Language in Shetland*, Shetland Folk Society, Lerwick.
Jespersen, Otto (1909-1949) *A Modern English Grammar on Historical Principles*, 7 vols, Carl Winters Universitätsbuchhandlung, Heidelberg. Reprint, 1961, George Allen & Unwin Ltd., London.
Kaufmann, Ingrid (1995) "O- and D-predicates: A Semantic Approach to the Unaccusative-Unergative Distinction," *Journal of Semantics* 12, 377-427.
金田一春彦 (1955)「標準日本口語法」国語学会(編)『国語学辞典』東京堂出版, 東京.
Kuroda, S.-Y. (1972) "The Categorical and the Thetic Judgments," *Foundations of Language* 9, 153-185.
Levin, Beth and Malka Rappaport Hovav (1995) *Unaccusativity: At the Syntax-Lexical Semantics Interface*, MIT Press, Cambridge, MA.
Levin, Beth and Malka Rappaport Hovav (2005) *Argument Realization*, Cambridge University Press, Cambridge.

Lieber, Rochelle and Harald Baayen (1997) "A Semantic Principle of Auxiliary Selection in Dutch," *Natural Language and Linguistic Theory* 15, 789-845.

Martin, Samuel E. (1975) *A Reference Grammar of Japanese*, Yale University Press, New Haven.

Merchers, Gunnel (1987) "*Is du heard aboot yun afore?* On the Use of *be* as a Perfective Auxiliary in Shetland Dialect," *Stockholm Studies in Modern Philology* (New Series) 8, 56-61.

Merchers, Gunnel (2004) "English Spoken in Orkney and Shetland: Morphology, Syntax, and Lexicon," *A Handbook of Varieties of English, Volume 2: Morphology and Syntax*, ed. by Bernd Kortmann, Kate Burridge, Rajend Mesthrie, Edgar W. Schneider and Clive Upton, 34-46, Mouton de Gruyter, Berlin.

Merlan, Francesca (1985) "Split Intransitivity: Functional Oppositions in Intransitive Inflection," *Grammar inside and outside the Clause: Some Approaches to Theory from the Field*, ed. by Johanna Nichols and Anthony C. Woodbury, 324-362, Cambridge University Press, Cambridge.

ナロック，ハイコ (2012)「書評：Bjarke Frellesvig "A History of the Japanese Language"」『日本語の研究』8, 103-109.

ナロック，ハイコ (2013)「書評：斉木美知世・鷲尾龍一著『日本文法の系譜学——国語学史と言語学史の接点』」『日本語の研究』9, 87-92.

Pavlenko, Alexander (1997) "The Origin of the *Be*-Perfect with Transitives in the Shetland Dialect," *Scottish Language* 16, 88-96.

Perlmutter, David (1978) "Impersonal Passives and the Unaccusative Hypothesis," *BLS* 4, 157-189.

Perlmutter, David (1983) "Personal vs. Impersonal Constructions," *Natural Language and Linguistic Theory* 1, 141-200.

Poutsma, Hendrik (1914-1929) *A Grammar of Late Modern English: For the Use of Continental, Especially Dutch, Students*, 5 vols, P. Noordhoff, Groningen.

斉木美知世 (2007)『被動性をめぐる比較文法論的考察——構文の連続性と離散性に関する事例研究』博士論文，筑波大学．

斉木美知世 (2008)「松下文法と被動表現の分類——「所有物」が意味するもの」『論叢 現代文化・公共政策』7, 103-131.

斉木美知世・鷲尾龍一 (2012a)『日本文法の系譜学——国語学史と言語学史の接点』開拓社，東京．

斉木美知世・鷲尾龍一 (2012b)「ヴォイスの複合——記述の歴史と現在」影山太郎・沈力(編)『日中理論言語学の新展望3　語彙と品詞』1-49, くろしお出版, 東京.

斉木美知世・鷲尾龍一 (2014)『国語学史の近代と現代——研究史の空白を埋める試み』開拓社, 東京.

阪倉篤義 (1955)「松下大三郎」国語学会(編)『国語学辞典』東京堂出版, 東京.

Sankoff, Gillian and Pierrette Thibault (1977) "L'alternance entre les auxiliaires *avoir* et *être* en français parlé à Montréal," *Langue française* 34, 81-108.

Sorace, Antonella (2000) "Gradients in Auxiliary Selection with Intransitive Verbs," *Language* 76, 859-890.

鈴木泰 (1992)『古代日本語動詞のテンス・アスペクト——源氏物語の分析』ひつじ書房, 東京.

竹沢幸一 (1991)「受動文, 能格文, 分離不可能構文と『ている』の解釈」仁田義雄(編)『日本語のヴォイスと他動性』59-81, くろしお出版, 東京.

Unger, J. Marshall (2011) "Review: *A History of the Japanese Language* by Bjarke Frellesvig," *Language* 87, 911-945.

van Valin, Robert D. Jr. (1990) "Semantic Parameters of Split Intransitivity," *Language* 66, 221-260.

Visser, Frederik Theodoor (1963-1973) *An Historical Syntax of the English Language*, 4 vols, E. J. Brill, Leiden.

Vitale, Anthony J. (1981) *Swahili Syntax*, Foris, Dordrecht.

Washio, Ryuichi (2001) "Auxiliary Selection: A Universal Phenomenon," *Linguistics and Interdisciplinary Research*, ed. by Kazuko Inoue and Nobuko Hasegawa, 139-167, Kanda University of International Studies.

鷲尾龍一 (2002a)「上代日本語における助動詞選択の問題」『日本語文法』2, 109-131.

鷲尾龍一 (2002b)「일본어에서 본 조동사 선택 현상」『어학연구』38, 921-942.

鷲尾龍一 (2003a)「助動詞選択と非対格性をめぐる若干の考察」『上智大学言語学会会報』17, 134-153.

鷲尾龍一 (2003b)「言語比較の方法——言語理論をアジアから見ると何が見えるか」夏期特別講義, 東京言語研究所.

Washio, Ryuichi (2004) "Auxiliary Selection in the East," *Journal of East Asian Linguistics* 13, 197-256.

Washio, Ryuichi (2006a) "Kobayashi, Hideo (1903-1978)," *Encyclopedia of*

Language & Linguistics, Second Edition*, volume 6, ed. by Keith Brown, 228-229, Elsevier, Oxford.

Washio, Ryuichi (2006b) "Tokieda, Motoki (1900–1967)," *Encyclopedia of Language & Linguistics, Second Edition*, volume 12, ed. by Keith Brown, 740-741, Elsevier, Oxford.

鷲尾龍一 (2006)「共時的変異と通時的変化——助動詞選択における《領域拡張》の場合」城生佰太郎博士還暦記念論文集編集委員会(編)『実験音声学と一般言語学』307-315, 東京堂出版, 東京.

鷲尾龍一 (2014)「言語変化における領域拡張の問題」未刊行論文, 学習院大学.

Washio, Ryuichi (2014) "Voice," to appear in *Handbook of Japanese Contrastive Linguistics*, ed. by Prashant Pardeshi and Taro Kageyama, De Gruyter Mouton, Berlin.

鷲尾龍一 (2015a)「国語学と言語学——日本, 韓国および世界における」招待講演,『日韓国交樹立50周年国際学術シンポジウム』高麗大学日本研究センター, 韓国.

鷲尾龍一 (2015b)「近代日本の国語学史とグローバルな言語学史」招待講演,『ドイツ文法理論研究会』武蔵大学.

Wunderlich, Dieter (1997) "Participle, Perfect and Passive in German," *Theorie des Lexikons: Arbeiten des Sonderforschungsbereichs* 282(99), Heinrich Heine Universität Düsseldorf.

Wolfram, Walt (1996) "Delineation and Description in Dialectology: The Case of Perfective *I'm* in Lumbee English," *American Speech* 71, 5-26.

Wright, Joseph (1905) *The English Dialect Grammar*, Henry Frowde, Oxford.

八杉貞利 (1901)『國語學』哲学館, 東京.

山田孝雄 (1908)『日本文法論』寶文館, 東京.［復刻版 (1970), 宝文館出版, 東京.］

第 30 章

# 助動詞選択と動詞統語論
―斉木・鷲尾論文が提起する理論的問題の検討―*

藤田耕司（京都大学）

## 1. はじめに

　助動詞選択は動詞の統語的・意味的特性に多分に影響される現象であり，動詞研究との関係においても従来から多くの注目を集めてきた．完了相における HAVE 型助動詞（上代日本語「ツ」を含む）と BE 型助動詞（同「ヌ」を含む）の分布は，従来は (1) のように理解されていたが，斉木・鷲尾両氏の考察はこれが不十分であり，少なくとも上代日本語やオランダ語では (2) のように拡張されるべきであることを示しており，たいへん興味深い．[1]

(1) a. 他動詞： HAVE
　　b. 非能格自動詞： HAVE
　　c. 非対格自動詞： BE

---

＊ 本章のドラフトに目を通していただいた鷲尾龍一氏にお礼申し上げる．当然ながら，本章の提案の不備は筆者一人の責に帰するものである．

[1] (2) の観察事実そのものは Washio (2004) ですでに指摘されたものであり，斉木・鷲尾論文はこのことが最近の主要な日本語史研究でも見落とされており，これが分野の発展に悪影響を及ぼすであろうことを憂慮したものである．同じ記述研究の内部でもこのような事態が起きるのであるから，言語事実の記述そのものではなく，それを1つの手掛かりとして言語能力のモデル化を行う理論研究と記述研究との乖離は推して知るべしといったところであろう．またそのような理論研究であるからこそ，「事実データ」の適切な取捨選択を行って有効な「理論データ」を構築する手腕が問われるという面もある．本章ではこれらの問題の重要性を十分に認識した上で，助動詞選択という個別の現象に考察を限定した．

(2) a. 1類他動詞： HAVE
    b. 2類他動詞： BE
    c. 非能格自動詞： HAVE
    d. 非対格自動詞： BE

(2b) の2類他動詞は助動詞選択に関して非対格的だといえ，他動詞にも自動詞と同様の可変的ふるまい（variable behavior）が存在することになる．非対格他動詞という考え方自体は，（後に Pesetsky (1995) らの反論を浴びたが）Belletti and Rizzi (1988) による心理動詞の分析でも馴染み深いものである (Cheung and Larson (2015) も参照)．

斉木・鷲尾論文の観察は (3a, b) と，さらに基本的な (4a, b) の各問題をただちに提起する．

(3) a. BE 型助動詞選択の他動詞への拡張 (2b) が起きるのはなぜか．
    b. この拡張が起きる言語と起きない言語があるのはなぜか．
(4) a. 動詞の可変性が存在するのはなぜか．
    b. 助動詞選択を決定するのは何か．

斉木・鷲尾論文はこれらの問題への体系立った解答を与えることを意図しておらず，ただ2類他動詞は，(i) 意図性の欠如，(ii) 状態・場所の変化，といった非対格自動詞と共通する意味特性をもつものの，(iii) 受動化を許す点で，非対格自動詞とは異なるといったことを指摘している．このような優れた記述研究によってもたらされる新たな言語事実に理論的説明を与え，それをさらに記述研究に戻して検証を重ねることが，記述と理論の協働の重要な側面をなす．以下では，問題 (3a, b) および (4a, b) の統語的解決を模索するための1つの方向性を提案したい．その大枠は本書第9章・藤田論文で提案したものと同じである．

## 2. 提案

### 2.1. 統語的複合体としての動詞：問題 (4a)

近年の生成文法でしばしば提案される三層 VP 構造では，外項・内項とも動詞が認可するものではなくなっている．(5) はそういった分析の一例で

ある．

(5) a. John broke the glass.
    b. [$_{VoiceP}$ John Voice [$_{vP}$ $v$ [$_{\sqrt{P}}$ √BREAK the glass]]]

ここで VoiceP は状態変化における使役事象を，$v$P はそのプロセスを，√P はその結果としての被使役事象を表しており，統語派生を行った結果として生じるこの構造が，伝統的に項構造や語彙概念構造と呼ばれたものに該当する．この考え方では，斉木・鷲尾論文の (20) (p. 447) に引用されるような項構造に基づく動詞分類をあらかじめ与えておく必要はなく，外項の併合の有無が結果的に非対格動詞（に見えるもの）を生成するか否かを決定する．これが (4a) への解答である．動詞の可変性は，自動詞・他動詞の別や非能格・非対格の別，さらに動詞という範疇自体が，統語演算に先行して語彙的に定義されるという考え方（＝語彙主義）に立った場合にのみ生じる疑似的問題である．

## 2.2. BE + CASE = HAVE：問題 (4b)

所有を表す本動詞として日本語を含む多くの言語で HAVE 型動詞と BE 型動詞がともに，あるいは選択的に用いられることはよく知られているが，HAVE が内項に対格標示を行うのに対して，BE にはそれがなく，内項は主格標示を受け非対格表現を形成する ((6a, b))．

(6) a. 太郎が財産をもっている．
    b. 太郎に財産がある．

ここから，BE に格素性が加わると HAVE が生じることがわかるが，この違いは英語の助動詞 *have* と *be* にもそのまま反映される (Kayne (1993), Hoekstra (1999) など参照)．同じ過去分詞を含みながら，(7a) では内項の対格標示が可能であり (7b) ではそれが不可能であることは，助動詞 *have* にだけ格素性が含まれることを示している．

(7) a. John has broken the glass.
    b. The glass was broken ___.

*have* と *be* は同一ルートを有し，その形態的具現化は格素性の有無が決定

するのだといえる．

　これが（4b）への解答である．内項への格付与が必要な場合は HAVE 型助動詞（として結果的に具現されるもの）が，そうでなければ BE 型助動詞（同）が生じた場合のみ，派生は収束するからである．ここで，非能格自動詞も格を要請する内項をとる（Chomsky（1995））が，同族目的語などの場合を除き通常は音声的に具現化されないと仮定しておく．

## 2.3. [$v$-Voice] のラベル：問題 (3a)

　内項が対格標示を受けるにもかかわらず BE 型助動詞が許される（2b）のケースがなお問題になる．この場合，助動詞の格素性に依存せずとも内項の対格標示が可能でなければならないが，斉木・鷲尾論文が指摘するように，該当する 2 類他動詞は典型的に意図的動作主を外項にとらないものである．Fujita（1996）等で提案された三層 VP 構造では，意図的動作主は最上位の層に，非意図的原因など動作主以外の主語はそれより下位の中階層に，それぞれ投射される．(5b) に準じた表記に改めると (8) の構造であるが，ここで $v$-Voice 間に Sub-Merge が適用されると，(9) の構造となる（本書第 9 章）．

　　(8)　[Agent Voice [Causer $v$ [√ Obj]]]
　　(9)　[Subj [$_\alpha$ [$_\alpha$ $v$-Voice] [√ Obj]]]

(9) における Subj が動作主解釈を担うか否かは，$\alpha$ が Voice と $v$ のいずれをそのラベルとするのかによって決まる．Subj が動作主の場合，$\alpha$ のラベルは Voice であり，したがって [$v$-Voice] 自体も Voice としてふるまう．Subj が動作主でない場合は，$\alpha$ も [$v$-Voice] も $v$ である．対格素性は $v$ が有するため，後者の場合のみ，助動詞の格素性に依存せず内項の対格標示が行える．つまり外項が動作主でない場合に限り，BE 型助動詞が出現することになる．これが (3a) への解答である．[2]

---

　[2] 本書第 9 章では，受動動詞の形成において Sub-Merge が適用すると，ラベルの決定が行えないために v による目的語への格付与もなされないと考えた．ラベル付けに関するこのような能動 Voice と受動 Voice の相違を仮定することが，このアプローチでも依然として必要であり，その原理的説明が問題として残る．

## 2.4. Voice の強弱と格：問題 (3b)

他方，(2b) の拡張が起きない言語では，常に $v$ による対格標示が行えないことになる．これには，$v$-Voice 間に Sub-Merge が適用される場合とそうでない場合の2つのケースがあり得る．Sub-Merge が適用される場合，[$v$-Voice] のラベルは $v$ ではあり得ないということになるが，これはその言語の Voice が $v$ より強い素性をもっており，一義的にラベル決定子として機能するためだと考えよう．

一方，Sub-Merge が適用しない場合は，(10) の構造において $v$ による内項への格付与が可能となるはずであり，事実に反して BE 型助動詞が出現してしかるべきである．

(10)　　HAVE/*BE … [Subj Voice [$v$ [√ Obj]]]

HAVE 型助動詞が義務的であるのは，その格素性を要求する要素が内項以外に存在するからということになる．それは Voice にほかならず，先述のように $v$ との Sub-Merge においては必ず Voice がラベルを供給することを勘案して，当該言語の Voice は強い素性を有しており，これが HAVE の格素性を要求するのだと考えよう．機能範疇 Voice の強弱の相違が (3b) の多様性の説明となる．[3]

## 3. まとめ

以上，助動詞選択を巡って斉木・鷲尾論文が提起する問題 (3a, b) および (4a, b) に対する理論的解決の1つの可能性を提示したが，その妥当性の検証は多くの言語データとの照合によって行われなければならないことは無論である．

助動詞選択には斉木・鷲尾論文で触れられていないような多様なパターンがあり，例えば完結性 (telicity) と動詞の非対格性が連動しており，助動詞選択を左右することはよく知られている．(11) はオランダ語の例である．

---

[3] Voice の強弱は便宜的な表現に過ぎず，それが指す実体は別のところに求められなければならない．脚注2で触れた能動 Voice と受動 Voice の相違と同様である．

(11) a. John **heeft** urenlang gelopen
 John has hours-long walked
 'John walked for hours.'
 b. John **is** in vijf minuten naar huis gelopen.
 John is in five minutes to home walked
 'John walked home in five minutes.'

(van Hout (2004: 72) 一部改変)

(11b) における着点項 naar huis 'to home' の存在が完結相解釈や非対格性をもたらし，BE 型助動詞の選択を許すのだとしよう．上で非能格動詞がとると仮定した音声的に空の内項がここでは naar huis として具現化されているために，(11b) では HAVE 型助動詞による格標示が不要になっていると考えられる．

その間接的証拠として，格を要求する内項を伴えば完結相であっても HAVE 型助動詞が選択されるということがある．

(12) a. Claartje **heeft** (*urenlang / in 10 minuten) een spekulaasje gegeten.
 Claartje has (*hours-long / in 10 minutes) a ginger-cookie eaten
 'Claartje has eaten a ginger cookie (*for hours / in 10 minutes).'
 b. Claartje **heeft** (urenlang / *in 10 minuten) spekulaasjes gegeten.
 Claartje has (hours-long / *in 10 minutes) ginger-cookies eaten
 'Claartje has eaten ginger cookies (for hours / *in 10 minutes).'

(van Hout (2004: 65) 一部改変)

(12a) では目的語 een spekulaasje は量子化 (quantize) されており，時間副詞の共起制限が示すように完結相をもつが，(12b) は目的語 spekulaasjes が量子化されておらず非完結相である．しかしいずれも助動詞は HAVE 型であり，(12a) でも内項の格標示が必要であることがわかる．

また，外項の人称や数によって助動詞選択が影響される言語も存在するが，これらの言語では助動詞と外項の間にφ素性の一致が成立すると思われ，これを本章の枠組みにどう取り込むかは課題として残る．Bjorkman (2011) は，これらを含む世界の言語の多様な助動詞選択現象をミニマリズムの枠組みで素性一致に基づいて説明することを試みており，参考になる．

## 参考文献

Belletti, Adriana, and Luigi Lizzi (1988) "Psych Verbs and Theta Theory," *Natural Language and Linguistic Theory* 6, 291–352.

Bjorkman, Bronwyn Alma Moore (2011) *BE-in Default: The Morphosyntax of Auxiliaries*, Doctoral dissertation, MIT.

Cheung, Candice Chi-Hang and Richard K. Larson (2015) "Psych Verbs in English and Mandarin," *Natural Language and Linguistic Theory* 33, 127–189.

Chomsky, Noam (1995) *The Minimalist Program*, MIT Press, Cambridge, MA.

Fujita, Koji (1996) "Double Objects, Causatives, and Derivational Economy," *Linguistic Inquiry* 27, 146–173.

Hoekstra, Teun (1999) "Auxiliary Selection in Dutch," *Natural Language and Linguistic Theory* 17, 67–84.

Kayne, Richard S. (1993) "Toward a Modular Theory of Auxiliary Selection," *Studia Linguistica* 47, 3–31.

Pesetsky, David (1995) *Zero Syntax: Experiencers and Cascades*, MIT Press, Cambridge, MA.

van Hout, Angeliek (2004) "Unaccusativity and Telicity Checking," *The Unaccusativity Puzzle: Explorations of the Syntax-Lexicon Interface*, ed. by Artemis Alexiadou, Elena Anagnostopoulou and Martin Everaert, 60–83, Oxford University Press, Oxford.

Washio, Ryuichi (2004) "Auxiliary Selection in the East," *Journal of East Asian Linguistics* 13, 197–256.

# 索　引

1. 日本語はあいうえお順で示し，英語で始まるものは ABC 順で最後に一括してあげた．
2. 数字はページ数を示す．

## [あ行]

一方向性の仮説　424
逸脱的な「それが」　320, 327
受身　296-299, 302, 303
運動制御起源仮説　121
衛星枠付け言語　220
オランダ語　439, 443, 446

## [か行]

外項　58
概念的意味構造（LCS）　6
拡大投射原理（EPP）　65
拡張　409, 414, 417, 418, 420
慣習的な表現様式　284
間主観的コピュラ文　254, 258
間主観的使役表現　254, 259
間主観的変化表現　254, 255
間接受動　124, 129
関連性条件　194
基数　90, 95, 98
機能語化　385, 386
機能語生産　385, 390, 394
機能主義　34
逆展開　336
共有知識　257
虚辞　65

許容使役　302
句の包摂　408
繰り上げ　60
繰り上げ構文　55
形式主義　34
原因主語他動詞　13
研究分野の活性化　452
言語の設計理念　35
語彙化　381, 382
語彙化のパターン　222
構文　330
構文的知識　339
固定指示詞　170, 172-174
好まれる言い回し　282, 283, 288
コントロール構文　55, 69, 71

## [さ行]

再帰　88, 91, 94
再分析　414
サピア・ウォーフの仮説　283
サマ主格変遷構文　323
作用性用言反撥の法則　206
使役　291, 296, 298-304
シェトランド方言　451
時間の still　44
指示形容詞句　154, 156-158, 164-166, 168-170, 174, 175

事象統合　194
時制辞　62, 71
時制節　65
自他の対応　6
質問文・命令文＋「それが」　327
自動詞と他動詞の対応　8
自動詞分割　435, 442
収縮　418-420
主観的コピュラ文　258
主観的な変化　256
主語尊敬語化現象　61
主体化　262
主体性　242
出力制約　39
受動　297, 298
受動使役　453
主要部内在型関係節　186
状態動詞　444
上代日本語　439, 443, 452
譲歩の still　44
助動詞選択　437, 438, 450
所有形容詞句　154, 157, 158, 171
所有者分離　13, 14
自律移動　222
数詞　89, 91, 94, 96, 99, 101, 104
数量表現の作用域　12
スロット競合型言語　226
スロット非競合型言語　226
生成文法　287
接続詞的　321

[た行]

代名詞　154, 156, 158, 164, 171, 172, 174, 175
多機能化　386
脱文法化　394
多内容化　386

単純数詞　90, 95, 98
談話記憶　156, 163, 164
直示　223
直接受動　124, 129
「ツ」と「ヌ」　435, 439, 454
定冠詞句　154, 156-158, 164, 168-170, 174, 175
定表現　156, 157, 173, 176
典型的　155, 156, 170
動詞連続　195, 201
動詞枠付け言語　220
トコロデ　39
トートロジー　262
捉え方　285, 286

[な行]

内容語化　385, 387
内容語生産　385, 392, 394
認知文法　282, 283
のが　324

[は行]

裸名詞句　154, 156, 158, 175
反普遍文法　432, 433
非行為者主語　9, 10
非対格　435, 442, 446
否定極性項目（NPI）　61
フェイズ（phase）　64
複合数詞　90, 91, 93, 95, 97
不定冠詞句　156-158, 174
不定表現　156
ブローカ失語　129, 130
プロトタイプ　298, 300, 304
文法化　423
文法の有意味性　49
併合　36, 118, 119

変遷連鎖文類型　324

### [ま行, や行]

マクロ事象　195
松下文法　432, 433, 453
南の4段階仮説　38
名詞クラス　98, 104, 105
メンタルスペース　36
与格主語　66

### [ら行]

ラベル　315, 462
離散無限　88, 94
領域拡張　445, 451
類別詞　99-106

連座文類型　330, 340
連用形　63
連用節　65

### [英語]

Blending　38
construal　266
Inclusiveness condition　44
NPI シカ・ナイ　61
Pot-Merge　123, 129
pro 脱落　65
Reinhart の θ システム　19, 20
Still　43
subjective construal　258
Sub-Merge　123, 129

# 執筆者紹介
(五十音順)

**青木　博史**　(あおき　ひろふみ)
1970 年生まれ．現在，九州大学大学院人文科学研究院准教授．
主著：『日本語文法の歴史と変化』(編著，くろしお出版，2011)，『語形成から見た日本語文法史』(ひつじ書房，2010)，『日本語の構造変化と文法化』(編著，ひつじ書房，2007)．

**天野　みどり**　(あまの　みどり)
1961 年生まれ．現在，大妻女子大学文学部教授．
主著：『日本語複文構文の研究』(共著，ひつじ書房，2014)，『日本語構文の意味と類推拡張』(笠間書院，2011)，『文の理解と意味の創造』(笠間書院，2002)．

**古賀　裕章**　(こが　ひろあき)
1972 年生まれ．現在，慶應義塾大学法学部専任講師．
主著：『移動表現の類型論』(共著，くろしお出版，2016)，『ことばのダイナミズム』(共著，くろしお出版，2008)，*Investigations of the Syntax-Semantics-Pragmatics Interface* (共著，Benjamins，2008)．

**小柳　智一**　(こやなぎ　ともかず)
1969 年生まれ．現在，聖心女子大学文学部教授．
主論文：「「主観」という用語——文法変化の方向に関連して——」(『日本語文法史研究』2, 2014)，「言語変化の傾向と動向」(『日本エドワード・サピア協会研究年報』28, 2014)，「文法的意味の源泉と変化」(『日本語学』32(12), 2013)．

**斉木　美知世**　(さいき　みちよ)
現在，神奈川大学ほか非常勤講師．
主著：『国語学史の近代と現代——研究史の空白を埋める試み——』(共著，開拓社，2014)，『日本文法の系譜学——国語学史と言語学史の接点——』(共著，開拓社，2012)．主論文：「二十年後のサピア——Regna Darnell, *Edward Sapir* 2010 をめぐって——」(『日本エドワード・サピア協会研究年報』25,

2011).

坂原　茂　（さかはら　しげる）
1950 年生まれ．東京大学名誉教授．
主著：『フランス語学の最前線 1』（編著，ひつじ書房，2012），『言語処理学事典』（共編著，共立出版，2009），『日常言語の推論』（東京大学出版会，1985）．

田窪　行則　（たくぼ　ゆきのり）
1950 年生まれ．京都大学名誉教授．
主著：『琉球列島の言語と文化——その記録と保存』（編著，くろしお出版，2013），『日本語の構造——推論と知識管理』（くろしお出版，2010），『改訂基礎日本語文法』（共著，くろしお出版，1992）．

竹沢　幸一　（たけざわ　こういち）
現在，筑波大学人文・社会系文芸・言語専攻教授．
主著：『空間表現と文法』（共編著，くろしお出版，2000），『格と語順と統語構造』（共著，研究社，1998）．主論文："Perfective *Have* and the Bar Notation"（*Linguistic Inquiry* 15(4)，1984）．

西村　義樹　（にしむら　よしき）
1960 年生まれ．現在，東京大学大学院人文社会系研究科教授．
主著：『明解言語学辞典』（共編著，三省堂，2015），『言語学の教室——哲学者と学ぶ認知言語学』（共著，中央公論新社，2013），『認知言語学 I：事象構造』（編著，東京大学出版会，2002）．

野村　益寛　（のむら　ますひろ）
1963 年生まれ．現在，北海道大学大学院文学研究科教授．
主著：『ファンダメンタル認知言語学』（ひつじ書房，2014），『認知言語学への招待』（共著，大修館書店，2003），『認知言語学 II：カテゴリー化』（共著，東京大学出版会，2002）．

長谷川　明香　（はせがわ　さやか）
1984 年生まれ．現在，成蹊大学アジア太平洋研究センター特別研究員．
主論文：「日本語の特殊な使役構文をめぐって」（『杏林大学研究報告　教養部門』第 28 巻，2011），「英語における間接使役構文の動機づけ」（『東京大学

言語学論集』第 30 号，2010），"A Figurative Approach to Non-Prototypical Agents"（『杏林大学研究報告　教養部門』第 27 巻，2010）．

**長谷川　信子**　（はせがわ　のぶこ）
1950 年生まれ．現在，神田外語大学言語科学研究科教授．
主著：『70 年代生成文法再認識――日本語研究の地平――』（編著，開拓社，2011），『統語論の新展開と日本語研究――命題を越えて――』（編著，開拓社，2010），『日本語の主文現象――統語構造とモダリティ――』（編著，ひつじ書房，2007）．

**平岩　健**　（ひらいわ　けん）
1974 年生まれ．現在，明治学院大学文学部英文学科准教授．
主著：*The Blackwell Companion to Syntax*, 2nd ed.（共著，Wiley-Blackwell, in press）．主論文："NP-Ellipsis: A Comparative Syntax of Japanese and Okinawan"（*Natural Language & Linguistic Theory*, 2016），"Spelling out the Double-*o* Constraint"（*Natural Language & Linguistic Theory* 28(3), 2010）．

**藤田　耕司**　（ふじた　こうじ）
1958 年生まれ．現在，京都大学大学院人間・環境学研究科教授．
主著：*Advances in Biolinguistics: The Human Language Faculty and Its Biological Basis*（共編著，Routledge, 2016），*Recursion: Complexity in Cognition*（共著，Springer, 2014），『言語の設計・発達・進化――生物言語学探究』（共編著，開拓社，2014）．

**本多　啓**　（ほんだ　あきら）
1965 年生まれ．現在，神戸市外国語大学教授．
主著：『言語研究の視座』（共著，開拓社，2015），『知覚と行為の認知言語学――「私」は自分の外にある――』（開拓社，2013），『アフォーダンスの認知意味論：生態心理学から見た文法現象』（東京大学出版会，2005）．

**三宅　知宏**　（みやけ　ともひろ）
1965 年生まれ．現在，大阪大学大学院文学研究科准教授．
主著：『日本語研究のインターフェイス』（くろしお出版，2011），『漢語の言語学』（共著，くろしお出版，2010），『日本語と他言語』（神奈川新聞社，2007）．

**鷲尾　龍一**　（わしお　りゅういち）

筑波大学名誉教授．現在，学習院大学文学部日本語日本文学科教授．

主著：『国語学史の近代と現代——研究史の空白を埋める試み——』（共著，開拓社，2014），『日本文法の系譜学——国語学史と言語学史の接点——』（共著，開拓社，2012）．主論文："Auxiliary Selection in the East"（*Journal of East Asian Linguistics* 13, 2004）．

日英対照　文法と語彙への統合的アプローチ
──生成文法・認知言語学と日本語学──

　編　者　　藤田耕司・西村義樹
　発行者　　武村哲司
　印刷所　　日之出印刷株式会社

2016年5月20日　第1版第1刷発行©

　　　　　　　　　　　　　　　　　〒113-0023　東京都文京区向丘1-5-2
　　　　　　　　　　　　　　　　　電話　（03）5842-8900（代表）
発行所　　株式会社　開　拓　社　振替　00160-8-39587
　　　　　　　　　　　　　　　　　http://www.kaitakusha.co.jp

[JCOPY] <（社）出版者著作権管理機構　委託出版物>　　ISBN978-4-7589-2224-1　C3080

本書の無断複写は，著作権法上での例外を除き禁じられています．複写される場合は，そのつど事前に，（社）出版者著作権管理機構（電話 03-3513-6969，FAX 03-3513-6979，e-mail: info@jcopy.or.jp）の許諾を得てください．